国际税收借鉴研究系列丛书（二）

扩大内需的税收政策
国际借鉴研究

中国国际税收研究会　编

中国税务出版社

图书在版编目（CIP）数据

扩大内需的税收政策国际借鉴研究/中国国际税收研究会编．－－北京：
中国税务出版社，2010.12
（国际税收借鉴研究系列丛书；2）
ISBN 978 - 7 - 80235 - 575 - 0

Ⅰ.①扩…　Ⅱ.①中…　Ⅲ.①税收管理 - 财政政策 - 中国 - 文集
②国际税收 - 税收管理 - 财政政策 - 文集
Ⅳ.①F812.42 - 53②F810.422 - 53

中国版本图书馆 CIP 数据核字（2010）第 234882 号

书　　名：国际税收借鉴研究系列丛书（二）
　　　　　扩大内需的税收政策国际借鉴研究
作　　者：中国国际税收研究会　编
特约编辑：郭平壮　付茂劲
责任编辑：刘淑民
责任校对：于　玲
技术设计：刘冬珂
出版发行：中国税务出版社
　　　　　北京市西城区木樨地北里甲 11 号（国宏大厦 B 座）
　　　　　邮编：100038
　　　　　http：//www. taxation. cn
　　　　　E-mail：taxph@ tom. com
　　　　　发行部电话：（010）63908889/90/91
　　　　　邮购直销电话：（010）63908837　传真：（010）63908835
经　　销：各地新华书店
印　　刷：北京天宇星印刷厂
规　　格：880×1230 毫米　1/32
印　　张：19.5
字　　数：484000 字
版　　次：2010 年 12 月第 1 版　2015 年 9 月北京第 2 次印刷
书　　号：ISBN 978 - 7 - 80235 - 575 - 0/F·1495
定　　价：40.00 元

如发现有印装错误　本社发行部负责调换

编辑委员会

编 者 的 话

国际税收借鉴研究系列丛书（二）（2008～2009年）出版了。这套丛书举各研究会理论研究人员、大专院校的专家学者和相关税务工作者之力，汇国际税收理论与实践研究的成果之精，既是推进实施理论研究"精品战略"的总结，又是发扬研究会优良传统，繁荣国际税收学术研究的深入探索，也是对科研成果服务于税收实践的又一次检阅。

第四届中国国际税收研究会自2008年5月换届以来，在国家税务总局党组的领导下，以科学发展观为统领，确立科学发展思路，紧密围绕国际税收理论研究这一中心工作，确立研究目标，探索研究规律。在实施"精品战略"中，我们总结提出了理论研究七阶段流程，即选题、开题、调研、结题、交流、评比、成果转化；总结明确了七阶段流程的内在关系，即选题是前提，开题是基础，调研是关键，结题是核心，交流是升华，评比是总结，成果转化是目的。特别是总结制定了七阶段流程的具体办法，为又好又多又快地产出理论精品奠定了制度性基础。通过总体规划、科学安排、分步实施、狠抓落实，取得了丰硕的研究成果。

两年来，我们共组织开展了全国性调研课题5个，学术研究委员会重点调研课题2个。全国49个省、市、自治区、副省级城市、沿海地区研究会和部分研究会理事、常务理事以及全部学术研究委员参加了课题调研，召开各种形式的研讨会 7 次，提交论文 203 篇（其中，2008 年 120 篇，2009 年 83 篇）。这些论文分别在课题组年度结题会和全国国际税收理论研讨会上进行了交流。这套丛书就是在两年课题研究成果的基础上编纂而成的。

本系列丛书共分为七册：

《完善税源管理的国际借鉴研究》（上、下）从税源管理的范式研究、税源影响因素与对策、税源分析方法与实证、税源评估借鉴与构想四个方面开展研究，对税源及其管理的基本理论与方法进行了全面、完整的概括和阐述，具有较强的可操作性，可直接用于指导实践。

《跨国税源监控研究》以配合国家税务总局 2009 年出台的《特别纳税调整办法》为切入点展开。提出应从独立交易原则中无形资产调整的完善，受控外国公司确认的完善，资本弱化调整的完善，加息区别对待的完善，举证义务的完善和商业目的的把握诸方面进一步完善法规。同时，规范跨国税源监控环节。从理论与实践的结合上提出了许多具体建议。

《促进节能减排的税收政策研究》通过分析西方发达国家促进节能减排的税收政策，通过对绿色税制的国际比较与借鉴，提出构建我国节能减排税收政策的设想。依照循环经济理论，完善绿色税制体系，适时增补新型税种；改造部分原有税种，提升税制环保功能；制定税收产业性政策，增强税收奖限作用；整合归并税收措施，增强调控功能。并结合新企业所得税法的实施，提出完善促进企业自主创新税收政策的设想。

《中外税收负担比较研究》讨论了税收负担比较口径的选择，进而对宏观税收负担是否合理进行了探讨，提出优化我国宏观税负的建议。研究中提出了可供参考的具体数据。在对国际比较与借鉴的分析中，提出了宏观税负的比较原则、合理水平评判和分析视角、分析方法，研究有一定新意。

《企业跨境重组与投资税收问题研究》由两部分构成。《企业跨境投资合作税收问题研究》紧密结合提高企业核心竞争力，更有利于带动我国的资本输出、劳务输出和人民币走向国际化展开研究。提出完善境外所得的税收抵免制度，提出建立导向明确的鼓励境外投资的税收优惠制度，建立境外投资风险准备金制度，对于跨国并购实行税收优惠政策。并提出了改进跨境投资的纳税服务，加强对外投资的税收征管和国际税收协调与合作的税收管理方面的建议。《企业跨境并购与重组的税收问题研究》比较了若干有代表性国家的跨境并购与重组的税收政策，突出其主要目的，提出其可能引发的相关国家或地区税收管辖权的冲突与协调而导致的税收问题，提出了具体建议。

《扩大内需的税收政策国际借鉴研究》紧扣国家大政方针和应对金融危机的需要，不失时机地提出了有针对性的现实选择。包括：增加农民收入和改善农村消费环境，扩大城镇低收入人群就业，增强中等收入人群消费意愿，优化高收入人群消费环境，刺激农民、城镇低收入人群、中等收入人群、高收入人群消费需求有效增长的具体税收政策建议；促进中小企业发展的增值税等政策的调整和征管制度的完善，减轻非税负担；促进高新技术企业发展的建立创业风险投资税收支持政策，建立高新技术产业税收支持政策体系，降低中小企业享受高新技术产业税收优惠政策的准入门槛。

本套系列丛书，倾注了全国广大国际税收理论研究工作者的智慧和心血，基本反映了近年研究工作的最新成果。其中一些建议受到有关部门的重视和采纳，一些成果被逐步运用于实际工作。它们标志着理论研究工作的不断创新，体现着理论研究工作的成长进步，检验着理论研究"精品战略"的累累成果。

由于我们的编辑水平有限，不妥之处在所难免，敬请指正。

2010 年 8 月

目　录

总　报　告

扩大内需税收政策的
国际借鉴研究

促进高新技术产业发展税收政策的国际借鉴研究

支持中小企业发展税收政策的国际借鉴研究

刺激消费需求有效增长的税收政策研究

促进高新技术产业发展税收
政策的国际借鉴研究

支持中小企业发展税收
政策的国际借鉴研究

刺激消费需求有效增长的税收政策研究

总 报 告

扩大内需税收政策的国际
借鉴研究课题综述

中国国际税收研究会课题组

　　中国国际税收研究会 2009 年全国性重点课题 "扩大内需税收政策的国际借鉴研究" 研讨会于 2009 年 7 月 6 ~ 7 日在内蒙古自治区呼和浩特市举行。会议由内蒙古自治区国际税收研究会王凤来先生和中国国际税收研究会副秘书长高世星先生分别主持，内蒙古自治区政府领导、自治区地方税务局和国家税务局的领导分别致辞，国际税收研究会会长郝昭成先生出席会议并作总结讲话。与会代表 77 人。会议共收到论文 44 篇。会上，与会代表在交流论文的基础上，就扩大内需税收政策及与此相关的中小企业税收政策和高新技术企业税收政策等问题进行了热烈的讨论，部分专家还就不同专题的讨论进行了点评。大家发言积极，会议气氛活跃。在内蒙古自治区国际税收研究会、内蒙古自治区地方税务局、内蒙古自治区国家税务局、呼和浩特市地方税务局的大力支持和精心安排下，会议取得圆满成功。现将会议讨论情况综述如下：

一、扩大内需的税收政策

　　与会代表普遍认为，面对全球性金融危机的冲击和我国消费率持续下降的现实，中央政府提出"保增长、扩内需、调结构"的经济方针具有重要的现实意义。多数代表从扩大内需的现实背景入手，分析了全球性金融危机对我国实体经济特别是出口的影响，并多角度、多层次地剖析了我国内需特别是消费需求不足的原因，同时，从理论上和国外的实践经验上阐述税收政策对扩大内需的积极作用，一致认为积极运用税收政策刺激内需的重要性，并提出了许多政策建议。有的代表还结合地方经济和需求的特点分析了扩大内需的必要性和发挥税收调控作用的重要性。此外，有的代表对边境贸易税收政策问题作了探讨。

（一）内需的含义

代表们从经济学基本原理出发，指出一国的社会总需求包括该国居民的消费需求、企业的投资需求、政府的公共需求和净出口。净出口反映了国外需求（即外需），而前三者则构成了我们的主题——内部需求（即内需）。也就是说，内需是国内需求的简称，是相对于国外需求而言的。

（二）扩大内需的现实背景

代表们认为，中央政府明确提出扩大内需，既有当前全球性金融危机导致我国出口急剧下降并影响经济增长速度大幅回落的直接原因，更有我国长期以来国内需求特别是消费需求不足的深层因素。

消费需求不足，主要体现在：与投资需求相比，最终消费率连年下降，从1999年的61.1%下降到2007年的48.8%；从消费的主体结构看，消费需求不足主要是居民消费率偏低，特别是农村居民消费率更低；从消费的产品结构看，我国目前商品性消费的比重偏大，服务性消费所占的份额偏小，说明服务业发展滞后。

（三）我国内需不足的原因

代表们认为，我国内需不足的原因是多方面的，归纳起来主要有以下几个方面：

一是国民收入分配格局欠完善，居民收入不能随着经济增长同步增长。主要表现在：居民收入的增长长期低于 GDP 的增长，职工工资增长长期低于企业利润增长。居民收入占国民收入的比重呈持续下降趋势：从 2002 年的 62.1%，下降到 2006 年的 57.1%。收入是消费的物质基础，居民收入水平偏低，直接制约了消费能力。国民收入分配格局不合理，还表现在不同阶层居民之间、城乡之间、地区之间收入分配差距迅速扩大，贫富分化速度加快。这意味着拥有消费能力的高收入阶层消费意愿不强和低收入阶层无力消费的矛盾更加突出，从而导致我国实际消费率偏低。

二是社会保障体系尚不健全，经济体制改革和转轨过程中居民的不确定性支出项目增加，导致居民消费信心缺失，当期消费减少。经济危机本身由于失业增加，收入下降而直接影响消费水平，而且经济的动荡会使大多数人对今后的收入更容易产生不乐观预期，从而影响当期的消费意愿。

三是税收负担增加，影响居民可支配收入。我国自 2003 年以来，税收收入连续高速增长，增幅超过同期 GDP 增长速度，也远远高于居民收入的增长速度。税收是政府取得收入的最重要手段，税收的过快增长必将导致国民收入分配向政府倾斜，而导致居民可支配收入比重偏低，直接影响其消费能力。而税制在调节收入再分配方面的缺陷，不能有效调节收入分配差距，从某种程度上说甚至加剧了收入不配的不公平程度，从而间接影响消费水平。

四是出口导向型经济模式，使许多产品不能适应国内需求。出口导向的经济模式使我国大量资金、人才、技术等资源向出口部门转移，以国际市场需求作为生产晴雨表，产品定位与国内需求不一定相符，有的产品在国内市场可能没有销路，有的产品可能有需求，但不一定投放到国内市场。

五是在投资需求方面，主要是由于制度上的障碍和投资环境的欠缺，以中小企业为主体的民间投资需求不足。因此，促进中小企业发展，不仅有利于创造就业机会，从而提高消费水平，而且能够直接带动民间投资需求。

六是我国经济长期以来以粗放型增长方式为主，经济增长附加值低，居民收入增加的空间很有限。要想从根本上改变居民消费水平偏低的问题，就需要调整经济结构，改变经济发展方式，提高经济活动的科技含量，增加产出的附加值。

有的代表也指出，我国消费率偏低，储蓄率偏高，在一定程度上与我国居民传统上崇尚节约的消费习惯有关，也与人口老龄化有关，因为一方面老年人的消费意愿偏弱，另一方面老年人口抚养比增加，每个劳动力的赡养负担就越大，当期消费就会相应减少。

（四）结论：扩大内需是经济持续稳定发展的必然选择

通过内需不足的深层次原因的分析，代表们一致认为：扩大内需，不仅是应对金融危机、弥补外需不足的短期需要，更是调整和优化经济结构、提升居民生活水平的长期发展的内在要求。

不过，有的代表特别指出，在扩大内需上必须坚持辨证思维：首先，要内需、外需兼顾；其次，要干预适当；同时，要有所侧重，即扩大内需的重点是扩大居民特别是农村居民的消费需求；扩大投资需求的重点则是鼓励民间投资，特别是鼓励中小企业的发展；而从长期看，扩大内需从根本上有赖于经济发展方式的改变，发展高科技产业因此有着特别的意义。

（五）扩大内需与税收政策的关系

不少代表都从理论上分析了税收政策与需求的内在关系，一致认为税收政策在刺激消费需求和引导投资需求方面都具有重要的调节作用。在影响消费需求方面，税收政策可以通过调节居民可支配收入来影响居民的消费水平，特别是减税可以增加居民可支配收入，提高居民的消费能力；税收政策可以通过调节收入分配，缩小贫富差距和降低居民未来收支不确定性预期来增强居民消费意愿；税收政策还可以通过调整消费品供给结构和拓展消费领域来优化消费环境。在影响投资需求方面，除税收能为政府投资直接提供资金支持以外，主要是在促进民间投资方面可以发挥有较强针对性的调控作用。税收对投资的影响表现在对投资的刺激和制约两个方面，其中刺激作用主要是通过降低投资者的税收负担、降低投资行为的成本、加快投资成本回收实现的。不过，对于税收政策特别是减税政策的作用，有的代表也提出了不同的看法，认为我们应该冷静、客观地看待税收政策，特别是减税政策的作用。因为，在理论上减税政策有助于经济复苏几乎是公认的，但是在实践中，减税政策对于经济复苏的作用则需要具体分析的。作者通过实证分析说明，在经济下滑时，不采取减税政策，并不意味着经济不能走出低谷。也就是说，我们不应高估减税政策的作用，而且要考虑减税政策可能产生的负面影响。减税会直接引起财政收入的下降，在财政支出也不得不扩大的情况下，会导致财政赤字的扩张。

（六）国外扩大内需的税收政策比较

代表们不仅介绍和分析了主要经济发达国家如美国、日本、德国、法国、英国历史上曾经采取的多种刺激需求的税收政策，而且，对不少经济发达国家、转型国家和发展中国家应对当前金融危机，刺激需求，稳定经济的税收政策作了重点比较，并分析了应对金融危机税收政策的主要特点：

第一，从税收政策的作用看，各国除加大财政支出规模以外，都十分注重税收政策的运用，通过减税以刺激经济增长几乎成为各国一致的政策选择。但各国财税政策的侧重点有所不同，有的侧重于财政支出政策；有的则财政支出政策与税收政策并重，运用多项减税措施以刺激消费和减轻企业负担；有的则专门出台减税刺激方案。

第二，从税收政策的目标看，各国都普遍注重围绕扩大内需出台相应的税收刺激政策，政策的作用点主要集中在刺激消费、扩大投资和增加就业等方面。

第三，从政策涉及的税种看，主要集中在公司所得税和个人所得税方面，以减轻企业和居民的税收负担，但也涉及增值税、社会保障税等税种，如英国临时下调了增值税税率，英国、德国等都减轻了社会保障税的负担。

第四，从政策执行的期限看，金融危机的突发性，使得各国的许多税收应对之策也具有临时性特征，一些国家在出台税收减免措施时，往往有明确的政策实施期限。

第五，从政策实施的力度看，各国减税规模虽然大小不一，但总体看力度都比较大，多数国家减税额度占未来减税政策实施期内税收收入（不含社保缴款）的比重基本保持在5%～10%之间。

第六，从税收政策内容及财政收支平衡的角度看，以减税为主，但一些国家为缓解减税带来的财政压力，根据促进经济结构调整的需要，也出台了一些增税措施，有些国家更加注重压缩政府开支，以减轻未来年度预算平衡的压力。

而从税收政策的着力点看，有的代表指出，国外刺激需求的税收政策主要体现在五个方面：一是通过降低个人所得税税负，增加居民可支配收入；二是通过降低公司所得税税负，降低企业投资成本；三是调整房地产税收，振兴房地产市场；四是降低社会保障税，改进消费环境；五是降低货物和劳务的税负，提升居民消费意愿。

基于此，有的代表特别强调，扩大内需要充分运用财税政策组合，刺激即期需求和中长期需求相结合，在刺激消费需求方面，要培育消费热点和提高消费能力双管齐下。

（七）中国扩大内需的现行税收政策及存在的不足

代表们普遍认为，通过 1994 年税制改革，特别是近期新企业所得税法的实施和增值税的转型，都为企业投资和居民消费提供了日益合理的税收环境。在此基础上，针对当前的金融危机，不少代表梳理了我国应对金融危机的经济政策，包括货币政策、财政政策和税收政策，并认为这些经济政策已经对促进我国经济的恢复发展产生了积极的作用。

但就税收政策而言，代表们也认为，现行税收政策中还存在一些不利于扩大内需的不足之处，归纳起来，主要有以下几个方面：

1. 税收在调节收入分配方面存在的不足，主要表现在：第一，个人所得税制不健全，调节收入分配力度较弱；第二，投资所得存在企业所得税和个人所得税双重征税；第三，税收调节收入分配的体系不完善，在消费环节，消费税征收范围不尽科学，在财产拥有环节，房地产税不健全，在财产遗赠环节，遗产和赠与税缺失。

2. 涉农税制不完善，农业生产资料和农产品增值税政策存在缺陷，不利于充分发挥税收在促进农业增产、农民增收和农村消费的作用。

3. 促进就业和再就业税收政策力度小，优惠范围过窄，特别是保障和鼓励农民工就业方面还存在政策盲点，不利于促进充分就业的实现。

4. 社会保障费改税滞后，社会保障制度不健全，农村社保才刚刚起步，居民未来生活缺乏制度保障，限制了即期消费能力，也容易给经济的持续发展埋下隐忧。

5. 在汽车、住房、服务等消费重点领域，税制繁杂，税负过重，不利于合理引导消费，培育消费热点。

6. 在促进中小企业和高新技术产业方面，税收政策也存在不完善之处（详见后述），不利于促进企业投资和产业结构的调整、优化。

7. 从管理角度看，税收政策特别是税收减免优惠政策的具体实施与管理存在滞后。税务部门侧重于减税措施及优惠政策的申请是否合理、合法的审批，忽视对减免优惠税款的使用、管理、监督。纳税人则更多关心如何享受优惠和降低税负，而对减免税款的使用是否符合减免的用途，是否科学、合理则关心的不够。这一方面可能会造成优惠措施得不到有效落实，符合条件的纳税人不能及时、足量地享受到税收优惠，从而影响优惠政策的实施效果；另一方面对减免税款的使用缺乏后续监督和管理，大量减免税款不按减免优惠的用途使用，不仅失去了减免优惠的意义，也达不到恢复发展生产的目的。

（八）扩大内需税收政策的建议

面对全球性金融危机的挑战和我国内需不足的深层原因，代表们认为，税收政策既要注重采取应对金融危机的临时性措施，但更要从经济持续发展的长远角度，完善税制，发挥税收政策在促进投资、扩大消费和优化经济结构，改变经济发展方式方面发挥积极的作用。为此，结合我国现行税收政策存在的不足，代表们从不同角度提出了多项扩大内需的税收政策建议，归纳起来，主要包括：

1. 健全社会收入分配不公的税收调控体系。建立由收入环节（促进个人所得税改革），消费环节（扩大和调整消费税征收范围，并适度提高增值税、营业税起征点，对生活必需品实行低税率等），财产拥有环节（改革房地产税）和遗赠环节（研究开征遗产及赠与税）等四个环节的收入分配调节体系，加大社会分配调节力度，促进收入分配的公平与和谐，有效提高居民的平均消费水平。

2. 完善涉农税收政策，加大税收对农村、农民和农业的支持力度，有效提高农民的收入水平和消费能力。有的代表建议取消农业生产资料免征增值税措施，改为对农产品实行零税率，通过对农民的直接退税使农民真正降低税负；有的代表建议加大对农产品加工的税收支持，特别是建议对农产品深加工也纳入税收优惠范围；有的代表建议把农民工纳入就业税收优惠政策范围，以促进农民工就业；等等。

3. 建议开征社会保障税，完善社会保障制度，消除居民的后顾之忧，降低居民未来的支出预期。有的代表还强调研究建立和完善农村社保体系具有特别的意义。

4. 调整汽车、房地产和服务业税收政策，积极培育消费热点。通过降低节能、环保型汽车的消费税税负，合理引导汽车消费；通过调整房地产业税收，并完善房地产税，降低房地产交易环节的税负，加大房地产持有环节的税收调节力度，把个人住宅纳税房地产税征收范围，确保房地产市场的健康稳步发展；适度降低服务业营业税税负，加大物流等重点服务业的税收优惠力度，大力发展服务业。

5. 完善中小企业和高新技术产业税收政策，通过促进中小企业和高新技术企业的健康发展，鼓励民间投资，增加就业，引导经济结构的优化调整。具体建议见后述。

也有代表认为，在我国财政收支矛盾十分紧张情况下，如何在科学发展观指导下，正确、合理地落实减税政策和节约、有效地使用减免税款，积极发挥减免税款的调节效应，为扩大内需，保增长服务好，为经济平稳较快发展做出贡献，是当前最需要重视的问题。因此建议加强企业税收减免的管理。认为企业税收减免可以分为两类：一类属于恢复简单再生产的困难减免，这类减免的目的是帮助纳税人渡过暂时困难，恢复维持简单再生产；另一类则属于扩大再生产的扶持性减免，这类减免的目的是帮助纳税人扩大再生产，发展生产力，满足社会日益增长的需要，又为国家涵养新的税源。加强减免税管理就是要根据优惠的不同类型，依法用好减免税优惠政策，对符合优惠条件的，要依法"及时、准确、足额"地让纳税人享受到优惠。特别是新企业所得税法实施以后，要认真贯彻新税法的精神，鼓励企业将享受的优惠积极用于投资，用于调整产业、产品结构，增强企业在市场的竞争力，加快企业发展壮大。

二、促进中小企业和高新技术产业发展的税收政策

中小企业发展对带动民间投资，扩大就业具有十分重要的意义；而高新技术产业的发展对促进科技投入、提高经济附加值、促进产业结构调整和经济发展方式转变都具有重要意义。因此，会议对促进中小企业和高新技术产业发展的税收政策，作为扩大投资需求的两个重要方面，进行了专门的讨论。有的代表还对促进民间投资的税收政策进行了比较深入的分析。

（一）促进中小企业发展的税收政策

代表们首先对中小企业在国民经济中的地位和作用作了充分的肯定，对我国中小企业的发展现状、面临的机遇与存在的困难等问题也进行了分析，并重点探讨了我国中小企业税收政策的现状、不足以及改进的建议。

代表们认为，改革开放以来，我国对中小企业实行了一些税收优惠政策，促进了中小企业的发展。

代表们也认为，在总体上我国还没有把支持中小企业的发展提到应有的战略高度，现行的税制和征管对中小企业还存有一定的限制和歧视，加上我国中小企业的非税负担普遍较重，这些都影响到中小企业的持续快速健康发展，主要表现在：

首先，调整和完善中小企业税收政策：在增值税方面，应依法认定一般纳税人资格，对于销售规模达不到标准，但财务会计核算健全的企业应允许认定为一般纳税人；同时建议增值税起征点的规定可能对企业适用，并适当提高起征点标准。在

就业税收优惠方面，建议把优惠对象扩大到所有下岗失业人员、农民工、大中专毕业生和退伍军人等社会就业的重点对象；建议恢复新办三产企业定期减免税政策，并适当扩大范围，对当前要重点扶持的科技型中小企业、就业型中小企业、服务型中小企业、特色型中小企业和外向型中小企业也给予定期减免的优惠政策；允许中小企业适当提高利息支出的税前扣除标准；建议考虑进一步降低小型微利企业适用的企业所得税优惠税率，譬如说降至15%。

其次，完善中小企业税收征管制度，提高纳税服务质量。改进对中小企业的征收方法，已经建账建制的中小企业，应积极扩大查账征收的面，尽量缩小核定征收的比重。

（二）促进高新技术产业发展的税收政策

代表们认为，经济粗放式发展依然是中国经济中诸多矛盾和问题的主要症结，国际金融危机是一个促使我们从传统发展方式向科学发展方式转变的好机会。运用税收政策手段支持高新技术产业发展、促进自主创新，是我国实现可持续经济发展的必然选择。代表们围绕高新技术企业的特点，重点分析了我国高新技术企业现行税收政策的现状、存在的问题，并提出了改善建议。代表们认为，我国现行税收政策对促进高新技术产业的发展发挥了积极作用。但是，随着科技的高速发展和金融危机经济形势的变化，中国高新技术产业发展面临新的发展困局，中国现行高新技术产业税收政策显现出新的不适应，主要表现在：

第一，现行高新技术产业税收立法缺乏总体规划。中国高新技术产业发展的税收政策比较零散，缺乏针对高新技术产业发展的税收政策总体化的思路，缺乏系统性的设计。

第二，享受高新技术产业税收优惠政策的准入门槛提高，不利于创业投资企业和民营企业的技术进步。

第三，创业投资的税收优惠覆盖面窄、支持力度弱。

第四，对科技人员缺乏有力的税收支持。

第五，对高新技术企业的优惠不尽合理。经认定的高新技术企业可以享受15%的优惠税率，其适用对象是企业而不是科技项目，在企业多元化经营的条件下，对企业所有收入都给予优惠，弱化了对科技创新的刺激作用。

第六，对传统产业的技术改造缺乏税收鼓励。

因此，建议调整中国高新技术产业发展的税收支持政策：

第一，健全高新技术产业税收支持政策体系，保障高新技术产业持续健康发展。即：应提高中国高新技术产业税收优惠政策的法律地位，并进行系统化，增强法制性和严肃性，把鼓励和促进高新技术产业发展的税收优惠政策作为建设创新型国家的战略措施系统化、条理化、法律化。可以考虑制定特别的《税收支持高新技术产业发展条例》，从总体上规划设计促进高新技术企业发展的税收政策。

第二，建议降低中小企业享受高新技术产业税收优惠政策的准入门槛，推动中小企业的技术进步。要充分考虑国家重点支持的高新技术领域对中小企业准入处于起步阶段的客观现实，区分传统的大中型高新技术企业和新生的中小型高新技术企业两类情况，设计双重的高新技术企业认定标准，即对大中型高新技术企业仍实行"核心自主产权和研发投入"的新认定标准，而对新生的中小企业可考虑沿用传统的认定标准。如果沿用传统的认定标准有难度，则可以考虑在新认定标准框架下，增设一个"核心自主产权和研发投入"占比低于一般标准的标准，作为中小型高新技术企业的认定标准，以鼓励创设期的中小型高新技术企业迈入快速健康发展的轨道。

第三，建立创业风险投资税收支持政策，降低高新技术投资的风险。即拓宽创业投资税收支持政策的适用范围，既要考虑对风险投资企业的税收优惠，也要注意到对风险投资者个人实施税收鼓励，还要考虑对间接风险投资企业的税收优惠。前者，可以加快引导更多的民营资本进入风险投资领域，弥补高新技术投资的资金缺口，使社会闲置的资源得到有效利用。后者如对中小型高新技术企业提供贷款的商业银行可给予营业税和企业所得税的优惠，降低商业银行对中小企业的融资风险，解决中小企业特别是高新技术中小企业融资难的问题。

第四，强化对高科技人才个人所得税的优惠措施。对高科技人才在技术成果和技术服务方面的收入可以考虑比照稿酬所得，按应纳所得税额减征 30%；适当扩大对科技研究开发人员技术成果奖励的个人所得税的免税范围：即扩大到企业的范围，以鼓励和提高各类科技开发人才开展科技创新的积极性与创造性。

第五，对高新技术企业的优惠可以考虑对企业优惠改为对高新技术项目的优惠。

第六，对企业的技术改造投入给予一定税收鼓励，可以考虑对技术改造投资实行按一定比例允许在税前扣除的优惠措施。

执笔人：国家税务总局科研所　龚辉文

扩大内需税收政策的
国际借鉴研究

中国国际税收研究会课题组

由美国次贷危机引发的金融海啸对全球经济造成重大影响，我国经济也遭受较大冲击，对我国长期以来以出口拉动为重要特征的经济增长方式提出了严峻挑战。扩大内需可以有效缓解我国出口回落所带来的需求减少及其对经济增长造成的不利影响，也有利于改变我国长期以来消费率偏低的矛盾。积极研究借鉴国际上扩大内需的税收政策，对促进我国经济平稳较快增长提供政策支持，具有重要的理论意义和现实意义。本报告在课题组成员完成的 40 多篇论文的基础上汇总、归纳而成。报告分五个部分：一、扩大内需的现实背景；二、扩大内需与税收政策的关系；三、国外扩大内需的税收政策比较；四、我国扩大内需的现行税收政策；五、扩大内需的税收政策建议。

一、扩大内需的现实背景

2008 年 12 月 8 ~ 10 日在北京举行的中央经济工作会议上，中央政府明确提出了"保增长、扩内需、调结构"的经济方针，并强调扩大内需是保增长的根本途径，指出要通过扩大最终消费需求，带动中间需求。要以提高居民收入水平和扩大最终消费需求为重点，实施积极的财政政策和适度宽松的货币政策，调整国民收入分配格局，不断增强最终消费能力。中央政府如此强调扩大内需，显然是有其深刻背景的。

（一）内需的含义

内需就是国内需求的简称，是相对于国外需求而言的。宏观经济学原理告诉我们，一国的社会总需求包括该国居民的消费需求、企业的投资需求、政府的公共需求和净出口。净出口反映了国外需求（外需），而前三者则构成了我们的主题——内部需求（内需）。其中，居民支出形成的消费需求是最终需求，企业支出形成的投资需求是中间需求，政府支出形成的公共需求，则根据政府履行公共职能的差别和提供公共产品的性质的不同，可以分别体现为政府性消费需求（最终需求）和政府性投资需求（中间需求）。因此，扩大内需不只是简单地运用财政支出手段直接扩大政府支出规模，更重要的是，要运用包括税收政策在内的各种宏观经济政策，积极、合理地引导居民扩大消费，鼓励企业增加投资。

（二）扩大内需的背景

中央政府明确提出扩大内需，既有当前全球性金融危机导致我国出口急剧下降并影响经济增长速度大幅回落的直接原因，更有我国长期以来消费需求不足的深层因素。

1. 全球性金融危机引发出口需求萎缩，继而影响经济增长速度回落。

强劲的出口一直是拉动我国经济增长的"三驾马车"之一。2003~2007年，中国的出口总额同比增长率一直在25%以上。自2008年以来，出口增速虽然有所放缓，2008年前三季度的出口总额同比增长率也高达20%以上。但受全球金融危机的影响，不少国家特别是发达国家的经济陷入衰退，国际需求急剧下降，导致我国出口的增势急转直下：2008年第四季度出口增速从第三季度的22.9%下降到4.3%，进入2009年以后，更是出现了负增长，2009年第一季度出口下降19.7%，4~5月进一步下降24.6%（见图1）。

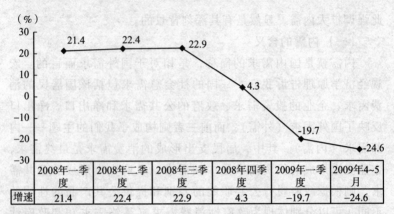

	2008年一季度	2008年二季度	2008年三季度	2008年四季度	2009年一季度	2009年4~5月
增速	21.4	22.4	22.9	4.3	−19.7	−24.6

资料来源：引自郭同欣：《对当前几个宏观经济问题的初步分析》，国家统计局网站。

图1　2008年以来出口分季度增速

受出口下降的拖累，我国经济增长速度也开始大幅回落：GDP 同比增速从 2008 年第二季度的 10.1% 回落到 2008 年第三季度的 9.9%，第四季度和 2009 年第一季度进一步下滑到 6.8% 和 6.1%（见图 2）。

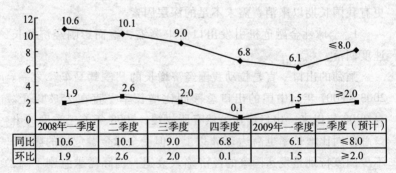

	2008年一季度	二季度	三季度	四季度	2009年一季度	二季度（预计）
同比	10.6	10.1	9.0	6.8	6.1	≤8.0
环比	1.9	2.6	2.0	0.1	1.5	≥2.0

资料来源：同图1。

图2　国内生产总值增长速度（当季增速）

从目前看，经过国家一系列宏观调控政策的实施，我国经济运行初步遏制了增速下滑的势头，呈现出企稳向好的积极变

化，但世界经济仍处在深度衰退之中，西方主要发达经济体的
经济形势依然相当严峻，美国、欧盟主要成员国、日本等经济
体 2009 年 GDP 继续负增长（见图 3），近期的甲型 H1N1 流感
的冲击更使世界经济雪上加霜。据世界银行 6 月 22 日最新发布
的《2009 年全球金融发展报告》，世界银行预计全球多数经济
体 2009 年仍将处于衰退之中，并下调了对多个主要经济体的国
内生产总值预估。报告预测，发展中国家 2009 年经济增长率将
只有 1.2%，相对于 2007 年的 8.1% 和 2008 年的 5.9%，降幅剧
烈。除中国和印度之外，其他发展中国家今年的国内生产总值
预计将下降 1.6%，失业和贫困人口将进一步增加。全球经济形
势也不容乐观，预计今年将负增长 2.9%，是第二次世界大战以
来世界经济最严重的一次下滑。可见，我国出口面临的国际形
势近期内很难有较大的改观，说明有效扩大内需，稳定经济增
长态势依然任务艰巨。

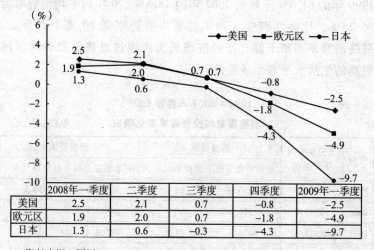

	2008年一季度	二季度	三季度	四季度	2009年一季度
美国	2.5	2.1	0.7	−0.8	−2.5
欧元区	1.9	2.0	0.7	−1.8	−4.9
日本	1.3	0.6	−0.3	−4.3	−9.7

资料来源：同图 1。

图 3　2008 年以来主要经济体 GDP 同比增长率

2. 我国国内需求，特别是消费需求不足，影响经济的持续发展。

如果说受全球金融危机影响的出口下滑是一种短期的外部因素，那么我国国内需求，特别是消费需求不足，经济增长过于依赖出口和政府投资的发展模式，则是制约我国经济持续稳定发展的深层次原因。

（1）最终消费率连年下降。从绝对数量来看，近年来我国最终消费支出是不断上升的。1999～2007 年间，我国 GDP 从 91125 亿元增长到 263242.5 亿元，年均增长率为 11.8%，最终消费支出则从 55636.9 亿元增长到 120350.1 亿元，年均增幅为 10.1%（见表 1）。应该说此间我国最终消费支出的绝对量都在不断增长，但都慢于经济的增速，更慢于投资的增速：投资（资本形成总额）平均每年增幅达 16.2%，平均比最终消费支出增幅高 6.1 个百分点。结果是我国最终消费率逐年下降：由 1999 年的 61.1% 下降到 2007 年的 48.8%，9 年内平均消费率为 56.23%，比世界 77%～79% 的平均消费率低 20 多个百分点。最终消费率不断下降，使经济增长无法通过最终消费转为居民更高的生活水平和生活质量。

表 1　　　　1999～2007 年我国 GDP、消费需求和投资需求变化情况　　　单位：亿元

年份	支出法国内生产总值	消费需求		投资需求	
		最终消费支出	消费率（%）	资本形成总额	投资率（%）
1999	91125.0	55636.9	61.1	32951.5	36.2
2000	98749.0	61516.0	62.3	34842.8	35.3
2001	108972.4	66878.3	61.4	39769.4	36.5
2002	120350.3	71691.2	59.6	45565.0	37.9
2003	136398.8	77449.5	56.8	55963.0	41.0
2004	160280.4	87032.9	54.3	69168.4	43.2

年份	支出法国内生产总值	消费需求		投资需求	
		最终消费支出	消费率（%）	资本形成总额	投资率（%）
2005	188692.1	97822.7	51.8	80646.3	42.7
2006	221651.3	110413.2	49.9	94103.2	42.5
2007	263242.5	120350.1	48.8	104319.8	42.3

资料来源：《中国统计摘要（2008）》。

（2）消费需求不足，主要是居民消费率偏低。根据消费主体的不同，消费需求可分为居民消费需求和政府消费需求。居民消费需求是指一国常住住户在核算期内对于货物和服务的全部最终消费支出；政府消费需求是指政府部门为全社会提供公共服务的消费支出和免费或以较低的价格向居民住户提供的货物和服务的净支出。

从我国消费需求的结构来看，如表 2 所示，2000~2007 年间，我国政府消费率（政府消费支出占 GDP 的比重）比较稳定，基本维持在 13%~16% 区间小幅波动，并且与世界各国政府消费率 15% 的平均水平相当。居民消费率（居民消费支出占 GDP 的比重）则从 2000 年的 46.4% 下降到 2007 年的 35.3%，远远低于世界各国居民消费率 70% 的平均水平。可见居民消费率的下降是我国最终消费率下降的主要原因。

表 2　　　　我国最终消费率构成的变化情况　　　单位：%

年份	最终消费率	居民消费率			政府消费率
		小计	农村居民消费率	城镇居民消费率	
	①＝②＋⑤	②＝③＋④	③	④	⑤
2000	62.3	46.4	15.3	31.1	15.9
2001	61.4	45.2	14.5	30.7	16.2
2002	59.6	43.7	13.5	30.2	15.9

续表

年份	最终消费率	居民消费率			政府消费率
		小计	农村居民消费率	城镇居民消费率	
	① = ② + ⑤	② = ③ + ④	③	④	⑤
2003	56.8	41.7	12.0	29.7	15.1
2004	54.3	39.8	10.9	28.9	14.5
2005	51.8	37.7	10.1	27.6	14.1
2006	49.9	36.2	9.5	26.7	13.7
2007	48.8	35.3	9.1	26.2	13.5

数据来源：①国家统计局：《2008 年国民经济和社会统计公报》。
　　　　　②国家统计局：《中国统计年鉴（2008）》。

　　而从消费的产品结构看，我国目前商品性消费的比重偏大，服务性消费所占的份额偏小。2002 ~ 2005 年我国居民商品性消费占最终消费的比重基本保持在 65% 以上，而服务性消费占最终消费的比重是 32% ~ 35%，所占份额仍然偏低。这表明我国居民的生活水平从总体上看仍停留在物质消费为主的阶段，文化、娱乐等精神层次消费仍然不足，同时说明我国消费结构不尽合理，第三产业发展滞后。

　　（3）在居民消费中，农村居民消费率下降更快。从居民消费需求的内部结构来看，农村居民消费率的下降幅度要明显大于城镇居民消费率的下降：农村居民消费率从 2000 年的 15.3% 下降到 2007 年的 9.1%，农村居民消费支出占居民消费支出的比重也从 2000 年的 33% 逐步下降到 2007 年的 25.8%；城镇居民消费率虽然也持续下降，从 2000 年的 31.1% 下降到 2007 年的 26.2%，但城镇居民消费支出占居民消费支出的比重却从 2000 年的 67% 上升到 2007 年的 74.2%，可见，居民消费需求的不足尤以农村居民为甚。

　　因此，从我国消费需求结构的特点来看，扩大我国消费需求重点应为居民消费需求，特别是农村居民的消费需求。只有在居民消费需求特别是农村居民消费需求稳步增长的情况下，我国最终消费需求才会有可持续的增长基础。

（三）我国内需不足的原因

我国以消费税税率持续下降为主要特征的内需不足问题，近几年已引起大家的关注，对其成因也已基本形成共识，简言之，可以归纳为以下几个方面：

1. 国民收入分配格局尚欠完善，居民收入不能随着经济增长同步增长。

国民收入由居民收入、企业收入、政府收入三部分组成。近几年来，随着经济的快速发展，国民收入增长较快，但居民收入并没有实现与经济同步增长，表现在：居民收入的增长长期低于 GDP 的增长，职工工资增长长期低于企业利润增长。例如：2006 年我国 GDP 为 20.94 万亿元，增长 10.7%，规模以上工业企业实现利润 18784 亿元，增长 31%，而同期农村居民人均纯收入和城镇居民可支配收入分别实际增长 7.4% 和 10.4%，比 GDP 增长率分别低了 3.3 个和 0.3 个百分点。居民收入增长缓慢，反映了国民收入在居民、企业和政府在三者之间的分配不尽合理。据有关方面测算，政府收入的比重，由 2002 年的 17.9%，上升到 2006 年的 21.4%；企业收入的比重，由 2002 年的 20%，上升到 2006 年 21.5%；但居民收入的比重却从 2002 年的 62.1%，下降到 2006 年的 57.1%，且呈持续下降趋势。收入是消费的物质基础，居民收入水平偏低，直接制约了其消费能力。

国民收入分配格局不合理，还表现在不同阶层居民之间、城乡之间、地区之间收入分配差距迅速扩大，贫富分化速度加快。据有关部门典型调查，城镇居民最高 10% 收入组与最低 10% 收入组，1990~2000 年 10 年间，收入对比从 3.2 倍上升到

4.6 倍；而到 2007 年，其收入对比已达到 8.69 倍①，且呈收入越高、增长越快之势。城乡之间，城镇居民收入与农村居民收入之间的差距，根据国家发改委公布的数据显示，2004～2006 年间一直处于 3.2 倍左右，农村居民收入上升幅度远远低于城镇居民。地区之间，西部、少数民族地区与东部、沿海地区比，收入差距仍在扩大。一般来说，随着收入的增长，边际消费倾向逐渐降低，因此，高收入家庭消费倾向低于低收入家庭。收入差距过大，意味着拥有消费能力的高收入阶层消费意愿不强和低收入阶层无力消费的矛盾更加突出，从而导致我国实际消费率偏低。

2. 社会保障体系尚不健全，经济体制改革和转轨过程中居民的不确定性支出项目增加，导致居民消费信心缺失，当期消费减少。

我国改革开放以来，在建立社会保障制度方面做了很大努力，但社会保障体系仍不健全。近年来我国密集推出住房、教育和医疗市场化改革，加上住房、教育、医疗等价格上涨过快，增加了居民在这些方面的支出负担，分流了居民的购买力，挤压了居民的一般性消费，进而降低了消费率；特别是我国社会保障体系不健全，致使居民对未来收支产生极大的不确定性，只能调整支付结构，减少现期消费，增加预防性储蓄，以备未来在失业、疾病、年老等不测之时使用。据有关部门对居民储蓄用途的调查结果显示，用于子女教育、看病就医、养老、购买住房等四项用途的支出竟占我国居民消费支出的 66.5% 之多。因此居民不得不尽可能地增加储蓄，这是居民出于谨慎动机而持币。这从我国居民储蓄率呈强劲上升势头可以得到佐证：我国储蓄存款余额已由 2000 年的 6.43 万亿元，增加到 2008 年末的 21.8 万亿元，增长 2.4 倍；其中 2008 年就新增 4.63 万亿元。

---

① 资料来源：根据《2008 年中国统计年鉴》相关数据计算。

当然，消费率偏低，储蓄率偏高，在一定程度上也与我国居民传统上崇尚节约的消费习惯有关，特别是老年人的消费意愿更弱，因此，随着人口老龄化，老年人口系数不断上升，一方面会直接影响社会平均消费率的水平，另一方面意味着老年人口抚养比增加，每个劳动力的赡养负担就越大，当期消费会相应减少。同样，经济危机本身由于失业增加，收入下降而直接影响消费水平，而且经济的动荡会使大多数人对今后的收入更容易产生不乐观预期，从而影响当期的消费意愿。

3. 税收负担增加，影响居民可支配收入。政府课征的所得税，尤其是个人所得税，是个人收入的抵减项目，其收入的多少直接影响居民消费能力。我国自 2003 年以来，税收收入连续高速增长，增幅超过同期 GDP 增长速度，也远远高于居民收入的增长速度。税收是政府取得收入的最重要手段，税收的过快增长必将导致国民收入分配向政府倾斜，而导致居民可支配收入比重偏低，直接影响其消费能力。而税制在调节收入再分配方面的缺陷，不能有效调节收入分配差距，从某种程度上说甚至加剧了收入分配的不公平程度，从而间接影响消费水平。

4. 出口导向型经济模式，使许多产品不能适应国内需求。改革开放以来，为解决外汇储备短缺、经济发展中就业压力等问题，我国长期采取了诸如汇率低估、利用外资的出口导向型等经济政策，并因此形成了鼓励出口的产业结构和产品结构，资源配置向出口部门倾斜。20 世纪 90 年代新一轮的国际分工，又强化了这一经济模式。90 年代以后，在制造业中，发达国家只保留有关核心竞争力的制造产品和环节，其余部分向发展中国家转移。我国则发挥劳动力成本低廉的优势，积极开展加工贸易并迅速取得优势。出口导向的经济模式使我国大量资金、人才、技术等资源向出口部门转移，以国际市场需求作为生产晴雨表，产品定位与国内需求不一定相符，有的产品在国内市场可能没有销路，有的产品可能有需求，但不一定投放到国内市场。

5. 在投资需求方面，主要是民间投资需求不足，其原因是多方面的，但总的来说由于存在不同程度的制约甚至歧视，使民营企业资本边际效率偏低。如在政策待遇方面民间投资者待遇可能偏低：政策审批环节多；税负不公平；管理部门多，政出多门；民间投资在投资信息、技术支持等方面存在渠道不畅、信息不通的问题；有些产业的准入门槛高，制约了民营投资的范围；融资困难；以及具有强势地位的政府投资的挤压等。此外，民营企业在项目投资选择上带有较大的盲目性和投机性，增加了投资风险。但扩大投资需求不应主要依赖于政府投资，而是必须引导和激发民间投资的积极性，特别是中小企业投资的积极性。中小企业是我国经济发展中一支重要力量，它对增加国民收入、扩大就业、稳定社会、繁荣市场等方面都具有重要意义。据统计，截至2008年年底，全国实有企业971.46万户，其中99%以上为中小企业。中小企业对GDP的贡献超过60%，对税收的贡献超过50%，提供了近70%的进出口贸易额，创造了80%左右的城镇就业岗位，吸纳了50%以上的国有企业下岗人员、70%以上新增就业人员、70%以上农村转移劳动力，拥有66%的专利发明、74%的技术创新和82%的新产品开发。[①] 中小企业已经成为我国经济领域最活跃的市场主体和经济增长的重要推动力。

6. 我国经济长期以来以粗放型增长方式为主，经济增长附加值低，一方面经济的抗风险能力低，另一方面在政府支出呈现刚性的现实中，居民提高收入，参与国民收入分配的空间就很有限。而且，粗放型经济增长往往伴随的资源的高消耗和高污染的外部成本，在出口导向外主的情况下，赚取的微薄利润中实际还欠着一笔未来治理环境的隐性债务。因此，低消费率的背后潜伏着我国经济发展的致命弱点。正因为如此，中央在提出"保增长、扩内需"的同时，特别强调"调结构"，把加快

① 《破解中小企业融资难》，http://www.cet.com.cn/20090512/a3.htm.

发展方式转变和结构调整作为保增长的主攻方向。也就是说，要想从根本上改变居民消费水平偏低的问题，就需要调整经济结构，改变经济发展方式，提高经济活动的科技含量，增加产出的附加值。就此而言，引导和加大科技投入，优先发展高新技术产业和节能环保的绿色产业，就显得十分迫切和重要。

（四）结论：扩大内需是经济持续稳定发展的必然选择

通过上述分析可知，在我国经济增长结构中，尽管经济增长的拉动作用主要源于投资和出口，形成了投资驱动型和出口外向型的经济增长模式，并维持了较长的经济发展繁荣期，但投资效益低下、重复建设严重、产能过剩、对外依存度高、经济风险大等弊端业已显现，在当前外需急速深度下滑时显然难以为继，从长期看也缺乏持续性。因此，战略上扩大内需成为必然选择。同时，在当前世界经济走向尚不明朗的背景下，依靠增加巨额货币供应量来应对危机必然会引发通货膨胀，也很难利用人民币贬值、出口退税率提高以及出口补贴等方式有效提升外需，只有从解决我国经济发展中消费不足的难题入手，加快需求结构转变和居民消费升级，有效刺激国内需求从而扩大总需求，才是当前经济治理良策。因此，在战术上扩大内需也是当前的正确选择。可见，扩大内需，不仅是应对金融危机、弥补外需不足的短期需要，更是调整和优化经济结构，提升居民生活水平的长期发展的内在要求。

不过，在扩大内需上必须坚持辩证思维。首先，要兼顾外需。内需和外需组成总需求。扩大内需不是忽视外需，而是要稳住外需，形成以内外协调、内需为主导的经济增长。显然，兼顾内需和外需才能扩大总需求，经济增长才具有开放性和持续性。同时，扩大内需的作用也是有限的，政策预期和实际效果会产生差距，外需依然是经济增长的重要渠道。其次，要干预适当。干预过度、范围过大，必然会矫枉过正，导致经济大起大落；干预过小、力度过弱，无异于杯水车薪，难以达到调控预期。在扩大内需上注重温和性和适当性，就能更加有效地熨平经济波动，实现平稳增长。最后，要有所侧重。如前所述，扩大内需的重点是扩大居民特别是农村居民的消费需求；扩大投资需求的重点则是鼓励民间投资，特别是鼓励中小企业的发展；而从长期看，扩大内需从根本上有赖于经济发展方式的改变，因此发展高科技产业有着特别的意义。

二、扩大内需与税收政策的关系

虽然在理论上对税收政策的调控作用还存在着不同的认识，但从各国税收实践看，税收政策已毋庸置疑地成为现代政府干预、调控经济的重要工具之一。就扩大内需而言，税收政策对消费、投资都具有重要的影响。

（一）税收政策与消费需求

现代消费理论认为，影响某一时期消费需求的因素主要包括消费能力、消费意愿、消费环境等方面。税收政策作为政府宏观调控的重要手段，能够通过改变消费能力、消费意愿、消费环境等因素对消费需求产生显著影响。

1. 税收政策能通过调节居民可支配收入来影响居民的消费能力。西方主流的消费理论，如凯恩斯的绝对收入理论、莫迪利安尼的生命周期假说以及弗里德曼的永久收入理论都认为由居民收入水平所反映的居民消费能力是决定消费支出的主要因素。

从税收对消费的影响来看，首先表现为税收对消费的"收入效应"，即政府征税会减少居民可支配收入，使居民消费能力下降，降低对商品的消费量的需求。

税收与消费呈反向变动关系，即税收增加会减少居民可支配收入从而降低居民消费支出；反之，税收减少会增加居民可支配收入从而增加居民消费支出。因此，政府在运用税收政策过程中，可通过减少税收增加居民可支配收入来提升居民消费能力，从而最终刺激居民消费支出的增长。例如，在个人所得税方面，政府可通过降低个人所得税的边际税率和提高费用扣除标准等方式，直接增加居民当期的可支配收入，刺激居民即期消费支出的增长；在流转税方面，政府可通过降低增值税和消费税的税率，使市场销售产品的含税价格下降，增强居民的产品购买力，间接增加居民可支配收入，刺激居民消费支出的增长；在财产税方面，政府可通过降低财产税税率或缩小财产税课税范围，增加居民持久性财产收入，刺激居民持久消费支出增长。

2. 税收政策可以通过调节收入分配、缩小贫富差距和降低居民未来收入不确定性预期来增强居民消费意愿。

边际消费倾向是影响消费需求的关键因素。根据现代消费理论，在消费函数中居民边际消费倾向是指增加单位收入所增加的消费，边际消费倾向的大小主要由居民的主观消费意愿来决定。凯恩斯（Keynes，1936）的绝对收入假说认为，边际消费倾向和平均消费倾向都随着收入的增加而递减，个人收入越高，消费在其中的比重就越小，中低收入阶层无论是平均消费倾向还是边际消费倾向都高于高收入阶层。因此，如果采用"劫富济贫"式的收入再分配政策，整个社会的平均消费倾向就会提高。利兰德（Leland，1968）的预防性储蓄消费理论认为未来收入和支出的预期直接影响到居民当前的消费倾向大小，例如由于结构调整中的工人下岗、失业公开化等不利因素，将会导致居民收入预期下降，而医疗、住房以及教育费用的不断攀升，会导致居民支出预期持续上升，在预期未来收支风险越来越大时，居民希望通过预防性储蓄将收支"不确定性"的未来风险转化为"确定性"和"可预期"的支配能力，因此，居民会减少即期消费，而将收入更多地储蓄起来，以防备未来收入和支出的剧烈波动。

税收作为政府参与国民收入分配最主要、最规范的方式，在调节收入分配和居民不确定性预期方面都可以发挥重要的作用，因而能通过增强居民消费意愿来刺激居民消费需求的增长。首先，在调节居民收入分配方面，累进个人所得税、遗产税、赠与税以及消费税等不同税种相互协调配合能构建一个具有收入调节功能的税收体系。在收入来源阶段，个人所得税的累进税制可相对减少高收入阶层收入，缩小收入差距；在收入使用阶段，通过消费税抑制高消费，进一步调节可支配收入；在财富占有阶段，可以通过遗产税和赠与税调节收入的存量，避免财富过度集中。上述具有税收调节功能的税种体系配合上转移支付手段，在减少高收入人群收入的同时能相对提高中低收入人群的收入，有利于促进整个社会平均消费倾向的提高，加速全民消费结构的升级。其次，在调节居民不确定性预期方面，开征社会保障税，建立、健全社会保障体系，有利于消除居民的后顾之忧，降低居民的不良风险预期，解除居民为预防意外而进行储蓄的心理压力，提高居民的边际消费倾向，使他们能放心大胆地进行即期消费，从而有利于社会消费需求的稳定增长。此外，在个人所得税费用扣除标准中，允许按一定标准扣除居民用于医疗、教育、住房方面的费用，也能稳定居民未来支出预期，从而起到降低居民预防性储蓄倾向，刺激居民即期消费的作用。

3. 税收政策能通过调整消费品供给结构和拓展消费领域来优化消费环境。

从消费需求的类型来看，按消费需求的实现程度不同，可分为现实消费需求和潜在消费需求。其中，现实消费需求是指目前具有明确消费意识和足够消费能力的需求；潜在消费需求是指由于缺乏消费意识或消费能力而暂时没有实现的需求。一般来说，潜在消费需求能否转化为现实消费需求与包括消费品供给结构及消费领域在内的消费环境密切相关。例如，在市场经济条件下，随着人们收入的提高和消费观念的更新，居民消费的恩格尔系数会不断下降，其消费需求结构也会发生明显的变化。如果此时消费品供给结构未能根据消费结构变化而做出相应的调整，使得市场上缺少消费者所需要的消费特性的商品，那么即使消费者已经具备相应的消费能力，消费品供求结构性矛盾也会导致消费者缺乏消费意愿，其潜在消费需求无法实现。又比如，如果市场上缺乏适合消费者进行消费的场所，或者社会信用体系建设滞后，消费信贷不发达，这些消费环境的不完善都会影响到消费者消费的信心，使得消费者潜在的消费需求难以转化为现实消费需求。

由于税收政策特别是其中的税收优惠措施能通过价格信号引导企业或个人的行为，进而影响资源在不同产品、产业之间再配置，对消费品供给结构和相关产业结构进行有效调控，因此，可通过一系列具有导向性的税收优惠措施来调整消费品供给结构和拓展消费领域，从而优化消费环境，最终实现转化潜在消费需求为现实消费需求的目的。首先，通过税收抵免、投资抵免、担保贷款以及加速折旧等税收优惠措施，能激励企业开发和生产满足居民消费需求结构升级的新型产品，提升企业新型消费产品的供给能力，使得消费品供给结构能与居民消费结构相适应，满足收入提高和消费观念更新情况下的居民消费需求。其次，通过降低营业税相关行业税负等措施，可推进新兴产业的发展，尤其是推进具有提升整体消费水平的现代服务业和新兴消费行业的发展，起到增加消费点面、拓展消费领域和拉动消费的作用。最后，通过在信贷消费领域实行大规模的税收优惠，建立完善的个人信用体系，能够消除居民消费的流动性约束，促进居民信贷消费的发展。

综上所述，从税收刺激消费需求增长的作用机理来看，税收政策能从提升消费能力、增强消费意愿以及优化消费环境三个方面对刺激消费需求有效增长发挥重要作用。同时，在此需特别指出的是，某一项具体的税收政策在刺激消费需求增长的过程中，并不是仅仅在消费能力、消费意愿及消费环境的某一方面发挥作用，而是通常都会产生一个综合效应。例如，用于调节收入分配的税收政策不但能够通过增强社会整体消费意愿来刺激消费需求的增长，而且在调节收入分配的过程中，通常还能有效地增加中低收入人群收入，从而达到提升居民消费能力刺激消费需求增长的目的。又比如，用于调整消费品供给结构和拓展消费领域的税收政策不但能够通过优化消费环境来刺激居民潜在的消费需求转化为现实消费需求，而且在调整消费品供给结构和拓展消费领域的过程中，实际上也进一步激发了居民进行消费的欲望，从而达到增加居民消费意愿刺激消费需求的目的。

（二）税收政策与企业投资

税收在影响投资需求方面，除税收能为政府投资直接提供资金支持以外，主要是在促进民间投资方面可以发挥有较强针对性的调控作用。税收对投资的影响表现在对投资的刺激和制约两个方面，其中刺激作用主要是通过降低投资者的税收负担、降低投资行为的成本、加快投资成本回收实现的。

从长期看，随着税收收入的持续增长，总规模的不断扩大，税收在影响整个经济运行方面无疑更有潜力。因此，我国在继续实施积极财政政策、不断扩大政府财政支出的同时，要更加注重发挥税收在促进投资、扩大消费和调控经济发展方面的作用。这也正是本报告要研究的主题。鉴于上述关于扩大内需重点的认识和当前面临全球性金融危机的现实，下面主要就应对金融危机背景下，税收政策促进居民消费需求、引导民间投资特别是中小企业发展以及鼓励高新技术产业发展三个方面进行重点探讨。

三、国外扩大内需的税收政策比较

从历史上看，不论是 1929 年西方国家全面爆发的经济危机引发经济理论上倡导政府干预的"凯恩斯革命"和实践上的"罗斯福新政",还是20世纪70年代西方发达国家普遍陷入经济"滞胀"兴起的供应学派理论和1986年美国里根总统的税制改革,都不乏运用税收政策刺激需求的理论支持和税收政策实践。特别是在应对本次全球性金融危机过程中,各国纷纷采取包括税收政策在内的经济刺激措施,其中,扩大内需就是各国刺激经济增长的重点。鉴于历史经验,包括经济发达国家刺激消费需求、鼓励中小企业投资和促进高科技产业发展的税收政策,在以前的文献中已多有阐述,本报告限于篇幅,不再赘述。本报告主要就国外针对本次全球性金融危机而采取的税收应对措施作一简要比较。

(一) 国外扩大内需的主要税收措施

从各国采取的刺激内需的税收措施看,主要体现在以下七个方面:

一是通过降低个人所得税税负,增加居民可支配收入。如美国在奥巴马政府出台的7870亿美元规模的经济刺激法案中,就规定在2009和2010税收年度,给予每个美国居民纳税人每年不超过400美元(每个家庭不超过800美元)的薪酬抵免;英国在2008~2009年度将个人所得税基本扣除标准提高了440英镑;德国在2009年和2010年分别提高个人所得税免征额170欧元,并调整了税率表;加拿大2009年1月1日起个人所得税基本扣除额由原来的9600加元提高到10320加元,并扩大15%、22%两档低税率的适用范围。

二是通过降低公司所得税税负,鼓励企业投资。如美国对企业2009年新购置资产给予特别扣除,小企业在2008年度和2009年度发生的经营亏损可以往前结转5年;日本从2009年4月1日起至2011年3月31日止,对年所得不超过800万日元的中小型企业的公司所得税税率从22%降为18%,同时从2009年度起允许中小型企业的净亏损往前结转;英国除推迟提高小公

司适用的优惠税率外，还延长公司亏损往前结转的期限，即对
2008～2009年度产生的经营亏损允许往前结转的年限由原来的
1年可以有条件地延长到3年；澳大利亚规定在2008年12月13
日至2009年6月30日购买符合条件的资产，按投资额的30%
给予税收抵免，在2009年7月1日至2010年12月31日期间购
买的资产，按投资额的10%给予税收抵免；马来西亚规定在
2009和2010征收年度内，不超过100000林吉特的亏损允许往
前结转1年，在2009年3月10日至2010年12月31日期间对
购置所有设备、厂房的，都允许分2年全额折旧。

三是调整房地产税收，振兴房地产市场。如美国放宽首次
购房税收抵免条件，并延长优惠期限；日本延长住房贷款税收
抵免优惠期5年，并提高抵免限额标准；加拿大从2009年1月
27日起首次购买符合条件的住房，可以定额享受5000加元的税
收抵免，符合条件的个人还可以享受不超过750加元的联邦税
减免，对2009年住宅翻新的还给予临时税收抵免，即：在2009
年1月27日至年底期间的符合条件的住房翻新支出，按15%比
例给予税收抵免，但抵免额最高不超过1350加元；马来西亚对
2009年3月10日至2010年12月31日期间购置的住房，其前三
年的贷款利息支出允许在个人所得税前扣除；泰国在2009年1
月20日出台的经济刺激措施中，允许购房者可以税前扣除30万
泰铢的本金和10万泰铢的利息支出。

四是通过公司所得税优惠促进就业。如美国对在2009年度
和2010年度新招聘越南老兵和16～24岁无业青年的企业给予就
业优惠。马来西亚规定在2009年3月10日至2010年12月31
日期间，招聘符合条件的本国失业人员就业的企业，其工薪支
出允许在税前双倍扣除，但每人的扣除额不超过10000林吉特，
且限于12个月内。

五是降低社会保障税，改进消费环境。如英国提高社会保
障税免征和减征收入额的上、下限；德国2009年7月1日起降

低医疗保障税税率。

六是降低货物和劳务的税负，提升居民消费意愿。如英国临时降低增值税标准税率以刺激消费：从 2008 年 12 月 1 日起至 2009 年 12 月 31 日止，增值税标准税率从 17.5% 临时降到 15%（欧盟规定的增值税标准税率的最低限），2010 年 1 月 1 日起再恢复到原来的 17.5%。

七是鼓励环保。如美国实行或提高多项税收抵免优惠，以鼓励清洁能源的投资和节能减排行为，包括再生能源投资抵免、充电机动车抵免、延长利用再生能源发电的税收抵免期限、提高居民节能住宅抵免、调整二氧化碳减排抵免等，此外，对购买符合条件的节能环保型机动车允许在计征州税和联邦消费税时提高扣除额；日本对达到高环境标准的汽车实施临时减税，2 年内对节能或新能源设施的投资给予当年全额折旧扣除优惠；德国 2009 年 7 月起机动车税改按二氧化碳排放水平征税，而且从 2013 年起将逐步提高其税率，以鼓励发展低碳排放机动车。

（二）国外扩大内需税收政策的主要特点

从上述各国采取的主要税收措施可以看出，各国既有差异，也有共性。如果从经济刺激措施的总体角度看，刺激内需的税收措施具有以下几个方面的特点，值得我们关注：

第一，从税收政策的作用看，各国在应对经济危机中除加大财政支出规模以外，都十分注重税收政策的运用，通过减税以刺激经济增长几乎成为各国一致的政策选择。但各国财税政策的侧重点有所不同，有的侧重于财政支出政策；有的则财政支出政策与税收政策并重，运用多项减税措施以刺激消费和减轻企业负担；有的则专门出台减税刺激方案。

第二，从税收政策的目标看，各国都普遍注重围绕扩大内需出台相应的税收刺激政策，政策的作用点主要集中在刺激消费、扩大投资和增加就业等方面。在刺激消费需求方面，既重视提高居民消费能力，也重视住房、汽车等消费热点的培育。

第三，从政策涉及的税种看，主要集中在公司所得税和个人所得税方面，以减轻企业和居民的税收负担，但也涉及增值税、社会保障税等税种。

第四，从政策执行的期限看，金融危机的突发性，使得各国的许多税收应对之策也具有临时性特征，一些国家在出台税收减免措施时，往往有明确的政策实施期限。

第五，从政策实施的力度看，各国减税规模虽然大小不一，但总体看，多数国家减税额度占未来减税政策实施期内税收收入（不含社保缴款）的比重基本保持在 5%～10% 之间。

第六，从税收政策内容和财政收支平衡的角度看，以减税为主，但一些国家为缓解减税带来的财政压力，也兼顾增税措施的安排，如英国提高了烟、酒消费税率，并将逐步提高燃油消费税的税负；德国对机动车除改按碳排放水平征税以外，也将从 2013 年起逐步提高税率；美国为压缩财政赤字，在 2010 财年预算案中也计划对中高收入者增税；日本首相也曾表示在经济步入正常发展后将考虑提高其消费税（增值税性质）的税率。有些国家则更加注重压缩政府开支，以减轻未来年度预算平衡的压力。

第七，重视节能环保，强调发展低碳经济。许多国家为刺激经济恢复发展，在财政支出方面除增加公共服务投资和提高生活补贴标准外，特别强调加大环保投入，鼓励低碳经济的发展，在税收政策方面也非常重视对节能环保的鼓励和引导。

四、我国扩大内需的现行税收政策

为了抵御国际经济环境对我国的不利影响，防止经济增速过快下滑和出现大的波动，从 2008 年 9 月至今，党中央、国务院对宏观经济政策做出了重大调整，实施积极的财政政策和适度宽松的货币政策。

1. 货币政策：放松信贷

以放松信贷为导向，增加货币流动性，解决企业的资金短缺。主要措施包括：

（1）2008年9月15日央行六年来首次下调贷款利率；

（2）2008年10月8日央行再降存款准备金率和存贷款基准利率；

（3）2008年10月23日加大对中小企业信贷支持发展贷款公司；

（4）2008年10月29日央行再次降息配合全球救市计划；

（5）2008年11月11日央行五大措施为信贷市场松闸；

（6）2008年11月27日央行再降息1.08个百分点、准备金率降1个百分点。

2. 财政政策：扩大财政支出规模

除采取多项税收政策以外（后述），还通过多种方式扩大财政支出规模，刺激经济发展，这些措施主要包括：

（1）2008年10月20日一揽子惠农政策出台，大幅提高粮食最低收购价；

（2）2008年10月22日全面拯救楼市组合拳出台；

（3）2008年10月24日国务院批复2万亿元铁路投资以扩大内需；

（4）2008年11月9日国务院出台扩内需十项措施，确定4万亿元投资计划；

（5）随后，中央转发了国家发展改革委关于当前进一步扩大内需促进经济增长的十项措施，决定在2008年第四季度新增1000亿元中央投资，加快建设保障性安居工程，扩大农村危房改造试点、加快农村基础设施建设、加快铁路、公路和机场等重大基础设施建设、加快医疗卫生、文化教育事业发展、加强生态环境建设、加快自主创新和结构调整、加快地震灾区灾后重建各项工作、提高城乡居民收入、在全国所有地区、所有行业全面实施增值税转型改革、加大金融对经济增长的支持力度等。在这 1000 亿元涉及的建设工程，在今后两年中大体需要 4 万亿元投资。根据现行的投资体制和投资资金安排的方案，需要中央投资 11800 亿元。这 4 万亿元投资分配如下：保障性安居工程 2800 亿元，农村民生工程和农村基础设施大体 3700 亿元，铁路、公路、机场、城乡电网 18000 亿元，医疗卫生、文化教育事业 400 亿元，生态环境投资 3500 亿元，自主创新结构调整 1600 亿元，灾后恢复重建 1 万亿元。中央 4 万亿元投资实际上只是全社会投资的一部分。2008 年全社会总投资超过了 13 万亿元，2009 年将超过 17 万亿元，2010 年将达到 20 万亿元左右。

3. 税收政策

配合财政支出政策，还出台了一系列税收政策：

(1) 货物和劳务税税收政策的调整

①全面实行增值税转型。从 2009 年 1 月 1 日起，在全国所有地区、所有行业的增值税一般纳税人中全面推行增值税转型改革，企业新增机器设备类固定资产所含的进项增值税税金可以抵扣，预计减轻机器设备投资的税收负担约 1200 亿元。这项政策，有利于刺激企业设备投资和技术改造，促进企业产业升级换代和产品结构调整。

在增值税转型改革的同时，将不能抵扣固定资产进项税款的增值税小规模纳税人征收率由工业企业 6%、商业企业 4%，统一降低至 3%，预计减税 150 亿元。

②对证券公司缴纳证券投资者保护基金免征营业税。

③调整房地产交易营业税：规定从 2009 年 1 月 1 日起到 12 月 31 日止，对个人转让普通住房免征营业税的持有年限标准由 5 年降低为 2 年，对不足 2 年转让的，由按转让收入全额征税，改为按转让收入减购买原价的差额征税，对个人转让非普通住房按差额征税的持有年限标准，也由原来 5 年降低至 2 年。这些政策的调整，有利于活跃住房交易市场，促进房地产市场的健康发展。

④调整汽车消费：规定从 2009 年 1 月 20 日起至 2009 年年底，对购买排气量 1.6 升以下机动车，由 10% 减按 5% 征收车辆购置税。拉开了国家对汽车、钢铁、船舶、纺织、装备制造、电子信息、房地产等十大产业调整和振兴税收政策的序幕。

（2）所得税税收政策的调整

①在促进居民可支配收入增加方面，继个人所得税工资薪金所得费用扣除由每月 1600 元提高至 2000 元后，将储蓄存款利息个人所得税税率先由 20% 降至 5%，而后暂停征收，两项合计约减税 350 亿元。

②对证券市场个人投资者取得证券交易结算资金利息所得，暂免征收个人所得税。

③提高对证券公司缴纳证券投资者保护基金可享受企业所得税税前扣除的标准。

（3）出口退税税收政策的调整

2008 年下半年以来，连续五次较大范围地调整了出口退税政策，先后提高了纺织品、服装、玩具、橡胶制品、林产品、有色金属加工品、部分化工制品等劳动密集型产品以及机电产品和其他受国际金融危机影响较大产品的出口退税率，涉及的商品种类上万余种。根据 2008 年出口静态数据大致估算，五次调整出口退税政策累计增加出口退税额 1000 亿元左右。2008 年出口退税 5866 亿元，比 2007 年增加 593 亿元。此外，从 2009 年 4 月 1 日起又一次提高出口退税率。

（4）消费税税收政策的调整

成功实施了成品油消费税制度改革，在取消养路费等部分道路交通收费的基础上，提高了成品油消费税单位税额标准。

（5）其他税种税收政策的调整

①在促进住房消费方面，从 2008 年 11 月 1 日起，对个人首次购买 90 平方米及以下普通住房的契税税率统一下调至 1%，对个人销售或购买住房暂免征收印花税，个人销售住房暂免征

收土地增值税；

②将证券交易印花税税率先由 3‰ 降低至 1‰，而后由对买卖双方征收改为向卖方单边征收，政策的调整减少税收约 300 亿元。

如前所述，金融危机对我国经济影响是由外部因素所引发的，同时暴露了我国经济深层次的内部因素。这些内部因素是我国经济运行过程中长期所积累起来的结构性失衡在全球金融危机背景下的集中暴露。如：内外需结构失衡所形成的外向型经济比重过大，造成了实体经济对外部市场的过度依赖；投资与消费结构失衡所形成的消费不振，导致了外部需求的萎缩难以通过内需扩大来有效弥补；收入分配结构失衡所形成的贫富差距扩大和储蓄率偏高，进一步助长了投资和出口扩张，经济的对外依赖程度和消费需求不足的状况因此更为加剧。

因此，在应对危机过程中，既要着眼于外因的防范，更要立足于内因的解决，既要注重虚拟经济的稳定运行，更要强调实体经济的结构优化。税收政策的运用有必要突出以结构调节为主线，着力促进我国经济所面临的重大结构性矛盾的缓解和解决。而国务院采取的这一系列财税政策和货币政策在很大程度上体现了这种要求，并收到了积极效果，如图 2 所示，经济在 2009 年第二季度已有触底反弹的态势。但这是财政、税收政策和货币政策共同作用的结果，而且，从某种程度上说，主要是财政支出政策和宽松的货币政策影响的结果，因为从 2009 年年初开始，我国城镇固定资产投资增速大幅提高（见图 4）。从上述税收政策的内容来说，汽车消费税的调整确实是我国车市火爆的重要因素，而房地产交易营业税、契税的调整，也确实降低了房地产交易成本，有利于房地产市场的稳定，而个人所得税费用扣除标准的提高和暂停征收利息所得税也自然减轻了个人纳税人的税收负担，特别是增值税转型改革和下调征收率，从长期看对规范税制、鼓励中小企业发展和固定资产投资都具有重要意义。更重要的是，2008年企业所得税制改革，对内外资企业实行统一征税，并大幅降低税率，调整优惠政策，大大优化了企业经营的税收环境。但即使如此，从整个税制背景来看，结合我国内需不足的现实原因，现行税收政策在扩大内需方面，尚存在诸多的不足，需要进一步改进。

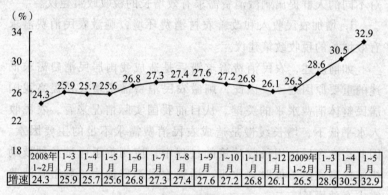

（%）														
	2008年 1~2月	1~3 月	1~4 月	1~5 月	1~6 月	1~7 月	1~8 月	1~9 月	1~10 月	1~11 月	1~12 月	2009年 1~2月	1~3 月	1~4 月	1~5 月
增速	24.3	25.9	25.7	25.6	26.8	27.3	27.4	27.6	27.2	26.8	26.1	26.5	28.6	30.5	32.9

资料来源：同图 1。

图 4　2008 年以来城镇固定资产投资累计增速

五、扩大内需的税收政策建议

从短期看，在经济下滑、失业增多、需求减弱的危机时期，减税优惠和增收激励的政策资源应当优先用于解决失业和刺激消费问题，尤其应当对具有扩大就业功能的广大中小企业给予政策支持。从长期看，则应通过税制改革不断完善税制，合理引导投资和消费，特别是要重视高新技术产业的发展，通过技术进步促进产业结构优化和转变经济发展方式，以实现经济的可持续发展。

（一）促进消费需求的税收政策建议

当前我国正处在一个经济快速增长、社会阶层不断分化的过程中，不同群体间的消费差异较大。因此，在今后运用税收政策刺激我国消费需求增长的过程中，应针对不同的消费群体，采取差别化的措施来刺激不同地区不同阶层城乡居民的消费需求有效增长。下面将在我国居民划分为农村居民、城镇低收入人群、城镇中等收入人群、城镇高收入人群的基础上，分别针对不同的人群提出刺激消费需求有效增长的税收政策建议。

1. 增加农民收入和改善农村消费环境，刺激农民消费需求有效增长的税收政策建议。

如前所述，农民消费需求滞后是造成我国居民消费需求低迷的重要原因之一。因此，刺激农民消费需求增长是提高我国居民整体消费水平的关键。从目前我国实际情况来看，农民收入水平低下，增长缓慢是造成农民消费需求不足的主要因素。因此，在今后运用税收政策的过程中，应侧重于通过各种鼓励措施提高农民整体收入水平，增强农民消费能力，刺激其消费需求有效增长。

（1）实行农业生产资料增值税退税和农业直接补贴相结合，降低农民生产成本，增加农民农业生产收入。近年来我国农业生产资料价格的不断上涨使得农民生产成本不断提高，在种粮农价未升的情况下，种粮农民实际上是减收了。虽然我国目前对农业生产资料，如饲料、农膜、农机具、化肥、农药、种子等等，从生产到销售环节都实行减免税政策，但实际上真正获利的是生产厂家或经销商，农业生产资料水涨船高，农民并没有真正得到实惠。同时，目前我国增值税税法规定，农业生产者销售的自产农业产品免征增值税。但是因为实施这一政策，农民购进的农业生产资料所含税金亦无法抵扣（因为他们销售的是免税产品）。在实际经济生活中，农民在购置生产资料上的增值税无法抵扣，农资价格上涨会直接导致成本涨价而无法退税，最终导致农民收益的减少。

考虑到当前我国通过对农业生产资料企业减免增值税来间

接补贴农民的政策效果不明显，建议今后对农业生产资料企业的增值税不再实行减免，而是按规定的税率恢复进行征税。与此同时，对国家因恢复对农业生产资料企业征税而增加的税收收入，一方面可通过实行农产品"零税率"的办法，将农民购买的生产资料负担的进项税金，通过农民年终填表的方式进行增值税退税；另一方面可将增加的一部分税收收入通过粮食直补、良种补贴以及农资综合补贴的方式直接补贴给种粮农民。通过实行上述农业生产资料增值税退税和农业直接补贴相结合的方式，切实降低农民所承担的农业生产资料成本，起到真正的惠农作用，实现增加农民农业生产收入的目的。

（2）对农产品深加工业给予税收扶持，带动农户积极参与产业化经营，增加农民农业经营收入。农产品深加工是调整农村产业结构，实现农业产业化经营的重要途径，也是发展农村经济、提高农民经营收入的有效形式。为促进现代农业经营体制的创新，鼓励"公司＋农户"经营形式，税收政策可从以下两个方面入手来扶持农产品深加工业：首先，对农产品深加工业给予增值税扶持。对国家级农业产业重点龙头企业从事种植业、养殖业和农林产品、研究开发新产品、新技术、新工艺产品，增值税可以实行在三年内适当减免的税收政策。同时，建议对农民和乡镇企业对农产品进行深加工取得的收入，免征增值税。其次，对农产品深加工业给予企业所得税扶持。在保持原有的对国家农业产业化重点龙头企业税收优惠政策的基础上，对其他的农产品深加工企业也应实施企业税收优惠政策。可考虑对所有新办农产品深加工企业给予免征企业所得税三年至五年的优惠；对农产品深加工企业年利润在100万元以下的，在企业所得税税率上予以优惠，可以考虑优惠税率为10%～15%。只有对所有农产品深加工企业给予税收优惠，促进农产品深加工企业的发展，才能真正实现农业产业化经营，提高农民农业经营收入。

(3) 对农民工（含失地农民）从事非农产业给予税收照顾，使其享有公平的就业环境，保障农民工资性收入。目前税收在对农民工的就业政策上还是不自觉地存在着歧视。比如企业吸收国有企业下岗职工再就业，或下岗职工自谋职业，有许多政策优惠，包括税收优惠，而众多的农村富余劳动力（含失地农民）在非农产业再就业，或自谋职业，对企业或就业者本人没有相关政策优惠。从公平角度出发，对农村富余劳动力向非农产业转移的，应比照城市对下岗再就业人员的政策优惠，给予类似的税收照顾。

(4) 充分发挥税收政策在改善农民消费外部环境方面的重要作用，引导农民扩大消费。首先，实施促进区域外、产业外资本投资农业、农村基础设施的税收政策。健全完善农村基础设施及其配套工程，不仅有利于改善农村生产环境，而且对农民消费需求增长也有明显的刺激作用。政府应通过实施财税优惠政策、提供信息和各种便利，鼓励引导产业外、区域外资本进入农业和农村。其次，对农村用电给予税收优惠，鼓励农民扩大生活家电消费。可以考虑对农村用电实行新的"同网不同价"，即通过政府财政给予电力供应商（包括农村小水电）以增值税优惠或提供补贴，可考虑 5～10 年的定期减免或减半征收，促使他们降低对农村市场提供的电价，进而降低农民的生产生活成本，鼓励农民扩大生活家电消费。

2. 扩大城镇低收入人群就业，刺激城镇低收入人群消费需求有效增长的税收政策建议。

低收入人群是指在一定地域和时段范围内，平均收入水平处于低端的一定区间的人群。根据《中国统计年鉴（2008）》的数据，2007 年人均可支配收入在 6504 元以下的居民可划为低收入人群。目前我国城镇部分下岗职工、困难企业退休职工和在业贫困职工都属于低收入人群。没有稳定的收入来源保障是制约城镇低收入人群收入提高的主要原因。因此，增加就业是提高城镇低收入人群收入水平的重要措施。在今后运用税收政策的过程中，应侧重于通过各种鼓励措施提高低收入人群就业率，增加低收入人群的持久收入水平，刺激其消费需求有效增长。

（1）加大税收政策扶持中小企业发展力度，形成新增就业能力。

（2）扩大鼓励城镇下岗失业人员再就业的税收优惠政策，提高下岗失业人员再就业率。目前国家税务总局为鼓励和扶持下岗失业人员自谋职业、自主创业，促进企业积极吸纳下岗失业人员，分别制定了三类税收优惠政策，但是优惠对象范围不够大，优惠力度不够大，作用发挥还不十分明显。今后应进一步扩大鼓励城镇下岗失业人员再就业的税收优惠，提高下岗失业人员的再就业率。

3. 增强中等收入人群消费意愿，刺激中等收入人群消费需求有效增长的税收政策建议。

中等收入人群是指在一定地域和时段范围内，平均收入水平处于中端的一定区间的人群。根据《中国统计年鉴（2008）》的数据，2007 年人均可支配收入在 8900 元至 16385 元之间的居民可划为中等收入人群。目前我国城镇大部分行政事业单位职工、企业职工等工薪人员都属于中等收入人群。从中等收入人群的消费特征来看，中等收入者的收入基本稳定，具有较强的消费能力，同时其边际消费倾向也大于高收入阶层，因此，中等收入人群一直是社会消费的主体，他们的消费行为对我国整体消费状况的影响是最大的。在今后运用税收政策的过程中，应侧重于通过进行各种税制改革调节中等收入人群的未来收支不确定预期，增强中等收入人群的消费意愿，刺激其消费需求有效增长。

（1）完善个人所得税制，优化收入分配结构，增强中等收入人群未来收入预期。目前我国还没有建立以具有个人收入调节功能的税收为主体的税收体系，税收调节收入分配差距的作用非常有限。特别是我国个人所得税的征管制度也不够健全，有许多待改革与完善之处，这也大大地制约了中等收入人群对未来收入增长的预期。今后应通过完善个人所得税制，实施综合与分类相结合的个人所得税制模式，进一步完善费用扣除标准，调整累进税率，优化收入分配结构，增强中等收入人群未来收入预期，促进其消费需求的增长。此外，建议取消对股息、红利征收的个人所得税，适当增加中等收入人群的财产性收入。消除经济性重复征税，鼓励个人投资，增加居民的财产性收入。

（2）开征社会保障税，消除居民的后顾之忧，降低中等收入人群未来支出预期。我国目前没有开征社会保障税，虽然各地在征收社会保障费，但与目前世界上普遍开征社会保障税相比，存在征收职能软化、监督管理无力、效率低下和社会保障覆盖面窄等问题。现行社会保障资金的筹集主要采用由各地区、各部门、各行业自行制定具体筹资办法和比率的方式，缺乏应有的法律保障，使得我国社会保障资金的来源缺乏应有的保障，其资金管理和收支平衡也存在巨大的困难。因此，今后我国也应根据"贡献与受益对等"的原则，开征社会保障税，建立专门的社会保障预算，稳定社会保障的资金来源，扩大社会保障的受益范围，从制度上解除居民的后顾之忧。

（3）充分发挥税收在推动消费热点方面的作用，提高中等收入人群的边际消费倾向。近年来，随着居民消费观念的更新和消费结构的升级，消费品由万元级向十万元级升级，住房、汽车等消费热点在向大城市家庭中普及并进一步向中等收入人群扩散，而现行的税收政策在促进这些消费上几乎没有大的作为。例如，在汽车消费方面，当前对汽车生产环节征收17%的增值税。在消费环节按不同车种排气量的大小设置了7档消费税税率。此外，还要征收10%的车辆购置税。再加上城建税等附加税费，汽车购销双方需要负担额外的流转税成本在33%左右，税负过高不但制约我国汽车产业发展，也制约居民汽车消费能力。又比如，在住房消费方面，目前我国房地产税收集中在建设的增量方面，即在房产的流通交易环节设置了主要的税种，而在房地产的保有期间设计的税种非常少，房地产存量税源没有得到充分利用，缺少税收对存量财产的调节。由于目前房地产流通环节税费过于集中，势必增加新建商品房的开发成本，从而带动整个市场价格的上扬，提高了居民购房的门槛，抑制居民的住房需求。同时由于保有环节税负过低，一定程度上助长了投机、炒房现象，造成房价过高，更加不利于满足居民购房需求。

目前我国以住房、汽车为主要标志的新一轮消费正在逐步启动。因此，今后我国充分发挥税收在推动消费热点方面的作用，以此来提高中等收入人群的边际消费倾向，刺激中等收入人群消费需求的增长。在房地产税收政策方面，建议开征物业税，同时取消房地产开发建设环节设置的各种乱收费项目，规范房地产税收；在汽车消费税收政策方面，2009年我国已调整了燃油消费税政策，并相应取消了在使用汽车阶段养路费。在此基础上，建议对个人第一次购车的，可暂免征收车辆购置税，第二次购车的则减半征税；对个人购买新的汽车，第一年可免征车船税，第二年可享受减半征税。通过上述措施进一步降低居民在购车和使用阶段的税收负担，促进汽车消费热点需求的增长。

4. 优化高收入人群消费环境，刺激高收入人群消费需求有效增长的税收政策建议。

高收入人群是指在一定地域和时段范围内，平均收入水平处于高端的一定区间的人群。根据《中国统计年鉴（2008）》的数据，2007年人均可支配收入在36500元以上的居民可划为高收入人群。目前我国城镇私营企业主、个人独资企业和合伙企业投资者、个体工商大户、企事业单位的管理人员、董事会成员等都属于高收入人群。从高收入人群的消费特征来看，高收入者的消费能力强，但其边际消费倾向是所有人群中最低的。刺激高收入人群消费需求的关键在于优化其消费环境。在今后运用税收政策的过程中，应通过增加消费品种，拓展消费领域，优化高收入人群消费环境，引导高收入人群形成绿色、健康、可持续的消费观念，促进其消费需求有效增长。

（1）运用税收政策扶持企业开发新产品和拓展新兴服务业，激发高收入人群的潜在消费能力。

（2）尽快开征遗产税和赠与税，刺激高收入者即期消费的增长。

（3）进一步调整和完善消费税，引导高收入人群引导消费者形成绿色、健康、可持续的消费理念。

我国现行的消费税从 1994 年起开征，在 2006 年进行消费税政策调整后，征税范围为 14 类消费品。但目前诸多高收入人群进行的新兴奢侈性消费行为，例如高档音响设备、高档摄像器材、高档家具、高档装修材料、高消费场所、高档旅游娱乐项目等，却游离在征税范围外，没有得到消费税应有的调节。建议随着今后经济形势调整消费税征税范围，将高档别墅、高价宴席、名贵宠物等商品，高尔夫球、保龄球、桑拿洗浴等特殊消费行为，纳入消费税征收范围，同时适当调高烟酒、汽油、柴油的消费税税率。通过进一步调整和完善消费税，引导高收入人群形成绿色、健康、可持续的消费理念。

此外，应加强扩大内需税收政策的具体实施与管理。目前，我国已采取了一系列扩大内需，稳定经济发展的税收措施，并收到了一定的效果，但在税收政策特别是税收减免优惠政策的具体实施与管理方面还存在明显的不足。主要是税务部门侧重于减税措施及优惠政策的申请是否合理、合法的审批，忽视对减免优惠税款的使用、管理、监督。纳税人则更多关心如何享受优惠和降低税负,而对减免税款的使用是否符合减免的用途,是否科学、合理则关心的不够。这一方面可能会造成优惠措施得不到有效落实,符合条件的纳税人不能及时足量地享受到税收优惠,从而影响优惠政策的实施效果;另一方面对减免税款的使用缺乏后续监督和管理,大量减免优惠税款不按减免优惠的用途使用,不仅失去了减免优惠的意义,也达不到恢复发展生产的目的。在我国财政收支矛盾十分紧张情况下,如何在科学发展观指导下,正确、合理地落实减税政策和节约、有效地使用减免税款,积极发挥减免税款的调节效应,为扩大内需、保增长服务好,为经济平稳较快发展做出贡献,是当前最需要重视的问题。因此建议加强对企业税收减免的管理。根据马克思的再生产理论,企业税收减免可以分为两类:一类属于恢复简单再生产的困难减免,这类减免的目的是帮助纳税人渡过暂时困难,恢复维持简单再生产;另一类则属于扩大再生产的扶持性减免,这类减免的目的是帮助纳税人扩大再生产,发展生产力,满足社会日益增长的需要,又为国家涵养新的税源。加强减免税管理就是要根据优惠的不同类型,依法用好减免税优惠政策,对符合优惠条件的,要依法"及时、准确、足额"地让纳税人享受到优惠。特别是新企业所得税法实施以后,要认真贯彻新税法的精神,鼓励企业将享受的优惠积极用于投资,用于调整产业、产品结构,增强企业在市场的竞争力,加快企业发展壮大。

（二）促进企业投资的税收政策建议

如前所述,促进投资需求的重点在于引导和鼓励民间投资,特别是鼓励中小企业的发展,同时,从长期看,要注重科技投入,优先发展高科技产业,促进经济发展方式的转变。因此,这里对如何促进中小企业和高新技术企业发展的税收政策提出若干建议。

1. 促进中小企业发展的税收政策

改革开放以来，我国对中小企业实行了一些税收优惠政策，促进了中小企业的发展。尤其是近几年，我国加快了税制改革步伐，颁布实施了新企业所得税法，增值税转型改革顺利出台，陆续调整了企业所得税和增值税优惠政策，尽管这些政策不是为中小企业专门制定的，但从受益主体来看，大部分中小企业得到了实惠。

（1）企业所得税优惠政策。除新企业所得税法为所有企业提供了更加规范和公平的税收环境，并有针对性地实行了一些产业导向型的税收优惠，如研究开发费用的超额扣除、有关节能环保的优惠、创业投资扣除等等，都能惠及中小企业以外，还专门对符合条件的小型微利企业实行20%的优惠税率。创业投资企业投资于中小高新企业，《中华人民共和国企业所得税法实施条例》第九十七条规定，创业投资企业采取股权投资方式投资于未上市的中小高新技术企业2年以上的，可以按照其投资额的70%在股权持有满2年的当年抵扣该创业投资企业的应纳税所得额；当年不足抵扣的，可以在以后纳税年度结转抵扣。

（2）增值税优惠政策。从2009年1月1日起，在全国范围内实施增值税转型改革，并降低征收率至3%，这无论是对一般纳税人还是小规模纳税人来说，都是一个减轻税收负担的重大利好。

（3）营业税政策。符合条件的中小企业信用担保机构、再担保机构，从事中小企业担保业务取得的收入，免征3年营业税。

（4）鼓励再就业优惠政策：中小企业是创造就业机会的主体，因此，鼓励就业的税收政策对中小企业意义重大。现行鼓励就业和再就业的税收政策主要包括三个方面：

第一，对下岗失业人员从事个体经营的三年内给予免征营业税、城市维护建设税、教育费附加和个人所得税，并免收税务登记工本费。对持再就业优惠证人员从事个体经营的，按每户每年 8000 元限额，依次扣减其当年应缴纳的营业税、城市维护建设税、教育费附加和个人所得税。对自主择业、转业干部从事个体经营的，自领取税务登记证之日起三年内给予免征营业税和个人所得税。

第二，对商贸企业，服务型企业（除广告业、房屋中介、典当、桑拿、按摩、氧吧外），劳动就业服务企业中加工型企业和街道社区加工性质小型企业实体，因招收下岗就业人员享受税收定额扣减优惠政策，每人每年扣减 4000 元。因各省市（直辖市）、自治区经济发展水平不同，可在 4000 元基础上，上下浮动 20%。北京市规定每人每年扣减额为 4800 元。由过去安置下岗就业人员比例优惠减免改进为按安置就业人员定额减免，安排人员多的，多给；安排人员少的，少给；不安排的，不给。鼓励企业多安排，并将减免期限延长到 2009 年 12 月底。

第三，对国有大中型企业通过主辅分离和改置分流安置本企业富余人员举办经济实体，符合条件的（从事金融保险业、邮电运输业、娱乐业、销售不动产、转让土地使用权、广告业、桑拿、按摩业、氧吧业、从事建筑承包业除外），三年内给予免征所得税。

上述优惠政策，对当前促进中小企业发展起到了重要作用，但在总体上还没有把支持中小企业的发展提到应有的战略高度，现行的税制和征管对中小企业还存有一定的限制和歧视，加上我国中小企业的非税负担普遍较重，这些都影响到中小企业的持续快速健康发展，主要表现在：

第一，现行税制对中小企业存在限制和歧视。如增值税把纳税人分为一般纳税人和小规模纳税人两类，对于达不到销售额标准的小企业，虽然名义上只要会计核算健全，也可以申请认定为一般纳税人，但现实征管中往往会被"一刀切"。再如在安置就业的税收政策方面，现行优惠政策对象仅限于符合条件的商贸企业、服务型企业等，而不是所有企业，安置对象仅限于下岗失业人员，而没有考虑农民工和大中专毕业生等群体，这些人员都是中小企业招用的主要对象，也是新形势下急需解决的就业人员。此外，新企业所得税法取消了新办三产企业的优惠政策，这不利于为小企业的发展，因为大部分新办企业都是中小企业。

第二，现行征管上对中小企业也存有不公现象。一是核定征收办法对中小企业不利。《税收征管法》规定，纳税人不设置账簿或账目混乱或申报的计税依据明显偏低的，税务机关有权采取核定征收的办法。由于国家对核定征收条件的规定定性多、定量少，没有量化的标准，在实践中，部分地区往往采取"一刀切"的办法，即在一定规模以下的中小企业，无论企业是否设置账簿，不管财务是否健全，都采取核定征收的办法；有的甚至不管企业有无利润，一律按核定税款征收。这些做法无法反映企业实际经营状况，造成税负不均，应纳税款与实纳税款严重脱节，加重了中小企业的税收负担。而且，国家税务总局《企业所得税核定征收办法》制定的行业"应税所得率"也明显偏高，不符合中小企业薄利多销、利润率低的实际。二是纳税信用等级评定机制对中小企业不公。在纳税信用 A 级企业的评定中，普遍存在重规模企业轻中小企业的现象。三是对中小企业的征管理念上重处罚轻服务的现象比较突出。

第三，中小企业的非税负担偏重。我国目前税外收费现象仍然严重，不合理的收费、摊派、集资、罚款等严重冲击了税收调节分配的主导地位，形成税费不分、以费挤税、以费代税、费强税弱的不正常局面，既弱化了税收的刚性，又增加了企业负担。而我国中小企业自身承受能力和自我保护能力普遍较弱，面临着种种摊派难承受、推销商品难拒绝、各种检查难应付、转嫁费用难招架的窘迫境地，繁重的税外负担（费），加大了中小企业的运行成本和生存困难。

鉴于上述存在的问题，我们认为，应根据《中华人民共和国中小企业促进法》在"税收政策上支持和鼓励中小企业的创立和发展"的原则规定，在税收政策和征管上采取进一步鼓励措施，以促进中小企业的健康发展：

第一，调整和完善中小企业税收政策：在增值税方面，应依法认定一般纳税人资格，对于销售规模达不到标准，但财务会计核算健全的企业应允许认定为一般纳税人；同时建议增值税起征点的规定可能对企业适用，并适当提高起征点标准。在税收优惠方面，建议把现行安置就业的优惠政策对象扩大到所有符合条件（即安置就业人员达到一定比例）的企业，而不是仅限于商贸企业、服务型企业，安置对象也扩大到下岗失业人员、农民工、大中专毕业生和退伍军人等社会就业的重点对象；建议恢复新办三产企业定期减免税政策，并适当扩大范围，对当前要重点扶持的科技型中小企业、就业型中小企业、服务型中小企业、特色型中小企业和外向型中小企业也给予定期减免的优惠政策；允许中小企业适当提高利息支出的税前扣除标准；建议考虑进一步降低小型微利企业适用的企业所得税优惠税率，譬如说降至15%；借鉴美国等的做法，可以考虑2008年至2010年期间因受金融危机影响而产生亏损的中小企业，准予用以前年度的利润弥补亏损；可以考虑允许中小企业在税前建立风险投资基金、科技研发基金。

第二，应完善中小企业税收征管制度，提高纳税服务质量。一是改进对中小企业的征收方法，已经建账建制的中小企业，应积极扩大查账征收的面，尽量缩小核定征收的比重，同时，核定征收的应税所得率和应纳税款，一定要通过调查、实事求是地核定，以维护中小企业的合法权益。二是纠正在税收服务上"重大轻小"倾向。简化中小企业纳税申报程序和纳税申报附送的资料，节省纳税时间和纳税成本。加强对中小企业的税收宣传和纳税辅导，及时为中小企业办理税务登记、一般纳税人认定、发票购买等涉税事宜。尤其要创造条件，为那些财务管理和经营管理水平相对滞后的中小企业，提供建账建制和电算化管理方面的指导和信息、培训、企业发展分析等服务。提高服务质量和工作效率，减少企业申报纳税时间和纳税成本。发挥中介服务机构的作用，积极推行对中小企业的税务代理，降低纳税成本。三是规范纳税信用等级评定管理和纳税信用等级制度。改变纳税信用评定"盯大户"的现象，按照公平、公正、透明的原则开展纳税信用等级评定工作，对大企业和中小企业一视同仁。四是加强中小企业税源监控。在注重保护中小纳税人权益和为中小纳税人服务的同时，还应从中小企业不同经营方式和组织方式的实际出发，加强对中小企业的户籍管理和税源监控，强化责任制，因地制宜实行分类管理，及时掌握中小企业经营情况、核算方式和税源变化情况，把优化服务和强化管理结合起来，促使中小企业在提高管理水平和经济效益基础上，提高税收贡献率。

第三，减轻中小企业非税负担。取消非规范的制度外收费，对巧立名目设置的违规收费项目、重复收费项目、擅自扩大的收费项目坚决取缔。加快税费改革步伐，费改税应尽量不增加新的税种，尽量利用现有税种，通过增设品目，调整税率，达到预定目的。规范政府行政行为和收入机制，公布收费项目和标准，严禁违规收费，明确国家机关提供的公共服务一律不能收费，加强对公用部门监督和检查，禁止公用部门利用自己的垄断地位侵害企业利益，从根本上解决减轻企业尤其是中小企业的负担问题。

2. 促进高新技术产业发展的税收政策建议

经济发展方式粗放依然是我国经济中诸多矛盾和问题的主要症结，国际金融危机是一个促使我们从传统发展方式向科学发展方式转变的好机会。运用税收政策手段支持高新技术产业发展、促进自主创新，这是世界各国经济政策的共同选择。因此，我们采取的应对国际金融危机冲击的税收政策，必须与中长期的经济增长方式转变目标具有内在一致性，要推动高新技术产业发展，实现产业的升级，为经济增长开拓新的空间。

为了促进和推动高新技术产业的发展，我国相继出台了一系列税收支持政策（见表3）。

表3   促进高新技术产业发展的税收政策简表

优惠对象	优惠环节	优惠待遇	涉及税种
企业	研发环节	①按研发费用的 50% 加计扣除或按无形资产成本的 150% 摊销。②企业用于研究开发的仪器和设备，30 万元以下一次性摊销；30 万元以上的，允许其采取双倍余额递减法或年数总和法加速折旧。③企业技术开发中心科研和技术开发用品等免征进口关税和增值税	企业所得税、增值税、关税
	制造经营环节	①固定资产加速折旧；集成电路企业折旧年限最短为 3 年；购进软件摊销年限最短为 2 年；②软件企业职工培训费据实扣除	企业所得税
	应用转让环节	①技术开发、技术咨询、技术服务、技术转让收入免征营业税；②软件企业增值税税负超过 3% 即征即退；所退税款不征所得税；③技术转让所得不超过 500 万元的免征所得税，超过部分减半征收所得税；④重点扶持的高新技术企业减按 15% 税率；⑤新办软件企业"两免三减半"；重点软件企业减按 10% 税率；⑥集成电路企业"五免五减半"或"两免三减半"	营业税、增值税、企业所得税
	投资环节	①创投企业投资未上市的中小高新企业 2 年以上，可按投资额的 70% 抵扣其应纳税所得额，当年不足抵扣的可结转抵扣；②以无形资产投资入股及股权转让不征收营业税；③集成电路生产企业的再投资退税	企业所得税、营业税
科技孵化器企业	使用权让渡环节	提供给孵化企业使用的房产、土地免征营业税、房产税和城镇土地使用税	营业税、房产税、城镇土地使用税
个人	转让应用环节	①技术转让、技术开发业务免征营业税；②省部级等颁发的科学技术奖金，免征个人所得税	营业税、个人所得税

优惠对象	优惠环节	优惠待遇	涉及税种
科研机构	转制环节	对转制科研机构免征企业所得税、土地使用税、房产税	企业所得税、土地使用税、房产税
企事业单位和个人	捐赠环节	向科技型中小企业技术创新基金等公益性捐赠，准予扣除	企业所得税、个人所得税

资料来源：（1）根据国家税务总局网站公布的政策整理；
（2）《2008 年税收理论研讨会交流论文：可持续发展理念下的自主创新税收政策研究——以新的企业所得税法的实施为背景》。

　　从表 3 可以看出，我国现行高新技术产业税收政策规定较以前有所拓宽，对促进我国高新技术产业的发展发挥了一定的积极作用。但是，随着科技的高速发展和金融危机经济形势的变化，我国高新技术企业发展面临新的发展困局，我国现行高新技术产业税收政策显现出新的不适应，主要表现在：

　　（1）现行高新技术产业税收立法缺乏总体规划。我国高新技术产业发展的税收政策比较零散，缺乏针对高新技术产业发展的税收政策总体化的思路，缺乏系统性的设计。我国现行的高新技术产业税收政策，散见于不同时期、不同类别的税收单行法规，以暂行条例、文件、补充规定等行政规章形式存在，而且各种规定之间交叉重叠、矛盾或遗漏不全。甚至一些税收法规因临时性需要而仓促出台，没有总体上的规划，缺乏系统性和延续性。

　　（2）享受高新技术产业税收优惠政策的准入门槛提高，不利于创业投资企业和民营企业的技术进步。根据新的《高新技术企业认定管理办法》的规定，把"核心自主知识产权和研究开发投入"作为两个关键性认定标准，这就把长期处于高新技术产业链和价值链低端的大量加工型企业排除在高新技术企业边界之外，其主旨在于进一步增强我国高新技术企业以自主研发为核心的综合创新能力，促进高新技术产业升级发展，这对于推动我国经济的可持续增长无疑是有益的。当然，这些长期处于高新技术产业链和价值链低端的加工型企业，大部分是20世纪90年代始我国税收优惠政策扶持起来的大中型高新技术企业，经过长期的税收政策扶持仍然没有能够实现产业升级，理当通过新的税收政策促进其产业升级。但是，中小型企业密集的民营经济长期被排除在高新技术产业的边界之外，对它们的产业进入设置了禁区，它们长期享受不到国家高新技术产业税收优惠政策。近期，国家虽然放宽了对它们的产业进入限制，但同时又提高了高新技术企业的认定标准，这种不区分老、高、新技术企业和新生的技术密集型中小企业的一刀切政策，对于高新技术发展处于起步阶段的中小企业是一个极大的约束。

（3）创业投资的税收优惠覆盖面窄、支持力度弱。高新技术企业发展的特点是高投入、高风险、高收益，客观上要求政府通过税收优惠政策建立风险分担机制，降低高科技企业的风险程度。但是，我国现行创业投资税收支持政策在设计上却忽略了其风险性，仅有创业投资于技术密集型中小企业的企业所得税优惠政策，鼓励风险投资的税收政策基本缺位。

（4）对科技术人员缺乏有力的税收支持。现行个人所得税法仅有对省级人民政府、国务院部委以上单位及中国人民解放军，外国组织、国际组织颁发的科学、教育、技术、文化、卫生、体育、环境保护等方面的奖金及规定的政府津贴免征个人所得税，而对省级以下政府及企业颁发的重大成就奖、科技进步奖仍征收个人所得税。而且个人所得税没有考虑高科技人才教育投资成本大的情况，没有实行税前扣除的优惠，致使居民对高层次的教育投入不足。

（5）对高新技术企业的优惠不尽合理。经认定的高新技术企业可以享受15%的优惠税率，其适用对象是企业而不是科技项目，在企业多元化经营的条件下，对企业所有收入都给予优惠，弱化了对科技创新的刺激作用。

（6）对传统产业的技术改造缺乏税收鼓励。现行的研究开发投入150%扣除和高新技术企业实行15%优惠税率，对加强新技术、新产品、新工艺的研发投入，促进企业核心技术的发展无疑都具有重要意义，但两项优惠仅限于投入高、难度大的高新技术，对于传统产业的一般技术改造的投入和技术成果，则不能享受优惠，不利于企业进行技术改造。

鉴于上述存在的问题，我们建议调整我国高新技术产业发展的税收支持政策：

第一，健全高新技术产业税收支持政策体系，保障高新技术产业持续健康发展。即：应提高我国高新技术产业税收优惠政策的法律地位，并进行系统化，增强法制性和严肃性，把鼓励和促进高新技术产业发展的税收优惠政策作为建设创新型国家的战略措施系统化、条理化、法律化。可以考虑制定特别的《税收支持高新技术产业发展条例》，从总体上规划设计促进高新技术企业发展的税收政策。

第二，建议降低中小企业享受高新技术产业税收优惠政策的准入门槛，推动中小企业的技术进步。就是说，要充分考虑国家重点支持的高新技术领域对中小企业准入处于起步阶段的客观现实，区分传统的大中型高新技术企业和新生的中小型高新技术企业两类情况，设计双重的高新技术企业认定标准，即对大中型高新技术企业仍实行"核心自主产权和研发投入"的新认定标准，而对新生的中小企业可考虑沿用传统的认定标准。如果沿用传统的认定标准有难度，则可以考虑在新认定标准框架下，增设一个"核心自主产权和研发投入"占比低于一般标准的标准，作为中小型高新技术企业的认定标准，以鼓励创设期的中小型高新技术企业迈入快速健康发展的轨道。

第三，建立创业风险投资税收支持政策，降低高新技术投资的风险。即拓宽创业投资税收支持政策的适用范围，既要考虑对风险投资企业的税收优惠，也要注意到对风险投资者个人实施税收鼓励，还要考虑对间接风险投资企业的税收优惠。前者，可以加快引导更多的民营资本进入风险投资领域，弥补高新技术投资的资金缺口，使社会闲置的资源得到有效利用。后者如对中小型高新技术企业提供贷款的商业银行可给予营业税和企业所得税的优惠，降低商业银行对中小企业的融资风险，解决中小企业特别是高新技术中小企业融资难的问题。

第四，强化对高科技人才个人所得税的优惠措施。对高科技人才在技术成果和技术服务方面的收入可以考虑比照稿酬所得，按应纳所得税额减征 30%；适当扩大对科技研究开发人员技术成果奖励的个人所得税的免税范围：即扩大到企业的范围，以鼓励和提高各类科技开发人才开展科技创新的积极性与创造性。

第五，对高新技术企业的优惠可以考虑对企业优惠改为对高新技术项目的优惠。科技税收优惠不应简单地以企业的总体收入作为优惠基础而对所有结果进行税收减免。应根据高新技术研发的特点，通过项目优惠、研究开发环节优惠，刺激具有实质意义的科技创新行为。应规定可享受优惠的研究项目或研究开发行为，确定基础研究或前期研究环节、中间试验阶段的优惠等标准，由企业进行申报，经核准后享受间接优惠待遇。

第六，对企业的技术改造投入给予一定税收鼓励，可以考虑对技术改造投资实行按一定比例允许在税前扣除的优惠措施。

执笔人：国家税务总局科研所　龚辉文

扩大内需税收政策的
国际借鉴研究

应对世界金融危机　实施结构性
减税政策　促进经济平稳较快发展

　　2008 年美国爆发次贷危机，并迅速向外蔓延带来全球金融海啸，引发世界经济衰退。温家宝总理在 2009 年两会的《政府工作报告》中指出："今年的政府工作，要以应对国际金融危机，促进经济平稳较快发展为主线，统筹兼顾，突出重点，全面实施促进经济平稳较快发展的一揽子计划。"自 2008 年下半年以来，国民经济各条战线、各个部门都在积极努力，做好各自工作，应对世界金融危机。国家税务总局在调查研究的基础上，已经出台了许多扩大内需的税收政策，促进经济平稳较快发展。

一、美国次贷危机产生的原因
及其对世界经济的影响

（一）美国次贷危机产生的原因

　　中国有句古话：冰冻三尺，非一日之寒。美国次贷危机之所以发生并不是偶然的，而是由多种因素作用形成的。

一是美国宏观经济发展的周期性波动是次贷危机产生的深层次原因。

二是房地产市场萎缩是美国次贷危机产生的直接诱因。

三是宽松的市场准入埋下了次贷危机的种子。

四是市场利率变化是次贷危机产生的重要推动力量。

五是监管者的失职加剧了次贷危机的形成。

（二）美国金融危机对世界经济的影响

由于这次金融危机具有严重性、全面性和长期性的特点，因而它对世界经济发展将产生严重的负面影响。具体表现为：

1. 美国经济衰退风险增加

一是次贷危机成为美国经济周期的拐点。二是美国本轮经济增长动力已基本释放。三是工业生产屡现负增长，次贷危机向实体经济传导。四是就业增长继续减缓，生产和制造领域就业大幅减少。五是美国服务业出现近 5 年来首次收缩。六是2007 年受美国经济减速拖累以及私人消费、资产投资增长放缓的影响，欧元区和日本经济增长也出现了明显放缓的趋势。七是新的危机爆发点正在不断出现。根据美国权威机构提供的数据，美国次优贷款的危机已经开始爆发，而且趋势越来越明显。信用卡危机也已经出现，汽车等耐用消费品的贷款也都不风平浪静，新的危机爆发源还在不断出现。

2. 全球资源价格高位震荡下行

一是次贷危机引发对资源产品总需求增幅下降。二是资源产品价格与美元结算短期分离趋势开始显现。三是全球流动性收缩将使资源产品投机炒作降温。

3. 国际金融市场不确定性风险加大

一是国际货币体系的无序状态仍将继续。二是货币贬值将成为各国应对危机的一种趋势。三是大型金融机构正出现越救越亏的严重局面。四是国际银行业发展面临较大调整。

（三）美国金融危机对中国经济的影响

1. 对我国出口的负面影响

据海关统计，2009 年一季度，全国出口总值下降
19.7%，进口总值下降 30.9%。出口增长放缓幅度主要取决
于国际经济形势和国际市场变化。从国际市场看，伴随世界
经济衰退，世界贸易增速也在下降。2008 年世界贸易增长率
从 2007 年的 7.2% 降至 4.1%，发达国家、新兴市场和发展中
经济体的进出口增长率均有所放缓。2009 年一季度我国对美、
日、欧出口额分别下降 14.9%、16.2% 和 22.1%，对俄罗斯、
巴西等新兴市场降幅更大。国际货币基金组织预测，2009 年
世界贸易将经历自 1982 年以来的首次下跌，跌幅预计为
2.8%。

从外需来看，全球经济增长前景恶化。金融危机对实体经
济的影响仍在进一步加深，其严重后果还会进一步显现，世界
经济低迷不振的态势有可能持续较长时间。2009 年 1 月 28 日，
国际货币基金组织再次将 2009 年全球经济增长率的预测从
3.0% 下调到 0.5%，为第二次世界大战以来的最低增速。对我
国的主要贸易伙伴美国、日本和欧洲的经济增长率预测分别从
0.1%、0.5% 和 0.2% 下调到 - 1.6%、- 2.6% 和 - 2.0%。全
球经济增长减慢必将导致我国出口的进一步放缓。

从价格看，全球需求不振已经使国际市场初级产品价格高
涨的趋势发生逆转。国际货币基金组织预测，2009 年国际市
场能源和非能源初级产品价格将比 2008 年分别下降 48.5% 和
29.1%。

2. 对我国相关产业影响

2008 年下半年以来，国际金融危机对中国工业的影响在加
重。工业增速大幅度回落。从 2008 年 6 月份的 16% 逐月下降到
11 月份的 5.4%，12 月份的 5.8%。2009 年 1 月份、2 月份，合
起来下降 3.8%，扣除日历天数的影响，大体在 5.2%，仍没有

走出低谷。具体分析来看：

一是对国际市场依存度高的产业影响很大，出口萎缩，订单减少，影响了企业开工和就业。

二是国际市场初级产品的价格高起高落，导致国内市场原材料价格也剧烈地波动。尤其是 2008 年 7 月以后是跳水价格，原油、钢材、铜、铝以及石化产品出现大幅度的跌落。

三是一些行业产业下降，出现了亏损。2008 年 11 月，粗钢、汽车、乙烯等产量分别同比下降了 12.4%、15.9% 和 12.2%。工业用电下降了 7.5%。

四是一批中小企业和部分大型企业生产经营困难，库存增加，奖金短缺，停产、限产、歇业乃至关闭涉及面扩大。2008 年年底统计，中小企业像这类停产、歇业和关闭的占 7.5%。裁员减薪的情况也在增多。

3. 对我国就业的影响

全球经济增长减速，通过贸易和投资等渠道对我国就业产生不利影响。这种影响与国内的贸易政策调整同时发生，严重影响中小企业和劳动密集型产品企业。据报道，由于成本上升等因素，仅 2008 年上半年中国中小企业倒闭数量就达 6.7 万之多，其中绝大多数是劳动密集型企业。

4. 导致我国与其他国家贸易摩擦增多

我国贸易摩擦既包括纺织服装等传统产品，也包括高技术产品贸易；既面对反倾销、特保等传统措施，还面对反补贴、技术壁垒、绿色贸易等新方式。2008 年中国遭遇贸易摩擦仍然不断，涉案金额将近 15 亿美元，给我国出口带来很大压力。业内人士指出，2009 年由于欧美需求降低，中国出口面临更大压力，贸易摩擦的形势也将更加严峻。根据商务部公平贸易局发布的 2008 年年终报告，美国和加拿大仍是对中国发起贸易救济调查的主要国家。美国对中国发起 5 起反倾销反补贴合并调查，涉案金额 5.1 亿美元。加拿大 2008 年则发起三起反倾销反补贴合并调查，涉案金额 1.61 亿美元。欧盟发起 6 起反倾销调查。随着全球经济减速，贸易摩擦只会进一步加剧。

5. 全球资源价格的高位回落对我国经济的影响

全球资源价格高位回落对我国经济有一定程度的积极影响。一是较大地缓解了我国国内资源价格形成的强大上涨压力。二是降低了我国产品生产成本，提升产品的竞争力。三是消除了从外部输入通胀的，有效地消除了国内的通胀压力。四是引发全球资源价格高位回落，使国内企业降低节约资源和降低成本的迫切感，不利于调整经济结构、发展创新型经济和转变经济发展方式。

二、应对世界经济危机我国已实施的宏观经济调整政策

为了抵御国际经济环境对我国的不利影响，防止经济增速过快下滑和出现大的波动，从 2008 年 9 月至今，党中央、国务院对宏观经济政策做出了重大调整，实施积极的财政政策和适度宽松的货币政策。随后中央转发了国家发展改革委关于当前进一步扩大内需促进经济增长的十项措施，决定在 2008 年第四季度新增 1000 亿元中央投资，加快建设保障性安居工程、扩大农村危房改造试点、加快农村基础设施建设、加快铁路、公路和机场等重大基础设施建设、加快医疗卫生、文化教育事业发展、加强生态环境建设、加快自主创新和结构调整、加快地震灾区灾后重建各项工作、提高城乡居民收入、在全国所有地区、所有行业全面实施增值税转型改革、加大金融对经济增长的支持力度等。这 1000 亿元涉及的建设工程，在 2009 ~ 2010 年大体需要 4 万亿元投资。根据现行的投资体制和投资资金安排的方案，需要中央投资 11800 亿元。这 4 万亿元投资

分配如下：保障性安居工程 2800 亿元，农村民生工程和农村基础设施大体 3700 亿元，铁路、公路、机场、城乡电网 18000 亿元，医疗卫生、文化教育事业 400 亿元，生态环境投资 3500 亿元，自主创新结构调整 1600 亿元，灾后恢复重建 1 万亿元。中央 4 万亿元投资实际上只是全社会投资的一部分。2008 年全社会总投资超过了 13 万亿元，2009 年将超过 17 万亿元，2010 年将达到 20 万亿元左右。

三、应对金融危机，促进经济发展的税收政策

（一）应当注意的几个问题

金融危机对我国经济影响是由外部因素所引发的，同时也暴露了我国经济深层次的内部因素。这些内部因素是我国经济运行过程中长期所积累起来的结构性失衡在全球金融危机背景下的集中暴露。如：内外需结构失衡所形成的外向型经济比重过大，造成了实体经济对外部市场的过度依赖；投资与消费结构失衡所形成的消费不振，导致了外部需求的萎缩难以通过内需扩大来有效弥补；收入分配结构失衡所形成的贫富差距扩大和储蓄率偏高，进一步助长了投资和出口扩张，经济的对外依赖程度和消费需求不足的状况因此更为加剧。正是这些结构性问题，使得到目前为止，我国在此次全球金融危机中所受到的冲击，更多的并不是来自金融领域，而是实体经济。因此，在应对危机中，既要着眼于外因的防范，更要立足于内因的解决，既要注重虚拟经济的稳定运行，更要强调实体经济的结构优化。税收政策的运用有必要突出以结构调节为主线，着力促进我国经济所面临的重大结构性矛盾的缓解和解决。重大结构性问题，不仅仅只包括产业结构，而且应当从广义上讲，也要包括国民收入分配结构、内需外需结构、投资与消费的结构、城乡结构

等。从而在根本上弱化金融危机所带来的冲击，促进经济的平稳健康运行。为此，应重点把握以下几个主要问题：

1. 财政支出与税式支出相结合。实施积极的财政政策过程中，既要扩大财政支出规模，也要实行结构性减税政策扩大税式支出。在当前全球金融危机、经济衰退的情况下，世界各国政府在宏观调控方面采取增加政府支出，实行结构性减税，扩大财政赤字的做法来促进经济的增长。2009 年全国财政预算赤字安排了 9500 亿元，是历年来最多的一年，比 2008 年增加 7700 亿元，预计占 2009 年 GDP 比重 2.8% 左右。从总体上看，2009 年财政赤字增加较多，但由于前几年财政收入快速增长，赤字减少，积累了相当雄厚的政府财力。为了应对金融危机，今年较高的财政赤字水平是必要的，也是综合国力可以承受的。

2009 年 7700 亿元的财政赤字预算，是扩大财政支出规模（启动 4 万亿元投资计划），扩大税式支出（预计 2009 年减税 5000 亿元）的综合结果。财政和税式这两种支出虽然均为政府财政收入的让渡，但因使用主体的不同就会产生不同的支出效率。税式支出的掌握主体是企业，由企业根据市场主体去选择和使用。财政支出的掌握主体是政府，由政府决定往哪里投。在政府让渡相同财政收入的情况下，采用哪种支出方式会产生最高的社会效率是需要考虑的重要问题，即将财富集中到政府手中，还是藏富于企业的整体社会效率孰高的问题。

在直接调节和间接调节的选择上，由于受多年以来计划经济习惯做法的影响，政府更习惯于采取直接的调节手段。财政支出是立竿见影的直接调节，而且具有施惠对象目标明确的特点，因此，政府更倾向于采用此方式。税式支出是国家针对一个时期国民经济出现的带有普遍性问题通过税收的减让，缓解和解决这些问题。

当前，在考虑解决金融危机所采取的一系列政策措施时，政府应该采取直接与间接手段相结合，财政支出与税式支出相结合，利用让渡支出的时机，更多地从解决制约企业发展、突破制度约束等长远目标出发来考虑合理地分配让渡的财政支出。因此，在政府主动地、大幅度地让渡财政收入的形势下，税务部门也应积极开展工作，落实结构性减税政策，总结结构性减税的效果。

2. 应对挑战和把握机遇相结合。金融危机对我国经济带来了严峻的挑战，但同时也潜藏着发展的机遇。税收制度和税收政策的调整需要更多地注重化挑战为机遇，一方面，积极为我国经济在金融危机下参与全球资源重新配置和产业结构新一轮调整，提供良好的税制条件；另一方面，积极以危机为契机，坚持有保有压，为淘汰一批、改造一批、发展一批企业，为解决我国经济长期积累起来的深层次矛盾，提供有利的税制环境。

3. 促进增长和调整结构相结合。按照中央经济工作会议提出"把加快发展方式转变和结构调整作为保增长的主攻方向"的要求，在运用税收手段应对金融危机中，需要避免就经济增长论增长的简单粗放式调节方式，注重将保证短期内经济增长目标和实现长期的经济发展方式转变和结构优化目标密切结合起来，更多地依托结构性调节政策来促进经济总量增长和发展方式转变。

4. 税收激励与适度增收相结合。灵活把握好税收调节的力度和节奏，在实行结构性减税来扩大内需促进经济增长的时候，宜统筹安排一些有利于经济结构调整、有利于缓解财政支出压力的增税措施，防止税收政策过度透支所带来的负面影响。同时也要紧紧把握好结构性减税的时间，哪些是短期的过渡性减税，哪些是长期性减税。

5. 政策调整与税制完善相结合。应对危机的税收政策调整，有必要充分考虑党的十六届三中全会通过的"关于完善社会主义市场经济体制若干问题决定"中有关税收制度长期发展目标的要求，力求在税制改革总体方向不变的情况下，合理选择可运用的税收调节手段，避免盲目实施偏离税制改革方向的政策措施。

6. 政策调整与税收征管水平相结合。征管水平是政策调整时必须充分考虑的重要因素。先进的税收政策离不开与之相匹配的征管水平的保障，适度超前的税收政策可以一定程度地加快征管能力的提升。这两者之间的关系正如建筑物的设计与施工的关系。因此，应对危机的税收政策调整，一定要掌握这个原则，绝不能脱离现有的征管水平而一味地追求政策的完美。

（二）我国应对世界经济危机所出台的主要税收政策

党中央、国务院决定实施积极的财政政策来促进我国经济的发展。从 2008 年下半年以来，国家相继出台了一系列应对经济危机的税收政策。

1. 货物和劳务税税收政策的调整

全面实行增值税转型。从 2009 年 1 月 1 日起，在全国所有地区、所有行业的增值税一般纳税人中全面推行增值税转型改革，企业新增机器设备类固定资产所含的进项增值税税金可以抵扣，预计减轻机器设备投资的税收负担约 1200 亿元。这项政策，有利于刺激企业设备投资和技术改造，促进企业产业升级换代和产品结构调整。

在增值税转型改革的同时，将不能抵扣固定资产进项税款的增值税小规模纳税人征收率由工业企业 6%、商业企业 4%，统一降低至 3%，预计减税 150 亿元。

对证券公司缴纳证券投资者保护基金可享受营业税免税。

从 2009 年 1 月 1 日起到 12 月 31 日止，对个人转让普通住房免征营业税的持有年限标准由 5 年降低为 2 年，对不足 2 年转让的，由按转让收入全额征税，改为按转让收入减购买原价的差额征税，对个人转让非普通住房按差额征税的持有年限标准，也由原来 5 年降低至 2 年。这些政策的调整，有利于活跃住房交易市场，促进房地产市场的健康发展。

在促进汽车消费方面，从 2009 年 1 月 20 日起，对购买排气量 1.6 升以下机动车，由 10% 减按 5% 征收车辆购置税。拉开了国家对汽车、钢铁、船舶、纺织、装备制造、电子信息、房地产等十大产业调整和振兴税收政策的序幕。

2. 所得税税收政策的调整

在促进居民可支配收入增加方面，继个人所得税工资薪金所得费用扣除由每月 1600 元提高至 2000 元后，将储蓄存款利息个人所得税税率先由 20% 降至 5%，而后暂停征收，两项合计约减税 350 亿元。

对证券市场个人投资者取得证券交易结算资金利息所得，暂免征收个人所得税。

提高对证券公司缴纳证券投资者保护基金可享受企业所得税税前扣除的标准。

3. 出口退税税收政策的调整

2008 年下半年以来，连续 5 次较大范围地调整了出口退税政策，先后提高了纺织品、服装、玩具、橡胶制品、林产品、有色金属加工品、部分化工制品等劳动密集型产品以及机电产品和其他受国际金融危机影响较大产品的出口退税率，涉及的商品种类上万余种。根据 2008 年出口静态数据大致估算，5 次调整出口退税政策累计增加出口退税额 1000 亿元左右。2008 年出口退税 5866 亿元，比 2007 年增加 593 亿元。从 2009 年 4 月 1 日起又一次提高出口退税率。

4. 消费税税收政策的调整

成功实施了成品油消费税制度改革，在取消养路费等部分道路交通收费的基础上，提高了成品油消费税单位税额标准。

5. 其他税种税收政策的调整

在促进住房消费方面，从 2008 年 11 月 1 日起，对个人首次购买 90 平方米及以下普通住房的契税税率统一下调至 1%，对个人销售或购买住房暂免征收印花税，个人销售住房暂免征收土地增值税。

将证券交易印花税税率先由3‰降低至1‰，而后由对买卖双方征收改为向卖方单边征收，政策的调整减少税收约300亿元。

（三）应对世界金融危机，调整今后我国税收政策的建议

1. 推进增值税全面改革的建议

推进增值税全面改革，主要涉及以下三个方面：

一是扩大增值税征税范围。将关系到我国经济未来发展的一些关键性行业，如建筑业、房地产业、交通运输业、邮电通讯业以及与生产密切相关的第三产业，均纳入增值税范围。彻底消除这些行业目前征收营业税所形成的重复征税问题。可以有效地降低税负为这些行业的下一步发展创造一个新税收环境。

二是将已纳入增值税"小规模纳税人"范围、并已达到规定的增值税新纳税标准的小型企业，由目前按3%征收增值税，已征税款不允许抵扣，改为按统一的增值税办法征税，从而彻底改变同属于增值税纳税人却分别按两种方式征税的不合理做法，并彻底排除因此而产生的重复征税因素。此项改革将惠及所有小企业，使这部分企业成本中不再包含税金，从而降低成本、增强活力、稳定就业，缓解倒闭的风险。

三是对达不到增值税纳税人标准的低收入经营者，实行免征增值税的政策。这是运用税收手段实行国家扶贫政策的重大举措，它可以把大部分农业生产者、城市手工业者、商业及服务业低收入经营者，由目前是增值税纳税人中解脱出来。在我国当前收入分配存在着两极分化、国家基本社保体制尚不完善、金融危机给就业造成较大冲击的情况下，它对抑制向贫困化方向发展的势头、建立以人为本的和谐社会与稳定社会秩序，具有重要意义。另外，"抓大放小"，对各级国税机关可以集中精力，针对重点税源，强化征管，抓好收入。

这三项改革措施可以使税制本身实现制度简化、负担合理、机制严密的三项目标。当前应抓住时机，推进改革，改革越彻底，税制越完善，越有利于经济发展，越有利于财政稳定。

2. 规范进出口税收制度建议

按照我国增值税条例规定，进口货物要依法征税，出口货物实行零税率。为此，今后进出口税收制度的改革同时要做两件事情：一是按照国民待遇原则，逐步改变某些进口货物随同进口环节关税的减免而减免的做法，解决进口环节征税不足问题。这样做，既创造了一个进口产品与国内同类产品"同等税负平等竞争"的税收环境；也增加中央财政收入；还将从税收的机制上遏制进口货物的偷税。从2009年开始实施扩大增值税抵扣范围，也为进口机器设备恢复征税后到下一个环节抵扣税款创造了条件。二是按照征多少退多少的原则，逐步改变出口货物退税不足的问题。从而确立将出口商品国内已征税款全部退还给企业的稳定的退税机制，以彻底消除出口商品含税出口所产生的重复征税因素，增强我国商品在国际上的竞争力。

规范进出口环节征退税制度，有利于在我国进出口贸易基本平衡的情况下保证进出口征退税财政上的平衡。

3. 进一步完善所得税制度的建议

在当前金融危机、经济衰退的形势下，进一步完善所得税制度，对促进我国经济发展有着重要作用。

（1）关于完善企业所得税制度建议

①认真贯彻落实已出台的企业所得税"两法合一"法规、条例和实施政策办法，并及时、正确解决在实施过程中出现的问题。抓紧时间，继续推出大量的配套性文件，发挥当前金融危机下，企业所得税的强大效能。

②通过调查研究，解决金融危机、经济衰退下企业提出的实际困难。如：完善对第三产业的税收鼓励措施。可考虑适当提高金融保险业呆账准备金税前扣除标准，促进金融机构应对危机能力的提升。

③规范改进企业重组和境外投资的税收政策。一方面，积

极适应金融危机下资源重新配置所带来企业重组业务将有所增多的客观情况，从企业所得税及契税、印花税等方面，为企业重组创造良好的税收环境。

④从支持企业扭亏的角度，可考虑针对一些受金融危机冲击较大、对国民经济有重要影响的行业，试点实施企业亏损可向以前年度结转的政策，对亏损企业退还一部分以前年度缴纳的所得税税款。

（2）关于完善个人所得税制度

在再分配环节，进一步完善个人所得税制度，要充分考虑个人及家庭的承受能力，平衡不同类型收入的税收负担，促进低收入群体可支配收入的增加。当前在个人所得税制度中，不能仅集中于个人所得税的税前扣除上，而要在实行综合和分类相结合的个人所得税制上下工夫；不能仅集中在税制、税收政策改革上，更要在征管上下工夫。

4. 关于物业税改革的建议

在美国，房地产行业是引发金融危机的源头行业，在我国房地产行业是启动内需、应对金融危机、振兴经济的重要行业之一。目前对房地产项目实行的多税种、多层次、多环节，彼此相互交叉、重复课税的现状，并不利于房地产行业的发展。无论从近期，还是长远看，改革现行的房地产税制都具有重要意义。统一规范的物业税以十六届三中全会提出的十六字税制改革指导方针为指引，合并房地产三税，统一内外税制，扩大征税范围，以房地产的评估值作为计税依据，赋予地方政府一定的税权，建立持续稳定的收入增长机制，为省以下地方政府提供收入来源，发挥税收对分配的调节作用，促进房地产市场的健康发展和土地的集约节约利用。统一规范物业税需要考虑以下几个具体问题：

一是征税范围问题。从统一城乡税制和税收公平的角度看，物业税的征税范围不应该还是局限在城市、县城、建制镇和工矿区，应该创造条件打破城乡界限，实行统一税制。

二是计税依据与税率。物业税的计税依据应确定为房地产的评估值。因为按面积或按房地产的原始成本计税：一是税收缺乏与经济增长和房地产增值同步增长的机制，弹性太小，不利于为地方政府提供可持续的收入来源，也不利于土地的集约节约利用；二是我国近年来房地产市场变化很大、价格急剧上涨，按初始成本计税会产生严重的税负不公问题。从目前国际通行的做法看，大多采取评估征税的方式，评估值以市场价值为依据。市场价值是买卖双方公平交易的价值，它是检验评估结果公平性与否的最好的标准。

税率的确定有几种方式：一是将税率的确定权交给地方政府，由地方政府根据支出的需要确定收入和税率。二是由中央政府确定一个税率的幅度，由地方政府在幅度之内确定具体适用税率，我国目前的城镇土地使用税采用的是这种方式。三是由中央政府确定一个统一的税率，地方政府没有制定或选择税率的自主权。我国目前的房产税采用的是这种方式。根据我国目前的情况，考虑到物业税是地方税，税率既不宜完全任由地方政府确定，也不宜完全由中央规定统一的税率，应由中央确定一个税率的幅度，再由地方在此幅度内确定适用税率。

三是对个人住宅征税问题。对个人住宅征税，无论从国际一般情况，还是从调节财富分配、促进土地的集约利用、稳定住房市场及为地方政府提供可持续的收入来源看，都是有必要的。但是，由于我国多年来一直未对个人自用住宅征税，居民对纳税普遍缺乏认识，并且大多数居民的经济承受能力有限，尤其是农村地区，农民的收入水平还相对较低，采取一步到位、普遍征收方式的各方面条件还不成熟。因此，稳妥起见，对个人住宅征税更应该采取渐进的方式，先对少数高档住宅征税，再逐渐推开；先对城市住宅征税，再考虑对农村住宅征税问题。

四是评税工作的组织及实施问题。对于税务机关是否有必要从事评税工作并设立相应的机构问题，目前有不同的认识。一种观点认为，房地产的评估工作是专业性、技术性很强的工作。税务机关不是房地产估价的专业部门，评税的结果难以保证客观与公正性。而且，如果税务机关既负责评税又负责征管，则是既当运动员又当裁判员，难免会有权力寻租问题发生。因此，评税工作应由相关的主管部门（房地产管理部门、国有资产管理部门）或中介机构来做。因此，评税实际上就是确定房地产税的税基，不论评税与征管是否分开，如果制度设计有缺陷，都有寻租的可乘之机。从这一点上说，制度和流程的设计比确定由哪个部门（或机构）来负责评税更重要。

鉴于房地产税制改革及建立物业税工作是一项系统工程，因此，改革的进展需要在上述条件初步具备，并且有关问题得到解决的情况下逐步推开。

5. 建立促进企业"走出去"的税制体系建议

自党中央提出实施"走出去"战略以来，中国企业"走出去"的步伐明显加快，规模日益扩大，领域逐步拓宽，水平不断提高。美国金融危机的冲击，一方面，对中国企业跨国投资带来困难，另一方面，也为中国企业"走出去"国际化发展，拓展全球市场空间提供了机遇。自 2007 年 5 月接受了国家社会基金重点课题之一"中国企业对外投资合作税收问题"以来，3年来课题组全体同志做了大量工作，编纂了 2 本书，一本是"促进中国企业对外投资合作税收问题"专著，一本是"对外投资合作企业涉税事务指南"，初步整理出促进中国企业"走出去"的税制、征管体系。其要点如下：

（1）完善税收制度的建议

①完善所得税制的建议

一是简化境外投资所得的确认方法；二是考虑由分国限额抵免向适当的综合限额抵免过渡；三是明确间接抵免的相关问题；四是明确外国税收抵免的汇率；五是合理计算境外生产经

营所得；六是适当增大对企业境外投资的税收优惠力度并加以规范；七是明确境外财产损失的处理；八是不同纳税年度的处理；九是个人所得税的完善；十是加大对资源开发投资的支持力度；十一是以适当形式支持发展对外高新技术产业直接投资；十二是积极支持企业通过境外投资打造国际品牌。

②完善货物和劳务税制的建议

一是以消费地原则为指导思想，完善现行营业税制度，鼓励服务贸易；二是解决国际补偿贸易的退税问题；三是完善海外融资租赁退税政策；四是调整大型成套设备零部件的出口退税率问题。

③关税税制方面的建议

一是调整优化关税税率结构，形成梯形关税结构；二是降低技术改造项目进口先进技术设备税率；三是完善中国海关税则归类。

（2）完善征管制度的建议

一是建立境外投资经营专项税务登记制度；二是健全境外所得专项申报制度；三是完善企业境外账簿、凭证管理制度；四是补充源于境外税款征收制度；五是建立境外税源分析评估制度；六是扩充税务检查制度；七是完善境外投资反避税的制度与机制；八是完善出口退税方面的征管；九是完善关税征管的对策；十是积极强化国内纳税服务工作；十一是着力推进纳税服务国际化。

四、应对金融危机税收政策的国际借鉴

为了应对金融危机、促进投资和消费，许多国家均采取了一些税收对策。归纳起来主要集中在刺激消费、扩大投资等方面。

（一）刺激消费

1. 美国：奥巴马政府实施了总额达 7870 亿美元的经济刺激计划，其中 35% 用于减税，65% 用于增加政府投资。在 2009 和 2010 税收年度，给予每个美国中低收入居民纳税人每年不超过 500 美元（每个家庭不超过 1000 美元）的薪酬抵免；增加个人所得税的子女抵免；放宽规定期限内首次购房税收抵免的条件。

2. 日本：日本通过两次修订 2008 年度预算和编制 2009 年度预算，出台了 87 万亿日元的经济刺激计方案，其中，用于扩大财政支出约 75 万亿日元，用于减税约 12 万亿日元。对于 2009~2013 年入住的房屋，购房人将获得 10 年内最高 500 万日元（购买普通房屋）或 600 万日元（购买高档房屋）住房贷款的税负减免；以购物券形式给予所有纳税人现金补助，但针对个人的所得可能有上限规定。现金补助的金额为每人 10000 日元，年龄在 14 岁以下的小孩或 65 岁以上的老年人还可获得每人 12000 日元的额外现金补助。

3. 英国：2008 年 11 月 24 日，英国政府出台总额达 200 亿英镑的一揽子经济刺激计划，其中涉及一些税收政策。临时降低增值税标准税率以刺激消费。从 2008 年 12 月 1 日起至 2009 年 12 月 31 日止，增值税标准税率从 17.5% 临时降至 15%（欧盟规定的增值税标准税率的最低限），2010 年 1 月 1 日起再恢复到原来的 17.5%；提高个人所得税优惠标准，增加中低收入阶层的可支配收入。根据消费物价指数的变化，个人所得税基本扣除标准相应提高 440 英镑，即由 2008/2009 年度（4 月 6 日至次年 4 月 5 日）的每人 6035 英镑提高到 2009/2010 年度的 6475 英镑。

（二）促进投资

1. 美国：对企业 2009 年新购置资产给予特别扣除；2008 年度和 2009 年度发生的经营亏损可以向前结转 5 年。

2. 日本：从 2009 年 4 月 1 日至 2011 年 3 月 31 日，年度所得不超过 800 万日元的中小企业的企业所得税税率由 22% 降至 18%；从 2009 年 2 月 1 日起，重新实行对中小企业的亏损退税政策；土地转让的特殊附加费用停征，此政策至 2013 年 12 月 31 日有效；转让土地所有权时缴纳的登记税分别减按 1% 和 0.8% 征收的政策至 2009 年 3 月 31 日到期；延长 2 年至 2011 年 3 月 31 日；个人从交易所上市股票获得的资本利得和股息享受 10% 的减税税率的优惠期限延长至 2011 年。

3. 英国：推迟提高小公司适用的优惠税率。英国公司所得税税率 2008 年 4 月 1 日起从 30% 降为 28%，而原计划对年应税利润不超过 30 万英镑的小公司实行的低税率则从 20% 提高到 21%，并自 2009 年 4 月 1 日起再提高到 22%。现为帮助企业克服金融危机困难，决定推迟提高小公司适用的优惠税率，将提高税率的期限延至 2010 年 4 月 1 日；延长公司亏损往前结转的期限。对公司 2008~2009 年度产生的经营亏损允许往前结转 3 年。

（三）部分国家应对金融危机税收政策的特点

从以上国家应对经济危机的税收政策情况看，主要有以下几个方面的特点：

第一，从税收政策的作用看，各国在应对经济危机中除了政府的财政投资以外，都十分注重税收政策的运用，通过减税以刺激经济增长几乎成为各国一致的政策选择。

第二，从税收政策的目标看，各国都普遍注重围绕扩大内需出台相应的税收刺激政策，政策的作用点主要集中在刺激消费、扩大投资和增加税收等三个方面。

第三，从政策涉及的税种看，在各国出台的税收刺激政策中，所得税、社会保障税等直接税减免运用得较多，增值税、消费税等间接税方面的减免政策在一些国家也有所运用，但总体上相对较少。

第四，从政策执行的期限看，金融危机的突发性，使得各国的许多税收应对之策也具有临时性特征，一些国家在出台税收减免措施时，往往有明确的政策实施期限。

第五，从政策实施的力度看，各国减税规模虽然大小不一，但总体看，大多数国家减税额度占未来减税政策实施期内税收收入（不含社保缴款）的比重基本保持在5%～10%之间。以目前仅能获取和各国2006年税收收入数据推算，美国2008年已实施和奥巴马政府新通过的减税规模约占其年度税收收入的9.9%；加拿大2009～2013年拟实施的减税规模预计占其5年间税收收入的9.6%；英国2009年拟将实施的减税规模约占其年度税收收入的5%；日本2008～2009年拟实施的减税规模预计将占2年间税收收入的6.5%。

第六，从财政收支平衡的角度看，一些国家为缓解减税带来的财政压力，根据促进经济结构调整的需要，也出台了一些增税措施，但同时大多数国家更加注重压缩政府开支，以减轻未来年度预算平衡的压力。

作者单位：中国国际税收研究会

国际视野下扩大内需的
税收政策取向

江苏省无锡市地方税务局课题组

当前全球愈演愈烈的金融危机日渐演变为百年不遇的世界性经济衰退，使世界经济包括中国经济进入理性反思和重大调整时期，甚至可能引发世界性经济制度和发展战略的路径修正。面对危机，各国根据国情频频出台各种经济刺激方案，其中，税收政策工具成为刺激经济增长的重要手段之一。为有效减缓和消除危机的骨牌效应和潜在惯性，我国宏观经济政策开始全面转向，并以扩大内需为着力点，实施结构性减税等财税策略。受世界经济影响，中国经济将从繁荣期转入调整期，经济增长模式也将从依赖外部需求为主的外需型向依靠国内需求为主的内需型转变。因此，在全球化背景下，我国如何借鉴成熟市场经济国家扩大内需的税收策略，启用税收杠杆特别是税收政策效应，积极应对经济衰退，助推扩大内需经济增长战略实施，显得十分紧迫和重要。

一、关于扩大内需的几个问题

从国际经济发展经验看，扩大内需主要是用"看得见的手"启动内部需求，刺激经济恢复和增长。扩大内需的背后隐含着经济机理作用和经济发展战略。所以，在论述扩大内需的税收政策之前，有必要对若干重要问题进行梳理和认识。

（一）扩大内需的层次性

目前学界对内需的概念似乎尚无精确定义。一般认为，从国民经济流程看，在国民生产总值和总支出恒等式中，需求在产品和价值之间起关键作用。需求分为投资需求、消费需求和净出口需求三类，净出口需求构成外需，投资需求和消费需求构成内需。消费需求是最终需求，由政府消费需求和居民消费需求组成，其中居民消费需求又分为城镇居民消费需求和农村居民消费需求；投资需求为中间需求或称派生需求。从三大需求对我国 GDP 增长的贡献率和拉动作用看，2000～2007 年，我国投资率由 35% 上升至 42.3%，8 年平均投资率为 40.18%，高于世界平均投资率近 20 个百分点，经济投资驱动型增长明显；同期，最终消费率由 62.3% 下降到 48.8%，8 年平均消费率为 55.61%，低于世界平均消费率 20 多个百分点，呈现内需拉动明显不足特征，主要原因是居民消费率连年下降和明显偏低。因此，扩大内需重在扩大最终消费需求，其中又以扩大居民消费需求尤其是农民消费需求为首要目标。这种层次性宏观上提示了扩大内需的重点，也为税收政策调节提供了导向。

（二）扩大内需的战略性

无论从长期还是短期分析，扩大内需都是我国经济发展战略选择之一。在我国经济增长结构中，尽管经济增长的拉动作用主要源于投资和出口，形成了投资驱动型和出口外向型的经济增长模式，并维持了较长的经济发展繁荣期，但投资效益低下、重复建设严重、产能过剩、外资依赖度高、经济风险大等弊端业已显现，在当前外需急速深度下滑时显然难以为继，从长期看也缺乏持续性。因此，战略上扩大内需成为必然选择。同时，在当前经济衰退是否会到达 V 形底部或者是 U 形还是 W 形甚至是 L 形复苏等尚不明朗的背景下，依靠增加巨额货币供应量来应对危机必然会引发通货膨胀，也很难利用人民币升值减缓、出口退税率提高以及出口补贴等方式缓和外需，只有从解决我国经济发展中消费不足的难题入手，加快需求结构转变和居民消费升级，有效刺激国内需求从而扩大总需求，才是当前经济治理良策。因此，在战术上扩大内需也是即期选择。这也说明，围绕扩大内需实施税收调节，既是近期目标，也是长期任务。

（三）扩大内需的辨证性

从本质上看，扩大内需是政府干预经济的手段，旨在通过刺激需求维持和延长经济繁荣。根据米塞斯的商业周期理论：任何人为造成的经济繁荣，必然会伴随衰退。这提醒我们在扩大内需上必须坚持辨证思维。首先，要兼顾外需。内需和外需组成总需求。扩大内需不是忽视外需，而是还要稳住外需，形成以内外协调、内需为主导的经济增长。显然，兼顾内需和外需才能扩大总需求，经济增长才具有开放性和持续性。同时，扩大内需的作用也是有限的，政策预期和实际效果会产生差距，外需依然是经济增长的重要渠道。其次，要干预适当。干预过度、范围过大，必然会矫枉过正，导致经济大起大落；干预过小、力度过弱，无异于杯水车薪，难以达到调控预期。在扩大内需上注重温和性和适当性，就能更加有效地熨平经济波动，实现平稳增长。最后，要有所侧重。前文已述，扩大内需重点是扩大居民特别是农民的消费需求，扩大投资固然会取得短期刺激作用，但不是治本之策和长远之计，投资上升过快导致的挤出效应也会抑制消费需求。因此，扩大国民消费需求是"牛鼻子"，当前应当防止投资过度产生新的投资积累和产能过剩。

二、当前国外扩大内需税收政策的
主要内容和特点

为应对金融海啸引致的经济衰退，各国纷纷出台经济刺激方案，其中包括大量税收激励政策措施。从多数国家经济刺激

方案的主要内容和基本特点看，其调控目标和指向集中在扩大投资需求、消费需求和稳定就业上，也即扩大内需普遍成为各国刺激经济增长的宏观调控目标。其中税收激励政策的内容和特点主要是：

（一）减轻税负成为扩大内需的主要方式

在旨在矫治市场失灵的经济刺激方案中，多数国家采用减少税收手段刺激投资、消费和稳定就业，减税范围涉及个人所得税、企业所得税、增值税、社会保障税等多个税种，减税方式则以提高税前扣除标准、降低税率等为主，而减税规模和力度为近年来所罕见。如早在 2008 年初美国就公布了总额高达 1680 亿美元的减税方案，在 2009 年 2 月 11 日公布的经济刺激方案中，涉及资金 7890 亿美元，其中 35% 用于减税。日本政府出台的总额 87 万亿日元经济刺激方案中，12 万亿日元用于减税，占到 13.8%。为减轻企业税负应对危机，俄罗斯政府 2009 年减税总额约为 5500 亿卢布，相当于俄罗斯 GDP 的 1%。巴西政府实施联邦政府税收减免政策，减免金额预计达 84 亿雷亚尔（约 36 亿美元）。当然，也有部分国家减税与增税并用，如日本提高消费税税率、英国提高消费税征税标准，匈牙利、立陶宛提高公司所得税税率等。但总体上，各国普遍启动了以减税为主的扩大内需税收政策。

（二）刺激消费成为税收调节的首要目标

为应对出口紧缩、外需下滑趋势，各国在刺激经济复苏方案中将刺激国内消费需求特别是居民消费需求作为重点，加大个人所得税、增值税等税收调节力度。如美国在 2009/2010 年度给予每个中低收入居民纳税人每年不超过 500 美元（每个家庭不超过 1000 美元）的薪酬抵免，增加个人所得税的子女抵免。英国将个人所得税基本扣除标准提高了 440 英镑等，以提升居民消费能力。日本对 2009 ~ 2013 年入住的房屋，购房人将获得 10 年内最高 500 万日元（购买普通房屋）或 600 万日元

（购买高档房屋）住房贷款的税负减免。法国规定购买新房的贷款者第一年贷款利息的 40% 可享受对应的所得税减免，随后 4 年贷款利息的 20% 可享受减税等，以促进住房消费。英国规定从 2008 年 12 月 1 日起至 2009 年 12 月 31 日，增值税标准税率从 17.5% 临时降到 15%；加拿大计划将货物和劳务税税率从 7% 降至 5% 等，以增大居民消费意愿。上述措施表明减税是其主要方式，目的是刺激居民消费以扩大内需。

（三）促进投资成为刺激经济的重要手段

在各国刺激经济方案和扩大内需税收政策中，促进投资是其重要组成部分。不少国家搭配使用扩大投资和减轻税负方式，以形成两种手段的政策合力和乘数效应，来辅助企业扩大投资。如美国对企业 2009 年新购置的资产给予特别扣除，企业在 2008 年和 2009 年发生的经营亏损可向前结转 5 年。日本规定从 2009 年 4 月 1 日至 2011 年 3 月 31 日，年度所得不超过 800 万日元的中小企业所得税税率由 22% 降至 18%。德国针对 2009 年购置或生产的固定资产，实行 25% 的余额递减折旧，并提高固定资产加速折旧的范围。俄罗斯将企业所得税税率调低 4 个百分点，从 24% 降至 20%（小企业适用税率从 15% 降至 5%），还提高用于现代化改造、重组、设备维修的固定资产购置成本在购置当年的扣除比例，由 10% 提高至 30%。韩国加速公司所得税扣除计划，从 5 年计划变为 3 年计划，由目前的 13% 提高到 25%；中小企业的税基从 1 亿韩元提高到 2 亿韩元；资本利得税的纳税门槛将从 6 亿韩元提高到 9 亿韩元等，以刺激微观经济主体活力，助推经济恢复增长。

三、扩大内需的税收政策取向

为有效应对世界性经济衰退对我国经济的负面影响，我国政府开始全面调整宏观经济政策，财政政策由"稳健"转为"积极"，货币政策由"从紧"转为"适度宽松"，并明确了以保增长为着重点，以扩内需为着力点，以调结构为着眼点的财税政策要求。结合上述宏观财税政策导向和扩大内需的税收政策国际做法，启用税收杠杆扩大内需，我们认为主要政策取向是：

（一）适应宏观经济政策转向，积极构建扩大内需的税收机制

税收是扩大内需的政策工具之一，是扩大内需财税政策的组成部分，必须具备宏观环境，才能更充分地发挥调控作用。因此，宏观上有赖于我国经济发展模式特别是经济增长方式，逐步修正以出口为导向的粗放的经济增长模式的缺陷，在当前世界经济衰退的外因下，逐渐完成从外需主导型向内外兼顾、以内为主型、从以投资驱动型为主向以消费主导型为主的转变。税收促进扩大内需，既依赖于这种转变，同时也通过杠杆作用助推这种转变。同时，在税收作用上，要按照中央"实施结构性减税、减轻企业负担"要求，借鉴当前国际上应对危机的减税方式，遵循"有增有减，以减为主；有实有虚，以实为主；有内有外，扩内稳外"等原则，兼顾短期刺激和长期作用，加快实施结构性减税步伐，着重提升居民消费能力，优化税制结构，扶持企业发展，激活房地产市场等消费热点，形成扩内需、促发展的税收长效机制和税收环境。

（二）增加科技创新的税收激励，突破扩大内需的技术制约

科技创新和技术进步，不仅是企业的发展潜能和生命源泉，也是应对经济危机、促进经济发展的制高点和增长点，同时也是扩大内需的科技支撑和技术动力。许多国家普遍对企业研究开发、税收扣除、加速折旧、合作研究等科技创新给予税收激励，以刺激企业的创新需求，赢得新的市场资源和经济增长空间。为此，我国应仿效国际做法，规范科技税收立法，统一科技税收优惠政策，加快构建稳定、规范的促进企业自主技术创新的税收政策体系；调整科技税收优惠重点，实现从生产销售环节向研究开发环节转变，把企业科技研究和开发、风险投资和孵化器等作为税收激励重点，形成符合科技创新市场要求的税收优惠格局；从激发企业自主创新动力和提升企业自主创新能力两方面完善税收激励机制，切实促进企业提升科技创新实力，生产出更多高附加价值、低资源消耗、高生产效率、低生产成本的产品。通过税收激励，鼓励科技突破，促进需求扩大。

（三）加大财税政策调节力度，着力提升居民消费能力和意愿

前文已述，由于我国经济长期依靠投资拉动，投资需求对消费需求产生的替代效应以及贫富差距加剧、居民特别是农民收入预期降低、支出压力过大等，是内需难以扩大的重要因素，正因为如此，扩大内需是艰巨而长期的任务。为此，可借鉴国际上降低个人税负刺激消费的做法，一方面要加快个人所得税制改革，充分考虑纳税人家庭人口、赡养、抚养、就业、教育等实际纳税能力因素，实行综合申报与分类扣除的个人所得税制，当前宜将税前扣除标准提高到 3000 元以上，以降低个人税收负担，提高居民实际消费能力。同时，必须增加财政支出在社会保障、公共医疗卫生、基础教育、住房保障等方面的公共服务，尤其要完善社会保障体系，加快费改税步伐，加强对社会低收入阶层的社会保障力度，消除居民预防性储蓄的后顾之忧，释放居民储蓄的消费能量。加大财政支农支出，改善农村基础设施和生产环境，特别要通过财政补贴和税收优惠，开辟农村增收渠道，增加农村居民的经营性收入，激活和拓展农村消费市场。

（四）增加就业和再就业税收优惠，筑牢扩大内需的社会根基

当前各国在应对经济危机对就业的重大冲击时，制定了不少稳定就业的税收优惠政策，以减缓失业对消费的抑制性，稳定社会消费能力。为此，应借鉴国际上稳定就业的税收优惠措施，以稳定就业、保证就业来稳定消费需求，促进经济增长。当前，应结合我国实际，进一步扩大就业再就业税收优惠政策范围，只要吸纳失业人员和增加就业达到规定比例的企业，全部给予税收优惠待遇，放大各类企业吸纳失业和扩大就业的潜力；进一步扩大就业税收优惠对象，将优惠对象从下岗失业人员扩大到所有新增劳动力和"农转非"人口，对大量下岗失业人员的非全日制、临时性和季节性就业等也给予税收优惠，增强税收对各种再就业形式的支持力度，缓解当前就业难度增大趋势；同时要适当延长就业税收优惠政策期限，规范优惠政策规定，简化优惠政策审批程序，提高优惠政策执行效率等，以促进社会充分就业，减少失业，尤其要通过税收就业优惠，增加低收入者的可支配收入，带动和促进社会消费需求。

（五）降低中小企业税负，发挥中小企业对扩大内需的积极作用

目前我国中小企业数量为 4200 多万户，占全国企业总量的99.8%，在国内生产总值、税收和进出口方面的比重分别占到60%、53% 和 68% 左右，而且提供了约 75% 的城镇就业岗位，是维护经济稳定和扩大内需的重要力量。而国际上，美国、日本、法国、加拿大等国家都对中小企业制定了不同程度的税收优惠政策。我国应针对中小企业面广量大、灵活多样、就业面广、对拉动内需作用大等特点，仿效国际做法，进一步完善中小企业税收政策，加快增值税向消费型转变，避免重复征税，减轻企业税负，增加企业留存收益；合理设计中小企业纳税人营业税的起征点，营业额在一定数量以下可以免征，超过的征税，降低中小企业税负；对金融机构向中小企业贷款取得的利息收入给予减征营业税优惠，缓解中小企业融资难的困境；允许中小企业采用加速折旧法计提折旧，以提高中小企业税后收益率，增强其内部融资能力；进一步调低对中小企业所得税优惠税率，可由目前的 20% 下调至 15% 左右等等，通过各种税式优惠降低中小企业税负，解决其融资困难，扩大其投资积极性，发挥其在吸纳就业、刺激消费等扩大内需方面的积极作用。

下降的合理性：当前经济形势下税收政策的冷思考

—— 对凯恩斯主义和奥地利学派的比较分析

倪红日

当经济衰退时，人们往往是在哀叹经济出了问题后的 GDP 下降和失业率升高，热议税收减免政策出台。这几乎成了近两个世纪人类经济波动时的常态现象。本文结合这一轮的世界性经济衰退形势，以及各种观点的争论，冷静思考两个问题：一是对经济衰退辩证的看法，下降可能是正常的、不可避免的现象；与此相关的第二个问题：作为政府宏观调控的税收政策，应该如何选择：减税还是保持税制基本稳定？这两个问题，热议中似乎都不是问题，但是冷静地思考，对这两个问题都会有不同的答案。

对经济危机原因和政府是否应该干预经济的不同看法

对于这个问题，在经济学界起码有两种相互对立的看法：凯恩斯认为，大萧条是由有效需求不足导致的，是市场机制失灵的结果。另一种对立性的观点是奥地利学派，他们认为：市场经济中的商业周期和商业波动是一种正常现象，而经济萧条是人为造成的，政府的扩张性货币政策必然造成了经济繁荣和经济衰退的交替。

　　作为主流学派的凯恩斯主义，主张在经济萧条时期政府积极地干预经济，政府要介入市场，增加需求，才能使经济从萧条中走出来。而奥地利学派的观点相反，他们认为萧条是市场自身调整的必然过程，有助于释放经济中已经存在的问题，政府对经济的干预只能使问题更糟。这两种完全不同的观点带给我们一系列的深入思考。

不同观点中反映的经济表象"病症"是一样的

　　尽管凯恩斯主义和奥地利学派在经济危机形成原因和政府是否应该干预经济的问题上的观点是完全对立的，但是对经济表象的"病症"看法并没有表示不同的看法。从经济表象来看，经济危机都是产生在以供给大于需求为表征之后的，无论是由于有效需求不足的原因，还是由于商业周期波动，以及政府扩张货币政策带来的经济繁荣。供给超过需求的具体表现基本都是 GDP 快速增长、生产能力过剩、经济泡沫、通货膨胀等，这些现象出现一段时间之后，经济衰退接踵而至。经济繁荣的泡沫破灭，经济增长速度开始下降。

如何看待和评价经济衰退

　　我们以啤酒作为一种形象的思考，当啤酒瓶中的啤酒快速地倒入酒杯时，大量的泡沫会占据酒杯的一定体积。当泡沫快要溢出酒杯时，不得不停止再往酒杯中倒入啤酒。这时酒杯中的泡沫会消失，酒杯中啤酒就不是满杯的，而是去掉了泡沫的真实体积。市场机制的作用，或者说是市场这只"看不见的手"

的机制性功能的"缺陷"特点是，它的调节并不是完全适度性的，供求是以曲线上下波动方式达到均衡点的。这就使得在曲线向上波动过程中产生的经济泡沫是不可避免的。

从实际情况看，经济快速增长的繁荣期大多都会在不同程度上制造出一些泡沫，这些泡沫破灭后，经济增长速度的回落是必然的。从这一点来讲，奥地利学派的商业周期理论中分析是有道理的：

"繁荣"中充斥了浪费而错误的投资，当消费者重新确立了符合他们要求的消费—投资比例时，"危机"到来了。事实上，在"萧条"时期，经济对在繁荣时期的浪费和失误做出调整，并重新确立起能满足消费者要求的有效服务体系。

萧条是一个"恢复"的过程，萧条的结束宣告一切重归正常，经济恢复了最好的功效。因此，萧条远不是充满邪恶的灾难，在繁荣带来了扭曲之后，萧条使经济恢复正常，这是必要而有益的。所以，繁荣需要"衰退"。

从以上的分析得出的推论是：经济衰退和 GDP 增长速度的下降是具有合理性的。当啤酒杯中的泡沫逐渐消失，实体啤酒缩小到它本身的体积时，才能再往杯中添加啤酒。当然倒的速度越慢，产生的泡沫相对越少，而倒的速度越快，泡沫产生的相对越多。这也许是对经济周期的一种很形象的描述。

不同学派对在经济衰退时期税收政策的观点

两个学派在对经济衰退时期采取什么样的税收政策上，几乎没有太大的意见分歧。分歧主要产生在对财政支出的政策方面。两个学派在应对经济衰退的税收政策上，都主张政府实行减税政策。奥地利学派的税收政策主张比较突出：

在萧条时期，政府唯一可以做的就是：它应该大幅降低它对经济的影响力，削减其开支和税收，特别是税收，它干扰了储蓄和投资。降低政府的税收开支水平会自动使社会结构中的储蓄—投资—消费比例偏向储蓄和投资，这样就使经济重归繁荣的时间大幅缩短了。……进一步而言，萧条时期经济紧张。削减税收，或者在管理上减少对自由市场的干预，就会刺激健康的经济行为；增加税收，或者加大这种干预将进一步使经济陷入萧条。

从理论逻辑上看，两个理论之间的差异是，凯恩斯主义主张财政收入和支出的扩张政策，减税加支出扩张，势必使财政赤字扩大，通过赤字政策，增加社会有效需求。而奥地利学派的财政政策是主张收入和支出的同时削减，在减税的同时压缩政府的财政开支。这样势必不可能使财政赤字扩大。

财政赤字与货币发行、通货膨胀有着密切关系。奥地利学派的主张是，政府采取的正确做法应该是从一开始就阻止任何可以导致通货膨胀的信贷扩张，这些任何可以导致通货膨胀的信贷扩张就包括了由于财政赤字扩大而引起货币发行的信贷扩张。因为，在奥地利学派看来，通货膨胀就是引发经济危机的直接原因。

实践中的减税政策是否就有助于经济复苏？

从理论上讲，减税政策有助于经济复苏，对这个结论歧义比较少。但是在实践中，减税政策对于经济复苏的作用还是需要考察的。我们就近不求远，专门对中国的实际情况进行一些分析和考察。

1997 年受亚洲金融危机冲击，中国经济也出现了衰退的情况，当时为了制止经济增长速度的下滑，政府也实施了一系列的宏观调控措施。从财政政策上，当时实行的是积极财政政策，主要是通过扩大赤字，增加政府的基础设施投资，扩大投资需求来拉动经济增长。从税收政策上，并没有实行减税政策，反而加强了税收征管，保持税收和财政收入的较高增长。尽管当时没有提出增税的政策，但是强化税收征管的结果是增税而非减税。2001 年这一轮的经济下降开始复苏。从经济增长和财政收入增长状况看，这一阶段两者增长波动都不是很明显（见图1）。

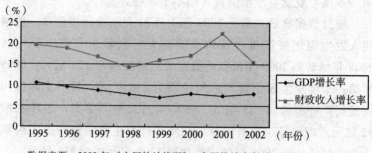

数据来源：2003 年《中国统计摘要》，中国统计出版社。

图 1　1995～2002 年 GDP 和财政收入增长情况

　　从上述实证分析看，减税政策与经济复苏的关系并没有肯定性的答案，也就是说，在经济下滑时，不采取减税政策，并不意味着经济不能走出低谷。

对当前经济形势下的减税政策的评析

　　在这一轮的经济下滑中，政府从实施积极财政政策一开始，就采取了结构性的减税政策，包括多次提高出口退税率，增值税进项税抵扣范围扩大（所谓增值税转型改革），下调小排量轿车的车辆购置税税率等，这些结构性减税政策力度是很大的，对缓解企业经营困难和刺激汽车消费需求会起到一定的作用。

　　但是也应该看到，由于这一轮中国经济下滑的直接原因是外部需求所导致的整个总需求减少，相对而言总供给就是过剩的。结构性减税政策并不能直接作用于增加外部需求，所以从逻辑上讲，结构性减税对保经济增长的效应是有限度的。因为结构性减税对经济增长产生效应的条件是投资需求或者消费需求的现实形成，而不是只有投资和消费的意愿。对于投资需求而言，在最终需求减少的情况下，投资需求也会受到限制。

现实情况也印证了上述的理论逻辑。据资料反映，2009年第一季度企业受益于增值税转型小于预期。

统计数据显示，截至2009年3月31日，全国增值税一般纳税人发生固定资产进项税额375亿元。剔除东北和中部地区2008年结转到2009年抵扣的固定资产进项税额129亿元，2009年第一季度发生固定资产进项税额为246亿元，其中实际抵扣固定资产进项税额143亿元，平均每月发生固定资产进项税额82亿元。以此静态数据测算，全年预计发生固定资产进项税额为984亿元，比2008年的测算数据1200亿元减少216亿元。

所以，针对这一轮经济下滑的成因，结构性减税如果能够在一定程度上起到减缓经济下滑的幅度，缓解受需求缩减带给企业的经营困难，就应该说取得了比较理想的政策效应了。

减税政策也可能产生的负面作用

在对减税效应不能高估的同时，不能低估减税政策可能产生的负面影响。减税会直接引起财政收入的下降，在财政支出（各项财政补贴）也不得不扩大的情况下，会导致财政赤字的扩大，中国目前就是这样的状况。从2008年第四季度开始，财政收入已经连续两个季度的负增长（见图2）。这与经济增长速度下滑有关，但是财政收入增长速度的下降幅度明显是大于经济增长速度的，从图2中可见，财政收入增长速度下降幅度从2008年的9、10月份开始就比较明显，这就与减税政策有着密切的关系。

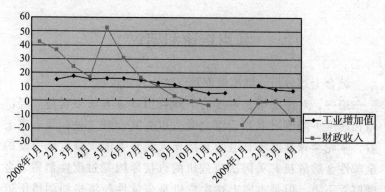

图 2　2008～2009 年 4 月工业增加值和财政收入增长情况

　　值得担心的是，在财政收入负增长的同时，财政支出的扩张速度的提高会引起财政收支之间的更大矛盾。据统计，2009年 1～4 月份的财政收入同比下降 9.9%，而财政支出同比增长了 31.7%。财政赤字的扩大为未来的通货膨胀留下了隐患。如果加上货币流动性急剧扩大的现实，这种通货膨胀的发生几率将会增加。

　　国际上的著名媒体评论家已经发出了警告：一些银行家和经济学家认为，结束目前这场经济危机的唯一方法就是通货膨胀。因为高通胀将会降低实际负债水平，从而使负债累累的家庭和银行以更快的速度、更少的痛苦来降低负债率。从全球经济看，通货膨胀将财富从债权人向债务人转移——本质上是从中国向美国转移。① 从中国国内来看，如果使用通货膨胀的办法摆脱经济下滑，那么这种权宜之计可能会带来短暂的繁荣，但是从长期看，会带来新一轮的经济结构失调和经济衰退。所以，我们应该尽可能地避免财政货币政策可能导致通货膨胀的负面作用。

_____

　　① 英国《金融时报》FT 中文网：沃尔夫冈·明肖：《摆脱危机不能靠通货膨胀》2009 年 5 月 26 日。

几点结论和建议

综合上述分析，提出以下几点结论和建议：

第一，对经济增长速度的下降要用辩证方法来看待。经济增长速度下降既有其不合理之处，也有其合理之处。从表象上看，本轮全球性经济衰退的直接导火线是美国次贷危机引发的全球性金融危机。美国次贷危机的直接原因是过度性消费、金融监管不力。但是本质上这次危机是全球性经济格局调整所带来的矛盾长期积累的结果。中国的经济增长既得益于经济全球化，也就是中国对外开放后进出口贸易所带来的国内制造业和加工业的快速增长；又在这一轮经济衰退中受国际经济影响和拖累，外需减少直接导致中国进出口贸易负增长，使得目前国内经济增长受阻。所以，中国目前的经济增长速度下降是难以避免的。我们的宏观调控只能缓解由经济衰退带来的困难程度，但这种经济波动是不可能消除的。从这个意义上讲，国内经济增长速度的下降是有一定的必然性和合理性的。

另外，从商业周期本身和经济繁荣期产生的经济泡沫需要消除的角度讲，经济增长由繁荣期的高速度降下来也是一种合理性的回落。经济的起落就像大自然的四季交替，有春夏就有秋冬。人类现在还没有能力将四季变为春天常驻，也没有能力保持经济总处于高速度增长。

第二，在本轮经济下降中，使用结构性减税政策是正确的。但是也要看到，减税的效应只是在于缓解经济下降所带来的企业经营困难和需求萎缩的矛盾，不可能对提升经济增长率起到直接的作用。对减税的效应不能高估，也不能抱有过高的期望值。如果过度地使用减税政策，则可能带来过多的负面效应。

第三，重要的是把握经济下降的合理度。这就需要进一步的量化研究。以目前的情况为例，进出口贸易下降 20% 多，

GDP 增长率下降 4 个百分点左右，两者之间的数量关系如何解释？合理的经济增长下降率的估计，对于把握政府适度的宏观调控力度，其中包括减税政策的力度十分重要。因为政府的过度干预，包括货币投放量过大，都会为下一步的经济增长带来风险和后患。

第四，从长远看，在运用结构性减税政策时，要注意与税收制度的完善结合起来考虑。增值税扩大进项税抵扣范围，即生产型增值税向消费型增值税的改革，比较成功地实现了减税政策和税制完善的结合。个人所得税的减税，为什么不能再简单地使用提高扣除额办法，不仅在于这样的减税主要对高收入者有利，对中低收入者没有什么减税后增加收入的效应；更加重要的是，这种简单的提高扣除额办法会使个人所得税税制更加不公平，税制更加不完善。所以，个人所得税必须从改革和完善税制入手，通过改变计算扣除额办法，实行税负的结构性调整，在税制完善的基础上实行减税政策。由于个人所得税改革的复杂性，这项政策和改革需要一个过程。

作者单位：国务院发展研究中心

扩大我国内需的财税对策
国际借鉴研究

张　颖　王春玲

2007 年 7 月 10 日，美国穆迪和标准普尔公司宣布降低次级抵押贷款债券的信用评级，从而拉开了美国次贷危机的序幕。美国次贷危机逐步演化成一场国际金融危机，并波及各国的实体经济，最终酿成一场世界范围的经济危机。在出口需求急剧下降的情况下，研究扩大内需就成为避免我国经济衰落的唯一选择。

一、中国经济内需不足的现状

改革开放三十年，中国经济取得了长足发展，内需不足问题也变得越来越突出。

（一）中国内需不足的具体表现

中国经济内需不足表现在两个方面：过高的贸易顺差和储蓄投资过剩。

1. 过高的贸易顺差。20 世纪 90 年代以来，除个别年份外，中国一直保持经常项目顺差，特别是进入 21 世纪，经常项目顺差规模出现迅速放大的趋势。中国外汇储备资产保持快速增长，目前中国累积外汇储备已过 2 万亿美元，成为世界第一外汇资产持有国。过高的贸易顺差表明，我国社会总需求中外国人对本国产品需求所占份额过高，而消费、投资和政府支出等内需份额过低。同时也说明，我国经济的产出水平更多依靠外国市场需求来拉动。

2. 储蓄投资过剩。按照发展经济学观点，对于发展中国家来说，要实现较高的经济增长速度，必须以较高的投资水平和储蓄水平为前提条件。因此，如何在原有较低的储蓄水平上谋求较高的投资水平，被认为是发展中国家实现经济起飞所需解决的首要问题。美国经济学家钱纳里设计的著名的"双缺口模型"，为解决这一问题提供了一条重要途径。双缺口模型从国民收入总需求和总供给恒等条件推导出关系式。其中投资与储蓄之差称为"储蓄缺口"，进口与出口之差称为"外汇缺口"。模型表明，如果一国储蓄不能满足国内的投资需求，需要进出口有一个规模相等的赤字予以平衡，这时需要从国外引进资本。也就是说，一国可以在不增加国内储蓄的同时，借助于外国储蓄的流入来增加投资，借以摆脱投资水平受制于较低的国内储蓄水平的被动局面。自20世纪90年代以来，中国经济出现了国内储蓄过剩。在此期间，除1993年外，中国的国内储蓄总额均超过国内投资总额，致使储蓄缺口为负值。中国储蓄存差已从1991年的341亿元增至1996年的3117亿元。国内储蓄过剩是投资需求不足的外在表现。

（二）中国经济内需不足的成因

按照凯恩斯的观点，"社会总需求函数说明任何既定的就业量与该就业量预期能实现的'卖价'之间的关系，而'卖价'由两部分构成——消费总量和投资总量"。因此，对我国经济内需不足的分析应该从消费和投资两个方面展开。

1. 消费需求方面

一定时期居民把收入中多大部分用于消费取决于消费倾向的大小。所谓消费倾向，也称平均消费倾向，是指消费在收入中所占的比重。影响消费倾向的因素有主观和客观两个方面。

（1）影响我国居民消费倾向的客观因素

第一，居民收入水平偏低。我国城乡居民收入的增长长期低于GDP的增长，职工工资增长长期低于企业利润增长，限制了居民的消费能力。

第二，居民税收负担重。政府课征的所得税，尤其是个人所得税，是个人收入的抵减项目，其收入的多少直接影响居民消费能力。在国民收入分配中政府占据的份额过大，这是居民消费能力小的根源。

第三，收入差距过大。近年来我国居民收入差距呈现越来越大的趋势：2007 年我国农村居民高收入户人均收入是低收入户的 7.27 倍，而城镇收入最高的 10% 人口的人均收入是收入最低 10% 人口的 8.69 倍。① 一般来说，随着收入的增长，边际消费倾向逐渐降低，因此，高收入家庭消费倾向低于低收入家庭，导致我国拥有消费能力的高收入阶层消费意愿不强，导致我国平均消费倾向下降。

第四，出口导向型经济模式，使产品不能适应国内需求。改革开放以来，为解决外汇储备短缺问题，我国采取了诸如汇率低估、出口退税等经济政策，并因此形成了鼓励出口外向型经济发展模式。20 世纪 90 年代以后，发达国家保留了制造业中有关核心竞争力的制造产品和环节，其余部分向发展中国家转移。我国则发挥劳动力成本低廉的优势，积极开展加工贸易并迅速取得优势。2006 年我国一般贸易顺差达到 831.4 亿美元，而当年加工贸易顺差 1888.8 亿美元。② 出口导向的经济模式使我国大量资金、人才、技术等资源向出口部门转移，以国际市场需求作为生产晴雨表，产品定位与国内需求不符，产品在国内市场没有销路。

（2）当前我国居民消费倾向低的主观因素

第一，我国居民长期以来勤俭节约的消费习惯。长期以来，我国居民以"勤俭节约"为美德，城乡居民消费支出大部分用于食品、衣着、居住等生活必需支出。节约的消费习惯使我国

---

①　根据 2008 年统计年鉴计算取得。
②　根据 2008 年统计年鉴计算取得。

居民消费倾向远远低于美国等发达国家。

第二，老年人口系数不断上升。老年人口系数是指老年人口数占总人口数的比例。老年人相比年轻人拥有更少的消费意愿，导致社会总体消费倾向的下降。

第三，经济体制改革和转轨引起居民不确定性支出增加。随着住房、医疗、养老等各项经济体制改革的深化，一直由政府和企业承担的长期消费支出逐步由个人承担，而社会保障制度尚未健全，居民不得不尽可能地增加储蓄，这是居民出于谨慎动机而持币。据有关部门对居民储蓄用途的调查结果显示，用于子女教育、看病就医、养老、购买住房等四项用途的支出竟占中国居民消费支出的66.5%之多。

第四，经济危机使大多数人对收入预期不乐观。收入是消费的来源和基础，是影响消费的最重要因素。影响消费的收入不仅仅是当期收入，还包括对未来收入的预期。同时居民出于远虑动机而减少消费。

第五，房地产和股票市场的财富神话使居民减少即期消费。

2. 投资需求方面

社会投资包括厂房与设备投资、存货投资两种类型，它的增减变动取决于资本边际效率和利率水平两个因素。在利率水平不高的情况下，我国民间投资需求不足，其原因在于民营企业资本边际效率偏低。

（1）民间投资者待遇偏低。

（2）民间投资产业进入壁垒高。我国民间投资在金融、保险、石化、电力等30多个产业领域存在着实际上的"限制进入"情况。

（3）民间投资遇到融资壁垒。

（4）我国政府支出增长强劲，影响社会资源配置。

（三）我国经济内需不足的影响

1. 经济发展效率低下

中国的外向型经济对效率的影响表现在三个方面：一是造成资源边际生产力低下。二是形成我国非优化的产业结构。中国的大量国际贸易顺差并非出于比较优势，而是利用中国劳动成本的比较优势来参与国际产业分工，即中国的崛起靠的是劳动力密集型的制造业。中国经济长期依赖出口拉动，对我国产业升级换代非常不利。三是进一步恶化国内生产供求的矛盾。在内需不足的前提下，外商投资是拉动内需的有利因素。但外商所生产的产品以外需为主，这就造成了中国的生产结构和消费结构更加不能有效"匹配"，形成了有效供给不足的经济格局，造成我国经济的结构性内需不足。

2. 增加经济运行风险

中国外向型经济带给我国经济的风险有四个：一是对国际市场的依赖增加了我国经济的不稳定性；二是增加了贸易摩擦，恶化对外贸易环境；三是强制结汇制增加了流动性过剩；四是为促进民间投资而运用的信贷政策的松动和对民间资本投资管制的放松增加了金融风险。

3. 影响居民福利水平提高

中国在优先发展出口产业的同时，中国医疗保险、教育、退休保障、环境保护等并没有相应投入，从而形成对劳动者和社会的"隐形债务"。出口越多，对劳动者的负债越大。此外，为了扩大出口优势，我们又采取了出口退税政策。出口退税政策减少了政府财政收入，也在实质上将政府补贴补给了外国消费者，造成内外消费者福利水平的差别。

二、发达国家拉动内需的财税政策及对我国的启示

（一）发达国家拉动内需的财政政策

1. 美国拉动内需的财政政策

　　美国是世界上最具活力的经济，其日臻成熟的包括财政政策在内的宏观经济政策在其中发挥了重要作用。近代美国的财政政策的历程大体可以分为以下四个阶段：

　　第一阶段，罗斯福新政。罗斯福新政核心思想是通过增加一定数量的公共投资使经济恢复自身的活力。政策内容包括四个方面：一是整顿财政金融体系，迅速恢复银行信用；实行赤字财政政策，增强国内市场购买力。二是加强对工业的指导，通过有关工资标准和工作日实数的规定来扩大消费和缓解社会矛盾的作用。三是调整农业政策，通过国家收购农产品等措施调整产业结构。四是推行"以工代赈"，兴办公共工程等措施，通过扩大内需来刺激生产发展。

　　第二阶段，20世纪60年代的增长性政策。肯尼迪总统实施了增长性财政政策，关键仍然是刺激总需求。

　　第三阶段，20世纪80年代结构性财政政策。为克服70年代经济出现的"滞胀"局面，里根政府实施了结构性财政政策，即以反通货膨胀为目标的紧缩性货币政策，以刺激供给增长和创新活动为核心的减少政府对经济的干预和管制政策。政策内容包括：①实施大幅度减税措施，刺激消费需求和私人投资；②政府增加研究开发支出和其他公共投资，确定以知识和技术领先产业为核心的竞争力提升战略；③放松对自然垄断行业的价格管制和进入管制，让市场和竞争机制起主导作用；④大幅度削减社会福利开支，减少税收负担和人民对政府公共支出的依赖。这些结构性财政政策和供给措施奠定了美国90年代的整体竞争优势。

　　第四阶段，21世纪美国的财政政策。2007年美国次贷危机引起的金融危机波及实体经济，最终发展成为经济危机。奥巴马总统提出的8190亿美元的刺激经济计划2009年1月28日在国会众议院获得通过。在这一方案中，美国国会授权联邦政府获得5440亿美元的投资基金，另外2750亿美元用于退税。奥巴马政府希望通过大规模投资和退税为美国创造300万至400万个就业机会，并促使美国经济复苏，这也是美国历史上最庞大的经济刺激方案。该项计划主要包括追加财政预算、出资建设道路等基础设施、发展新能源产业和减税等。从目前看，这一扩张性财政政策并没有取得预期效果：美国就业市场持续恶化，劳工部公布的数据显示，2月美国多数经济部门的就业岗位都有减少：其中制造业减少16.8万个、建筑业减少10.4万个、零售业减少4万个、休闲娱乐业减少3.3万个；只有政府部门、教育和卫生保健领域就业有所增加。

2. 英国的积极财政政策

20世纪80年代，英国政府实施了一系列的经济政策调整，积极财政政策的运用是其重要组成部分：第一，调整税收结构，刺激经济增长。英国政府提高间接税，大幅度降低直接税。减少直接税有效地刺激了国内投资的增长并吸引了国外投资，间接税的增加又减少了财政赤字。第二，实施注重效率的公共支出政策。第三，大力发展高新技术产业，由政府安排财政支出加大对高新技术产业的投入力度，培植具有发展潜力的产业。扩张性财政政策使英国经济基本走出"滞胀"的阴霾，并在八九十年代出现了低通胀和经济稳定增长的良好局面。

3. 日本的扩张性财政政策

日本经济在经历了20世纪第二次世界大战后重建和六七十年代高速增长后，一举成为仅次于美国的第二经济大国。进入90年代后，日本经济陷入以通货紧缩为主要特征的长期停滞阶段。在这一背景下，日本政府自1992年开始采取一系列扩张性财政政策。1992~1995年，除1994年外，日本政府的公共设施投资增长率均超过10%。日本政府还于1994年实施了针对个人所得税的4.5万亿日元的一次性"特别减税政策"；1995年又将其转变为3.5万亿日元的永久减税和每年2万亿日元的特别减税。1997年桥本内阁宣布实施以2万亿日元所得税和住宅税减税方案。1998 年 7 月成立的小渊内阁进一步采用了以加大公共投资和减税为主要内容的宽松扩张性财政政策。90 年代的日本财政政策是一种坚持扩大政府支出加大公共投资力度、减少税收刺激消费的宽松性财政政策,对日本经济的恢复产生了一定的积极影响。

(二) 发达国家扩张性财政政策对中国的启示

1. 提高居民购买力,刺激居民消费需求

消费需求的扩大离不开居民购买力的提高。为了刺激消费需求,西方发达国家各自都采取了一些旨在提高居民购买力的措施。这些措施主要有减免个人税赋、促进和扩大就业、提高最低工资标准以提高低收入者购买力等。

2. 减轻企业负担,鼓励企业扩大投资需求

企业投资需求是内需的一个重要方面。为鼓励企业扩大投资,西方一些发达国家采取了一系列举措。这些措施包括:降低法人所得税税率,削减企业税赋;降低利率水平,刺激民间投资需求等。

3. 保持适度政府公共投资需求,重视增强投资者和消费者信心

针对国内需求不足,个人消费持续低迷,并导致经济衰退的现实情况,各国政府采取了通过大幅度增加政府公共投资来拉动内需增长的举措。但政府公共支出的增加要控制在一个适度的规模上,这既可以防止政府公共投资对民间投资的排挤效应,也可以控制预算开支,避免财政赤字。

4. 积极推动知识和技术创新,为投资和消费需求不断开辟新的热点

新经济理论认为,在技术层次不变的情况下,传统产业的生产在达到一定程度后将受到边际报酬递减的限制。高新技术产业投资却可以突破这一限制,因为高技术产业一旦在技术或产品的研究上有突破性创新,就会不断地衍生新的投资和消费

需求，并使产品价格大幅度降低，从而进一步刺激企业投入资金进行研究与开发。美国经济之所以能持续维持高增长，主要得益于知识和技术的创新，以及由知识和技术创新带来的产业的提升。

三、拉动内需的财税政策建议

（一）拉动内需的财税政策制定原则

1. 调整长期经济运行与短期内应对经济危机相结合原则

2. 培养社会自主消费、自主投资原则

内需的三个组成部分——消费、投资和政府支出，其中政府支出具有刚性增长的特性。

3. 调动地方政府积极性原则

我国各个地区之间发展的不平衡，既有资源方面的差异，也有体制方面的原因。要解决地区之间发展的不平衡，最终要提高地方的自身发展能力。我国的宏观经济政策都是由中央政府制定的，如果不能兼顾地方利益，不能充分调动起地方政府的积极性，中央的政策措施往往不能发挥预期效果。

4. 手段多样化原则

宏观经济政策的运用应是一组政策工具的组合，既有财政政策，也有货币政策；既有增加内需能力的税收政策，也有对支出偏好影响的税收手段；既有税收优惠，也有政府支出的直接支持。多样化手段的运用，才能涵盖经济体的方方面面，政策效果也能最大限度地减少经济波动。

（二）拉动内需的具体财政税收政策措施

1. 拉动消费需求的财税对策

（1）改革增值税制度

增值税是我国税制体系中的重要一员，其收入大约占国家财政收入总额的45%，在调整产业结构、引导社会消费投资方面的作用是无可替代的。当前增值税的改革应从以下几个方面入手：一是扩大增值税的征税范围，将农业、交通运输业、建筑安装业纳入到增值税的征税范围，消除产品产制过程中的重复征税，促进产业结构调整和产品更新换代，使产品更加适应国内市场需求；二是降低出口退税率，引导企业生产以国内市场为导向，同时也可以缓解我国财政收入压力，降低增值税税率水平。我国适用13%低税率的产品都是人们的基本生活用品，降低其增值税税率，可以降低这些产品价格，增加居民的购买能力。

（2）开征社会保障税和遗产（赠与）税

社会保障是现代国家公民的基本权利之一，其中的社会救助有助于增加贫困阶层的收入，缩小收入差距。根据莫迪利安尼等人提出的生命周期假说以及弗里德曼·米尔顿的持久收入假说，理性消费者不仅会根据当前收入，而且会根据预期的未来收入等信息选择一生的消费以实现长期效用最大化。收入水平提高，边际消费倾向随之下降。当收入分配差距过大时，高收入者不会增加消费，低收入者又无力进行消费，整个社会的边际消费倾向降低。社会保障通过社会救助等形式，增加贫困阶层的收入水平，提高他们的预期收入和消费能力，进而提高整个社会的消费倾向。

遗产税是以财产所有人死亡后遗留的财产为课税对象课征的一种税，各国政府征收遗产（赠与）税的目的有两个：一是为了刺激消费。遗产（赠与）税是直接税，不能进行税负转嫁，纳税人就是负税人，因此，纳税人为逃避遗产税的缴纳，选择增加即期消费。二是为了调节收入分配差距。我国社会已经出现收入和财富差距过于悬殊的问题，开征遗产（赠与）税可以实现社会成员的税收起点公平，缓解收入差距呈扩大的趋势。

（3）改革个人所得税制度

个人所得税是个人收入的抵减项目，它的负担水平直接影响到社会分配状况和个人的消费能力。改革个人所得税制度应从四个方面入手：一是提高个人所得税免征额，应将工资薪金所得项目的扣除额由 2000 元提高到 5000 元，增加工薪阶层的实际收入。在物价水平上涨过快，频繁变动税收制度不可操作的情况下，可以考虑实施个人所得税指数化的征收办法。二是细化个人所得税的费用扣除标准，个人所得税在确定基本扣除标准的基础上，应对受教育程度高、物价水平高、赡养人口多的个人实施加计扣除办法，这既有利于鼓励消费、体现个人所得税的立法精神，又有利于解决大学生就业、培养新兴投资和消费群体。三是实行分类综合个人所得税制度，发挥个人所得税在缩小社会成员收入差距的作用，提高社会消费倾向。

2. 提高投资需求的税收财税对策

（1）扩大消费税的征税范围

消费税是目前公认的良税，它属于后端调节，既可以避免所得税调节收入差距的同时打击高收入者投资积极性的弊病；又可以起到引导居民的消费行为，鼓励社会投资的效果。改革消费税制度，将高档住房、私人飞机、高档家具、裘皮衣物、古玩字画等奢侈品纳入到消费税的征收范围，可以实现引导社会合理适度消费从而引导社会投资。此外，消费税在鼓励节能环保产业、调整产业结构方面应发挥作用。应将高能耗或资源型行业的产品纳入到消费税的征税范围，这将改变消费者的消费观念，促使产业结构发生变化，从而使高耗能产业受到抑制，新的行业如服务业将得到发展。并且，规模效益比较高的产业获得好的发展机遇，效益不好的小企业可能被淘汰，这有利于形成产业集群，最终实现经济社会的可持续发展。

（2）开征环境保护税

环境保护税是国家为了保护环境与资源而对一切开发、利用环境资源的单位和个人，按照开发、利用自然资源的程度和污染破坏环境资源的程度征收的一种税。我国的经济建设过程中出现了大量的环境问题，开征环境保护税，政府可以促使环境污染行为的外部成本内部化，也可以控制自然资源的过度利用，实现资源的最优配置，促使环境资源开发利用与经济、社会发展的协调。

（3）完善企业所得税制度

所得税是我国税制体系中的一个构成要素，也是国家财税政策中最重要的政策工具。所得税是企业利润的抵减项目，所得税税负水平的高低直接影响企业税后利润水平，从而影响投资能力。完善企业所得税制度应从以下几个方面入手：

第一，降低企业所得税税率。我国自 2008 年起所得税税率由 33％降为 25％，但与发达国家相比，我国所得税税率仍偏高，应将企业所得税税率降到 20％；与大中型企业相比，小型微利企业 20％的所得税税率也偏高，因为小型企业从事研发等享受国家税收优惠政策的项目少。经济发展过程中，小型企业的投资意愿高，吸纳劳动力众多，对于培育民族产业、安置职工就业、维持较高的投资倾向都具有积极作用。因此，国家应将小型微利企业所得税税率降为 10％，增加其积累能力。

第二，扩大企业所得税优惠政策范围。20 世纪 60 年代，美国经济学家舒尔茨和贝克尔创立的人力资本理论认为，在经济增长中，人力资本的作用大于物质资本的作用，而提高社会人力资本的唯一手段是教育投入。当前，我国受教育人群比重大，大学生已经具备了成为人力资本的基本条件。如果能够参与到社会生产实践中来，就会在未来的经济发展中发挥比物质资本投入大得多的作用。因此，国家应比照企业安置残疾人员和城镇下岗人员的优惠办法，鼓励企业安置更多的大学生就业，这对于产业升级、促进消费都是有益的。

第三，为实现激励企业从事科技创新的积极性，建议对企业所得税做如下调整：①放宽科技费用列支标准，对企业用于研究开发和培训职工掌握新技术的费用允许在所得税前作为扣除项目列支；逐步扩大固定资产加速折旧范围，充分考虑技术进步条件下的固定资产有形损耗和无形损耗，加快设备更新的步伐。②完善高新技术企业的税收优惠政策，对已有的高新技术企业每隔一段时间（如两年）重新审查其资格。对不符合标准的企业，取消其享有的税收优惠权利，确保高新技术企业的加速发展。

第四，实行再投资退税。再投资退税是鼓励企业投资的重要措施之一，也已成为国际惯例。建议随着税费制度的改革，在国家财力增强的条件下，对企业普遍实行再投资退税制度，以降低企业投资风险，增强经济发展动力。

（4）实施激励投资的个人所得税的优惠幅度

对于个人技术成果转让所得继续实行免税政策；对于个人从事研究开发的相关费用，比照企业所得税的办法，计算个人所得税时允许扣除并给予加计扣除的照顾；对于大学生和下岗失业人员自主创业的投资额，给予一定期限的投资抵免，以此降低创业风险，增加社会投资。

（5）适当扩大政府支出规模，提高政府投资效率

适度规模的政府开支虽然会导致短期内的财政赤字，但在经济处于低迷时期，政府开支对于增强投资者和消费者信心的作用是无可替代的。政府支出应避开竞争性领域的投资项目，以避免对民间投资的挤出效应。政府主导投资应该以公共物品的提供为重点，扩大铁路运输、水利、保障性住房、能源设施、教育医疗等项目的建设，并向中西部和农村倾斜。

四、结　　论

在社会生产能力有剩余的情况下，扩大总需求就会增加社会总产出。但由于金融危机的影响，我国产品和服务的出口需

求急剧萎缩。为实现物价稳定、充分就业和经济增长的目标，拉动内需就成为当前的唯一选择。内需中的政府支出具有刚性增长的特征，我们应该运用财政税收政策刺激消费需求和投资需求。

作者单位：吉林省国际税收研究会
东北师范大学

用好结构性减免税款
为扩大内需保增长服务

北京市国际税收研究会课题组

美国次贷危机引发了金融危机，金融危机的蔓延又引发了全球性经济下滑甚至衰退。我国不同地区、不同行业、不同程度地受到了冲击和影响。为了渡过难关，克服经济下滑的困难，我国政府采取了积极的财政政策和适度放宽的货币政策，其中结构性减税是重要措施之一。

目前，社会上有关结构性减税的讨论很多，甚至建议采取更多的减税措施。我们认为，结构性减税是政府有针对性地减轻纳税人的税负，以引导生产和鼓励消费促进经济的稳定、健康发展。它是国家运用税收杠杆调节经济的重要手段，是世界各国普遍采用的一种手段。但这不等于减税越多越好，而是要兼顾需要与可能。事实上，为应对全球性金融危机的影响，我国已采取了一系列减税措施，并产生了积极效果，因此，我们认为，目前关键是加强减税政策的实施与管理，对结构性减税实施合理、科学、节约使用，以为扩大内需、保增长服务。

早在封建王朝，遇有不可抗拒天灾，都知道运用减税措施来休养生息，恢复发展生产。这次国际金融风暴，实施市场经济的多数国家，为刺激恢复经济，均采取了不同形式减税政策。

通过税收手段调节经济，对任何国家来说都是必不可少的。随着经济全球化发展，各国经济贸易相互融入、相互依存度日益深入，相互影响也日益显现。面对全球性金融危机，任何国家都不能独善其身。

我国运用税收减免税调节经济日益成熟,我国政府通过完善税制、规范税收分配以降低纳税人税负等一系列税收减免优惠,来促进经济恢复发展和社会稳定。减免税的形式也已经由"地域结合产业"转向以"产业结合地域",由过去行之有效的直接减免向间接减免优惠发展。这是社会主义市场经济发展的必然,历史的进步。它符合我国地域辽阔,各省、自治区、直辖市经济发展不平衡的实际情况,它对我国引进外资、改革开放的扩大深化,经济又好又快发展发挥了积极的推动作用。

我国实施规范的结构性减税,是以眼前暂时的少收,孕育着换取将来的多收,是促进经济恢复发展过程中的减收,是有经济效益的减收。眼前的少收将换来扩大内需和经济的增长,换来产业结构优化和上水平,换来扩大就业、社会稳定与和谐发展。随着经济增长发展,换来税收收入的增收壮大,为国家涵养培育着新的税源,并步入经济—税收的良性循环。

实践证明,它不仅有经济效益和税收的增长,还收到"人心向我"的称赞。

一、结构性减税可分为两类

一类属于恢复简单再生产的困难减免。纳税人在生产经营上发生暂时性特殊困难,如由于不可抗力的自然灾害造成的严重损失以及进销倒挂、政策性亏损等非纳税人主观上造成的,而纳税人又确实无力自行解决的困难,给予减免。这类减免的目的是帮助纳税人渡过暂时困难,恢复维持简单再生产。另一类则属于扩大再生产的扶持性减免。为了振兴经济,发展社会需要的行业,推动产业、产品结构的调整,开发新产品,鼓励技术进步,扩大出口等。当前特别是对振兴十大产业规划给予扶持性、结构性优惠减免。这类减免的目的是帮助纳税人扩大再生产，发展生产力，满足社会日益增长的需要，又为国家涵养新的税源。减免税可划分为简单再生产的困难减免、扩大再生产的扶持优惠减免。这两类都是为了发展生产力，是以马克思的简单再生产和扩大再生产理论为依据的。它与发展是硬道理、发展是执政兴国第一要务一脉相承，有了理论上的指导，就增强了减免税工作中的科学性、合理性和主动性，减少避免工作中的盲目性。

二、世界主要国家减税情况借鉴

为了应对国际金融危机，各国纷纷采取"渡过困难"措施，争取早日实现经济复苏。其中减轻企业居民税收负担则是重要措施之一。

美国　美国为应对经济衰退，奥巴马政府一上台，就提交议会通过了一项规模高达 7870 亿美元的刺激经济方案。其中减税规模达 2810 亿美元，包括减轻中低收入阶层的税负。对年收入 5 万美元以下的老人免征个人所得税；允许美国家庭提前从养老金账户提取总额不超过 1 万美元资金；对公司 2 年内每提供一个新的就业岗位给予 3000 美元税收减免。同时加大对富裕阶层和大公司监管力度，特别是对避税天堂的母子公司、总分支机构会计核算、金融业的保密法实施严查严管。

英国　英国财政大臣达林宣布，从 2009 年 12 月 ~ 2010 年 12 月将增值税税率由 17.5% 降为 15%，下调 2.5%，以促进经济增长。

法国　为降低价格、增加就业、改善现有雇员工作条件、减轻企业负担，法国总统宣布对餐饮行业增值税率由 19.6% 降为 5.5%，减税约 25 亿欧元。

德国　德国政府大幅削减公司所得税，为给呆滞的经济走势注入生机，并吸引国内外的投资，经议会讨论批准，公司所得税税率将从 38.65% 降为 29.8%，降低 8.82 个百分点，减少收入 300 亿欧元。德国联邦理事会批准第二份经济刺激方案，将个人所得税第 1 档税率从 2009 年 1 月 1 日起由 15% 降为 14%；将医疗保险税税率从 15.5% 降为 14.9%；每淘汰一辆旧车给予 2500 欧元奖励。

俄罗斯　俄罗斯计划大幅减轻公司税负。俄罗斯总理普京宣布从 2009 年 1 月 1 日起将公司所得税率从 24% 降为 20%，小企业所得税率从 15% 降为 5%，企业固定资产折旧将从 10% 提高为 30%。上述措施预测为企业减轻税负 4000 亿卢布（约为 150 亿美元），缩短向企业退税时间，简化增值税流程。

由于各国国情不同，税制不同，减税侧重点也各不相同。有的国家侧重流转税，有的侧重所得税，有的侧重外贸出口退税，有的侧重地方财产税，但多数国家一个共同点是对企业所得税和个人所得税实施减免。以上国家减税措施可依据我国实际情况借鉴。

三、用好结构性减税，为扩大
内需保增长服务

用好减免税款的前提是要依法用好减免税优惠政策，对符合优惠条件的，要依法"及时、准确、足额"地让纳税人享受到优惠。依法减免是依法征税的重要组成部分。在认真执行好减免税优惠政策的同时，还需严防违法违规超越权限擅自减免。必须杜绝没有法律依据的官僚主义的随意减免、搞不正之风的人情减免，以及以应对国际金融危机为名随意扩大减免范围的行为。此外，对违法经营、管理不善、长期亏损户的减免需慎重，防止把减免优惠政策作为照顾保护落后、鞭打快牛的反向调节。

结构性减税需要实施科学化、专业化、精细化管理。管理也是服务。优化纳税服务，牢固树立征纳双方法律平等和谐的新理念，对其按照减免税款优惠税款的用途使用应大力支持，以尊重纳税人合理、科学、有效地使用减免税款的权益，对其不合理、不科学的使用提出建议。

我国现行减税政策的具体实施与管理还存在着明显不足和欠缺。主要是税务部门侧重于减税措施及优惠政策的申请是否合理、合法地审批，忽视对减免优惠税款的使用、管理、监督。纳税人则更关心如何享受优惠和降低税负，而对减免税款的使用是否符合减免的用途，是否科学、合理则关心得不够。据有关资料反映，有相当多的纳税人得到减免优惠后，并没有按申请减免税的用途和优惠的规定使用，而是移作他用。大量减免优惠税款不按减免优惠的用途使用，不仅失去了减免优惠的意义，也达不到恢复发展生产的目的。全国 2009 年结构性减税优惠，预测为 5000 亿元左右，占 2009 年全国预算收入 66230 亿元的 7.5%，占全国税收收入 63648 亿元的 7.85%。因此，我们认为，在我国财政收支矛盾十分紧张的情况下，如何将国家给予的减税在科学发展观指导下，正确、合理、节约、有效地用于渡过暂时困难，恢复扩大再生产上，为扩大内需、保增长服务好，为经济平稳较快发展做出贡献，是当前最需要重视的问题。为此，我们建议：

（一）用好增值税转型减负的税款

实施增值税由生产型转为消费型，纳税人购进的固定资产所含的进项税额，允许从应纳税额中抵扣，以减少重征，减少其应纳税额，减轻其税负。国家税务总局预测国家税收减收1200 亿元，企业相应减负增收 1200 亿元。北京市地税预测减负少收 43.6 亿元。企业将转型减轻税负得到的收入用于企业扩大投资，用于技术改造、设备更新、科技创新、产业升级，或用于补充流动资金不足，以减少贷款，减少利息支出，降低成本，增强市场竞争力。用减负增收的税款等于多了一大笔无息贷款。随着投入加大、生产的发展，抵扣额也将增加，抵扣额的增加又为扩大产能提供了资金准备，促进企业步入良性经济循环，为企业发展增加后劲。在科学发展观指导下，继续完善改革商业、建筑、交通税制。当前，小规模纳税人普遍希望尽快研究从小规模纳税人那里购进物品的进项税额抵扣问题，从小规模纳税人的进货不能抵扣直接影响着其销售扩大和发展。这关系到中小企业自主创业生存发展大问题。

（二）用好出口退税的税款

及时足额办好出口退税至关重要，它关系到企业生存发展。税务机关依法征税遵循"及时、足额"的原则，税务机关依法退税也应遵循"准确、及时、足额"的原则，这体现了征纳双方法律平等、和谐共事的新理念。

逐步实现出口零税率，征多少，退多少，以不含税的价格进入国际市场，增强市场竞争力，提高出口企业利润水平。

出口退税税率经过前后 6 次调整，调整的商品面占出口商品的一半以上。2009 年一季度出口商品退还给企业税款 1861.3 亿元（含"免、抵、退"831.58 亿元），比去年同期增长 29.7%。比去年同期增长较多的原因：一是多次调高退税率；二是加大及时办理退税力度。这有助于出口企业及时取得退还的税款，缓解资金压力，将退回的税款早日用于出口商品升级换代，用于优势产品、劳动密集型、高新技术型产品出口，用于改善出口环境，振奋出口企业信心，促进出口企业更加科学、合理、健康地发展。

（三）用好企业减负增收的税款

特别是新企业所得税法实施以后，要认真贯彻新税法的精神，用好企业减负增收的税后留利。新企业所得税法统一了内外资企业的税率，内资企业所得税率由 33% 降为 25%，小型微利企业的税率降为 20%，高新技术企业实行 15% 优惠税率，享受范围由过去地域限在技术开发园区，扩大到凡是符合规定条件都可以享受，还实施了定期减免、低税率、加速折旧、鼓励企业自主创新等多项税收优惠。国家税务总局预测实施新的企业所得税法为企业减轻税负 930 亿元，北京市地税预测约 37.6 亿元，大大增加了企业税后留利，鼓励企业将增加的税后留利用于投资，用于调整产业、产品结构，增强企业在市场的竞争力，加快企业发展壮大。

（四）用好扩大就业税收政策，促进社会稳定

就业是民生之本，是增加居民收入主渠道。国家对下岗失业人员十分重视，几年来国家仅通过税收优惠减免政策，已对 680 万下岗失业人员实施优惠减免 159 亿元，有力地促进了社会稳定。但目前农民工返乡、高校毕业生就业形势仍很严峻。目前城镇失业率已接近国际警戒线，超过国家宏观控制 4% 的标准，需转变就业观念，拓宽就业渠道。除国家发展经济、强化农业主渠道外，提倡大学生自主创业，农民工返乡创业，鼓励"自谋职业、自主创业、自主创新"。"三自"创业不仅首先解决了自己就业，还能带动几个帮手就业。创业成功，就会扩大就业，努力改善严峻的形势。同时政府各部门各负其责，做好职责范围的扶持就业工作。就税收职责范围，当前应执行好以下就业税收政策。

1. 对下岗失业人员从事个体经营的 3 年内给予免征营业税、城市维护建设税、教育费附加和个人所得税，并免收税务登记工本费。对持再就业优惠证人员从事个体经营的，按每户每年 8000 元限额，依次扣减其当年应缴纳的营业税、城市维护建设税、教育费附加和个人所得税。对自主择业、转业干部从事个体经营的，自领取税务登记证之日起 3 年内给予免征营业税和个人所得税。

2. 对商贸企业、服务型企业（除广告业、房屋中介、典当、桑拿、按摩、氧吧外）、劳动就业服务企业中加工型企业和街道社区加工性质小型企业实体，因招收下岗就业人员享受税收定额扣减优惠政策，每人每年扣减 4000 元。因各省市（直辖市）、自治区经济发展水平不同，可在 4000 元基础上，上下浮动 20%。北京市规定每人每年扣减额为 4800 元。由过去安置下岗就业人员比例优惠减免改进为按安置就业人员定额减免，安排人员多的，多给；安排人员少的，少给；不安排的，不给。鼓励企业多安排，并将减免期限延长到 2009 年 12 月底。

3. 对国有大中型企业通过主辅分离和改制分流安置本企业富余人员举办经济实体，符合条件的（从事金融保险业、邮电运输业、娱乐业、销售不动产、转让土地使用权、广告业、桑拿、按摩业、氧吧业、从事建筑承包业除外），3 年内给予免征所得税。

充分发挥以上三条减免优惠政策的效应，推动扩大就业，增加就业人员收入，拉动其消费和社会稳定。

在调查过程中，企业、下岗失业人员、税务工作者一致要求：一是引导企业多承担社会责任，千方百计稳定和增加就业岗位，不裁减人员；二是将目前由商贸企业、服务型企业、小型企业扩大到不分经济性质，不分大中小企业，只要凭再就业优惠证就可以享受每人每年定额扣减应纳所得税额 4800 元，以鼓励企业多安置下岗就业人员。

（五）降低居民税负，增加居民收入，促进居民消费

提高居民在收入中的两个（国民收入与劳动报酬）比重，缩小分配差距，提高中低层收入水平，由于其收入大部分用于消费，有利于拉动消费。同时运用个人所得税、证券交易印花税、暂免征收储蓄利息所得税、2009 年内购置 1.6 升以下排量车暂减按 5% 的税率征收车辆购置税、调整房产交易环节营业税等相关措施，来减轻居民负担，增加居民可支配收入，从而促进居民投入和消费。

（六）加强减免税款使用管理，提高减免优惠税款使用效益

1. 当前需克服税务机关重审批、轻管理，只管减免不管使用的偏向。税务机关依法对纳税人减免税申请进行调查审核提出意见，报经权力机关进行批准，但这些工作只完成了减免税工作的一半，另一半工作应转向按减免用途引导税款的合理科学使用。税务机关要建立健全纳税人申请减免、税务机关审查批准、审批后监督合理科学使用、减免到期恢复征税等各个环节办事程序、权限、责任制度。

2. 为了加强对纳税人使用减免税效果的责任，纳税人需建立减免税款专户存储制度，纳税人应将国家给予的减免税收入在开户银行专户存储，逐笔记载减免税收入和使用情况，以提高纳税人对减免税使用的责任和效益。

为了提高减免税款的经济效益，税务机关对重点行业、重点企业建立减免税台账，记载批准减免税日期、减免期限、减免金额、减免税金用途、使用效益，定期分析上报上一级税务机关，便于其指导工作。对于以隐瞒欺骗手段骗取减免税款的，如有的单位改变申报占用土地的性质和用途，以建蔬菜大棚为名而改为建几十幢别墅，这不仅不能减免耕地占用税、房地产税，还应以偷税论处。

3. 对减免税到期，自期满次日起，应按期恢复征税。对特困减免，其生产经营发生变化，不再符合减免条件的，应终止减免，恢复征税。

（七）合理划分减免税权限，统一税种之间的减免税政策

1. 合理划分减免税权限。减免税权的划分，本应服从和遵从税种划分，这是情理之中的事情。目前我国减免税权是高度集中统一的，省以下政府部门基本没有减免权，这不利于调动两个积极性。为了调动两个积极性，增强中央财政宏观调控能力，可设想将扶持性减免即扩大再生产减免，如行业性减免、地域性减免、税率性减免、税基性的减免以及划为中央税种、共享税种的减免，划为中央财政部、国家税务总局集中统一管理；对恢复简单再生产、人力不可抗力的灾难性减免以及划为地方税种的减免，可下放给省级政府、省级税务机关统一管理。这种划分，有利于税法统一的基础上保持灵活性。

2. 统一税种之间的减免政策。目前对增值税、营业税的减免税款，要并入企业损益处理，并入损益后按规定要征收所得税，这样企业本应享受的扶持优惠尺度和暂时特殊困难照顾的尺度不能实现；并入损益后，按照企业税后利润几项基金比例分配使用，既分散了财力，也不利于减免税款的集中使用；再次是基层税务人员一手办理增值税、营业税扶持优惠减免或特困减免，另一手又通过征收所得税，把扶持优惠减免或特困减免征收了一部分，表现为各税种之间政策不统一，相互矛盾，相互抵消各税的调节作用。为了发挥减免税款的经济效益和社会效益，更合理有效地使用减免税款，需建立减免税款专户，按照减免用途集中使用。这既表现了国家税收法规的统一，又有利于恢复发展生产。

课题组成员：孙振刚　张富珍　顾方周
执　笔　人：张富珍

拉动内需　促进我国经济增长的策略研究

郝如玉　曹静韬

　　2008 年下半年以来，国际金融危机在全球范围内的快速扩散和蔓延使我国经济面临着前所未有的挑战。在这种情况下，实施积极的财政政策、保证国民经济的平稳较快增长成为中央政府的第一要务。为应对危机影响，中央采取了一系列拉动内需的举措。从 2008 年 11 月初开始，国务院推出了包括增支、减税等在内的一系列政策措施。这些措施及时、到位，为我国经济的发展注入了强劲的动力。如今，我国正处在企稳回升的关键时期，如何进一步拉动内需、促进我国经济平稳较快增长，从而顺利实现 2009 年 GDP 增长 8% 的目标，成为摆在我们面前的重大课题。从影响经济发展的关键因素看，要促进经济的平稳较快增长、顺利实现 GDP "保八" 的目标，划清政府与市场的界限、进一步发挥税收的调节作用、进一步拉动居民消费成为我国的当务之急。

一、拉动内需应正确划分公共财政与市场的界限

　　为了应对国际金融危机影响，中央推出了一系列扩大内需、促进经济增长的措施。但是我们也应该注意到，由于民众对公

共财政需求的无限性，也由于一些主管部门领导对财政资金的"等靠要"思想，近年来我国公共财政在一些领域近乎"大包大揽"的趋势却对刺激社会投资和居民消费产生了相当的抑制作用。这种抑制作用与中央政府所做的、旨在促进经济增长的种种努力南辕北辙，成为我们抵御危机影响、实现经济增长目标必须正视的关键问题。以我国教育为例这种抑制作用表现尤为明显。

在我国，教育领域有着十分巨大的市场。中国人历来非常重视教育，肯为教育花钱。在当今知识经济迅猛发展的时代背景下，终身教育、素质教育的理念深入人心，教育更成为越来越多人的"消费"选择。2009年10月，虽然国际金融危机蔓延势头正猛，但北京中国国际教育交流展览会的出国留学项目却仍然火暴，从中可以看到民众对教育的强烈需求和中国教育市场的巨大潜力。在民众渴求知识的内在动力和激烈竞争的外在压力下，教育在我国几乎成为一种全民需求，无论是少年、青年还是中年、老年，也不论是就业或是待业，都成为教育市场的重要主体。得益于经济的发展带来的人们收入水平的提高，人们比以前更有能力支付教育的成本；得益于科学技术的进步，"走进教室现场听课"的教育形式不再成为必需，人们可以通过网络等多种途径接受他们所需要的教育。如今，非学历教育、职业教育、网络教育等新型教育形式已经成为人们的教育消费的重要内容，形成了相当巨大的市场。此外，外国留学生的市场、学历教育、终身教育、培训教育等也都有着巨大的市场空间。毋庸讳言，教育领域已经成为我国最为庞大、最具发展潜力的市场之一，因而完全可以成为我国进一步扩大内需的生力军。

但是，面对如此庞大的市场和社会急剧增长的需求，教育主管部门却采取了近乎"大包大揽"的管理模式，高中教育、职业教育、高等教育等领域中政府主导的局面并未有根本改变，社会资本进入教育领域仍面临着重重障碍。这种教育管理模式导致了教育市场鲜明的"政府垄断"特征，这对于我国当前扩大内需的大政方针有害无益：政府"垄断"教育市场不仅抑制了社会对教育领域的投资，而且由于不能满足社会巨大的教育需求而抑制了教育这个庞大的居民消费市场。比如，对于中外合作办学，尽管民众的需求非常旺盛，而且在当今计算机网络视频技术高度发展的状况下，我们完全有能力在国内举办中外合作办学，占领这个市场扩大内需，但是，在教育主管部门的办公室里，上千份申请中外合作办学的报告放置了几年却仍未得到批准。此外，学历教育、终身教育、培训教育等拥有巨大空间的市场也未得到教育主管部门的充分支持。这既限制了社会对这些领域的投资，更不能使教育需求得到满足。由于这种政府"一统天下"的教育管理模式，不仅导致了教育市场发展的不充分状况，而且没有切中"民众需求"这个要害，因此，近些年来政府对教育的大规模投入并未换来人民满意的结果。在今年的人大会上，教育部长的得票率倒数第一，这充分说明，人民对政府教育部门的工作并不满意。

教育领域问题的根源在于教育主管部门领导在思想意识上没有划清公共财政与市场的界限。从财政学角度来看，教育是一种典型的混合产品：一方面，教育是一种带有明显公益性的社会产品（对于公共管理、社会环境及其他社会成员具有明显的正外部性），另一方面，教育又具有强烈的私人产品特征（其直接受益者是受教育者本人）。因此，政府只应该在教育的供给中承担有限的责任：一视同仁地为全体社会成员提供一般性的、"白菜炒肉"式的教育服务，满足大众的基本教育需求，同时担负起制定规划、规则、标准以及监督教育市场运行等管理职能；市场同样应在多样性的教育体系中发挥重要的作用：为满足民众不断增长的、多样性的教育需求，提供特殊的、"燕窝鲍鱼"式的教育服务。在我国目前应对危机影响、努力激活市场的大背景下，政府既没有可能、也没有必要对教育的供给大包大揽。而在我国目前的教育体制下，政府不仅承担了九年义务教育的全部供给责任，而且承担了大部分职业教育、高中教育、高等教育的供给责任，民办教育的发展非常虚弱——教育领域的这种公共财政泛化现象如今有愈演愈烈的趋势，这不仅无益于教育体制和财政体制的进一步完善，而且会抑制社会资本对教育领域的投资和居民的教育消费，因而与国家扩大内需、拉动市场的努力背道而驰。

划不清公共财政与市场界限的现象不仅存在于教育领域，在医疗、社保，甚至房地产等众多具有混合品性质的市场中，这种趋势都有着不同程度、不同形式的表现。显然，其对于满足民众需求、扩大内需、拉动市场都有着严重的危害。事实上，要在现实中明晰、准确地界定政府与市场在某种混合物品供给中的责任，是一件非常困难的事情。而且，政府在某种混合产品供给中承担的责任并不是一成不变的，而是一个动态的过程。对于特定时期内某种混合产品的供给而言，政府承担何种责任、"管"到什么程度更取决于其经济社会发展阶段，取决于其财力状况和政策目标。无论如何，对于一个国家而言，根据各项目标、各类任务的轻重缓急确定其财政支出的重点与优先序都是十分必要的。就目前而言，应对危机影响、实现经济平稳快速增长成为我国的当务之急，在减税使得财政收入减少、而增支导致财政支出压力加大的情况下，正确界定政府与市场的界限、避免公共财政的盲目扩张趋势、还市场于社会应该成为我们的重中之重，这不仅是满足民众需求的必然之举，更是进一步扩大内需至关重要的措施。

二、拉动内需应充分发挥税收的调节作用

在中央出台的扩大内需、促进经济增长十项措施中，增值

税转型成为实施积极财政政策的"排头兵"和"重头戏"。由增值税转型改革开始,我国拉开了以积极的税收策略促进经济增长的大幕。作为影响经济的关键变量和宏观调控的重要工具,税收应该在抵御世界金融危机影响、促进经济平稳增长上发挥其应有的作用。

(一) 增值税转型改革的重大意义和深远影响

在"十项措施"出台后不久,国务院便批准了财政部、国家税务总局提交的增值税转型改革方案,决定自 2009 年 1 月 1 日起,在我国所有地区、所有行业推行增值税转型改革,由生产型增值税转为国际上通用的消费型增值税。这一改革的核心是允许企业抵扣其购进设备所含的增值税。此外,其内容还包括:增值税小规模纳税人的征收率统一降低至 3%;金属矿和非金属矿采选产品的增值税率从 13% 恢复到 17%;取消进口设备免征增值税政策等。

生产型增值税是指在征收增值税时,只允许扣除购入的原材料等所含的税金,不允许扣除外购固定资产所含的税金;而消费型增值税则允许扣除包括原材料、固定资产在内所有外购项目所含的税金。此外,还有一种类型的增值税只允许扣除原材料和固定资产中计入折旧的部分应该分摊的税金,这种类型的增值税被称为收入型增值税。显然,与生产型增值税相比,消费型增值税有利于加速企业设备更新,推动技术进步。目前,世界上实行增值税的国家大多采用消费型增值税,而我国一直以来实行的是生产型增值税,这使得我国企业的流转税税负远重于外国企业。2004 年和 2007 年,我国先后在东北地区和中部地区进行增值税由生产型转为消费型的试点,这些试点为在全国范围内实施增值税转型改革积累了宝贵的经验,却使得这些地区企业的税负与其他地区企业产生了较大的差异。

在当前我国经济下滑、风险日益加剧、企业经营困难的状况下,作为我国第一大税种的增值税的转型无疑是中央主动出击、实施积极财政政策的"重头戏",具有十分重大的意义和深远的影响。首先,这项改革将使政府的税收收入减少1000多亿元,是历史上减税力度最大的一次,而其直接受益者就是企业——这无疑会使我国企业"轻装上阵",在更为激烈的市场竞争中迸发出极大的活力,从而为实现我国经济的快速可持续发展发挥至关重要的作用。其次,由于此次改革的核心是允许企业抵扣其购进设备所含的增值税,加之"取消进口设备免征增值税"等改革内容,其对于进一步调动企业设备改造投资的积极性,促进企业的技术升级、产业结构的优化调整也有着重要的意义。再次,此次改革将小规模纳税人征收率大幅下调,这必将减轻中小企业税收负担,为中小企业提供一个更加有利的发展环境——这对于我国经济"基本面"的快速稳定发展有着关键性的作用。不仅如此,此次改革将会逐渐消除由近几年增值税转型试点导致的不同地区间企业税负的不平衡以及由于与国外普遍实施消费型增值税的做法脱节造成的国内外企业税负的不平衡,因而有利于公平企业税负。此外,实行消费型增值税进一步消除了商品流转环节的重复征税现象,因而对于规范我国税制也有着非常重要的影响。

(二) 进一步扩大内需、促进经济增长的税收策略

作为积极财政政策的重要内容,增值税转型改革无疑成为我国利用税收策略促进经济发展的"重头戏"。此前,国家已经采取了上调出口退税率、取消利息税、调高工资薪金个人所得税扣除标准等减税措施,直到此次增值税转型改革,我国的减税措施达到空前的力度。由于世界金融危机的影响日益加深,为进一步扩大内需,促进我国经济又好又快发展,在增值税转型及其他已出台措施的基础上,还应该继续深化一些促进经济增长的税收改革。具体包括:

——尽快出台有利于中小企业发展的税收优惠政策,引领我国经济基本面的健康快速发展。中小企业在我国经济社会发展中具有举足轻重的作用。在当前国际经济形势急剧恶化，世界经济增长放缓、对我国经济负面影响日益加大的情况下，中小企业受到的冲击越来越大。虽然国家已经出台了多项支持中小企业发展的政策措施，发挥了积极作用，但总的来看，中小企业面临的问题和困难并没有得到根本解决，生产经营形势依然十分严峻。在这种情况下，尽快出台促进中小企业发展的税收优惠政策，不仅可以加速其技术升级与转型，提高其竞争力和抗风险的能力，而且对于促进经济增长、扩大城乡就业、维护社会稳定都具有十分重要的意义。

　　——实施有利于高科技企业发展的税收优惠政策，进一步促进我国产业结构的优化调整；在当今知识经济时代，高科技企业成为社会经济发展的主要动力之一，对经济的正常运行和稳步增长有着举足轻重的作用。因此，在税收方面，应通过采取适当的优惠措施，调动高科技企业从事技术创新的积极性，并保持税收优惠政策的持久性，使企业的技术创新能够获得持续稳定的支持。如进一步提高科技创新型企业的计税工资标准，为中小型科技企业能够更多地吸引和稳定创新型人才提供条件等。

　　——实施有利于企业安排就业的税收优惠政策。由于国际金融危机的冲击，我国一些劳动密集型行业，尤其是利润低、附加价值低的企业出现了经营困难甚至倒闭的状况，这使得我国的就业形势也面临着严峻的考验。据《每日经济新闻》报道，我国沿海地区的劳动力正向中西部大量回流，民工返乡趋势日益明显。而在中西部，同样由于金融危机的影响，也出现了部分企业减产限产、压低工资、职工暂时歇业甚至下岗等现象。在这种情况下，对企业实施相应的税收优惠政策，促进其安排就业，对于稳定就业形势、确保经济平稳较快增长有着至关重要的意义。

　　——实施有利于拉动消费的税改举措。从经济的长期可持续发展来看，除加大投资外，拉动居民消费应成为我国应对国际金融危机影响的又一着力点。从我国目前情况看，一方面，我国有着 13 亿人口，拥有巨大的消费潜力；另一方面，我国居民注重储蓄的传统观念、社会保障制度的不尽完善以及居民相对保守的消费传统又成为拉动消费的巨大障碍。在这种情况下，如何拉动居民消费以实现经济的长期可持续发展成为摆在我们面前的又一重要课题。我们应该采取积极的措施开发这个巨大的、潜在的居民消费"市场"。从税收方面来看，可以采取调高工资薪金个人所得税税前扣除标准等手段，增加居民收入，从而促进消费。

——更大范围提高企业出口产品退税率，增强企业国际竞争力。当前，国际金融危机引起的全球经济衰退和外部需求下降，带给我国经济最为直接的冲击就是出口的萎靡。面对这种情况，我国在 2009 年下半年已连续三次调高出口退税率。随着国际金融危机的影响不断加深，我们应更大范围地、更具针对性地提高产品出口退税率——重点是扶持劳动密集型中小企业和受影响较大的产品，同时调整部分产品出口关税。

税收是政府调控经济的重要杠杆，在当前世界金融危机影响日益加深的情况下，我们应通过各项改革措施，充分调动税收在刺激经济增长方面的能量，发挥税收在积极财政政策中的应有作用。但是，需要指出的是，尽管从长远看，这些税收策略的实施会激发企业的活力、促进经济的增长，从而使得税源更为充沛，但这需要作用的过程和时间；在短期内，其必将导致我国财政收入的减少。而从我国目前的财政收支看，一方面，由于 2008 年以来自然灾害频发，导致财政支出压力加大，另一方面，税收收入的实际增速却出现了下滑趋势。因此，在实施税收策略的同时，出台配套措施促进政府机关节约开支、提高政府支出效率——把钱花在刀刃上——便成为此后的又一项重要任务。

三、进一步拉动居民消费

从中央出台的一系列政策措施来看，其着力点在于通过加大政府投资来扩大内需。在拉动中国经济增长的"三驾马车"（消费、投资、出口）中，加大投资成为应对国际金融危机影响、推动我国经济平稳较快增长最为直接、最为有效的手段。同时，我们也应该看到，从经济的长期可持续发展来看，拉动居民消费应成为我国应对国际金融危机影响的又一着力点——在出口增长萎靡而以投资带动内需的基础上，尽力扩大居民消费对于扩大内需、促进经济实现又好又快发展意义至关重要。事实上，中央出台的许多政策措施——如加快医疗卫生和文化教育事业发展、提高城乡居民收入等——对拉动居民消费都有着非常积极的影响。

我们应该采取积极的措施开发这个巨大的、潜在的居民消费"市场"，为我国经济的增长注入新的动力。从短期来看，可以通过调高工资薪金个人所得税税前扣除标准，由目前的2000元调高至3000元，以增加居民收入，从而促进消费。从长期来看，应根据居民目前的消费热点（典型的如教育）和潜在的消费"市场"（如农民消费），推出相应的改革举措。比如，针对目前急剧膨胀的居民教育需求，加大教育收费改革甚至是市场化改革的力度，在满足日益增长的不同层次不同质量教育需求的同时，进一步推动教育消费的增长；加大农村社会保障体系建设，提高农民收入，尽力开发农村消费这个潜在的、巨大的消费市场等。总之，我们应采取积极的措施，拉动居民消费以进一步扩大内需——这是推动我国经济实现又好又快发展的根本。

总之，国际金融危机影响的长期性和全局性特征使得我国实现经济平稳较快增长的努力成为一场"持久战"，它是一项复杂而系统的工程，更是一场特殊而艰辛的"战役"。在这场"战役"中，我们不仅要理清思路、转变观念，正确而清晰地划分政府与市场的界限，更需要通过对财政、税收等经济杠杆的充分利用，有效拉动社会投资和居民消费，从而带动整个经济的增长。只有这样，才能将我们的经济逐渐引向健康、快速发展的轨道。

作者单位：首都经济贸易大学

借鉴国际经验　促进扩大
内需的税收政策研究

江苏省国际税收研究会

"金融危机"这个原本只是在书本中见到的词，恰逢我国改革开放 30 年之际和我们不期而遇了。面对这个经济发展中阶段性的顽症、怪物。如何有效地遏制它进一步蔓延和发展，已成为全世界经济界共同研究的课题。中国正在成为世界经济发展中前几位的经济体，认真研究对策，积极制定政策。将对我国今后的经济发展有重大意义。

一、扩大内需的发力点及目前税制对
扩大内需的制约因素

任何经济体中投资、出口、消费都是其经济增长的"三驾马车"。而在我国自改革开放以来在国民经济运行中投资、出口始终占主导地位。每年两位数高位增长的 GDP 也得益于这两种发展模式。国民消费需求始终没有得到高度重视，各类针对内需消费的经济政策也没有好好研究。而投资拉动经济增长的趋势越来越明显，这种方式虽然见效快，但也往往易于导致投资边际效率下降、投资过热、盲目建设与重复建设等消极后果，不仅延迟了我国经济发展方式由粗放型向集约型的调整，也可能埋下下一阶段经济过热的隐患。

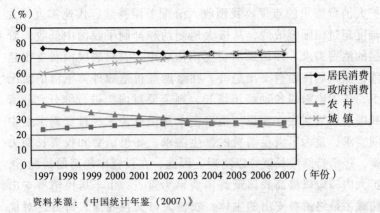

資料来源：《中国统计年鉴（2007）》

图 1 1997～2007 年消费率情况

如图 1 所示，在"高投资、高增长"发展战略的惯性作用下，在最终消费率趋于下降的格局下，居民消费支出在最终消费支出构成上趋降，而政府消费支出趋升。

为了降低国际金融危机对我国经济的影响，2008 年年底国务院在税制上采取了举动和措施，主要以实行减税政策；减轻企业税收负担，着力促进企业出口和扩大投资。从具体政策手段上看，集中体现在增值税转型、小规模纳税人征收率下调以及出口退税政策的调整几个方面。这些政策的实施为抑制经济下滑起到了一定的作用，但由于我国税制结构的失衡，使税收政策在宏观调控中的作用大打折扣。主要表现为我国现行税制以间接税为主，流转税收入占到全部税收收入的约 60%，弱化了税收本身应有的再分配功能。以流转税收入为主的税收收入结构造成税收负担由富人阶层向中低收入阶层转嫁，政府的税收负担主要由占人口绝大多数的中低收入阶层承担。所得税较之流转税具有更强的缩小收入分配差距的功能，但其收入占总收入比重很小。财产税体系不完整，针对财富存量征收的财产税少得可怜，仅有名义上的房产税。财政税收制度缺陷加剧了扩大消费需求的难度。我国收入分配差距持续、快速扩大，大幅度超过国际警戒线，从极大地制约和抑制了我国中低收入阶层的消费需求。在居民消费支出构成中，农村居民消费支出趋降，城镇居民消费支出趋升。在金融危机造成外需下滑的情况下，扩大内需以拉动经济增长，则需要对内需进行细分，分清我国的内需到底在哪里。消费需求是最终需求，投资需求是中间需求，是为了满足消费的派生需求，如果消费和投资长期失衡，经济持续增长就难以实现。因此，在投资率趋高的情况下，扩大内需应以提高我国最终消费率为重点；由于居民消费支出构成了最终消费支出的主体，农村人口又在我国人口占绝对优势，故此，提高最终消费率，又应侧重于提高居民消费需求、尤其是农村居民消费需求。因此，扩大内需拉动经济增长，既要立足于当前，更要着眼于长远，这样才能使经济增长具有可持续性。

所以以应对这场金融危机为契机，适时地调整我国的在消费方面特别是在对内需的税制尤为迫切。对改变目前的我国单纯以投资、出口为主的经济增长模式为投资、出口、消费三者均衡发展、共同增长发展模式是至关重要的。

二、国外利用税收政策扩大内需的经验

围绕刺激经济增长的目标，各国通过促进投资、刺激需求和创造就业三个方面采取了一些税收调整措施，作为扩大内需政策实施的着力点，可为我国的税收政策调整起到积极的借鉴作用。

（一）增加居民收入提高消费能力刺激消费需求

各国利用税收刺激消费方式主要有：一是降低个人所得税、社会保障税、医疗保障税，增加中低收入阶层的可支配收入，扩大消费能力。如针对应对本次金融危机美国奥巴马政府提出

7870 亿美元的经济刺激计划，其中 35% 用于减税，65% 用于增加政府投资。在个人所得税方面，在 2009、2010 税收年度，给予每个美国中低收入居民纳税人每年不超过 500 美元（每个家庭不超过 1000 美元）的薪酬抵免；增加个人所得税的子女抵免。英国提高社会保障税免征和减征收入额的上、下限。德国从 2009 年 7 月 1 日起降低医疗保障税（缴款）的税率。二是降低商品和劳务的课税，提升消费意愿。如美国放宽规定期限内首次购房税收抵免的条件。英国从 2008 年 12 月 1 日起至 2009 年 12 月 31 日止，将增值税标准税率从 17.5% 临时降到 15%（欧盟规定的增值税标准税率的最低限），2010 年 1 月 1 日起再恢复到原来的 17.5%，以刺激消费。加拿大计划将货物和劳务税税率从 7% 降至 5%。

（二）降低投资成本增强投资动力扩大投资需求

1. 降低创新投资的边际资本成本促进中小企业发展

主要创新型国家对中小企业自主创新的税收激励方式主要有：（1）研发（R&D）投资抵免。如在加拿大，中小企业 R&D 支出的第一个 200 万加元，可以以 35% 的额度抵扣应缴税款（一般企业为 20%）。（2）减免企业所得税。如韩国对中小企业在其创业的前 5 年减半征收企业所得税，对其创业法人登记的资产和创业 2 年内所获取的事业不动产给予 75% 的所得税减免。德国从 1990 年开始降低中小企业所得税累进税率，所得税税率上限降低到 53%，下限降低到 19%，并对新建的中小企业能够消耗完的动产投资免征 50% 的所得税。（3）提高固定资产折旧率。它有利于中小企业加速技术设备的更新换代。各国都有类似的政策出台，但折旧率提高的幅度各不相同。法国对新建企业的固定资产折旧率由原来的 5% 提高到 25%。韩国的中小企业购置用于技术研发的试验设备，可按投资额的 5%（国产设备则为 10%）享受税金扣除或按购置价的 50%（国产设备则为 70%）实行加速折旧。（4）实行单一税制。这一政策主要是对一部分中小型及微型企业实行的，它可以大大简化部分中小型及微型企业的纳税手续，并使其享受较低的纳税额度，从而减轻中小企业的税收负担。如阿根廷把企业或个体经营者所需缴纳的所得税、增值税以及多项社会福利税金合并为一。巴西从1997年起就建立了微小企业单一税制，将微小企业原来要缴纳的5种联邦税费、2种地方税统一合并为一个税目，使其税收负担平均减轻50%，平均税负相当于企业产值的5%~6%。

2. 实施税收补偿支持创业投资

当今世界各国对创业投资的税收激励措施主要体现在以下几个方面：一是发展中国家就是要通过各种强劲的税收优惠引导鼓励国内外资本金，投入到本国创业投资产业中，以提升本国创业投资的水平，缩小与发达国家的差距，如1980年美国资本利得税为20%，印度则对长期资本利得全部免税，红利收入也全部免税；二是各国都非常注重对创业投资领域内人的因素的税收激励，如美国允许把股票期权作为创业投资家的报酬，并且将纳税环节推迟到股票出售时；三是充分调动民间投资的积极性。为吸引民间个人投资，1996年荷兰对向不足8年历史的企业贷款的个人，实施税收补偿计划；英国1983年制定的《企业扩大计划》规定，对从未上市的创业企业获得的股票收益减免个人所得税，但必须是新投入的创业资本，且至少持股5年。

3. 突出重点优惠环节引导企业自主创新及高新技术发展

在税收激励政策的设计上，各国凸显其不同时期的经济发展战略。在激励环节上，世界各国特别是创新型国家的税收激励政策不仅全面，而且重点突出。税收激励覆盖了企业技术创新的各个方面，包括研发、企业购置先进设备、创新成果的市场化、人力资本投入、高新技术的引进和风险投资的发展等。税收激励的重点一般放在研发、产学研的结合及创新成果产业化链条的各环节及相关领域上。在研发环节，世界各国大都提供了税收抵扣或抵免。美国税法规定，当年发生的研发费用超过规定标准的部分，其20%可直接从应纳税额中抵免。在产学研环节，许多国家对企业与大学、研究机构等的合作给予特别税收激励。日本给予大学或公共研究机构合作的研发支出以15%的最高税收抵免。在创新成果产业化环节，许多国家提供了减免税优惠。韩国对转让或租赁专利、技术秘诀或新工艺所获收入，根据转让对象的不同，给予免征或减半征收所得税或法人税的优惠。在风险投资环节，一些国家主要通过实行低税负及允许投资损失在税前列支来降低创新投资的成本和风险。如美国1978年资本收益税最高税率为28%，1981年又降到20%，后又降到17%，大大低于同期个人所得税和公司所得税税率，有力地促进了美国风险投资的发展。

（三）鼓励企业发展拓宽就业渠道促进稳定就业

制定确保经济稳定增长和促进就业的宏观税负和税制结构。许多发达国家以较低的宏观税负来确保经济稳定增长和促进就业。在处理税收的收入效应和替代效应问题上，欧美等许多发达国家自20世纪80年代以来就一直从事着轻税的税制改革，它们通过实施减税让利给纳税人，鼓励社会创办更多的企业，吸纳更多的就业人员，直到现在这种减税风潮仍余波未尽。实施科学的税收政策，提供更多优惠，帮助弱势群体就业。在国外众多的劳动力专项补贴的建议中，多数主张对非熟练劳动力减征社会保障税，并按照企业吸收劳动力的数量给予补贴，如根据劳动力密集程度的增加，而相应降低其公司所得税等。还有一种主张是使投资免税期或其他对投资的税收鼓励措施随资本—劳动力比率的变动而相应增减，以促使劳动力与资本的比率相对提高。菲律宾曾规定，如企业的直接劳动力成本增加，达到出口收入的25%时，可自应税所得中增列一笔专项扣除。对安置就业人员的企业实行税收特惠，支持社会闲散人员创办企业，支持企业组织社会闲散人员就业。如美国联邦属地波多黎各 1998 年在《波多黎各税收优惠法》及其修改法中就规定：对安置社会待业人员就业符合一定条件的企业及项目，可由 PRIDCO 认定为核心首创工业项目，被认定为该项目的公司其所得税税率即降为 0 或 2%，并且对其实现的利润用于再投资的部分，全部给予免税；为应对本次经济危机奥巴马新政府提出对 2009 年度和 2010 年度新招聘越南老兵和 16 ~ 24 岁的无业青年给予就业优惠。

综合上述各国扩大内需的税收政策，可以发现，各国税收政策调整主要是以实体经济为主要对象，税收优惠主要集中在公司所得税和个人所得税方面，侧重于提高居民需求和鼓励民间投资，政策设定注重短期效应与中长期经济发展的协调。为调结构设定的税收政策，多以法律形式确认，层次高、可操作性强，具有较大的稳定性，税收优惠制度统一，监管体制高效精简，税收优惠的范围广而且力度大，几乎涵盖了社会各阶层、各领域。为金融危机而采取的相机抉择的税收政策内容以减税政策为主，减税的同时辅以注重结构调整，适当增加某环节税收，以减轻财政压力，税收政策的涵盖范围有局部性，主要针对中低收入阶层，减税政策普遍明确了执行期限，具有临时性，为经济恢复后增税做准备。

三、我国扩大内需的税收政策取向

在目前情况下，笔者认为，我国扩大内需的税收政策应当作出调整。从短期看，在经济下滑、失业增多、需求减弱的危机时期，减税优惠和增收激励的政策资源应当优先用于解决失业和刺激消费问题，尤其应当对具有扩大就业功能的广大中小企业给予政策支持。从长期看，应结合税制改革长期规划，在以相机抉择的财政政策应急的同时，应注意发挥自动稳定的税收政策在宏观调控中的基础性作用。

（一）实施提高居民消费倾向的税收政策，为内需增长提供新的动力

1. 进一步完善个人所得税制，缩小收入分配差距。累进的个人所得税作为国际通行的调控收入公平分配的一个重要税种，可以有效地调节个人收入分配，对经济起到"自动稳定器"的作用。个人所得税实行改革应采取渐进方式，分步实施。可首先从税率累进制度改革开始，在税率的设计上减少累进税率级次，然后改起征点与 CPI 联动，推动分类和综合相结合的税收制度改革，最后完成以家庭为单位申报课税的综合税制。

2. 尽快开征遗产税和赠与税，刺激高收入群体的消费。高收入群体由于其强大的购买力，扩大消费的潜力不容忽视，通过开征遗产税和赠与税可以促进我国传统消费观念和财富观念的转变，降低人们积累财富的积极性。这既能提高高收入群体的边际消费倾向，又能引导该群体对社会公益事业的投入，惠及全社会。

3. 开征物业税，规范房产交易环节税费，以减轻普通居民住房消费的税费负担，培育消费热点。当前，我国居民消费结构升级呈明显加速趋势，住房、汽车等消费热点在向大城市家庭中普及并进一步向中等收入群体扩散，服务型消费逐渐成为越来越多城市居民的重要消费内容。目前燃油消费税已进入实质性操作阶段，下一步要通过物业税改革，规范房地产交易环节相关的税费政策，减轻消费者购买住房等的税费负担，抑制房产投机等措施，将消费潜力转化为现实的消费行为，拉动城市消费的增长。

4. 进一步调整和完善消费税。适当调整征收范围，逐步将一些高档消费品与高档消费行为纳入消费税征税范围。同时优化税率结构，根据经济发展和消费结构的变化情况，对税率明显偏高的部分应税消费品应适当降低税率，从而降低价格，刺激消费。

5. 完善社会保障体系，开征社会保障税。目前，我国还未开征社会保障税，但从国际经验来看，未来开征社会保障税的趋势势不可挡。因为有效的社会保障体系的建立有助于增强我国劳动力的流动性，从而大大提高我国的劳动就业量。与此同时，为促进全社会参加社会保障的积极性，应把企业缴纳社会保障税费的多少与税收减免优惠政策长期挂钩，把个人参加社会保障缴纳的税款多少与未来长期受益挂钩，这样可以更有效地促进企业和就业人员的社会保障税费按时足额缴纳。

扩大税收优惠政策的适用范围及优惠力度。对于毕业大学生就业及加工型劳动密集企业目前我国没有相关税收优惠，应增加这方面的优惠。乡镇企业在促进农村劳动力就业中有十分重要的作用，是促进农村劳动力由农业向非农业转变、由农村向城镇转变的有效途径。政府应该在财政、税收方面给予扶持，对于安排再就业人员的乡镇企业也应给予适当的税收优惠政策。

（二）进一步完善现行"消费型"增值税转型

2009 年 1 月，全国性增值税转型改革方案终成定局，并在所有地区和所有行业推开，允许企业抵扣新购入设备所含的增值税，并将小规模纳税人的增值税征收率统一调低至 3%。但在实际运行中，"增值税链"仍暴露出不完整问题。很多增值税应税货物仍然被排斥在"增值税链"之外，如小汽车、水泥、沙石、砖以及小规模纳税人经营的货物等等，另外老企业在转型前购进的固定资产也无法抵扣，这不仅使"增值税链"断裂，税负也出现了严重不公问题，影响了企业投资的积极性。建议下一步增值税改革的重点：一是放在划分纳税人类型标准上，对从事工业生产、商业批发以及为生产服务的企业应划为一般纳税人；对规模极小的零售店和生活服务点可划分为小规模纳税人，实现公平税负，激励小企业投资的积极性。二是扩大增值税税基，不断修复"增值税链"，逐步将涉及增值税应税货物的行业纳入增值税范围，建筑业、交通运输业及其他服务行业等都应当分批纳入增值税征收范围，统一征收增值税，确保税负公平，拉动行业经济和谐增长。

（三）认真落实实施企业所得税法，进一步完善企业所得税实施条例

企业所得税对农林牧渔、公共基础设施、高新技术、创业投资、环境保护、节能减排、就业安置、小型微利企业等都有相应的税收优惠政策规定，下一步需要加快分项出台、细化、完善具体的实施办法，使各项税收优惠政策具体落实到实处，从而有效地拓宽和促进企业投资和扩大就业的渠道，扩大内需，刺激经济增长。

降低中小企业税负，扶持中小企业发展。为了有效解决中小企业融资难题，可以考虑对金融机构向其提供的贷款免征营业税；对社会投资者取得中小企业发行的公司债券（或企业债券）利息所得适当降低所得税税率，以提高社会投资的积极性。进一步调低对中小企业的所得税优惠税率，由目前的20%下调至15%左右。对中小企业的亏损弥补应适当延长向以后纳税年度结转的时限。

改革出口退税政策，促进外向型经济发展。首先，应根据实际情况，适度调高部分企业出口退税率。支持国内出口型企业的生产，以改善我国目前就业问题的现状。其次，鼓励外资的优惠政策应倾向于产品出口的外向型企业、技术先进的高新技术企业、市场补缺的互补型企业和劳动密集型企业等，一旦外资企业产生了竞争中的市场就业的内耗，则税收上的超国民待遇相应地减少直至取消。

农村社保是抵御金融海啸的基石

—— 借鉴国际经验拓宽社会保险税征收范围研究

这次由美国次贷危机引发的金融海啸，已渗透到实体经济，向全球蔓延，演变为全球性的经济危机。为克服危机对我国经济的影响，扩大内需来保增长是共识，消费是扩大内需的重点，而农民消费又是重中之重，要真正拉动农民需求就要消除其后顾之忧，就必须真正建立农村社保这一基石。

一、美国金融海啸及其缘由

所谓次贷危机，就其本质而言就是马克思所论述的信用危机，是指缺乏支付能力而信用程度又低的人在买了住房之后，无力偿还抵押贷款所引发的一种金融问题。

主要原因是由于一种金融衍生品即"住宅抵押贷款支持证券"的泛滥造成的。一旦金融衍生品介入，把住房抵押贷款证券化，就会展开无穷的金融交易，它既可以在国内金融市场不断交易，又可以在国际金融市场不断流通，于是就把住房问题由局部问题变成全局问题、由地区问题变成全国以至全球问题。同时，由于先前美国住房市场火暴，即使是次级抵押贷款证券也成为抢手货。在这种情况下，不少金融机构把这种十分畅销的金融衍生品同其他行业的次级证券甚至垃圾证券"打包"出售。这样，多年积累下的大量金融残次品甚至垃圾产品就像汹涌的海浪一样涌向了美国以至世界金融市场，其后果就是金融危机的爆发。可见，此次金融危机的始作俑者是美国信用过滥且缺少应有的监管造成的。

二、金融海啸对我国经济的影响

目前我国的经济对外依存度高达 60%，而国内出口最大的就是美国和欧元区等经济发达国家。金融海啸使出口目的地国家经济出现大幅下滑，其需求也大幅下降势必影响到我国的出口。然而，我国经济的一大特点就是出口拉动国内投资，从而推动国内 GDP 高速增长，如果出口出现了问题，那么国内固定资产投资必定会受到影响，国内经济毫无疑问也深受其影响，主要表现在以下两个层面。

第一个层面是显性的。首先是不少投资机构，尤其是我国金融企业对美国银行的投资，随着银行的倒闭或经营不景气而蒙受损失；其次，一些走出去企业与美国本土企业合资或合作因危机影响将导致利润缩减；最后，华尔街金融危机在一定程度上造成美国经济衰退，抑制美国市场的消费需求，从而影响到中国的出口。

第二个层面是隐性的，就是通过不断的经济传导来实现。美国政府救市和即将可能发生的美国经济衰退，将成为美元贬值的诱因，美元贬值不仅削弱我国外向型企业出口利润的增长，增加出口成本，而且会直接导致汇兑损失。

三、解决危机的根本出路在于扩大内需

经济危机的实质是相对生产过剩，也就是生产出的商品超过了社会有支付能力的需求而出现的过剩。因此要解决危机，

理论上来说可以压缩生产和扩大需求，但压缩生产使得人们的收入进一步下降，需求进一步萎缩，势必使得危机进一步加深。因此解决危机的唯一出路就在于扩大需求。需求可分为国外需求和国内需求，此次危机使美国等发达国家遭受重创，使得市场萎缩需求减少，自然无法寄希望于它们。因此扩大内需就成了解决危机的唯一出路。

（一）投资是扩大内需的有效方法

中央为遏制当前经济颓势，当机立断出大手笔，决定投资 4 万亿元用于扩大如下十个方面内需：一是加快建设保障性安居工程；二是加快农村基础设施建设；三是加快铁路、公路和机场等重大基础设施建设；四是加快医疗卫生、文化教育事业发展；五是加快生态环境建设；六是加快自主创新和结构调整；七是加快地震灾区灾后重建各项工作；八是提高城乡居民收入；九是在全国所有地区、所有行业全面实施增值税转型改革，鼓励企业技术改造，减轻企业负担 1200 亿元；十是加大金融对经济增长的支持力度。用投资扩大内需，不但措施得当（罗斯福"新政"和应对"九七"东南亚金融危机中国政府积极财政的核心内容），而且影响深远（2008 年 11 月 9 日，中国政府作出此决策，10 日亚太股市全面飘红，欧洲股市大幅拉升，中国是其明确无误的原动力）。2009 年第一季度国内生产总值 65745 亿元，按可比价格计算，同比增长 6.1%，在世界经济一片萧条的背景下，无疑是一枝独放，也从正面说明投资扩大内需的有效性。

但我们也应看到投资拉动内需有其局限性。中国当前财政主要是以保"吃饭"和投资为主，国家不可能有上万亿元（虽然四万亿元不全是中央财政资金，但中央财政资金也占到总额的四分之一左右，约为一万亿元）的财政盈余资金进行大规模投资，因此只能靠借债。根据"李嘉图—巴罗等价定理"，今天的国债就是明天的税，借债还钱天经地义，可是政府并不能点石成金，将来债务到期，还债还得靠企业多缴税。现在的税负本来就不轻，若再加税，对企业来说无疑是雪上加霜。事实上，当下投资普遍萎缩，尽管原因多，但税负过重肯定是原因之一。

（二）拉动农村消费是扩大内需的重点

中国经济增长至今仍是以投资带动为主，消费，尤其是民间消费，虽然在近年来有所增加，但与投资带动相比，依旧居于次要地位。要改变这一现状，单靠政府出台补贴农民购买家电政策是不够的（政府这一政策在短期内一定程度上是有效的，也是必需的）。但其根本出路在于打破长期以来形成的城乡二元结构，增加农民收入，拉动农民需求，从而带来内需的大突破。城镇居民虽然收入较高，但其消费需求饱和度亦较高而且人口比重小，需求潜力有限。而我国拥有广袤农村，不但人口众多，而且消费需求饱和度小（许多家庭连彩电、洗衣机、冰箱等"三大件"都没有），只要采取有效措施增加其收入、消除消费后顾之忧，农村的消费潜力是巨大的，这也是拉动内需的真正生力军和主力军。

（三）建立健全农村社保是基础

单有收入的增加而没有消除农民消费的后顾之忧，并不能将潜在的消费能力转化为真正的消费实力。中国人民银行 2008 年 12 月 15 日发布，截至 2008 年 11 月末，金融机构人民币各项存款余额 46.24 万亿元，比增 19.94%，可见国民手中还是有不少的资金。这一方面与中国国民勤劳俭朴的传统有关，但更重要的是我们的社会保障体系不健全，特别是农村社保许多方面目前仍然是一片空白，使得有钱想消费也不敢消费，而要存入银行用来防病防灾。所以要根本引起内需的大突破、从根本上得到扩张，就必须改变农民的生活方式，调整农民的消费结构，就要真正建立农村社保，切实解决农民老有所养、病有所医，从根本上消除农民消费的后顾之忧。

四、建立健全农村社保之浅见

（一）发达社会保险税征收范围

发达国家的社会保险税对不同的人员税制的设计虽然有所区别，但基本做到社会所有成员全覆盖。

1. 美国。美国的社会保障税是按照 1935 年出台的社会保障法的有关规定开征的，该税当时属于联邦政府税收。目前美国的社保税体系由四个税种组成：薪工税、铁路公司员工退职税、联邦失业税、个体业主税，其中薪工税是社会保障税体系中的最大税种。

2. 英国。英国的社会保险税分四种：第一种是对雇员征收的国民保险税；第二种是向自营者所得征收的国民保险税；第三种是自愿捐款；第四种是向自营者利润征收的社会保险税。

3. 德国。德国的社会保险税是分职业征收的。工人的社会保险税课税对象是工人的工资收入，税款由雇主和雇员共同缴纳，税率总计为35%，应税工资收入的上限为工人平均工资的两倍左右。政府雇员、农民和自我就业者的社会保险税税制与工人适用的税制不同。

（二）我国部分省市已对建立农村社保进行了有益探索

2009 年伊始，北京市城乡统一的居民养老保险制度正式实施，形成企业职工基本养老保险、城乡居民养老保险、机关事业单位退休制度和老年保障制度的新格局，养老保险实现城乡全覆盖。该办法规定参保的最低缴费标准为农民上年人均纯收入的 9%，最高缴费标准为城镇居民上年可支配收入的 30%，城乡居民可在上下限之间进行选择。①

---

① 2009 年 1 月 14 日《人民日报》要闻，《北京养老保障城乡全覆盖》。

（三）建立国家资金投放机制

社保的核心问题是资金问题，农村社保资供需矛盾尤为突出，一方面农村社保面广人多资金需求量大，另一方面由于农民收入普遍较低，负担能力十分有限，再加上国家在短时期内又无力承担农民社保责任。造成这一局面的原因除了前文所述的城乡二元结构使得农民收入跟不上城镇居民外，主要是我国财政支出结构不合理造成的。中国公共服务和社会管理占财政支出比重为25%，而美国为75%；中国行政公务和经济建设占财政支出比重为49.2%，而美国仅为17.5%。只要改进财政支出结构，中国当前的财政收入还是具备一定能力来逐步担负起全民社保这一不可推卸的责任。2007年我国财政收入突破5万亿元（达到5.13万亿元），增收超过1万亿元；2008年则突破6.13万亿元，国家每年的财力增长极为可观，但是由于各级政府对社保工作的漠视，宁愿将有限的财力用于形象工程、景观工程等，也不愿将财力投放于最应该投放的社保这一民生工程和民心工程。建议国家要以立法的形式，强制各级政府应将每年新增财力的一定比例用之于社保。

（四）做好农村社会养老保险和农村新型合作医疗制度

根据我国所处的发展阶段和各地发展水平不同，当前应集中力量做好农村社保中最主要、农民最关心的农村养老保险和农村医疗保险。

1. 农村养老保险。

本着"财政补一点、集体出一点、个人交一点"或"土地换社保"的资金筹集原则，以个人账户积累方式为主建立农村养老保险制度。当前农村养老保险工作不能急于求成，应按"循序渐进、稳步推进"的思路，可优先考虑特殊群体的养老问题：一是因为工业化、城镇化永久失去土地的农民；二是最早实行计划生育的"无子户"和"双女户"；三是农村税费改革后的"五保户"；四是农村基层干部。

这里需要强调指出的是进城务工人员，其实对这一部分人参保已无争议，只是由于未能建立起全国统一的社保关系转续办法，使得这部分人事实上游离于现行社保体制之外。加快建立覆盖城乡居民的社会保障体系建设，实现社会保障事业可持续发展，要加强统筹协调和政策衔接，以进一步推进各类社会保障制度整合，抓紧制定实施全国统一的各类社会保障关系转续办法，完善社会保障公共服务管理平台。中国最高领导层已意识到这一问题，在不远的将来这一问题定会得到解决。

2. 农村医疗保险。

为切实解决好农民看不起病和"因病致贫，因病返贫"的问题，要加快推进基本医疗保障制度建设，做到广覆盖、保基本、可持续，力争把全体城乡居民纳入基本医疗保障体系。可考虑建立由政府组织、引导、支持，农民自愿参加，政府、集体、个人多方筹资，以大病统筹为主的农村医疗保险制度。

随着科学发展观教育活动的深入开展，国家对"三农"工作的重视和支持，农民的收入也一定会增加，农村社保工作也定会得以建立健全。城乡二元结构也势必会被打破，农村社保终究会和城镇社保合并，建立起有中国特色的全民社保。农民再也不会有消费的后顾之忧，将以全新面貌成为消费的主力军，从而拉动内需的大突破，农村社保不但成了抵御金融海啸的基石，而且成为抗击经济危机的不倒长城。

扩大内需税收政策的国际借鉴

广西壮族自治区国际税收研究会课题组

经济增长取决于由投资、出口和消费组成的社会总需求的变化。从近几年来我国经济在投资、出口和消费等方面的比较来看，内需不足已成为制约我国经济增长的主要"瓶颈"。2007年底爆发的全球金融危机已对我国实体经济造成比较严重的冲击，2008年我国 GDP 增长率逐季回落，至 2009 年一季度已滑落至 6.1%。由于国际金融危机继续蔓延，对我国经济的影响还在加深，外部需求持续萎缩，工业增长回升乏力，民间投资意愿偏低，经济下行压力趋大，积极扩大内需，拉动经济增长，成为当前的必然政策选择。

一、我国扩大内需的税收政策回顾

2008 年以来保增长、扩内需实施结构性减税政策主要有以下几个方面：

1. 调节居民收入分配。

2. 统一内外资企业所得税，降低企业所得税税率。

3. 调整证券交易印花税政策，对证券交易结算资金利息所得免征个人所得税。

4. 提高出口退税率。

5. 实施支持抗震救灾和灾后恢复重建的税收扶持政策。

6. 推行增值税转型改革。

7. 进一步规范行政事业性收费。

2008 年以来陆续出台的上述各种结构性减免税措施,对于刺激投资、拉动消费、减轻企业和居民的税收负担,起了一定的作用。但这些措施,除增值税转型对经济和税收影响比较大以外,其他措施力度较小,作用有限,还存在如下一些问题:

一是促进就业、再就业的税收优惠政策力度很不够,不利于实现保就业以带动居民最终消费需求。就业,尤其是农民工和大学生就业问题是我国目前面临的最大问题之一。

二是促进中小企业发展的税收优惠政策空间有限。由于受全球金融危机的影响,目前我国中小企业面临着前所未有的困难,主要来自三方面:(1)生产成本升高,企业的用工成本、资源环境成本和原材料成本等上升,部分劳动密集型中小企业的成本平均增加了 20% ~ 30%;(2)融资困难加剧,我国中小企业贷款占全部金融机构贷款比重只有 10% 左右;(3)外贸出口受阻,全球经济下行直接导致了国际需求下降、企业出口锐减,加之外汇汇率等变动,使传统制造业的中小企业经营陷入困境。由于国家没有专门制定针对中小企业的税收减免、设备投资抵免、固定资产加速折旧和再投资退税等优惠形式的税收优惠政策,使中小企业在面临以上困境时,成本较大,经营的积极性不高。

三是资源保护和环境污染治理的税收调控力度较弱。现行资源税制存在征税范围窄、资源税制"绿化"程度低、税率设计不合理等问题。结果自然资源过度消耗和环境污染严重,导致"高消耗、高污染"为特点的"资源紧缺"成为当前经济发展"瓶颈"。在我国现行税法中,还没有以保护环境为目的,针对污染行为和产品课税的专门性税种,而环保资金主要是通过征收排污费筹集。环保税的缺位既限制了税收对污染、破坏环境行为的调控力度,也难以形成专门用于环境保护的税收来源,而单纯依靠收费筹集的环保资金,已经很难满足日趋严峻的环境形势的需求，造成每年财政提供的资金剧增，开征环保税已势在必行。

四是个人所得税税负仍然偏高，消费税制度不完善。我国的个人所得税制实行的是分类所得税制，尽管先后两次把个人所得税的免征点从 800 元提高到 1600 元再提高到 2000 元，但是，个人所得税的负担仍然很重，不利于激发个人的消费。

二、当前各国扩大内需的税收政策

内需不振往往是导致经济增速放慢甚至衰退的主要原因之一。为应对金融危机造成的影响，促进经济发展，各国政府纷纷采取扩大公共投资、减税、降息等措施来扩大内需，刺激经济发展。

美国　美国国会于 2009 年 2 月就经济刺激方案达成一致，涉及资金 7890 亿美元。其中，35% 用于减税，65% 用于增加政府投资。该方案中主要的减税措施包括：在刺激消费方面——在 2009、2010 税收年度，给予每个美国中低收入居民纳税人每年不超过 500 美元（每个家庭不超过 1000 美元）的薪酬税收抵免；增加个人所得税的子女税收抵免放宽规定期限内首次购房税收抵免的条件。在促进投资方面：对企业 2009 年新购置的资产给予特别扣除；企业在 2008 年和 2009 年发生的经营亏损可以向前结转 5 年。

日本　日本政府出台了约 87 万亿日元的经济刺激方案，其中，用于扩大财政支出的约 75 万亿日元，用于减税的约 12 万亿日元。在刺激消费方面：对购买于 2009～2013 年入住的房屋，购房人将获得 10 年内最高 500 万日元（购买普通房屋）或 600 万日元（购买高档房屋）住房贷款的税收减免优惠。在促进投资方面：自 2009 年 4 月 1 日至 2011 年 3 月 31 日，年度所得不超过 800 万日元的中小企业的企业所得税税率由 22% 降至 18%。

自 2009 年 2 月 1 日起，重新实行对中小企业的亏损退税政策。停征土地转让的特殊附加费用，转让土地所有权时缴纳的登记税，分别减按 1% 和 0.8% 税率征收的优惠政策延长至 2011 年 3 月 31 日。个人从股票中获得的资本利得和股息所得享受 10% 优惠税率的政策延长至 2011 年。

德国 2009 年 1 月，德国政府又宣布了第二个约 500 亿欧元的经济刺激方案，涉及的主要税收政策包括：在刺激消费方面，2009 年和 2010 年分别提高个人所得税免征额 170 欧元并调整税率表，个人所得税最低税率由 15% 降为 14%；从 2009 年 7 月 1 日起降低医疗保障税（缴款）税率；给予一次性子女补贴每人 100 欧元。在促进投资方面，针对 2009 年购置或生产的固定资产，实行 25% 的余额递减折旧，并提高固定资产加速折旧的范围。

法国 在刺激消费方面：2008 年 8 月，法国政府宣布对住房贷款实行新的减税政策。根据该政策，购买新房的贷款者第 1 年贷款利息的 40% 可享受对应的所得税减免，在随后 4 年里，贷款利息的 20% 可享受减税。在促进投资方面：2008 年 12 月，法国公布了一项 260 亿欧元刺激经济计划，主要用于投资，其中 105 亿欧元专项用于基础设施、研发和支持地方建设。为鼓励投资，政府承诺将对企业 2009 年的投资给予 115 亿欧元的信贷和税收优惠支持。企业可以根据 2005、2006、2007 各年度的研发费用，向税务机关要求返还税前扣除研发费用后多缴的企业所得税税款。2009 年企业发生损失时，可以要求税务机关以退还税款的形式代替常用的税收抵免。

英国 2008 年 11 月，英国政府出台了以减税为核心的总额达 200 亿英镑的一揽子经济刺激计划，其中涉及税收政策的内容主要包括：在刺激消费方面，临时降低增值税标准税率以刺激消费。从 2008 年 12 月 1 日至 2009 年 12 月 31 日，英国增值税标准税率从 17.5% 临时降至 15%（欧盟规定的增值税标准税率最低限）；提高个人所得税优惠标准，根据消费物价指数的变化，个人所得税基本扣除标准相应提高 440 英镑，由 2008/2009 年度的每人 6035 英镑提高到 2009/2010 年度的 6475 英镑，其他扣除项目和抵免项目的标准都相应有所提高；个人所得税实行 3 档累进税率 10%、20% 和 40%，适用各档税率的收入级距在 2009～2010 年度都有所提高；提高社会保障税免征和减征收入额的上、下限，2009/2010 年度 1 类和 4 类人员缴纳社会保障税免征和减征收入额的上、下限都有所提高，1 类纳税人的免征标准由周薪 90 英镑提高到 95 英镑，减征标准由周薪 770 英镑提高到 844 英镑，4 类纳税人免征和减征收入额的上、下限则分别从年所得 5345 英镑和 40040 英镑提高到 5715 英镑和 43875 英镑。在促进投资方面，英国公司所得税税率自 2008 年 4 月 1 日起从 30% 降为 28%；延长公司亏损向前结转的期限，对公司 2008～2009 年度产生的经营亏损允许向前结转 3 年，但结转额最多不能超过 50000 英镑，为防止集团公司总部迁至低税国，计划在《2009 年财政法案》中规定，对公司的境外股息免征公司所得税。

俄罗斯　2008 年 12 月，俄罗斯政府决定减轻企业税负以应对金融危机，2009 年减税总额约为 5500 亿卢布。在刺激消费方面，对进口技术设备免征增值税，从 2008 年 1 月 1 日起，个人购房免税额将增至 200 万卢布。在促进投资方面，将企业所得税税率调低 4 个百分点，从 24% 降至 20%（小企业适用税率从 15% 降至 5%）；提高用于现代化改造、重组、设备维修的固定资产的购置成本在购置当年的扣除比例，由 10% 提高至 30%；截至 2009 年底，取消公司所付银行贷款利息的税前扣除上限；为帮助石油企业渡过危机，石油的矿产税起征点从每桶 9 美元上调至 15 美元，对一些重要石油产区的开发实行税收减免。

除了发达国家外，一些发展中国家也纷纷出台了税收政策，支持经济发展。如巴西提高了个人所得税各档适用税率的最低限额和最高限额，增加了税率为 7.5% 和 22.5% 的两档新税率，个人消费金融操作税税率从 3% 降至 1.5%。印度降低了部分产品的增值税，允许国营公司发行总金额为 21.1 亿美元的免税债券，以向基础设施项目提供资金。哈萨克斯坦新税收法案将现行征收的税种减少一半，将增值税税率由 20% 降至 12%。马来西亚个人所得税方面，最高边际税率从 28% 降至 27%；公司税方面将实行集团减免计划，目前允许公司把其当年经营亏损转移到关联公司的比例由 50% 提高到 70%。

三、我国进一步扩大内需的税收政策建议

（一）当前内需不足的原因及采取的税收政策借鉴

当前内需不足既是我国经济发展模式转变的必然结果，也是我国市场经济发展中的常态性特征。长期以来，我国经济一直主要依赖投资和出口拉动，消费对经济的带动作用比较有限。

为扩大内需，下一阶段税收政策应调整税收政策，优化税制结构，主要在增值税、企业所得税和个人所得税等方面作调整，推进税费改革，继续实行结构性减税政策。

（二）扩大投资需求的税收政策建议

1. 加快增值税转型。原"生产型"增值税，不能完全体现增值税的中性原则，扭曲了资本投资行为，形成对资本性投资的重复征税，直接或间接遏制了市场对投资的需求。实行自 2009 年 1 月推出的增值税转型举措，在全国所有地区、所有行业全面实施增值税转型改革，鼓励企业技术改造，减轻企业负担。加大增值税减税力度，进一步调低商业行业小规模纳税人的征收率，提高增值税的起征点等。根据金融危机的持续时间和影响程度，可以考虑对增值税实行阶段性优惠税率。

2. 调整企业所得税政策。"两税"合并后，企业所得税的优惠政策要注重贯彻国家产业政策，要鼓励企业的产业技术升

级，尤其要支持高新技术产业企业的发展；所得税的优惠可考虑采用多种方式，如加速折旧、投资抵免、费用扣除、提取投资和科研开发基金以及减免税等。要加大企业所得税减税力度，调低微利企业的税率等。对因金融危机影响缴纳税收确有困难的，可以考虑给予一定时间的递延纳税。

3. 支持民间投资的税收政策。民间投资由集体经济单位和个人投资两大类组成，包括城乡居民投资、个体和私营企业投资以及集体企业投资。当前，启动民间投资，对于扩大内需具有十分重要的意义。为支持民间投资，应当积极调整和完善我国税收政策，加快税制改革步伐。一是降低税收优惠政策"门槛"，废除对民间投资享受优惠政策的不必要限制，如区域限制、资金来源限制、盈亏限制等，确保凡是符合宏观调控政策的民间投资均能享受到税收优惠政策。二是扩大税收优惠方式，对民间投资的税收优惠应逐步实现由税率式优惠为主向税基式优惠为主的转变。三是确立以产业为主的税收优惠导向，引导民间投资在国有资本难以发挥作用、国民经济又急需发展的产业上增大投资。

（三）扩大消费需求的税收政策建议

2007年居民消费率仅为35.4%，比发达国家低了30个百分点，也是改革开放30年来的最低点，比历史最高水平1985年的52%低了约17个百分点，消费需求成为对投资增长的基本约束力。因此，千方百计地扩大消费需求应成为税收政策的一个重要着力点。

1. 调整个人所得税。现行个人所得税对"生计费用"采用预定标准费用扣除的方法，未能体现量能负担原则，有失公平，难以照顾高边际消费倾向的低收入阶层，且高收入者可通过分散所得的办法进行避税，不能很好地起到公平收入分配的作用。就目前我国的经济现状，个人所得税应重视对高收入阶层的调节，减轻一般收入阶层的税负，以利于刺激消费。建议个人所得税提高费用扣除标准并实行累进税率，并针对不同纳税人，考虑其婚姻状况、赡养人口、年龄、教育及社会保障费用等因素对收入的影响，确定不同的扣除标准，以体现量能负担原则。

2. 调整消费税，鼓励新一轮消费升级。消费税征收对象应该是非大众的日常消费品，适时调整消费税征税项目并与消费水平和消费结构保持动态协调。当前消费税改革的重点是解决部分税目、税率的过时和缺位问题，要体现对住房、汽车、通讯类产品为代表的新一轮消费热点的促进作用，对明显与国家产业政策和扩大内需政策相矛盾，又抑制消费和投资增长的税目应予废除，对奢侈品、高消费产品和不利于环保的消费品，应适当提高消费税的税率，正确引导消费。

3. 开征遗产税和赠与税。通过征税调节个体财富存量，进而降低人们进行储蓄和积累财富的积极性，促使人们改变传统的消费观念，增加即期消费，并将所集中的税收收入用于社会保障支出，增加低收入阶层收入，提高居民整体的边际消费倾向，刺激消费需求。

4. 开征社会保障税，增加居民收入预期。我国开征社会保障税的条件已基本具备，目前，可以先将在城镇范围内收取的养老保险基金、医疗保险基金、社会统筹等改为社会保障税，然后再逐步推广到广大农村。社会保障税应区分纳税人的身份，实行差别比例税率。一般来说，总体税率水平可定为 20% ~ 25%；单位的适用税率可定为 20% 左右，个人适用的税率可定为 5% 左右。可设立养老、医疗和失业三个税目。在确定费用扣除项目及标准时，应充分考虑对中低收入者的照顾，以减弱社会保障税的累退性和不公平性，提高居民的边际消费倾向。

5. 改革大宗商品购置税。减免与建筑业和房地产业相关的税收，以刺激住房消费。在当前通货紧缩的压力下，土地增值税的存在不利于房地产开发和交易，可暂停此税的征收，契税和印花税也有重复之嫌，建议合并，以促进房地产交易。鼓励汽车购置税改革。对中、小排量汽车，给予适当的购置税优惠，利用成品油不降价多收的汽、柴油消费税临时补贴汽车购置税，使汽车购置税有较大幅度下降，拉动汽车消费。

（四）推进产业结构优化升级的税收政策

1. 突出相关税种的产业导向。一是突出消费税的调节功能，体现国家的产业政策和消费政策。二是建立具有明确产业导向的企业所得税制，增强税收优惠措施的产业针对性，按照国家产业政策的序列要求，对投资数额大、投资回收期长的基础产业实行税收优惠，税收优惠措施由直接优惠向间接优惠转变，基础性的科研开发活动宜选择事前税收扶持，应用型技术研究可以采取事后的税收鼓励。三是完善营业税的鼓励功能，大力发展旅游业、金融保险业、证券业等高层次服务业，对这些行业的营业税率应适当降低，以降低其价格，进一步刺激消费。

2. 构建完善的环境税收体系。一是合并对使用资源征收的各种税费，将使用资源直接征收的矿产资源管理费、林业补偿费、林政保护费、渔业资源费等并入资源税。二是扩大资源税的征税范围，把水资源、森林、草原等需要保护性开发的资源均纳入征税范围，待条件成熟，进一步对其他资源课征资源税，全面加强对资源环境的保护。三是调整税率，改变计税方法，根据资源的稀缺程度、经济效用、对环境的污染程度等因素，实行差别税率。四是完善税收优惠，减少使用原生资源、鼓励循环利用资源。

3. 加大对出口产品的税收优惠力度。我国出口退税实行指标管理，相当一部分出口产品不能享受彻底的退税，在一定程度上影响了我国产品出口。应尽快完善出口产品退税机制，根据"征多少，退多少"的原则，建立公开、规范的出口退税制度，按照国际上通行的出口产品零税率的做法，取消因退税指标限制而导致退税不彻底，影响企业资金周转的办法，将我国出口产品退税率提高到与征税率相同，使我国的出口产品以不含税价格进入国际市场，以提高我国出口产品在国际市场上的竞争力。

4. 支持高新技术产业发展。利用税收优惠政策引导企业的投资行为，成为一条重要的科技投入渠道。根据税收促进高新技术产业发展的需要，结合我国当前科技税收政策措施的现状以及借鉴国外的经验，建立一部税收促进高新技术及其产业发展的专门法规。建立税收优惠政策建立风险分担机制，降低风险投资者和高科技企业的风险程度。提高科技人员纳税额的起征点，并扩大免税项目的幅度，充分调动科研人员的积极性。

5. 实施支持循环经济发展和转变经济增长方式的税收政策。继续完善企业节能环保标准，建立健全有利于资源节约和环境保护创新的税收政策体系，支持发展循环经济和建设节约型社会。实行节能环保项目减免企业所得税及节能环保专用设备投资抵免企业所得税政策。同时，对电力、石化和其他资源产品，逐步合理加大增值税、资源税、消费税等税种的调节力度。

（五）支持中小企业发展的税收政策

1. 改进增值税小规模纳税人的征税规定和管理办法。调整两类纳税人的比重，一是要扩大按一般纳税人征收的比重，从事工业生产加工和经营生产资料的中小企业可核定为增值税一般纳税人，享受增值税进项税额允许抵扣的待遇。二是要进一步调低小规模纳税人的征收率，如工业小规模纳税人的征收率可以调低为4%；商业小规模纳税人的征收率可以调低为3%。同时，要根据经济发展水平适当提高小规模纳税人的起征点。

2. 减轻中小企业的税收负担。在建立统一的企业所得税法时，应加大对中小企业税收政策扶持的力度。一是降低中小企业的优惠税率；二是放宽税前费用列支标准；三是缩小固定资产的折旧年限；四是扩大中小企业税收优惠范围。

3. 引导信贷资金流向实体经济。2009年一季度，我国新增贷款5.4万亿元，约等于2008年全年的总和，同期企业存款新增2.3万亿元，扣除循环贷款和流向政府性工程的贷款，流入实体经济的资金其实相当有限，当前企业特别是中小企业的资金需求依然难以得到满足。充分发挥税收杠杆作用，引导金融资本流向企业特别是中小企业，优化信贷投向，调节市场资金供求，使资金真正落实到支持实体经济运行上。

（六）加快社会主义新农村建设的税收政策建议

1. 支持农村金融体系建设。金融体系是建设社会主义新农村的重要保障。完善农村金融体系，改进"三农"金融服务，离不开税收政策。应统筹研究区域性农村金融机构税收扶持政策，对区域性农村金融机构、农村信用社实行统一的营业税和所得税优惠政策；对政策性农业保险业务和农村保险试点业务给予税收政策扶持，对于农村居民人寿保险项目，给予税收优惠政策等。

2. 鼓励发展订单农业。订单农业是工业反哺农业的重要方式，是农业规模生产的发展方向。应调查研究订单农业的具体方式和适用货物和劳务税收政策，对实行订单生产方式的农、林、牧、养殖业中直接从事生产的生产者，不论是否采用委托生产形式，要按照"多予、少取、放活"原则，给予税收优惠政策。

3. 实施惠农税收政策。一是提高农产品主要是粮食的收购价格，相应地对城镇居民低收入阶层实行财政补贴。二是将农民购买的农用生产资料中包含的增值税，退还给农民。三是对农民专业合作社实行较长期的优惠政策，原则上可将农民合作社视同单个农户对待，对其合作销售、运输、储藏等所得免征增值税、营业税、企业所得税和相关的地方税收，促进农民专业合作组织的发展。配合家用电器下乡工程，进一步强化税收对农村广播电视传播事业的扶持力度，调整税收优惠政策期限。

（七）促进就业的税收政策建议

1. 规范促进就业再就业的税收政策。目前，涉及下岗失业人员、军队转业干部、城镇退役士兵、军队随军家属及其他持有相关就业证明人员就业的税收优惠政策，既存在类似地方，又有不同之处。考虑到对就业再就业人员应给予一致的税收待遇，关于促进就业的税收优惠政策，应予以规范，在调查研究基础上，进一步发挥税收优惠政策扶持作用，把促进就业与发展非正规就业和积极拓展现代新型服务领域结合起来，鼓励自主创业，延长政策时效，制定统一的就业再就业税收政策。

2. 实施低税负，鼓励社会创造更多的就业岗位。在处理税收的收入效应和替代效应问题上，通过实施减税让利给纳税人，降低主要税种企业所得税的税率，鼓励社会创办更多的企业，吸纳更多的就业人员。实施差别税率，扶持发展中小企业，鼓励全民创业。

3. 发展第三产业，拓宽就业空间。随着经济结构调整，就业结构发生明显变化，第三产业成为劳动力就业的主力产业，注重发展包括通讯、金融、咨询、旅游、物流、文化等行业在内的第三产业和基础设施建设。对文化体制改革中的转制文化单位按规定执行税收优惠政策，积极稳妥地促进经营性文化事业单位转制为企业，研究将转制文化单位适用的税收政策及时推广到全国范围的条件。通过一系列税收优惠政策积极发展第三产业，拓宽就业领域，创造新增就业岗位。

（八）加强配套政策的实施

1. 坚决清理乱收费，减轻企业非税额外负担。我国目前费大于税、税外收费现象仍然比较严重，应进一步规范政府的行政行为和收入机制，减轻企业的负担，要坚决整顿乱收费，对那些巧立名目或重复收费的乱收费坚决砍掉，清理各领域特别是公共事业领域损害消费者权益的规定和收费，切实减轻企业负担，为企业创造良好的生产经营环境，增加有效供给，改善供需矛盾。

2. 改进税收管理服务体系，为企业营造良好的纳税环境。税收服务应与严格执法相结合。一方面税务机关应牢固树立服务企业的意识，提高税务执法人员的素质，加快以信息化为支撑的科学管理进程；另一方面，要强化税收、法律的严肃性，规范各地区的税收执法尺度，体现公开、公正、公平的原则，防止同一政策执行不同，造成地区之间、企业之间的政策性差异。营造良好的纳税环境，简化纳税申报程序，为企业提供优质纳税服务，节约企业纳税成本。提高税务部门工作效率，实行"限时服务"和"一站式"服务，降低纳税人的纳税成本。

3. 加强税收优惠管理。实行"税式支出"的预算管理制度，严格控制税收优惠的对象和范围，对税收优惠的刺激效应做出客观、公正的评价，以加强对税收支出的管理与考核，有效防止税收优惠的滥用及政策目标的偏差。

扩大内需的税收政策国际借鉴研究

一、当前我国扩大内需的必要性

当前我国迫切需要扩大内需。首先，我国地域辽阔，经济发展不平衡，人民生活由温饱向小康过渡，无论是市场容量还是未来发展，潜力都十分巨大。其次，工业化、城市化、现代化进程加快，经济结构调整升级，国内市场的需求需要进一步扩大。再次，我国固定资产投资的周期性引领我国 GDP 增长进入下行周期。最后，也是最重要的原因，世界经济危机导致我国出口导向型经济发展战略不可持续。

二、各国税收政策借鉴之处

（一）要充分运用政策组合扩大内需，不能单独依靠税收政策

综观各国以前和此次扩大内需的做法，基本上都实施了一揽子经济政策组合来应对危机，这些政策主要包括了货币政策、财政政策，没有一个国家只采取了税收政策来扩大内需。同时还要认识到，由于各国采取了多种政策来应对危机，所以我们并不能单独剥离出税收政策在其中所起的作用，也就是说我们根本无法具体量化税收政策究竟起了多大作用。

（二）税收政策并不是扩大内需的主要手段

从各个国家过去的成功经验和此次的做法来看，税收政策在整个扩大内需政策体系中所占的地位并不突出。比如美国主要采取了货币政策来应对危机，财政政策中也只是少量涉及了税收政策（相对于其7870亿美元财政救助方案）；德国除了采取货币政策外，在其810亿欧元的财政刺激方案中减税所占的比重也不高。总之，相对于其他扩大内需政策而言，税收政策的地位并不突出。

（三）发达国家更加偏重于货币政策扩大内需，发展中国家更加偏重于财政政策扩大内需

由于货币政策内部时滞短，且不需要国会通过，再加之发达国家资本市场完善，货币政策传导机制健全，所以发达国家扩大内需、应对危机的首要政策是货币政策，比如美国、德国。相反，由于资本市场不完善，货币政策传导机制不健全，故发展中国家更乐意于采取财政政策扩大内需、应对危机，如泰国。

（四）各国减税的重点在所得税

为了直接扩大消费和投资，各国减税的重点均在所得税，其中个人所得税减免的幅度更大，可见各国均意识到了减免所得税扩大内需的重要性。至于流转税、财产税，各国有所涉及，但力度并不大。

三、我国扩大内需税收政策的
具体实践及特点

（一）我国扩大内需税收政策的具体实践

我国为了扩大内需、应对危机，采取了一揽子政策组合，税收政策在其中扮演了重要角色，我国此次扩大内需、应对危机的税收政策主要是通过5000亿元结构性减税来实现的，具体包括以下内容：

1. 企业所得税税收优惠政策

《企业所得税法》及《企业所得税法实施条例》公布后，为保证新税法的顺利实施，2008 年国务院相继制定出台了一系列配套政策，财政部、国家税务总局也先后出台了相关配套文件。新的《企业所得税法》及相关配套政策，除统一了内外资企业所得税、降低了内资企业所得税率外，还对税收优惠政策进行了规范，主要包括以下几个方面：

（1）扶持高新技术企业发展的所得税优惠政策

主要是：国家需要重点扶持的高新技术企业，减按 15% 的税率征收企业所得税。国家需要重点扶持的高新技术企业，是指拥有核心自主知识产权，并同时符合下列条件的企业：①产品（服务）属于《国家重点支持的高新技术领域》规定的范围；②研究开发费用占销售收入的比例不低于规定比例；③高新技术产品（服务）收入占企业总收入的比例不低于规定比例；④科技人员占企业职工总数的比例不低于规定比例；⑤高新技术企业认定管理办法规定的其他条件。国家重点支持的高新技术领域是：电子信息技术；生物与新医药技术；航空航天技术；新材料技术；高技术服务业；新能源及节能技术；资源与环境技术以及高新技术改造传统产业。同时规定，只有按照《高新技术企业认定管理办法》认定的高新技术企业，才能依照《企业所得税法》、《企业所得税法实施条例》等有关规定，申请享受所得税优惠政策。

（2）鼓励企业技术创新和技术进步的所得税优惠政策

主要是：①一个纳税年度内，居民企业技术转让所得不超过 500 万元的部分，免征企业所得税；超过 500 万元的部分，减半征收企业所得税。②企业为开发新技术、新产品、新工艺发生的研究开发费用，未形成无形资产计入当期损益的，在按照规定据实扣除的基础上，按照研究开发费用的 50% 加计扣除；

形成无形资产的，按照无形资产成本的150%摊销。③创业投资企业采取股权投资方式投资于未上市的中小高新技术企业2年以上的，可以按照其投资额的70%在股权持有满2年的当年抵扣该创业投资企业的应纳税所得额；当年不足抵扣的，可以在以后纳税年度结转抵扣。④企业由于技术进步，产品更新换代较快的固定资产，以及常年处于强震动、高腐蚀状态的固定资产，确需加速折旧的，可以缩短折旧年限或者采取加速折旧的方法。采取缩短折旧年限方法的，最低折旧年限不得低于《企业所得税法实施条例》第六十条规定折旧年限的60%；采取加速折旧方法的，可以采取双倍余额递减法或者年数总和法。

（3）扶持农、林、牧、渔业项目的所得税优惠政策

主要是：企业从事下列项目的所得，免征企业所得税：①蔬菜、谷物、薯类、油料、豆类、棉花、麻类、糖料、水果、坚果的种植；②农作物新品种的选育；③中药材的种植；④林木的培育和种植；⑤牲畜、家禽的饲养；⑥林产品的采集；⑦灌溉、农产品初加工、兽医、农技推广、农机作业和维修等农、林、牧、渔服务业项目；⑧远洋捕捞。企业从事下列项目的所得，减半征收企业所得税：①花卉、茶以及其他饮料作物和香料作物的种植；②海水养殖、内陆养殖。

（4）扶持企业投资公共基础设施的所得税优惠政策

主要是：企业从事《目录》规定的港口码头、机场、铁路、公路、城市公共交通、电力、水利等国家重点扶持的公共基础设施项目的投资经营的所得，自项目取得第一笔生产经营收入所属纳税年度起，第一年至第三年免征企业所得税，第四年至第六年减半征收企业所得税。

（5）促进民族自治地方企业发展的所得税优惠政策

主要是：民族自治地方的自治机关对本民族自治地方的企业应缴纳的企业所得税中属于地方分享的部分，可以决定减征或者免征。自治州、自治县决定减征或者免征的，须报省、自

治区、直辖市人民政府批准。

（6）促进循环经济发展的企业所得税优惠政策

主要是：①企业从事公共污水处理、公共垃圾处理、沼气综合开发利用、节能减排技术改造、海水淡化等符合条件的环境保护、节能节水项目的所得，自项目取得第一笔生产经营收入所属纳税年度起，第一年至第三年免征企业所得税，第四年至第六年减半征收企业所得税。②企业以《资源综合利用企业所得税优惠目录》规定的资源作为主要原材料，生产国家非限制和禁止并符合国家和行业相关标准的产品取得的收入，可以在计算应纳税所得额时减按 90% 计入收入总额。享受上述税收优惠时，原材料占生产产品材料的比例不得低于《资源综合利用企业所得税优惠目录》规定的标准。③企业购置并实际使用《环境保护专用设备企业所得税优惠目录》、《节能节水专用设备企业所得税优惠目录》和《安全生产专用设备企业所得税优惠目录》规定的环境保护、节能节水、安全生产等专用设备的，该专用设备的投资额的 10% 可以从企业当年的应纳税额中抵免；当年不足抵免的，可以在以后 5 个纳税年度结转抵免。

2. 增值税转型及相关配套税收政策

为进一步完善税制，积极应对国际金融危机对我国经济的影响，国务院决定自 2009 年 1 月 1 日起全面实施增值税转型，具体包括：

（1）企业新增机器设备类固定资产所含的进项增值税税金准予在计算销项税额时予以抵扣

以前增值税征税范围中的固定资产主要是机器、机械、运输工具以及其他与生产、经营有关的设备、工具、器具，因此，转型改革后允许抵扣的固定资产仍然是上述范围。此举可有效避免企业设备购置的重复征税，有利于促进企业技术进步、产业结构调整和经济增长方式的转变。

（2）取消进口设备免征增值税政策和外商投资企业采购国

产设备增值税退税政策

进口设备免征增值税政策，主要是指《国务院关于调整进口设备税收政策的通知》（国发〔1997〕37号）和《国务院办公厅转发外经贸部等部门关于当前进一步鼓励外商投资意见的通知》（国办发〔1999〕73号）规定的增值税免税政策。这些政策是在我国实行生产型增值税的背景下出台的，主要是为了鼓励相关产业扩大利用外资、引进国外先进技术。但在执行中也反映出一些问题，主要有：一是进口免税设备范围较宽，不利于自主创新、设备国产化和我国装备制造业的振兴；二是内资企业进口设备的免税范围小于外资企业，税负不公。转型改革后，企业购买设备，不管是进口的还是国产的，其进项税额均可以抵扣，原有政策已经可以用新的方式替代，原来对进口设备免税的必要性已不复存在，这一政策应予停止执行。外商投资企业采购国产设备增值税退税政策也是在生产型增值税和对进口设备免征增值税的背景下出台的。由于转型改革后，这部分设备进项税一样能得到抵扣，因此，外商投资企业采购国产设备增值税退税政策也相应停止执行。

（3）将小规模纳税人征收率统一调低至3%

适用转型改革的对象是增值税一般纳税人，改革后这些纳税人的增值税负担会普遍下降，而规模小、财务核算不健全的小规模纳税人（包括个体工商户），由于是按照销售额和征收率计算缴纳增值税且不抵扣进项税额，其增值税负担不会因转型改革而降低。原政策规定，小规模纳税人按工业和商业两类分别适用6%和4%的征收率。因此为了平衡小规模纳税人与一般纳税人之间的税负水平，促进中小企业的发展和扩大就业，需要相应降低小规模纳税人的征收率。考虑到现实经济活动中小规模纳税人混业经营十分普遍，实际征管中难以明确划分工业和商业小规模纳税人，对小规模纳税人不再区分工业和商业设置两档征收率，将小规模纳税人的征收率统一降低至3%。小规模纳税人征收率水平的大幅下调，将减轻中小企业税收负担，为中小企业提供一个更加有利的发展环境。

（4）将矿产品增值税税率恢复到17%

1994年税制改革时，部分矿产品仍实行计划价格和计划调拨，历史遗留问题较多，经国务院批准，1994年5月起将金属矿、非金属矿采选产品的税率由17%调整为13%。这一政策对采掘业的稳定和发展起到了一定的作用，但也出现一些问题，主要有：一是对不可再生的矿产资源适用低税率，不符合资源节约、环境保护的要求；二是减少了资源开采地的税收收入，削弱资源开采地提供公共产品的能力；三是矿产资源基本都作为原料使用，矿山企业少交的增值税因下个环节减少进项税额而补征回来，政策效果并不明显；四是导致征纳双方要对这类适用低税率的货物与其他货物划分，增大征收和纳税成本。转型改革后，矿山企业外购设备将纳入进项税额的抵扣范围，整体税负将有所下降，为公平税负，规范税制，促进资源节约和综合利用，需要将金属矿、非金属矿采选产品的增值税税率恢复到17%。

3. 成品油税费改革

成品油税费改革的主要政策是，提高现行成品油消费税单位税额，不再新设立燃油税，利用现有税制、征收方式和征管手段，实现成品油税费改革相关工作的有效衔接。具体是：（1）取消公路养路费、航道养护费、公路运输管理费、公路客货运附加费、水路运输管理费、水运客货运附加费等六项收费。（2）逐步有序取消政府还贷二级公路收费。（3）汽油消费税单位税额每升提高0.8元，柴油消费税单位税额每升提高0.7元，其他成品油单位税额相应提高。加上现行单位税额，提高后的汽油、石脑油、溶剂油、润滑油消费税单位税额为每升1元，柴油、燃料油、航空煤油为每升0.8元。（4）成品油消费税属于中央税，由国家税务局统一征收（进口环节继续委托海关代征）。纳税人为在我国境内生

产、委托加工和进口成品油的单位和个人。纳税环节在生产环节
(包括委托加工和进口环节)。计征方式实行从量定额计征，价内
征收。(5) 对进口石脑油恢复征收消费税。

4. 其他税收政策

以上三方面同时也是结构性减税政策的核心内容，国家现
行结构性减税政策以及相关税费新政策的内容还有很多，其中
比较重要的有：

(1) 多次调整出口退税政策

为应对世界经济下滑对我国出口的冲击，缓解出口企业经
营压力，2008 年下半年以来我国多次调整出口退税政策。在
2008 年 8 月 1 日调高部分产品出口退税率的基础上，11 月 1 日
起调高服装、纺织品、塑料制品、日用及艺术陶瓷制品、家具
等产品的出口退税率；12 月 1 日起进一步提高部分劳动密集型
产品、机电产品等 3770 项出口商品的退税率；2009 年 1 月 1 日
起，又提高部分技术含量和附加值高的机电产品的出口退税率，
主要包括：将航空惯性导航仪、工业机器人等产品的出口退税
率由 13%、14% 提高到 17%；将摩托车、缝纫机等产品的出口
退税率由 11%、13% 提高到 14%。上述调整，是我国主动应对
当前复杂多变的国内外经济形势而采取的重要举措，有利于缓
解企业困难，增强克服金融危机的信心。

(2) 取消停征多项行政事业性收费

自 2008 年 9 月 1 日起，全国停征集贸市场管理费和个体工
商户管理费。自 2008 年 10 月 23 日起，在河北省统一取消和停
止征收以及需进行规范 108 项行政事业性收费项目。自 2009 年
1 月 1 日起，在全国统一取消和停止征收 100 项行政事业性收
费。取消和停征上述收费，有利于发挥与减税政策相同的扩张
效应，促进企业增加投资和居民消费。同时，有利于进一步理
顺政府收入分配关系，充分发挥税收筹集财政收入的主体功能
和提高财政收入质量。据预测，在全国统一取消和停止征收 100

项行政事业性收费，全国总的减免金额为 190 亿元，连同自 2008 年 9 月 1 日起停征的集贸市场管理费和个体工商户管理费全国约 170 亿元，国家近期采取的减费措施全国可直接减轻企业和社会负担约 360 亿元。

（3）同时调整资源综合利用和再生资源增值税优惠政策

资源综合利用，是指在矿产资源开采过程中对共生、伴生矿进行综合开发与合理利用，对工业生产过程中产生的废渣、废水（液）、废气、余热余压等进行回收和合理利用。这次资源综合利用产品增值税政策的调整，根据客观情况增加了一些需要税收支持的资源综合利用产品，将现行主要的资源综合利用产品增值税政策作了整合，规范了认证程序，统一了产品标准和环保要求，对于吸引社会力量加大综合利用产业投入，促进综合利用产业的发展，必将产生积极的促进作用和示范引导效应。再生资源，是指在社会生产和生活消费过程中产生的，已经失去原有全部或部分使用价值，经过回收、加工处理，能够使其重新获得使用价值的各种废弃物，包括废旧金属、报废电子产品、报废机电设备及其零部件、废造纸原料（如废纸、废棉等）、废轻化工原料（如橡胶、塑料、农药包装物等）、废玻璃等。长期以来，国家对废旧物资回收实行增值税优惠政策，但在执行中出现比较严重的虚开发票等问题。这次再生资源增值税政策的调整，一方面通过恢复增值税链条机制，防止偷逃税收，促进公平竞争，另一方面通过对符合条件的再生资源回收经营企业实行一定比例的增值税退税政策，鼓励合法、规范经营的企业做大做强，促进再生资源回收行业的健康有序发展，有利于废弃物的"减量化、再利用、资源化"。这两项政策分别从鼓励资源的回收和利用两个环节着手，同时实施可以相互配合、相互促进，更好地发挥税收政策引导流通、生产的作用，从而促进我国循环经济的发展，促进产业结构的调整和经济发展方式的转变。

（4）促进就业的税收优惠政策

主要包括：①自 2009 年 1 月 1 日起，贵州省营业税按期纳税的起征点调整为月营业额 5000 元、按次纳税的起征点为每次（日）营业额 100 元。营业税起征点提高到 5000 元后，全省预计有 7.6 万户个体工商户不再缴纳营业税，预计减少营业税收入 9000 万元，80％以上缴纳营业税的个体工商户将增加可支配收入，与此相关的从业人员和家庭也将直接受益。从行业来看，服务业、娱乐业受益最多。②企业安置残疾人员的，在按照支付给残疾职工工资据实扣除的基础上，按照支付给残疾职工工资的 100％加计扣除。③符合条件的小型微利企业，减按 20％的税率征收企业所得税。

（5）有关住房的税收优惠政策

为了促进廉租住房、经济适用住房制度建设和住房租赁市场的健康发展，国家明确了廉租住房、经济适用住房和住房租赁的有关税收优惠新政策；为了适当减轻个人住房交易的税收负担，支持居民首次购买普通住房，国家调整了房地产交易环节税收政策；为了进一步鼓励普通商品住房消费，促进房地产市场健康发展，国家调整了关于个人住房转让营业税政策。

（6）稳定和扩大汽车消费需求的税收优惠政策

自 2009 年 1 月 20 日至 12 月 31 日，对 1.6 升及以下排量乘用车减按 5％征收车辆购置税。

（二）我国此次扩大内需税收政策的特点

结合上文的分析，对比此次扩大内需税收政策的各国实践，我国此次扩大内需的税收政策大致具有以下特点：

1. 扩大内需经济政策的多样性

我国为了扩大内需、应对危机，出台了诸多经济政策，这些政策主要以财政政策为主，同时适当地运用了货币政策，税收政策只是财政政策的一部分，最核心的财政政策还是 4 万亿元的财政投资计划。这从一个角度反映了我国市场经济体制仍不完善、货币政策传导渠道不顺畅、货币政策效力不足的事实，但也从另一个角度说明了决策当局在制定政策时考虑了我国实际，所以效果比较明显，我国宏观经济现在已经有非常明显的复苏迹象。

2. 税收政策目标的多重性

我国此次出台的一系列税收政策，其目标主要以扩大内需、应对危机为主，但也适当兼顾了其他目标。如消费税相关税目、税率的调整，资源税的调整就体现了绿色税收思想；涉外企业税收优惠政策的放宽以及退税政策的放松，也体现了决策层扩大内需的初衷；房地产行业税收负担的减轻以及正在酝酿开征的物业税也或多或少地包含有调节收入分配的目标。其实，危机既是一种"危险"，又是一次"机遇"，能够借扩大内需、应对危机的机遇以完善我国税制、体现和谐治税思想应当是自然而然之事。

3. 减税重点的不同性

我国此次减税的重中之重是增值税，其次是企业所得税，而国外此次减税的重点基本上是个人所得税，这体现了我国税制和其他国家的不同性。其他国家在组织财政收入上的第一税种往往是个人所得税，我国则是增值税，同时我国以前又是极少实行生产型增值税的国家之一，改革也势在必行，因此我国此次把 5000 亿元结构性减税的重点放在增值税上也就不难理解。

4. 减税数量的确定性

我国此次明确提出了结构性减税的数量大致是 5000 亿元人民币，其他国家的减税并没有明确的数量目标，这体现了我国当局制定政策时的自信，也说明我们已经非常了解我国税收制度的运行，当然政策效果也就更加值得期待。

四、我国此次扩大内需税收政策的建议

（一）优化税制、防患于未然

没有一个较为优化的税制，要通过税收政策手段扩大内需、应对危机是不现实的。此次我们能及时地抛出 5000 亿元结构性减税方案，说明我国税制现在不仅能组织财政收入，而且还能在调控宏观经济中发挥作用。如前所述，税收政策在扩大内需、应对危机中具有重要的作用，是一揽子经济政策中的一部分，离开了税收政策的配合，政策效果将大打折扣，同时还不得不冒很大的风险去承受通货膨胀。没有改革开放以来我国税制的不断完善和优化，就不会有此次 5000 亿元结构性减税方案的出台。同时我们也要明白：此次危机迟早会过去，不管我们愿不愿意，下次危机还会到来。所以优化税制的工作，特别是提高税制调控宏观经济能力的工作还得继续和深化，只有这样才可能做到未雨绸缪，防患于未然。

（二）尽快完善个人所得税制

个人所得税和居民的收入再分配密切相关，在一定程度上决定了人们的可支配收入，进而在一定程度上决定了人们的消费需求，因此个人所得税是扩大内需、应对危机非常重要的税收政策工具，我国此次主要采取了增值税转型的方式来扩大内需，也说明了我国现阶段的个人所得税制宏观调控功能微弱的事实，因此应该尽快完善个人所得税制。当然，个人所得税制的完善不应当仅仅是免征额大小的调整，而应当是从分类税制到综合税制的彻底转型。

（三）完善税收征管，高度重视税收收入的增长

一段时间以来，我国税收收入连年持续、快速增长，经济危机的出现打断了这一趋势。同时为了应对危机我们又出台了数额巨大的财政投资计划、多发行了国债并首次允许地方政府发行公

债、预算上也列了赤字，这些政策无一例外地均需要以后年度税收收入的弥补，再加之财政支出往往刚性难以削减，所以可以肯定地讲，今后几个年度组织税收收入的压力将持续增强，这迫切需要我们完善税收征管，高度重视税收收入的增长。

（四）养成全面税收意识，构建和谐税收关系

从长期上讲，税收制度作为上层建筑的一部分必然随着经济基础的变化而变化。改革开放 30 年后的今天，我国人民的生活水平和综合国力均得到了持续增长，而且这种态势还将继续下去，这为我国的税制变迁提供了强有力的诱致性因素。就目前看来，我们在税收领域中对税收意识认识的片面性是制约我国税制优化的重大问题，必须尽快加以改正，否则就不可能建立起和谐税收关系。

其实在税收行为中，涉税主体不仅包括纳税人，还包括用税人、征税人、税收中介以及税收法规制定者。这些主体相互之间构成了错综复杂的税收关系，要处理好这些关系，就需要我们提高全面税收意识，而不仅仅是要求纳税人养成主动纳税的习惯。具体来说，全面税收意识不仅包括纳税人主动纳税的意识，还包括纳税人主动监督税收征管、使用以及税收法规制定的意识；不仅要求征税人有征税意识，还需要其有服务意识；不仅要求用税人有用税意识，还需要其有对纳税人负责的意识；不仅要求税收法规制定者有制定法规的意识，还需要其有高度的历史责任感意识。总之我们必须尽快养成全面税收意识，构建和谐税收关系，这应当是我们下一步税制改革的重要内容。

课题组组长：陈　焰

副　组　长：黄　静

成　　　员：陈华为　黄　兰　宋红枚　李汉文　苏红莉

　　　　　　杨　杨　金　刚　郭　畅　徐　艺　秦　芸

　　　　　　王　蕾　陈　浩

执　　　笔：李汉文　黄　静　黄　兰

西藏边境贸易税收问题调研报告

西藏自治区国际税收研究会（筹）课题组

一、西藏税制的历史、现状
及经济发展的特点

自 1950 年西藏和平解放以来，西藏长期执行着与全国其他各省（市）相对特殊的税收制度。西藏边贸企业的税收政策和税收征管，也是西藏税收制度的有机组成部分。我们要调查了解其边贸税收问题，首先需要了解西藏税制的历史、现状及其经济发展的特点。

（一）西藏税制的历史及现状

西藏税制的发展，大致经历了这样几个阶段：一是西藏和平解放八年，昌都实行新税制，其他各地仍沿用旧税制；二是 1960 年西藏全区实行统一的税制；三是 1994 税制改革后，西藏税制与全国税制基本接轨。西藏的税制建设，经历了由单一的工商税制，到以工商税（流转税）为主，所得税、资源税等税种为补充的复合税制的演变过程。从单独实行特殊的税制，到与全国税制接轨，前后整整经历 34 年的时间。

1. 西藏和平解放后八年的税制情况

昌都新税制。1950 年 10 月，中国人民解放军进军西藏，解放了西藏东部重镇昌都，成立了昌都地区人民解放委员会。新的税收制度率先在昌都地区诞生。1951 年 10 月，昌都地区人民解放委员会颁布了《昌都地区临时商业税稽征暂行办法》，同时宣布废除旧的税制及有关单行税则。按照该规定，对本地区及藏区的货物、内地运进货物和国外进口货物，税率分别为 2% ~ 3%、5% 和 5% ~7%。1954 年 4 月，为了促进物资交流，活跃地方经济，委员会又颁布了《昌都地区商业税暂行办法》，同时废止了《昌都地区临时商业税稽征暂行办法》。规定对本地区及藏区的土特产品免税，降低内地运进货物的税率到 2%，提高国外进口货物的税率为 5% ~20%。该税法的实施，统一了与毗邻的青海玉树、都兰、云南丽江和四川各藏族地区的税收，接近了全国统一的货物产品税和商业营业税，又照顾到了西藏交通不便、物资缺乏等特殊情况。①

　　西藏其他地区仍沿用旧税制。西藏和平解放后，中央人民政府初步确立了"税收制度原则上仍按旧制度执行，除十分不合理的可酌情变更"的税收工作方针。从 1950 年起，农业税（公粮）基本沿用旧税制征收，并规定"对 1949 年以前群众所欠政府公粮部分给予豁免"。1951 年 5 月 23 日，中央人民政府和西藏地方政府关于和平解放西藏的办法协议签订，简称《十七条协议》，明确"有关西藏的各项改革事宜，中央不加强迫"，"对于西藏的现行制度，中央不予变更"。西藏和平解放后八年间，除昌都外，各地区仍执行旧的税收制度，各项税收收入由西藏地方政府支配，进藏人民解放军和工作人员的经费一律由中央供给，不增加西藏地方政府的负担。②

　　2. 1960 年全西藏自治区统一税制

　　1960 年 5 月 31 日，西藏自治区筹备委员会发布命令，颁布了《西藏自治区工商业税暂行办法（草案）》及其实施细则，这

---

① 西藏自治区志·税务志
② 西藏自治区志·税务志

标志着全区范围内彻底废除了原西藏地方政府的税收制度，全面建立了社会主义新税制。此后，按照"从轻从简、合理负担"的税制建设思想，西藏于1963年和1974年又进行过两次工商税制改革。1980年中央召开第一次西藏工作座谈会，确定了中央对西藏工作的八项方针，为促进西藏经济发展，实行减税免税、让利于民、休养生息的税收政策，决定免征农业税、牧业税，对农牧区集体和个体经营（除酿售青稞酒外）均免征工商业税。①

3. 西藏税制的现状及特征

1994年，国家进行工商税制改革。中央召开了第三次西藏工作座谈会，决定西藏要按照"体制衔接、框架一致、适当变通"的原则，进行财税金融体制改革。1994年2月4日，西藏自治区人民政府批转了《关于工商税制改革的实施方案》，在全国税制改革框架的基础上，根据中央的授权，结合西藏的实际，按照"税制一致、适当变通、从轻从简"的原则，对西藏工商税制进行重大改革，形成了现行的以流转税为主体，所得税、地方税为补充的税收制度，实现了与全国税收制度的接轨。每个税种及税收政策上，都结合西藏实际进行了变通（仅车辆购置税除外），体现了"税种少、税负轻、优惠宽"的特点。

税种少。目前全国开征的税种共有22个，而西藏开征税种仅有11个，具体为增值税、营业税、企业所得税、个人所得税、外商投资企业和外国企业所得税、资源税、印花税、土地增值税、耕地占用税、城市维护建设税和车辆购置税。西藏考虑到消费税征收范围极窄，暂未开征消费税。

税负轻。2006年，全国宏观税收负担率为17.97%，西藏的税负为6.37%，比全国低13.6个百分点。还不到全国宏观税负的1/3。

---

① 谢学忠，西藏国税网 www.xztax.gov.cn

优惠宽。西藏广大的农牧区基本无税，二、三产业当中又有宽泛的减免政策。如企业所得税：全国执行33%的比例税率，而西藏的内资企业所得税税率为15%，外商投资企业和外国企业税率为10%；同时，对招商引资项目企业、乡镇企业、新办的农林牧行业企业以及第三产业采取比全国统一优惠更加实惠的税收优惠政策。个人所得税：对定期定额征税的个体工商户起征点，采取全国制定弹性幅度的最高限，目前西藏全区个体工商户58%左右享受未达到起征点的税收优惠政策；工资薪金减除费用方面采取西藏艰苦边远地区的所有补贴性工资津贴给予免税的政策。增值税：对农牧民、乡镇企业、农村供销社在农牧区销售货物或者应税劳务的收入免税，对销售民茶收入免税。营业税：增加了对农林牧产品采购征收营业税，税率5%～20%。对农牧民、乡镇企业、农村供销社在农牧区的收入免税。对城镇和区外纳税人到农牧区直接为群众的农牧业生产提供科学技术等有偿综合服务收入免税。其他税种：如城市维护建设税，县及县以下所在地均免征此税；土地增值税，其征税范围仅为自治区地区行署所在地和拉萨市规划区内以及工矿区、重点经济开发区（包括西藏樟木、亚东等边境口岸）；资源税，西藏未执行全国统一规定，而是参照全国规定自行制定了《西藏自治区资源税暂行办法》，将木材纳入征税范围，从轻从简，同类资源合并征收标准。

（二）西藏经济的区域特性及税收发展的特点

1. 西藏经济发展的区域特性

虽然"十五"期间，西藏地区生产总值达到了12.5%的年均增速，高于全国生产总值年均速度，到了2006年，西藏国民生产总值达到了290.3亿元，是2000年117.8亿元的2.5倍。但是西藏由于特殊的自然条件和地理环境，经济基础一直比较薄弱，主要表现在以下几个方面：一是经济总量小。2006年西藏国内生产总值290.3亿元，占全国国内生产总值的0.14%，社会经济发展主要依赖国家投资。二是基础设施"瓶颈"制约严重，对经济发展难以形成有力支撑。三是经济发展程度较低。西藏80%左右人口为农牧民，很多农牧区仍处于半自给状态，区内市场狭小，缺乏产业成长的必要空间。四是远离经济中心，很难形成蛛网式的经济联系网络。区域内部，由于地广、人稀、居住分散、城镇密度低，决定了区内之间的经济关联度也较低。五是特殊的自然地理因素和经济因素，区域发展成本大大高于内地任何地区。研究资料表明，"西藏的物价水平高于全国平均水平的至少50%，经济发展成本比全国平均水平高70%，高海拔导致的能量损耗率（包括机械能和人力）在30%以上"。

2. 西藏税收结构及税源分布的特点

经过四十多年的发展，西藏税制不断完善，税收收入逐年增长。1988年西藏税收收入首次突破1亿元大关。1994～2001年的8年间，西藏共组织各项税收收入44亿元，比税制改革前的42年（1951～1993年）的税收收入总和多28亿元，税收收入年均增长18.9%，高于西藏全区GDP的年均增长速度。2006年，西藏实现税收收入18.48亿元，其税收占GDP的比重为6%。但与全国相比，2006年，全国税收收入达到了37636亿元，西藏税收仅占全国税收总量的0.049%；全国税收占GDP的比重为18%，相当于西藏自治区的3倍。（见图1）

由于西藏的自然环境、经济基础等特殊因素，西藏税收存在总量小、税源分散、税收结构不平衡等特点。表现如下：一是由于西藏区内地广人稀、居住分散、经济密度和城镇密度低，从而税源也存在分散、密度低、结构不合理的现状。目前西藏税源主要集中在以拉萨城为中心，辐射附近地区，而较边远的地区税源仍然稀少。2006年西藏税收18.48亿元。其中，拉萨提供的税收占西藏税收总量的56.53%，其他6个地区累计只占收入总额的43.47%，其中距拉萨较近的山南、日喀则、林芝收入分别占收入总额的10.09%、8.83%和8.35%，而昌都、那曲、阿里各占收入总量的 7.41%、5.03% 和 3.76%。二是税收结构不平衡。目前西藏税收结构呈现以流转税为主,其他各税为辅的结构,1994～2004 年全区累计组织流转税 54.2828 亿元,占全部税收收入总额的 70.28%,而全国流转税所占税收比重这几年基本保持在 50% 左右。相比全国其他省(市),其所得税所占比重明显偏低。三是西藏税收从经济类型来看,2006 年年底,西藏非公有制经济所提供的税收占收入总量的 58%,首次超越了国有集体经济,也体现了西藏非公有制经济强劲的势头,国有集体和个体工商户提供的税收占收入总量的 80% 左右,而涉外经济、股份经济的发展相比内地省(市)较落后。

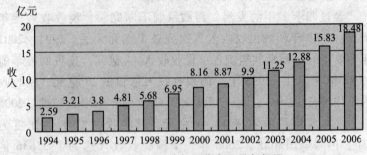

图 1　1994～2006 年西藏全区税务部门
组织收入情况

3. 西藏的税务机构

1994 年西藏自治区进行了税务机构改革,经国家税务总局批准,根据西藏实际,西藏只设立自治区、地(市)、县三级国家税务局,税务机构只设置到县级,并且不设地方税务局,地方税由国家税务局代征。现有 7 个地(市)级国家税务局、73 个县级国家税务局、35 个税务分局。截至 2006 年年底,西藏税务干部实有数为 1210 人,县级税务机关编制人员 10 人以上的仅占 5% 左右,90% 左右的县级税务机关编制人数为 3～5 人。

二、西藏全区边境贸易的发展概况

西藏是我国重要的边境省份，与缅甸、印度、尼泊尔、不丹等国和克什米尔地区接壤，边境线长 4300 公里。西藏的边贸有着悠久的历史，据史料记载，公元 7 世纪吐蕃王朝便两次派人到印度带回粮食、菜籽及日用品。但是，西藏和平解放前，西藏的边境贸易仅限于边境几个口岸，贸易额小，商品结构单一；民主改革时期，西藏的边境贸易仍靠人背畜驮。"改革开放后，在中央一系列优惠政策的指引下，西藏边境贸易得到迅速发展。"如今，西藏边贸出口商品品种从过去单一出口羊毛，发展成为出口羊绒、家电、中药材等上千种商品。边境口岸市场建设不断加强，交通条件日益改善。目前，西藏有 21 个边境县、104 个边境乡，28 个传统边贸市场。现有国家一类边贸口岸 5 个，其中，航空口岸一个——拉萨贡嘎机场，陆路口岸 4 个——樟木、亚东、吉隆和普兰。其中樟木和吉隆口岸临尼泊尔，普兰口岸兼容中印。中尼边境贸易，亚东口岸历史上兼容中印、中不、中锡边境贸易。此外，5 条公路与邻国边境地区相沟通。独特的地缘优势和丰富的自然资源为西藏开展边境贸易提供了有利条件。通过边境贸易的开展，西藏边境小额贸易企业，从无到有、从小到大。目前，全区边贸企业已由过去的 1 家发展壮大到拥有边境小额贸易经营权的 65 家。西藏的外贸规模虽不大，但边境贸易却有得天独厚的发展潜力。改革开放以来，西藏的边境贸易快速增长，2000 年，西藏边境贸易进出口总额首次突破 1 亿美元，占当年全区进出口贸易总额的83.31%。近些年，西藏的边贸进出口总额一直占到全区进出口总额的一半以上，如 2005 年，西藏边境贸易进出口总额为12220 万美元，占当年全区进出口贸易总额的 59.50%；2006年，西藏边境贸易总额增长到 17618 万美元，占当年全区进出口贸易总额的 53.65%（见图 2）。西藏利用其"沿边"的优势，进一步扩大对周边毗邻国家的开放，对西藏对外开放和跨越发展带来了极大的带动效应。

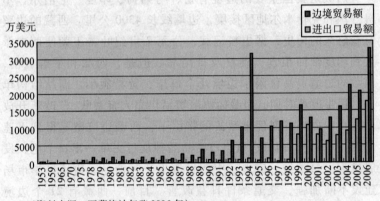

（资料来源：西藏统计年鉴 2006 年）

图 2　1953～2006 年西藏边境贸易额与进出口贸易额

　　关于西藏自治区全区边境贸易的税收收入情况，暂时我们还不确定。以西藏最大的边贸口岸樟木的边贸税收收入情况来推算，2005 年，樟木口岸进出口额占全西藏总量的 68%[①]，当年樟木口岸的税收收入为 550 万元[②]，全自治区税收收入总额为 15.83 亿元，全区的边贸税收约占全区税收收入总额的 0.35%。

三、樟木和亚东口岸的边境贸易及税收情况

（一）樟木口岸边境贸易及税收情况

　　樟木口岸的边境贸易。樟木口岸地处喜马拉雅山南麓的高

---

①　樟木口岸贸易额，四川新闻网，http://www.newssc.org
②　聂拉木县国家税务局，《关于边境贸易税收调研汇报材料》

山峡谷地带，是目前西藏唯一的国家级一类通商口岸，"天无三日晴，地无三尺平"真实地反映了它的地理位置和特殊气候。樟木口岸所在地樟木镇，离聂拉木县城 30 公里，与尼泊尔王国山水相连，是 318 国道的"终点站"。樟木口岸担负着中国对尼泊尔 83% 的贸易，西藏对尼泊尔 97% 的贸易。该口岸于 1962 年经国务院批准开放，1983 年被批准为国家一类陆路开放口岸，该口岸是目前西藏最大的对外通商及对第三国人员开放的口岸，也是西藏口岸使用率最高、最正常、联检机构最健全的口岸。口岸成立初期，在樟木口岸成交的货物总值仅有 2800 亿元人民币，2006 年进出口货物 73078 吨，贸易总额达 21731 万美元，比上年同期分别增长 12% 和 55%，其中进口货物 4550 吨，货值达 769 万美元，与上年相比下降 42% 和 3%，出口 68528 吨，货值达 20962 万美元，比上年同期分别增长 20% 和 58%，突破了历史的最高纪录，2007 年 1～5 月进出口货物 36517 吨，货值达 9818 万美元，其中进口货物 2157 吨，货值达 894 万美元，出口 34360 吨，货值达 8924 万美元。进口商品的主要品种是尼泊尔的大米、手工艺品，以及通过尼泊尔转口的印度香水、日本电器等。出口商品的主要品种是纺织品、水果、家用电器等。

樟木口岸的税源分布及税收收入情况。目前，樟木口岸（包括樟木征收大厅和樟木征收所）共有个体工商户 371 户，企业 14 户，还有相当一部分不固定的零散经营户，目前口岸 70% 的个体工商户享受税收优惠政策，征税户只占 30%。从 2001～2006 年，樟木口岸的税收收入分别为 828 万元、457 万元、396 万元、492 万元、550 万元和 458 万元，六年总计 3181 万元，平均约占聂拉木县税收收入总额的 78.91%。其中，增值税 1855 万元，个人所得税 530 万元，营业税 523 万元，企业所得税 152 万元，印花税 41 万元（见图 3）。近 6 年税收收入起伏不定的增减变化，主要存在以下原因：一是尼泊尔国内政治局势的一直不稳定，对贸易带来很多不利因素。二是我国境内交通路况不良，318 国道定日至樟木夏天经常出现塌方，冬天积雪堵路，为出口货物运输带来很多影响。三是获取出口货物资格证（注：生产企业自营出口或委托外贸企业代理出口等），按规定减免增值税的企业数量相对增加。

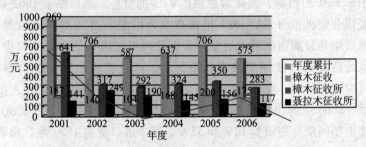

图3 聂拉木县国税局"十五"期间税收收入完成情况

樟木口岸税收征管情况。樟木口岸商业人员流动性大，大多数经营者没有固定的经营场所，并且没有固定的居所，应税商品货物交易迅速，转手销售隐匿、流动性大，税务机关难以进行有效的税收收入的源泉控制。考虑到樟木地理地形等特殊情况，经日喀则地区国税局批准，1994 年组建了聂拉木县国税局樟木税务征收所，属于聂拉木县国税局的股级机构，该所依路边而建立在樟木镇，其目的是加强进入樟木口岸应税商品货物的税收管理，防止国家税款的流失。根据《中华人民共和国税收征收管理法》第四章第 54 条规定，结合樟木口岸边境贸易的实际情况，对于进入樟木口岸市场的应税货物，一般实施查验征收办法，即进入市场之前税款征收入库的办法。

樟木口岸边境贸易发展及税源前景。随着经济全球化的日益普遍，国与国之间贸易限制逐渐下降的趋势以及青藏铁路的全面开通，对樟木口岸贸易的发展带来前所未有的发展空间和机遇。同时，国道 318 线正在全面修建至终点，这些有利因素使樟木口岸未来的发展具有十分美好的前景，预计聂拉木县

"十一五"期间税源将以 10% 左右的速度增收。

（二）亚东县亚东口岸的边境贸易及税收情况

亚东县。亚东藏语称"卓木"，意为急流的深谷，位于喜马拉雅山中段南坡谷地，是西藏南部边境的一个突出三角地带。亚东县地处西藏南部边境，边境线长 290 公里，其中中国不丹边境线长 140 公里，中国锡金（印度锡金邦）边境线长 150 公里，边境通道 43 条，是一个典型的边境县。亚东县国税局于 1994 年正式挂牌成立，现有职工 9 人。目前该局管辖内共有 423 户固定纳税人；其中，国有企业 10 户、集体企业 22 户、有限责任公司 1 户、股份有限公司 1 户、个体工商户 389 户。共有固定征税户为 191 户（其中个体征税户 157 户），免税户为 232 户。税收收入主要来源于建安和林业行业的税收。从 2006 年度相关数据来看，此两行业的税收分别占当年总收入的 40% 和 16.4%。

亚东边贸市场的现状。2006 年，从 7 月 6 日亚东仁青岗（洞青岗）临时边贸市场投入运行，至当年 9 月 28 日闭关，通道开放共 82 天的时间，其中正常交易日为 51 天。在 51 个交易日里，印方前来仁青岗（洞青岗）临时边贸市场达 574 人次，我方边民前往印方昌古边贸市场达 1217 人次。共实现了出口总额达 104.47 万元人民币，进口总额达 44.65 万元人民币，进出口总额达 149.12 万元人民币。2007 年，亚东仁青岗边贸市场自 5 月 1 日开关至 6 月 28 日闭关，共 59 天的时间内，正常交易日为 35 天。在 35 个正常交易日，其中，印方商户有 31 天前来我方仁青岗边贸市场，往来人次达 240 人次；我方边民有 30 天前往印方昌古边贸市场，往来人次达 512 人次。我方仁青岗边贸市场出口额达 160711 元人民币，进口额达 100968 元人民币。我方边民前往印方昌古边贸市场出口额达 115505 元人民币，进口额达 78530.5 元人民币。双方市场进出口总额为 455714.5 元人民币。中国出口商品主要包括毛毯、被褥、枕套、暖瓶、围巾、首饰、披肩、帽子、藏香、饮料、床上用品、方便面、杯子、鞋子、袜子、香烟、糖、卡垫、服装、糖果、糌粑、牛肉干、烟、雨伞、丝绸等41种；中国进口商品主要有糖、化妆品、围巾、饼干、大米、香蕉、铝锅、烟、衬衣、藏红花、提包、香水、首饰、糖果、爆米花、辣椒、酒、绿豆、莲子、白糖、黄豆、檀香木等20余种。

当前制约亚东边贸市场发展的几个问题。一是印方制造贸易壁垒，单方提出所谓15种商品进口清单和29种商品出口清单，限制双方商品进入双方市场。此外印方联检部门工作效率低、服务设施滞后，缺乏客运、货运交通工具，从而影响边贸货物的运输。二是边贸市场到乃堆拉山口的道路正在修建中，印方大车无法通过，也制约交易量的上升。三是边境互市贸易还处于起步阶段，现有基础设施建设滞后，很难为商户提供优质、高效服务，与做大、做强边境互市贸易的要求还远不能适应。

中印亚东口岸边境贸易恢复开放对税收的直接影响。亚东口岸的恢复开放，对近期边境市场直接带来的税收增收影响十分有限，由于受贸易壁垒等各方面因素的影响，自2008年开放至今在边贸市场上仅有62户（包括零星户）从事零售的个体工商户。许多进入边贸市场交易的中国商人提供的商品，根本不在印度提出的边贸货品清单上，这意味着这些商品不能从乃堆拉山口进入印度。目前，我方允许进入印方市场的商品，几乎全是中印边境地区的物产。由于边贸商品的范围仅仅局限为少数当地物产，直接制约了税收的增长。2008年开关期间，在边贸市场进行交易的商户中除3户能达到增值税起征点外，其余都未能达到起征点，为了考虑培育和涵养后继税源，全方位培养新的税收增长点，具有举足轻重的作用，所以目前亚东县国家税务局暂未将边贸市场的税收纳入征收范围。

中印亚东口岸边境贸易恢复开放对税收的间接影响。主要表现在：一是边境恢复开放带动第三产业。以"边贸带旅游"的发展格局初步形成。边贸市场开放以来，到亚东观光旅游的人次日均流量直线上升。据有关部门统计截至 2006 年 9 月 28 日，共有 7000 余人次，实现旅游收入 167.4 万元，同比增长 53%，今后的市场前景非常乐观。游客的增加促进了餐饮、娱乐、住宿和房屋租赁等服务行业的发展。2006 年，新登记注册的旅馆、餐饮、舞厅等服务业 77 家，注册资金达 114.17 万元。二是边境恢复开放带动第三产业税收的增长。虽然 2006 年度亚东县国税局税收收入同比 2005 年度减收 26.27 万元，但其主要原因是由于亚东县林场取消一般纳税人资格后的减收因素和建筑行业的匮乏所导致的。而一年来边境贸易的恢复开放，促进和带动了第三产业的批发和零售业、金融业、住宿和餐饮业、租赁和商务服务业以及其他行业中的个人储蓄环节的税收收入呈绝对增长状态。如 2006 年批发和零售业实现税收收入 48.91 万元，同比 2005 年减收 25.40 万元，但考虑到亚东县林场的减收因素（注：近些年国家禁止森林砍伐，影响了林场的收入），2006 年其他的批发和零售业实现税收收入 36.32 万元，同比 2005 年反而增收 7.01 万元，增长 23.92%。再如 2006 年金融业实现税收收入 2.65 万元，同比 2005 年增收 0.98 万元，增长 58.68%；住宿和餐饮业实现税收收入 12.61 万元，同比 2005 年增收 5.37 万元，增长 74.17%；租赁和商务服务业实现税收收入 12.38 万元，同比 2005 年增收 1.77 万元，增长 16.68%；其他行业中的储蓄利息个人所得税实现税收收入 29.65 万元，同比 2005 年增收 3.57 万元，增长 13.69%。从整个第三产业的税收来看，如果 2006 年剔除亚东县林场的减收因素，第三产业的税收收入占总收入的 40.57%，同比 2005 年的 28.79%，占总收入的比例提高了 11.78 个百分点。从以上分析来看，现建筑业的匮乏和基础建设项目基本饱和的严峻形势下，第三产业的崛起，这无疑是亚东县税收收入可持续发展的潜在税源。

（三）西藏樟木亚东口岸税收情况调研总结

为了贯彻落实党中央、国务院关于鼓励和规范我国企业境外投资的指示精神，发挥税收的职能作用，国家税务总局曾在2007年3月20日下发了《关于做好我国企业境外投资税收服务与管理工作的意见》（国税发〔2007〕32号），提出应充分认识税收在鼓励和规范我国企业境外投资中的重要作用，为我国企业境外投资提供优质的税收服务。

通过对西藏樟木和亚东两个口岸边境贸易税收问题的调研，我们感受到两个口岸的税务部门，本着在服务中实施管理和在管理中体现服务的原则，研究边贸税收政策，规范边贸税收征管，加强与商务、海关、外汇等部门的信息沟通，切实为边贸企业的"走出去"做了大量的服务和管理工作。当地政府也十分重视边境贸易的发展，如为了提高西藏最大的通商口岸——樟木口岸的通关能力，樟木口岸海关、检疫、边防等新的联检大楼正在进入紧张的施工阶段，2009年年底将全部竣工。2009年"五一"期间，西藏自治区党委书记张庆黎率工作组赴樟木口岸视察，强调"樟木口岸具有得天独厚的区域优势，在整个西藏占有相当重要的战略地位，驻口岸的所有单位必须树立好国家形象，严格执法，用好、用灵、用活国家政策，务必为西藏边疆局势稳定和经济发展做出贡献"。

课题组负责人：刘春翔

课题组成员：杨建龙　陈　燕

唐小芬　仁增旺久

关于扩大内需税收政策的
国际借鉴研究

福建省厦门市国际税收研究会

关于"扩大内需税收政策国际借鉴研究",从思路上应该解理解以下几个问题:(1)扩大内需对刺激经济的作用;(2)内需不足的原因、扩大内需的手段及税收政策的作用;(3)我国现行税收政策的检视;(4)国际经验的借鉴。从现有的文献研究来看,税收政策对扩大内需所起的积极意义,不同国家的学者们所持的观点是基本一致的。不仅如此,从各国的政策实施情况来看,都把税收政策,尤其是减税政策当作是解决这次经济危机非常重要的手段。

一、国外支持中小企业发展的税收政策

为应对金融危机,扩大国内需求,各国政府及地区都采取了一系列的税收调整政策,以鼓励中小企业扩大投资和刺激消费。

(一)鼓励创办

1. 降低企业所得税税率。日本 1999 年规定资本额在 1 亿日元以下的中小企业,年应纳税所得额在 800 万日元以下的部分适用税率为 22%;自 2009 年 4 月 1 日至 2011 年 3 月 31 日,税率由 22% 降至 18%。俄罗斯小企业适用的企业所得税税率从 15% 降至 5%。印度尼西亚在境内组建的微型、小型以及中型企

业（年收入少于50000000卢比的企业）将享受50%的税收减免税率。中国台湾计划对新制造业投资项目推行为期5年的减税政策，以促进私人投资。

2. 选择纳税方式。美国的中小企业可以从两种纳税方式中任选一种：（1）一般的公司所得税，税率为5%~46%的超额累进税率。（2）合伙企业的纳税方式，合伙企业的所得不用缴纳公司所得税，而是根据股东应得的份额并入股东的个人所得之中，缴纳个人所得税。

3. 增加费用扣除。法国规定中小企业在创办当年及随后4年，可从其应纳税所得额中扣除占其1/2的费用，对资产总额不超过20万法郎的小企业其税额最高不能超过其会计利润的25%。

4. 税收减免。韩国对创业初期的中小企业，减征财产登记税、财产获得税、财产税和土地税等，企业所得税实行"三免二减半"（前3年免税，后2年减半征税）。德国对周转额不超过2.5万马克的小企业免征所得税，在落后地区新设立中小企业可以免缴营业税5年。

（二）扶持发展

1. 税收减免或抵免。法国从1996年会计年度开始，中小企业增加自有资本金的或用部分所得作为资本再投资的，减按19%的税率征收公司所得税；中小企业员工投资于企业，可部分免交个人所得税。美国对年经营收入不足500万美元的小型企业实行长期投资减免税；对投资500万美元以下的小企业永久性减免投资税；对小型企业投入的股本（符合一定条件）所获资本收益实行至少5年的5%税收豁免；凡购买的新设备法定使用年限在5年以上的，其购入价格的10%可直接抵扣当年的应付税款；若法定使用年限为3年者，抵免额为购入价格的6%。小型企业的应纳税款如果少于2500美元，这部分应纳税款可全部用于投资抵免。

2. 亏损结转。美国中小企业的股东从公司得到的损失可以用来对抵从别的来源所得到的收入，如从别的公司得到的工资收入。对中小企业的股东从公司分摊的损失，扣除数额不能超过股东的基值，超过部分要结转到以后年份，结转的期限没有限制。对损失数额超过股东基值的部分，按比例从股东其他收入项目中进行损失扣除。日本自 2009 年 2 月 1 日起，重新实行对中小企业的亏损退税政策。

3. 鼓励转型。一般是通过对新注册企业以及原有亏损和流转税等问题的照顾来促使这种转变。法国从 1997 年起对中小企业转为公司时所确认的资产增值暂缓征税，并允许原有企业的亏损结转到新公司。

（三）技术创新

1. 税收减免。美国中小企业的研究开发费用如果在课税年度超过过去 3 年的平均发生额，其超过部分的 25% 给予免税；在从事基础研究时，把各税收年度的研究开发费的 65% 作为非课税对象。同时还实行企业科研费用增长额税收冲减，对创新性小型企业还将其资本收益税率减半按 14% 征收。

2. 推行加速折旧。美国准许小型企业实行加速折旧和特别折旧制度，科研设备的法定使用年限缩短到 3 年，机器设备缩短到 5 年，厂房、建筑物缩短到 10 年。韩国中小企业购进机器设备按购进额的 30% 抵免所得税。

（四）促进就业

1. 创造就业机会。法国为鼓励中小企业创造更多的就业机会，规定每创造一个就业机会，减免 1 万法郎所得税，最高减免 50 万法郎，同时还将使用生产性资本地方税的减免以职工工资总额进行计算。为促进失业人员创业，法国政府规定创办工商企业可以享受 2 年免征所得税，以后 3 年对企业盈利分别减少 70%、50% 和 25% 的所得税优惠。

2. 鼓励技术人员。意大利对于提高生产效率，引进技术和开发市场而购买的劳务可享受 40% 或 50% 的减税，优惠额上限为 8000 万里拉。韩国对在国内中小企业工作或在特定研究机构从事科研的外国人给予 5 年的所得税减免。

（五）税收管理

1. 简化办税程序。南非规定凡年应纳税营业额在 100 万兰特以下的小企业均可申请办理流转税业务，就不用再进行个人所得税、临时税、资本利得税以及增值税的业务办理。之前南非小企业每年在办理所得税、临时税、增值税等业务方面，平均需报税 10 次，花费成本 7000 兰特（约 665 美元）。而通过简化的流转税新渠道，小企业只需每半年申报一次即可完成上述相关的纳税业务，报税成本大幅降低。

2. 延长缴纳限期。韩国扶持遇到资金困难的企业，包括出口、制造、矿产业为主的中小企业（资金 100 亿韩币以下）当中，在经营上暂时有些资金困难的企业，给予其推迟缴纳限期（最长 9 个月）、免纳税担保（申请退还税额 5000 万韩币以下，一般企业 3000 万韩币以下）、诚实纳税的企业在上年税目的纳税额范围（2 亿韩币以内）内免纳税担保等优惠措施。

3. 简化征收方式。法国对中小企业实行增值税免税或减税待遇，简化其纳税手续，年交易额在 50 万法郎至 300 万法郎之间的实行据实征收，年交易额在 50 万法郎以下的实行核定征收。德国凡上年销售额或劳务费低于 25 万马克的中小企业，可以采用实收实缴法，以实际当期收到的销售额或劳务费计算上缴。

4. 减少税收检查。主要通过减轻处罚程度、限制检查期限等为中小企业提供较为宽松的税收管理环境，尽量避免税收管理对中小企业生产经营产生不良影响。法国规定小企业在营业后的头 4 年善意所犯错误，可减轻税收处罚并给予支付的时间；税收机关对营业额或毛收入不超过 500 万法郎的销售企业、不超过 150 万法郎的服务业或非商业企业、不超过 180 万法郎的农业企业进行税务检查时，最长期限不得超过 3 个月，否则企业的纳税义务将自动得到免除。

综上所述，世界各国及地区促进中小企业采取的税收政策，具体做法虽然各不相同，但总体而言，还是有着比较大的相似性。一是政策形式规范。大多是以立法的形式将其提升到法律层面，具有相当的权威性和相对的稳定性。如加拿大的《小企业减税法》、日本的《中小企业基本法》、美国的《中小企业法》、法国的《振兴中小企业计划》等，为中小企业税收政策的顺利实施提供了有力的保障。二是内容系统全面。国外对中小企业的税收政策内容系统完整，所涉及的内容贯穿了中小企业创办、发展、转型、再投资、科技创新、转让等各环节，涉及流转税、所得税、财产税等多个税种，形成了较为系统、全面的税收优惠体系。三是政策手段多样。多数国家采取定期减免、降低税率、加速折旧、增加费用扣除、投资抵免等多种税收优惠措施，并对新创办企业、高新技术企业、对农村和弱势群体有扶持作用的中小企业有特别的优惠措施，让不同类型、不同性质的中小企业都能够从中受益，使政府大力度的税收支持政策切实发挥作用。

二、我国支持中小企业发展的 税收政策建议

（一）我国现行中小企业税收政策存在的问题

我国现行的税收优惠政策专门针对中小企业的太少，大多散见于其他税收优惠政策之中。这些税收优惠政策基本上适应了转轨时期中小企业的发展需要，对促进中小企业改革发展起到了积极作用，但也存在明显的不足。一是缺乏系统性和规范性。二是目标不明确，导向性差。三是政策手段单一，效率低下。

（二）我国支持中小企业发展税收政策的建议

1. 建立和规范中小企业的税收优惠政策

我国目前虽然有一些以中小企业作为主要受惠对象的税收优惠政策，但还不够规范化、系统化。因此，应对现有的优惠政策进行清理、规范和完善，并逐步建立起统一明确的、适用于不同地区的中小企业税收优惠政策。一是要健全中小企业的税收法律法规，提高税收优惠政策的法律层次。二是税收优惠政策的制定应以产业政策为导向，引导中小企业调整和优化产品结构，增强其市场竞争力。三是扩大中小企业税收优惠范围，减轻其税收负担。税收优惠应改变现行单一的直接减免税为直接减免、降低税率、加速折旧、放宽费用列支标准、设备投资抵免、再投资退税等多种税收优惠形式。

2. 调整和完善增值税税制，维护中小企业的合法权益

一是改革一般纳税人认定标准。建议中小企业在达到一定条件后，即无论工业和商业，不管规模大小，只要有固定场所，财务制度健全，遵守增值税专用发票管理规章制度，没有偷税行为，都允许自行选择纳税办法，可改按增值税一般纳税人计算纳税。二是适当降低中小企业税负。适当提高小规模纳税人的起征点，将小规模纳税人的征收率调低为3%，适当提高增值税和营业税起征点，进一步增加中小企业税后可支配收入。

3. 改革所得税政策，减轻中小企业的税收负担

一是降低中小企业的优惠税率。建议借鉴日本的做法，将目前按利润多少来确定企业所得税税率的做法，改为按企业的规模（资本金）确定税率。

二是放宽税前费用列支标准。建议取消对公益性、救济性捐赠的限额，准予税前列支；延长中小企业亏损的结转期，建议后转至10年；中小企业购买机器设备的支出可以按一定比例从应付税款中扣除，若企业当年发生亏损，则允许向后结转的

期限与亏损结转的期限一致。对中小企业特别是科技型中小企业的机器设备，允许实行加速折旧，缩短折旧年限，提高折旧率，以促进中小企业加快设备更新和技术改造。

三是纳税方式的选择。允许个人独资和合伙中小企业在企业所得税和个人所得税之间进行选择，选择前者的企业应税所得，只纳企业所得税，不纳个人所得税；选择后者的企业不纳企业所得税，而股东应得份额并入股东个人所得中，缴纳个人所得税，避免重复课税。

四是鼓励中小企业创建。可考虑采取以直接减免税等优惠措施为主，以加速折旧、延期纳税等递延式的税收优惠为辅的税收优惠政策，从而引导资金向中小企业流动。对于新办的中小企业，可给予一定年限的税收减免，如自开业之日起实行"免二减一"的优惠政策。对于成长性较好的中小企业或新办的高科技型、知识密集型的中小企业的税收减免年限可适当延长2~3年。

五是鼓励中小企业扩大投资。对中小企业用税后利润进行再投资的，给予一定比例的退税支持，且对其投资净损失可从应纳所得税额中扣除。由于高新技术产业的利润率一般较高，给个人投资者分配的利润就相对较多，个人须缴纳的所得税也就相对较重，从而在一定程度上影响了个人投资高新技术企业的积极性。因此，建议降低高新技术企业个人投资所得的税率，或给予其他税收优惠，就可以有效刺激巨大的民间资本市场，弥补政府财力的不足。

六是鼓励中小企业技术创新。中小企业用于技术研究和开发的投入，除允许按实际支出在缴纳企业所得税前列支，建议对当年研究与开发费用支出超过上年实际支出的部分，给予其投资额20%的企业所得税抵免；借鉴美国的做法，超过过去3年的平均水平，超过部分的50%可以从应纳税额中扣除。对转让先进技术所支付的特许权使用费、技术援助费、研究开发费，对投资者提供技术的收入可减征或免征所得税。对于中小高新技术企业、创新企业开发新产品、新工艺、新技术的，可以企业前 3 年累计纳税规模作为政府扶持中小企业创新基金、风险基金或作为财政贴息贷款的专用资金，用于支持中小企业的创新活动；对于中小企业由于创新活动出现的亏损，允许以其前 3 年的盈利弥补亏损。对于由于当前国际经济形势冲击造成的暂时性亏损，也可以允许以其前 3 年的盈利弥补亏损。通过这些措施来降低企业的风险，增强企业经营能力和抗拒风险的能力，保证企业生产经营活动的顺利进行。此外，对于中小企业在引进科技人才方面的支出也可适当给予税收优惠。

4. 优化对中小企业的税收服务体系

一是利用各种途径，帮助中小企业准确理解税法。二是优化办税流程，提高办税效率。纠正在服务上"重大轻小"的倾向。三是积极推行中小企业的税务代理制度。降低纳税人的纳税遵从成本。

三、主要国家刺激消费需求的具体税收政策

（一）主要国家刺激消费需求的具体税收政策

1. 美国

2009 年 2 月中旬，新任美国总统奥巴马签署了《美国复苏与再投资法案》，该法案计划在 2009 ~ 2019 年投入 7890 亿美元，主要针对减税、政府财政解困、健康医疗和教育科研投入以及交通运输和房屋城市发展。其中，35% 用于减税，65% 用于增加政府投资。该方案中主要的减税措施包括：

在刺激消费方面，在 2009 和 2010 税收年度，给予每个美国中低收入居民纳税人每年不超过 500 美元（每个家庭不超过

1000 美元）的薪酬税收抵免；增加个人所得税的子女税收抵免；放宽规定期限内首次购房税收抵免的条件。在促进投资方面：对企业 2009 年新购置的资产给予特别扣除；企业在 2008 年和 2009 年发生的经营亏损可以向前结转 5 年。

在稳定就业方面：在 2009 年和 2010 年，对新招聘的越战老兵和 16～24 岁的无业青年给予就业税收优惠。

2. 英国

2008 年 11 月 24 日，英国政府出台了以减税为核心的总额达 200 亿英镑的一揽子经济刺激计划，其中涉及税收政策的内容主要包括：

在刺激消费方面。（1）临时降低增值税标准税率以刺激消费。从 2008 年 12 月 1 日至 2009 年 12 月 31 日，英国增值税标准税率从 17.5% 临时降至 15%（欧盟规定的增值税标准税率最低限）。（2）提高个人所得税优惠标准，增加中低收入阶层的可支配收入。根据消费物价指数的变化，个人所得税基本扣除标准相应提高 440 英镑，由 2008～2009 年度的每人 6035 英镑提高到 2009～2010 年度的 6475 英镑。其他扣除项目和抵免项目的标准都相应有所提高。此外，个人所得税实行 3 档累进税率 10%、20% 和 40%。适用各档税率的收入级距在 2009～2010 年度都有所提高。（3）提高社会保障税免征和减征收入额的上、下限。英国社会保障税对雇主统一征税，对雇员则分为四种不同类型（即 1～4 类）征税，其中 1 类对普通雇员征收，4 类对自雇人员（自由职业者）征收。2009～2010 年度 1 类和 4 类人员缴纳社会保障税免征和减征收入额的上、下限都有所提高，1 类纳税人的免征标准由周薪 90 英镑提高到 95 英镑，减征标准由周薪 770 英镑提高到 844 英镑；4 类纳税人免征和减征收入额的上、下限则分别从年所得 5345 英镑和 40040 英镑提高到 5715 英镑和 43875 英镑。

在促进投资方面：（1）英国公司所得税税率自 2008 年 4 月

1 日起从 30% 降为 28%。原计划对年应税所得额不超过 30 万英镑的小公司实行的低税率，从 20% 提高到 21%，自 2009 年 4 月 1 日起再提高到 22%。现在为帮助企业克服困难，决定推迟提高对小公司适用的优惠税率，将提高税率的期限延长至 2010 年 4 月 1 日。（2）延长公司亏损向前结转的期限。对公司 2008～2009 年度产生的经营亏损允许向前结转 3 年，但结转额最多不能超过 50000 英镑。（3）为防止集团公司总部迁至低税国，计划在《2009 年财政法案》中规定，对公司的境外股息免征公司所得税。

3. 日本

日本政府通过两次修订 2008 年度预算和编制 2009 年度预算，出台了约 87 万亿日元的经济刺激方案，其中，用于扩大财政支出的约 75 万亿日元，用于减税的约 12 万亿日元。

在刺激消费方面：（1）对购买于 2009～2013 年入住的房屋，购房人将获得 10 年内最高 500 万日元（购买普通房屋）或 600 万日元（购买高档房屋）住房贷款的税收减免优惠。（2）以购物券形式给所有纳税人现金补助，但有上限规定。现金补助的金额为每人 10000 日元，年龄在 14 岁以下的小孩或 65 岁以上的老年人还可获得每人 12000 日元的额外现金补助。

在促进投资方面：（1）自 2009 年 4 月 1 日至 2011 年 3 月 31 日，年度所得不超过 800 万日元的中小企业的企业所得税税率由 22% 降至 18%。自 2009 年 2 月 1 日起，重新实行对中小企业的亏损退税政策。（2）停征土地转让的特殊附加费用，此政策至 2013 年 12 月 31 日有效。转让土地所有权时缴纳的登记税，分别减按 1% 和 0.8% 税率征收的优惠政策延长至 2011 年 3 月 31 日。（3）个人从股票中获得的资本利得和股息所得享受 10% 优惠税率的政策延长至 2011 年。

在增税方面：日本首相声明，日本政府将于 2009 年起草至 2015 年左右的金融财政措施中期方案，其中包括在不久的将来提高消费税税率。

4. 巴西

为减缓经济危机的压力，刺激经济增长和扩大市场需求，巴西政府于 2008 年 12 月 11 日宣布实施联邦税收减免政策。减免金额预计达 84 亿雷亚尔（约 36 亿美元），主要涉及个人所得税、个人消费金融操作税和汽车工业产品税。

在刺激消费方面：（1）个人所得税。提高了适用各档税率的最低限额和最高限额，增加了税率为 7.5% 和 22.5% 的两档新税率。具体为：对月收入不超过 1434 雷亚尔的个人免征；月收入在 1434～2150 雷亚尔之间的个人适用 7.5% 的税率；月收入在 2150～2866 雷亚尔之间的个人适用 15% 的税率；月收入在 2866～3582 雷亚尔的个人适用 22.5% 的税率；月收入超过 3582 雷亚尔的个人适用 27.5% 的税率。该政策自 2009 年 1 月 1 日生效。（2）个人消费金融操作税。税率从 3% 降至 1.5%，有效期限将视情况另定。

在促进投资方面：主要涉及汽车工业产品税。汽车企业享受工业产品税减免政策，有效期截至 2009 年 3 月 1 日。排气量不超过 1000 毫升的微型轿车（酒精或酒精燃料）免征工业产品税（原来为 7%）；排气量在 1000 毫升到 2000 毫升之间的汽油燃料汽车适用的税率从 13% 降至 6.5%，混合燃料或酒精燃料的汽车适用的税率从 11% 降至 5.5%，排气量超过 2000 毫升的汽车，税率不变。

四、我国的借鉴

1. 个人所得税是刺激消费需求的最重要手段。从以上国家实施的应对金融危机刺激消费需求的税收政策来看，几乎都将个人所得税减免作为主要的税收对策。具体做法上各国略有不同，但均不外乎以下两方面：（1）扩大个人所得税免征额范围和标准；（2）降低个人所得税税率或调整税率结构。

2. 降低、减免企业所得税和社会保障税也是间接刺激消费需求的重要手段之一。

3. 减免流转税如货物税、增值税也是被一些国家用作间接刺激消费需求的手段之一。如加拿大将货物和劳务税税率从7%降至5%；印度实施了降低部分产品的增值税措施。

4. 降低、减免税和提高、新增税政策同时并用。

5. 刺激消费需求的税收政策各国不同。每个国家均结合自身情况提出应对策略，不能照抄照搬别国模式。

五、国外促进高新技术产业发展的税收优惠的主要方式和内容

（一）税基型优惠

1. 税收豁免。常见的税收豁免项目有两类：一类是豁免关税和流转税，以降低企业的成本、增强企业在国内市场的竞争力；另一类是豁免所得税，以增加投资利润进一步刺激投资。许多国家都有对进口的专用于科研的设备、仪器等免征进口关税和增值税的规定。如印度对为了出口目的而进口的电脑软件一律免征关税，对其他电脑软件的进口税率也连年下调；在消费型增值税国家如法国，允许企业新购置的固定资产价值在增值税中抵扣，鼓励企业加快设备改造和技术更新。

2. 税收扣除。税收扣除包括直接扣除和费用加成两种方式。前者是指允许纳税人就某些规定的项目所发生的费用直接全部或部分扣除；后者是指允许纳税人在某些费用实际发生额的基础上加成扣除，以降低税收负担。

表1　　　　世界各国鼓励 R&D 投入的税收优惠政策

国家（颁布日期）	符合税收优惠政策的 R&D 的定义	R&D 折旧率	R&D 相关资产折旧率	课税扣除率	新增R&D费用扣除	移前（CB）或移后扣减（CF）
加拿大20世纪60年代	遵从 OECD 的 Frascati 手册中的定义，不包括社会科学	100%	100%，或20%加速折旧，20%递减余额折旧，不包括建筑物	20%	0	向前追溯3年，向后追溯10年
法国（1983）	遵从 OECD 的 Frascati 手册中的定义，不包括行政支持活动及费用	费用化100%或资本化分5年摊销	3年加速折旧，不包括建筑物	50%	前两年的平均数	向后追溯5年
德国	遵从 OECD 的 Frascati 手册中的定义，包括软件产品	100%	30%加速折旧，建筑物每年4%直线折旧	无	无	向前追溯1年，向后追溯5年
意大利	遵从 OECD 的 Frascati 手册中的定义，包括软件产品	费用化100%或资本化分5年摊销	加速折旧	无	无	无
日本（1966）	遵从 OECD 的 Frascati 手册中的定义，超过一年的预付款项及软件	费用化100%或资本化分5年摊销	加速折旧，建筑物5%课税扣除	20%	自1996年以来最高年份的数量	5年，但每年抵扣率不超过10%
英国	没有特殊规定，但一律按费用化处理	100%	科学研究100%	无	无	向后追溯5年
美国（1981）	不包括相关的合同签订费用	100%	3年直线折旧，建筑物15年	20%	前4年平均数	向前追溯3年，向后追溯15年

国家（颁布日期）	符合税收优惠政策的 R&D 的定义	R&D 折旧率	R&D 相关资产折旧率	课税扣除率	新增 R&D 费用扣除	移前（CB）或移后扣减（CF）
澳大利亚 1985 年 7 月	遵从 OECD 的 Frascati 手册中的定义，不包括社会科学	150%	3 年直线折旧，不包括建筑物	无	无	向前追溯 3 年，向后追溯 10 年
奥地利	"有价值的创新"	105%	加速折旧	无	无	向后追溯 5 年
比利时	包括软件	费用化 100% 或资本化分 3 年摊销	3 年直线折旧，建筑物 20 年	无	无	向后追溯 5 年
巴西	与计算机相关的研发	100%	类似于投资	无	无	向后追溯 4 年
印度	科学研究与开发	100%	100%，土地除外	无	无	无
爱尔兰	科学研究，包括软件	100%	100%	无	无	无
韩国	试验及研究支出		18% ~ 20% 的年折旧率，建筑物为 5.6%	25%	最近两年的平均数	无
墨西哥	无	100%	3 年直线折旧，建筑物 20 年	无	无	无
新西兰	可导致发明新产品用	100% 或资本化分 5 年摊销	类似于投资	12.5% ~ 25%	0	向后追溯 8 年
挪威	新产品研发、资本化的新知识	100%	类似于投资	无	无	向后追溯 10 年

国家（颁布日期）	符合税收优惠政策的R&D的定义	R&D折旧率	R&D相关资产折旧率	课税扣除率	新增R&D费用扣除	移前（CB）或移后扣减（CF）
葡萄牙	遵循通常定义	费用化100%或资本化分3年摊销	无	无	无	无
新加坡	不包括社会科学、质量控制及软件	资本化	参照正常情况折旧	无	无	无
南非	科学研究、技术开发	研究100%开发资本化	每年25%折旧率	无	无	无
西班牙	不包括常规的产品改造、包括软件	5年以上分期抵扣	100%	15%~30%	最近两年的平均数	向后追溯5年
瑞典	无	100%	100%	无	无	无
瑞士	包括软件	费用化100%或资本化分5年摊销	100%或每年摊销5%	无	无	向后追溯2年
中国台湾	遵循通常定义	100%	参照正常情况折旧	20%	年收入的2%	向后追溯2年

（二）税额型优惠

1. 定期减免税。在发展中国家，定期减免税是最为常用的一种优惠措施。在减免税期，税率为零或减半，以牺牲长期投资为代价鼓励短期投资。很多国家都给高新技术产业（行业）或企业以定期免征或减征企业所得税的优惠。如法国制定了"高新技术开发投资税收优惠"政策，规定凡是研究与开发投资比上年增加的企业，经批准可以免缴相当于研究与开发投资增值额的25%的企业所得税，后来这一比例又提高到50%；而在高新技术开发区内的新办企业免征 10 年所得税。印度规定外国投资者在新兴工业投资，在 5 年内其所得利润中相当于投资总额 6% 的部分给予免征所得税，而投资于高新技术产业园区的企业，则可在投产的 8 年内任选 5 年免缴所得税。新加坡对投资 1.5 亿新元的新兴企业，最长可免征 15 年的所得税。

2. 盈亏互抵。盈亏互抵对高风险的投资具有激励效应。在这种方式下，如果企业发生亏损可以向前追溯或向后结转，从而得到亏损补偿。

3. 投资抵免。投资抵免是指允许企业从应纳税所得额中扣除用于科技投资的一部分资本支出。作为一种间接优惠的税收政策，这对于有科技投资的企业具有较大的帮助，目前许多发达国家均采用这种方法。如英国税法规定，企业用于科技开发的资本性支出可以 100% 从税前的营业收入中扣除，并且购买知识产权和技术秘诀（Know how）的投资，按递减余额的 25% 从税前扣除。

4. 优惠退税。包括出口退税和再投资退税：前者为了鼓励出口；后者为刺激扩大投资。

（三）税率型优惠

减低税率。通过实施优惠税率逐渐降低对资本使用成本的影响。一般而言，优惠税率可以是短期的，也可以是长期的；对需要巨额投资且获利较迟的高新技术企业，通常可以从长期的优惠税率中获得较大的利益。

（四）时间型优惠

1. 延期纳税。相当于给纳税人一笔无息贷款，以损失税款的时间价值帮助纳税人解除财务困难，典型的就是加速折旧。通过前期多提折旧、后期少提折旧的方式是税负前轻后重，起到延期纳税的效果。世界上众多国家为鼓励技术进步广泛采取这一税收优惠措施。如美国政府规定：对高新技术产业研究开发用仪器设备实行快速折旧，折旧年限率为 3 年，是所有设备年限中最短的。美国还以加速折旧作为政府对私人高新技术企业实行巨额补贴的一种方法，以此来促进对高新技术产业的投资。目前，美国每年的投资中，折旧提成所占比重高达 66%～90%。

2. 准备金制度。为抵御将来的投资项目失败的风险，允许按一定比例提取特定用途的准备金而不纳税，包括呆账准备金、退货调整准备金等。为鼓励企业增加科技投入，加大科研力度，一些国家和地区还允许企业从应纳税所得额中提取未来投资准备金、风险基金和科研准备金。准备金是税式支出的一种形式，即企业所得中用于一定用途的所得可作为准备金处理而不纳税。韩国的"技术开发准备金"较为有影响。它规定企业为解决技术开发和创新的资金需要，可按收入总额的 3%（技术密集型产业 4%，生产资料产业 5%）提取技术开发准备金，在投资发生前作为损耗计算。这种做法适用的行业很广，并且该制度对资金使用范围和未用资金的处理有一定的限制：准备金必须自提留之日起 3 年内使用，主要用于技术开发、引进技术的消化改造、技术信息及技术培训和研究设施等方面。设立技术开发基金的企业还允许按其技术开发支出的 5%（中小企业为 15%）直接从税额中抵免。韩国税法规定转让或租赁专利、技术秘诀或新工艺所获收入，可减免所得税，转让给本国人所得的收入，全额免征；转让给外国人所得的收入，减征 50% 的税金。

六、国外促进高新技术产业发展的税收优惠政策的比较和评价

（一）不同国家促进高新技术产业发展的税收优惠的特点

税收优惠措施从税收负担的角度可以分成税基式优惠和税率优惠。从发达国家的实际来看，税基优惠更受欢迎，使用范围更

广。其原因是税基优惠是税前优惠，对于可能享受优惠的企业来讲是一个比较明确的信号，因而针对性强。相比而言，税率优惠只是一种可能性，显然不如税基优惠的激励作用那么明显。

表2　　　　　　　世界各国的优惠政策的不同特点

	发达国家和地区	不发达国家和地区
支持阶段	研发阶段：孕育期、形成期	成长期、成熟期
优惠方式	加速折旧、费用扣除、准备金制度等税基优惠	降低税率、直接减免税等税额优惠
优惠对象	企业或单位从事的高新项目、活动	区域或企业
作用点	事前的优惠、注重过程	事后的调节、注重结果

（二）对不同国家促进高新技术产业发展税收优惠的政策评价

很多经济学家运用实证研究的方法分析了发展中国家和发达国家促进私人资本形成的各种税收政策的有效性，尽管他们所使用的方法不同，各国的经济情况也存在明显差异，但结论却比较一致。主要是：

1. 目标选择不当且没有考虑税收管理能力限制的税收优惠，往往使政府损失的收入超过他们所产生的新投资价值。因此，广泛的税收优惠（如免税期和一般公司税税率降低）倘若低于工业化国家的科技水平，就是一种成本很高的促进投资的手段。

2. 大多数发展中国家现行的免税期，无论是用于促进本国投资者的新投资，还是促进来自资本输出国的投资国的新投资，都是效果不佳的工具。

3. 在刺激投资的政策中，目标定位于机器、设备以及研究和开发等新投资的选择性税收优惠是成本效率或成本低廉的措施。

4. 税收优惠的对象主要是单位和科研成果，而不是具体的研发活动及其项目，这就使得优惠缺乏针对性，只对形成科技实力的高新技术企业以及已享有科研成果的科技性收入实行优惠，而对技术落后、急需进行技术更新的企业以及正在进行科技研发的活动缺少鼓励措施。因而会导致企业只关心科技成果的应用，而不注重科技开发的投入。

5. 税收制度的可靠性是税收优惠发挥作用的根本保证。如果税收制度变化无常，一项政策就会被看作是暂时的而不会起作用；处在不可靠税制下的投资者要求预期收益率要大大高于无风险贴现率。

6. 在高新技术产业方面，建立与健全产权保护制度尤其重要。

七、关于促进我国高新技术产业发展的税收政策的国际借鉴

（一）税收激励政策应向研发环节倾斜

如前所述，西方国家与技术创新相关的税收政策多侧重于税基式的优惠政策，特别是采取加速折旧、税前扣除和投资抵免等方式，从而有助于调动企业从事科研和技术开发的积极性，有助于事前满足技术研究开发主体的资金来源，充分体现政府扶持科技创新的政策意向。因为税收优惠政策的作用在于促进知识在各个创新主体间的流动，促进知识的生产、应用和传播，政策的作用点应涉及知识流动的各个环节。反观我国的科技税收政策的激励方式，则侧重于或局限于税基式的优惠和税额减免，因此，最终享受税收优惠待遇的是那些已经获得技术开发收益的企业，而对那些正处在技术研究开发阶段的企业则无激励措施，因而对促进企业的技术改造、产业升级和结构调整，对扶持更多的企业加入技术创新的行列有一定负面影响。政府可以通过激励措施来减少研发投入初期的税收成本以提高研发项目的净现值。许多国外的税收政策都以鼓励研发活动为重点。

（二） 税收激励政策应向技术先进型服务企业延伸

对高新技术产业的税收优惠应进一步扩大范围。我国以往的科技税收政策一般仅针对生产型企业的研发活动，但现行规定对研究开发活动的定义[①]透露了相关优惠延伸到符合条件的服务领域。从推进产业结构调整、保持对外贸易稳定增长及增加就业机会的角度出发，可享受有关税收优惠的企业范围应包括技术先进型服务企业，包括符合技术先进型企业认定标准的服务外包企业。这类必须是从事一种或多种技术先进型服务（包括软件研发服务、产品技术研发及工业设计服务、信息技术研发服务、信息技术外包服务和技术性业务流程外包服务）的企业；企业从事的技术先进型服务业务收入总和占本企业当年总收入的70%以上；从事服务外包的企业应获得有关国际资质认证，并与境外客户签订服务外包合同，且其向境外客户提供的国际（离岸）外包服务业务收入不低于企业当年总收入的70%。当然技术先进型服务企业的认定门槛与高新技术企业相比，其在知识产权、研发投入等指标方面的要求显得相对较低，因此相关税收优惠政策的制定需进一步权衡。

（三） 税收激励政策应注重间接税收优惠政策的运用

由于税收直接优惠手段与间接优惠手段具有不同的特点且各有利弊，因此各国常常根据需要实现的政策目标配合使用。但在高新技术产业发展的不同阶段，两种不同优惠手段所能起到的效果有所不同，使用时应有所区别。直接优惠是一种事后的奖励，企业必须在盈利的基础上才能享受这种优惠。然而在高新技术产业发展的初期，大多数企业在相当长的时间内都是投入大，却未必有盈利，即使开始盈利，前几年利润额一般也

---

① 《关于印发〈企业研究开发费用税前扣除管理办法（试行）〉的通知》（国税发〔2008〕116号）中关于研发活动的定义"企业为获得科学与技术（不包括人文、社会科学）新知识，创造性运用科学技术新知识，或实质性改进技术、工艺、产品（服务）而持续进行的具有明确目标的研究开发活动。"

较小,因此实际享受的税收优惠并不明显。而间接优惠强调事前扶持,能充分调动企业从事科研和技术开发的积极性,充分体现政府支持科技创新的政策意向,可以作用于产业发展的全过程,因此,在高新技术产业发展的起步阶段,应更为关注间接税收优惠手段的应用。

(四) 税收激励政策应兼顾事前扶持和事后扶持的有机结合

对高新技术产业的所得税优惠,可以从事前扶持和事后扶持的角度来分析。基础性的科研开发活动,因为其所需要的资金多,社会效益明显,成果的不确定性和风险性较大,应选择事前的税收扶持,这更能体现政府职能和基础研究的公共性特征。各国在高新技术产业的发展中,都极为重视基础研究,并以税收优惠政策加以扶持。如美国规定公司委托大学或科研机构进行基础性研究,可以研究费用的 65% 抵减所得税;日本允许以支付给大学或国内外研究实验室的全部开支的 6% 直接从公司税中扣除。对应用性技术研究,因其是建立在科技开发特别是成果转化真正获得成功,并取得了相应的收益基础上的,可以采取事后的税收鼓励。对于传统产业的改造,以及产业升级的资金筹措,则应该通过税收抵免、加速折旧等方式给予政策扶持。因此,正确的税收政策选择,应为事前扶持和事后扶持的有机结合,不宜绝对化和片面化。

税制结构调整还是减税：
论扩大内需的税收政策

山东省青岛市国际税收研究会课题组

以次贷危机为导火索引致的全球金融危机和经济衰退迫使世界多国近期纷纷抛出了数额巨大、版本各异的"经济刺激方案"。自 2008 年 9 月起，我国的经济基本面急剧恶化，主要经济指标增速出现大幅度下滑。2008 年 11 月全国财政收入同比下降 3.1%，其主要原因是受政策性减税和经济增长放缓的影响。在"三驾马车"中扮演重要角色的出口 11 月份同比增长七年来首次出现负增长（-2.2%）。[①] 在"外需"不振的情况下，中央经济工作会议提出"保增长、扩内需、调结构"，实施积极的财政政策和适度宽松的货币政策。因此，作为扩大内需、落实积极财政政策可选手段的"减税"与否又成为关注的焦点。

一、各国"刺激经济方案"中
"减税"定位

据不完全统计，截至 2008 年 12 月中旬世界多国已公布

---

① 数据来源：根据"财经网"信息整理而得，http://www.caijing.com.cn。如未特别说明，本文数据均来自于"财经网"。

（含讨论中）的刺激经济方案总额超过 1.5 万亿美元，各国方案的相对规模大多占到其 GDP 的 1% ~ 2%，具体的措施主要集中在降息与提供担保等货币政策和扩大财政支出与减税的财政政策，但各国在税收政策的使用上存在一定的差异。

（一）减税并未成为各国"刺激经济方案"的共同内容

从各国已经实施或公布的"刺激经济方案"的具体内容来看，大体可以分为三类：一是以减税为主，如美国和韩国。2008 年 2 月美国首先推出了总额达 1680 亿美元的减税计划。其中，用于个人退税约 1200 亿美元；用于企业减税约 500 亿美元。9 月韩国政府宣布总额约 190 亿美元的减税计划。计划在未来五年内累计减税 20.7 万亿韩元，约 190.5 亿美元。其中，个人所得税预计减少 5.77 万亿韩元，企业税收减少 9.27 亿韩元。二是扩大财政支出与减税并重，如法国。法国刺激经济计划总额约 260 亿元欧元，约占其 GDP 的 1.3%。其中，政府和国有企业追加投资 105 亿欧元，加大基础设施建设以及地方政府的财政拨款，为建筑业和汽车业提供 15 亿欧元的援助，2009 年向巴黎地铁公司增加 4.5 亿欧元投资。同时加快营业税返还速度并减免研究与开发投资的税费，涉及金额将达到 114 亿欧元。三是以扩大财政支出为主，辅以减税政策，如中国、日本等。中国将在 2010 年前增加 5860 亿美元的财政支出，主要用于保障性安居工程、农业、教育、医疗卫生、生态环境等基础设施建设，支持灾后重建。同时加快增值税转型，从 2009 年起全面实行消费型增值税。日本先后两次推出刺激经济计划，总额达 38.6 万亿日元，约 3800 亿美元。其中，为中小企业提供贷款担保或直接融资 2 万亿日元，向全国家庭发放补贴 5 万亿日元，减税 1 万亿日元，并降低失业保险费缴纳标准等。

（二）减税的重点在于直接税，多为一次性退税，房地产相关税负有所降低

从部分国家的减税政策来看，主要集中在个人所得税和企业所得税。在个人所得税方面，美国采用了一贯的退税政策。个人退税总额约 1200 美元，惠及 1.3 亿户家庭，大部分工薪族每人可获 600 美元退税，每对夫妇最多可获 1200 美元退税。而韩国则主要通过提高免税额，降低税率来降低个人所得税税负。从 2009 年起对人口较多家庭的免税额由目前的 100 万韩元增加到 150 万韩元（约 1377 美元），同时提高教育和医疗开支的免税额。为减轻中等收入家庭的税负，计划将个人所得税税率降低 2 个百分点。此外，出于刺激房地产市场，许多国家对于房地产相关税收进行了小幅调整。如韩国将房产转让税的起征点由 6 亿韩元提高至 9 亿韩元。英国更是直接推出了总额约 18 亿美元的房地产刺激方案，在提供无息贷款的同时，降低房产交易印花税。可能是出于对财政收支平衡担心和税式支出公平的考虑，各国并未像 20 世纪 80 年代那样广泛采用降低税率的手段，而采用了有差异的调整。无论是美国的减税还是韩国的提高免征额都旨在增加居民的可支配收入，刺激消费，也在客观上更有利于减轻中低收入者的负担，受益较大。

二、扩大内需背景下
税收政策的定位

随着保增长、扩内需政策的提出，有关是否应该减税的讨论在国内热烈起来，一个基本的共识就是：我国不宜实行大规模的减税措施，应实行"有增有减"的"结构性减税"。但笔者认为，扩大内需的税收政策应注重的是税制结构的调整，在税制结构调整过程中一些措施是减税的，一些措施是增税的，但税收总量仍是增加的。这是因为减税对经济增长的效应具有较长的传导机制并受多种因素的制约，而合理的税制结构不但能带来稳定的税收收入也会引导和培育新的经济增长点。

（一）减税的作用机制与制约因素

扩大内需的主要着力点在于鼓励企业投资和刺激居民消费。在企业方面，事实上税收政策并非企业决策的核心变量，而税收对鼓励企业投资的影响也主要是通过降低其融资约束来实现的。通常将针对资产的税收减免作为刺激企业投资的最佳税收手段，如加速折旧、投资税收抵免。所得税率的降低可以使企业自有资金增减，减轻了外部融资的压力，也会推动企业增加投资。在经济衰退时，所得税税率的降低比针对资产的税收减免更具直接性，因此对企业投资的刺激效应更强。在个人方面，居民的消费主要取决于可支配收入和预期。当居民存在预期不确定时，其增加的可支配收入会转变成储蓄而不是消费。近年来我国密集推出的教育、住房和医疗市场化改革因基础社会保障体系的缺乏使得居民对未来产生极大的不确定性，"存钱防病、存钱防老、存钱为教育"的思想使得居民储蓄率居高不下，极大地抑制了消费。税收的减免并不能通过可支配收入的增加而最终转变为消费。

减税政策的实施还受多方面因素的制约，这主要包括：一是财政增支刚性与税收增收不确定之间的矛盾。财政支出的增加要保证用于2010年前的基础设施建设投资和灾后重建，提出出口退税以及加大民生支出等；而税收增收的不确定性主要来源于新企业所得税改革、增值税转型以及提高个人所得税费用扣除额、降低证券交易印花税等减收改革。经济增长放缓的风险使2009年的税收收入更充满不确定性。盲目的减税只会加剧财政收支的不平衡，引致更大的财政风险。二是税制结构的影响。从推出减税的美国、韩国的税制结构来看，其都以直接税为主,个人所得税所占比重较高,退税或提高免征额不但可以使多数人受益,而且政策力度较大。在我国个人所得税收入只占总税收收入的7%,缴纳工资薪金所得税的职工仅占城镇正式就业职工的25%。因此,减税未必会刺激消费。三是居民的消费习惯不同。我国内需不足的原因在于居民消费,尤其是农村消费不足。1990~2007年间居民消费率从62.5%下降至49%,而农村消费占全部消费的比重也由1978年的62.1%下降至2007年的26.4%。因此,刺激消费尤其是农村消费应是积极财政政策的重点。而减税对于刺激农村消费的意义不大,而为直接的补贴或发放消费券等。

(二) 税收政策应立足于税制结构调整 (见表1)

Arnold(2008)的研究表明:财产税尤其是不动产税对经济增长的负面影响最小,然后是消费税、个人所得税,影响最大的是公司所得税。因此,调整所得税、流转税与财产税间的相对比重,建立合理的税制结构不但能筹集稳定的税收收入,也能最大限度地减少因征税而带来的福利损失。而我国在三大税系间存在严重的结构失衡,主要表现在财产税几乎为空白。我国现行税制以间接税为主,流转税收入占到全部税收收入的约60%,这有利于税收收入的筹集,但税收本身应有的再分配功能弱化了。所得税较之流转税具有更强的缩小收入分配差距的功能。而针对财富存量征收的财产税更是少得可怜,仅有名义上的房产税。这种畸形的税制结构不但在筹集税收收入方面存在潜在的隐患,也使税收政策在宏观调控中的作用大打折扣。因此,我国扩大内需的税收政策应立足于税制结构的调整,在保持总税收收入稳定增长的情况下,逐步提高所得税和财产税所占比重,降低流转税所占比重。

表1　　　　　　　　　　税制结构调整简表

类别	税种	改革方向	收入影响	净效应
所得税	企业所得税	1. 进一步完善税法，公平税负；	—	收入增加；占总税收收入比重增加
		2. 税收优惠注重自主创新、节能环保、服务业、经济结构转变等；	减少	
		3. 加强税收征管。	增加	
	个人所得税	1. 提高免征额；	减少	
		2. 降低最高边际税率，调整级距；		
		3. 加强对高收入者的征管。	增加	
流转税	增值税	1. 进一步完善消费型增值税，保持平稳过渡；	—	收入增加；但占总税收收入比重下降
		2. 长期内，考虑增值税范围问题。	增加	
	营业税	1. 逐步缩小营业税征税范围；	减少	收入减少；占总税收收入比重下降
		2. 长期内考虑取消营业税，一并征收增值税。		
	消费税	1. 进一步扩大征税范围，如高档奢侈品、高污染、高能源消耗品等；	增加	收入增加；占总税收收入比重增加
		2. 部分税目的税率进行结构性调整。		
	关税	提高鼓励出口产品的出口退税率	减少	
财产行为税	资源税	1. 实行从价计征办法；	增加	收入增加；占总税收收入比重增加
		2. 突出国有资源的公共财产性质收入。		
	房产税	整合和规范现有房地产税收制度	减少	
	社会保障税	社会保险费改税	增加	
	环境税	1. 环境保护费改税；		
		2. 研究开征环境税。		

资料来源：中国国际税收研究会资料库。

三、扩大内需的税收政策取向

扩大内需的重点在于扩大企业投资和居民消费，但由于受多种因素的制约，大规模的减税未必能实现上述目标。积极财政政策的主要着力点在于通过扩大公共投资拉动企业生产，通过财政补贴、结构性减税、完善社会保障等增加居民可支配收入，消除预期的不确定性。

在考虑财政平衡约束以及税制结构调整的条件下，扩大内需的税收政策具体包括：

一是针对与居民消费密切相关的房地产业、汽车业、家电业等给予税收优惠或补贴。如近期推出的房地产业税收减免、降低小排量汽车消费税以及家电下乡等都在一定程度上促进了这些行业的发展。可以考虑进一步减免房地产业税收，适时推出物业税，减免车辆购置税以及扩大下乡家电的范围等。

二是针对居民特别是农村居民消费率偏低的现实，结构性减税政策主要用于增加可支配收入，稳定消费预期。首先，促进就业的税收政策。对吸纳劳动力比较多的中小企业、服务业、职业技能培训机构以及自主创业等给予税收优惠和政府补贴，使居民保持充分就业，获得稳定的收入。其次，进一步提高个人所得税费用扣除额至 2500～3000 元间，降低最高边际税率以及适当调整级距等，增加居民税后收入。再次，进一步完善基本养老、基本医疗等社会保障体系，稳定居民的消费预期，消除其后顾之忧。

三是在提出一系列减税措施的同时，为满足扩大财政支出的需要，对部分其他税种也需进行调整。首先，初步建立财产税系，提高资源税税负，由从量计征改为从价计征；推进环境保护费改税，研究开征环境税，推进社会保障费改税，适时开征社会保障税。其次，对于刚刚推出的新企业所得税和增值税转型改革首先应保持平稳过渡，不宜频繁调整。

美国联邦税改对我国扩大内需
税收政策的借鉴

投资、消费和出口是拉动经济增长的"三驾马车",其中国内投资和消费构成内需。自此次由美国次贷危机引起的国际金融危机发生以来,国际上经济增长速度放缓,普遍面临着出口大幅下降的严峻局面,采取各项有效措施扩大内需成为世界各国的共同选择。扩大内需体现在税收政策上,则是通过简税制、宽税基、低税率等政策导向降低税负、鼓励投资、促进就业、刺激消费。在各国应对金融危机的税制改革中,以美国联邦税改最为系统和最为完整,最值得我国在扩大内需方面加以借鉴。

一、美国联邦税改在扩大
内需上的主要做法

2005 年美国组建的联邦税制改革总统顾问团,针对经济发展的持续低靡局面,为了使美国税制更加简化、公平以及有利于经济增长,提出了两套税制改革方案,一个是所得税简化方案,另一个是增长与投资税收方案,并由当时的美国总统布什在 2006 年签署通过,却由于种种原因迟迟未得到完全施行。虽然这两套税改方案并不是针对金融危机而制订的应急方案,但由于其主导就是通过税收政策刺激消费、鼓励储蓄、促进国内投资等，所以恰好切合了应对金融危机而扩大内需的形势。于是这两套方案中的部分内容分别在布什政府 2008 年颁布的"经济刺激法案"和奥巴马政府 2009 年出台的"经济复兴和再投资计划"中得到应用或体现。

（一）降低税率

1. 降低个人所得税税率。所得税简化方案将个人所得税的最高税率由 35% 降低为 33%。增长与投资税收方案则把个人所得税最高税率由 35% 降低为 30%。

2. 降低公司所得税税率。对于公司所得税，原美国税法规定大公司（大多数法人收入）按 35% 征收，在简化所得税方案下，大公司将按照 31.5% 的单一税率进行征税，而一般小企业则按照个人所得税税率 33% 征收。增长与投资税收方案中，大公司将按照 30% 的单一税率进行征税。而一般小企业则按照个人所得税税率 30% 征收。

（二）简化税制

1. 减少所得税累进档次。美国施行的是综合型个人所得税制，税率有 6 档。在新的税制改革方案中，扩大了个人所得税的累进级距，所得税简化方案改为 4 档，在增长与投资税收方案中则改为 3 档。对于公司所得税，原美国税法规定小企业按照个人所得税税法执行，对于大公司有 8 档税率，税改后的大公司和小企业则分别按照单一税率征税。

2. 优化个税扣除项目。根据最新税制改革方案，将目前与家庭相关的标准扣除、个人免除额、子女税收扣除等合并为家庭扣除，适用于所有纳税人，而原本只有是进行分项扣除的 35% 的纳税人享受。此外还将工作所得税收扣除和可返还子女税收扣除合并为工作所得扣除，这样将勤劳所得税收抵免转变为更易于获得的对低收入纳税人有利的规定，可有效地鼓励低收入者走入劳动力市场。

3. 简化中小企业核算。原美国税法规定，所有企业的账簿记录都必须按照现行税收法典的要求运用大量复杂的会计规则制作。在新的税制改革中，简化所得税方案使用一种简易的现金会计，对于收入不超过 100 万美元的中小企业，将无须再保留其账簿记录，这为超过 2200 万家小企业提供更大的简便性，这些企业占所有企业的 95%。而对于中等规模的公司——营业收入超过 100 万美元但不高于 1000 万美元的，也被获准使用简化和扩大的现金会计，但是需要对机器设备的成本和其他资本性支出（包括土地和建筑物）进行折旧。对于大企业可以实行简单的加速折旧。

（三）鼓励投资

1. 减少对国内所得双重征税。美国原税收体制，企业所得被两次征税，一次是在法人取得收益时，一次是在股东取得股息收益分配时或者通过销售股票而获得资本利得时。简化所得税方案允许股东将从公司获得的由公司税收利润支付的股息收入排除在应纳税所得之外。

2. 扩大股票投资所得受益面。原美国税法规定，无论是法人还是非法人投资的资本利得，其最高税率是 15%（较低税收档次纳税人的税率是 5%）。简化方案将按照纳税人的一般税率对所有收益进行征税，而不是仅对出售国内公司股票的收益征税。因此，简化方案提高了高收入纳税人的某些资本利得的税率，同时也降低了所有公司股票投资者的税率。

3. 大幅削减投资税收负担。在原所得税制下，对资产和对通过不同方式筹资进行投资的项目征收的有效税率具有很大的不同。对所有类型公司投资的平均边际有效税率现行政策底线大体是 22%。增长与投资税收方案将使现有边际有效税率进一步降低到 6%，并努力使不同类型投资的税收负担实现均等化。

4. 允许抵消或列支资本支出。增长与投资税收方案将对所有公司现金流征收单一税，公司现金流被定义为营业收入或收益减去物质成本、劳务服务和公司资产购买后的余额，最重要的是允许公司在当期抵消或者"列支"其资本支出，对美国公司支付的股息从国内收益中100%不予计列。

（四）保障消费

1. 公平医疗保险税收政策。美国原税法对医疗保险支出的优惠包括：由雇主提供的医疗保险支出免所得税与工资税；对雇员满足一定条件自主选择的医疗保险支出免所得税和工资税；雇主可以使用税前收入为雇员支付医保范围以外的医疗支出；一定标准以上的医疗支出可从应税收入中扣除或作分项扣除；健康储蓄账户配合医疗保险为个人重大医疗支出提供必要的保障等。过度的医疗保险支出不仅推高了医保的市场价格，缩小了医保的实际覆盖范围，而且造成医疗资源的浪费与低效。为提高医疗资源使用效率，美国最新税改更加倾向于低收入者，具体政策是放宽个人医保市场上支出的扣除标准，同时设置雇主提供的医保扣除限额，限制企业为高收入者提供过多的医疗保险。这样通过降低医保的整体支付水平降低医保市场价格，限制了雇主利用提供过多医保以增加雇员的工资收入，但提高了普通劳动者的支付能力。

2. 住房税收激励惠及大众。美国原住房税收激励的优惠是纳税人可以税前扣除两处住所100万美元以内的抵押贷款利息，扣除出售主要住所而负担的州及地方财产税并免除全部或部分资本收益税收。实际上，在美国目前对房屋投资的税收优惠已远远超过鼓励让更多的美国家庭拥有自己的住房所必需的程度，过高的扣除标准实际上鼓励了高收入阶层购买豪华住宅和度假别墅，税收优惠并没有在纳税人中平等分享。最新的税制改革方案继续保留了对抵押贷款利息的税收优惠，以住宅扣除取代抵押贷款利息的扣除。规定住房抵免为支付的抵押贷款利息的15%，适用于所有纳税人，抵押贷款限额为地区住房平均价格。经过测算，新税改住宅扣除政策可使更多的美国家庭，尤其使低收入家庭真正享受到税收扶助，原体系覆盖率为54%，而新体系将达到 88%。

3. 在储蓄鼓励下促进消费。美国原税制不鼓励人们进行储蓄，严重影响到国内投资资金来源。新的税制方案鼓励美国人使用简单有效的方法进行储蓄，将原税制中关于储蓄条款合并成三种简易而又灵活的免税储蓄形式：工作储蓄计划、退休账户储蓄和家庭账户储蓄。这样可以促使大多数美国人为他们的未来免税理财需要而储蓄。家庭储蓄账户允许每个纳税人每年为规定支出项目储蓄 10000 美元，纳税人每年可以从家庭储蓄账户中提取最高 1000 美元的款项用于任何支出项目，超过 1000 美元的不符合规定的支出项目的提款将会视为应纳税收入需要课征 10% 的附加税。

二、美国联邦税改对我国扩大
内需税收政策的借鉴

美国联邦税制改革方案内容复杂庞大，其对美国经济的影响将在未来逐步体现，总的就我国制定扩大内需税收政策来说，美国的税改确有不少方面值得借鉴。

（一）从简化税制上寻求降低税负

税制过于复杂会造成相当数量适用纳税人没有申请或错误申请税收优惠，使需要得到扶助的纳税人不得不使用付费服务，没有全值地享受到税收优惠，从而增加纳税人缴税成本和政府的征管成本，减少纳税服从，促使人们形成税法不公平的感觉。与美国联邦税改方案相比，我国的税制就显得相当复杂。仅从我国的个人所得税制来看，其中工资薪金的税率有 9 档之多，最高税率为 45%。其他除个体工商户的生产、经营所得和对企事业单位的承包经营、承租经营所得，适用 5% ~ 35% 的超额累进税率外，还有适用 20% 比例税率的劳务报酬、利息、财产租

赁、财产转让所得等分项应税所得。年所得 12 万元以上和多处取得收入的自然人自行纳税申报表也复杂得非专业人士不能正确填报。因此我们可以借鉴美国联邦税改在简化税制方面的有益做法，减少累进档次、优化扣除项目、简化财务核算，切实减轻纳税人的负担。

（二）税改利益向中低收入者倾斜

扩大内需最重要的是增加居民收入提高消费能力，特别是改善中低收入群体（含农民）的消费能力。美国的 7000 亿美元救助法案重点就是放在提高普通纳税人获得的政策救助，其中税收政策主要内容包括：延长修改过的替代最低税额（AMT）的优惠期限，以及高科技企业和制药公司期盼已久的研发抵税额，这一减税计划总规模为 1505 亿美元；免除部分消费税，延长雇用印第安人保留区居民的企业的减免税，提供总额 180 亿美元的清洁能源推动计划，允许企业向骑自行车上班的员工提供补贴等等。目前从我国工资薪金个人所得税征收来看，也确实存在档次过多、边际税率过高和扣除标准过低的问题，实际情况是造成个人所得税的收入主要集中在中低档收入者，而不是中高档次的收入者。从边际消费理论分析，实际上只有占大多数的中低收入者获得税收上的优惠，才能增加整体的实际消费能力。虽然美国是以家庭为单位计算扣除，而我国单纯从收入数额考虑，但我国完全可以借鉴，如何设计政策降低中低收入者家庭税收负担，提高他们的现实消费能力，加速由分类个人所得税制向分类综合个人所得税制转变。

（三）鼓励投资中重点激励国内投资

鼓励投资不仅能拉动经济增长，而且是增加就业的重要渠道，在各国普遍受到国际金融危机冲击的情况下，应以鼓励国内投资为重点。大规模削减投资税收负担将会激励资本形成，有助于将那些可能要投向国外的资本留在国内，并且有助于吸引外资流入。我国目前个人所得税规定，个人取得的股息、红利等按 20% 的税率，资本利得也是 20% 的税率。企业所得税规定，符合条件的居民企业之间的股息、红利等权益性投资收益不征税。和美国政策对比，从企业所得税来说，我国已经避免了所得的双重征税，但是由于对个人投资的限制性政策，不仅影响到个人投资的积极性，也使拥有大量资本的个人采取非正常手段去投资，就像当年所谓的"戴帽"企业一样，实际上影响了经济的正常运行，也增加了税收征管成本，不利于个人投资的增长。经过较长期的经济发展，我国个人资本实际已经有了很大的发展，在目前中小企业融资困难的情况下，借此机会进一步促进，个人投资，无疑会促进企业特别是中小企业的发展。

（四）兼顾现实消费和未来保障

利用税收政策调节国民储蓄，既可以保障国家有足够的储蓄资金用来保障投资，同时能够使国民根据自己的实际情况解决眼前利益和长远利益，既国民在保障将来或退休生活的前提下，可以积极消费，而这种消费无疑也是一种健康的消费，也就是说是在对将来消费有保障的前提下的消费。在我国，社会保障体系还不完善，仅有"五险一金"，企业提供的部分和个人交纳的部分在规定的数额内可以在税前扣除，但范围相对还比较窄。由于美国国民有比较完善的未来保障，因此凡是减税得到的实惠，大部可以用于也敢于用于消费。由于我国国民对未来生活无法预计，因此也严重影响了现实消费的积极性，即使有一定的储蓄也不敢用于消费。美国新的税制改革通过更加积极的税收政策来解决这一问题的思路，无疑也是值得借鉴的。

（五）降低税负不降低税收规模

美国本次的税制改革是近几十年来中的第三次，本次"减税"性质的改革也只是转变了税收负担，即改变所得税的结构，而非税收规模。我国和美国税制结构不同。我国税制以流转税为主体税种，增值税、消费税、营业税三税收入占税收收入近

60%，而美国则以所得税为主。从一般理论和实践上来说，所得税不仅反映国家税收的增长，还反映企业经济效益提高和个人可支配收入增加，从而形成购买力拉动消费；流转税则不考虑公民收入高低、企业盈利多少，如果流转税增长而企业亏损、个人收入下降，则在一定程度上还会抑制消费。所谓税收对经济的"稳定器"作用，主要指直接税（即所得税）对宏观经济的调节作用。但从这次全球经济危机情况来看，并不是采取所得税制的国家就能避免的，因此完全可以在我国税制框架下，制定符合我国国情的扩大内需的税收政策，实际上，新的增值税条例已经从 2009 年 1 月 1 日开始实行，新的条例允许企业抵扣其购进设备所含的增值税，将消除我国当前生产型增值税制产生的重复征税因素，降低企业设备投资的税收负担，在维持现行税率不变的前提下，已经是一项重大的减税政策。因此在保证财政收入的稳定安全，不易再出台大的流转税刺激政策。

三、关于扩大我国内需的税收政策建议

（一）加大鼓励投资的所得税政策力度

目前我国对于从国内企业取得的分红，不征收企业所得税，在国际金融危机背景下，建议考虑取消对个人投资取得的股息、红利等征收个人所得税的重复征税做法，或大幅降低利率，以进一步启动民间投资；同时应借此契机增加对环保的税收优惠，对一般企业采用环保技术、改进环保设备、改革工艺所发生的投资，可以进行税收抵免，而对环保企业固定资产可以加速折旧；另外对研究开发新技术、新产品的企业，税收应从鼓励开发、降低企业风险的角度给予支持，对现行税制中鼓励技术开发的税收优惠措施，放宽条件，增加优惠额度。

（二）有效降低中低收入群体税负

我国目前个人所得税高边际税率对储蓄和投资、对劳动者积极性的负面作用已经在一定程度上导致经济绩效的大量丧失。首先可以借此机会适当降低最高边际税率，适当扩大级距，减少税率档。由于我国是分项制个人所得税，无法直接借鉴美国的调节政策，但可以根据测算再次适当提高个人所得税的费用扣除标准，将个人所得税调节重点放在高收入阶层，以增加中低收入者的可支配收入。其次对于低收入家庭的税收优惠，虽然不能直接借鉴美国的调节政策，但可以和我国目前施行的低保政策相结合，对于低保家庭的子女取得的工资薪金收入给予一定的税收优惠，夫妻双方有一方符合低保规定的情形，其另一方取得的工资薪金收入给予税收优惠等等，从税收政策上提高中低收入群体家庭的收入。

（三）设置免税储蓄制度促进现实消费

美国最新税改中关于鼓励储蓄的政策，其目的是在刺激消费的同时，还能获得足够的储蓄保障。目前我国社会保障制度还不健全，可以借鉴美国的免税储蓄政策。首先是在现有的"五险一金"政策下，扩大受众范围，吸引更多的国民参加，单位交纳和个人交纳费用相互结合。其次是扩大使用范围，将教育、住房、汽车用品等大宗支出考虑进去，每年给予一定的限额，在其限额内的储蓄可以抵扣个人所得税的应纳税所得额。这些保障可以在一定程度上解决个人当前消费和未来消费的矛盾，增加当前消费的积极性。

（四）大力扶持中小企业发展

中小企业占我国企业数量的99%，中小企业的蓬勃发展不仅能大量吸纳劳动力，也是国家经济发展的重要主体，目前我国中小企业提供了城镇就业人口75%以上的就业机会，并吸纳了75%以上农村剩余劳动力，创造了60%的GDP。但我国中小企业面临的问题也很多，其中过繁的税收征管要求，不仅加大其税收核算负担，也增加其纳税遵从成本。可以借鉴美国税改政策思路，从财务核算上给予简化，以降低创业门槛和纳税遵从成本,将目前核定征收的面适当扩大,核算再行简化,同时进一步降低计税利润率,以此减少中小企业税负,促其发展,以创造更多的就业机会。

(五) 社会保障费改税

现时社会保障费改税,有利于促进社会保障制度的完善,从而提高居民的边际消费倾向。一般来说减税将有望起到维护长期增长动力的效应,从理论上减税是刺激消费的核心政策,美国由于有比较完善的保障机制,减税效果相对明显,而由于我国保险机制不健全,使有消费能力的绝大部分中低收入人群不敢消费,因此单纯的减税并不一定能刺激消费,因此尽快开征社会保障税,建立完善的社会保障机制非常重要。

(六) 开征环境保护新税种

税制改革不能以税收收入规模的降低为代价。从我国目前推出的结构性减税措施来看,已经使得税收收入大幅下降,税收出现负增长的地区很多,各地财政吃紧。在目前的减税性税收政策没有伴随宽税基、也未通过所得税转变税收负担的情况下,开征新的税种无疑是政府筹集财政资金的首要选择。在金融危机的背景下要开征新的税种首先要符合民心。开征环境保护新税种,更好地体现"谁污染谁治理"原则,抑制污染企业对环境的破坏,促进企业转型升级,无疑会取得公众的支持。我国研究环境保护税已经若干年了,应该说只欠缺一个出台的时机了,在 2009 年下半年适时推出将是明智的选择。

课题负责人:林克勤

朱锦山、王晓苏

课题执笔人:赵玉伟、董　宏

扩大内需的税收政策国际借鉴研究

四川省成都市国际税收研究会课题组

一、扩大内需的现实背景

（一）经济增长速度下降

从 2007 年第 3 季度开始，GDP 同比增长率从第 2 季度的
12.2% 开始回落，2008 年第 3 季度更是回落到 9.9%。这是从
2003 年第 3 季度开始，5 年来 GDP 增速首次低于 10%。由于
GDP 是各地统计上报的数据，难免会存在误差，但是电力需求
数据是客观的数据，更能反映一国经济的运行现状。电力需求
的下滑是一国经济进入下降通道的信号。发电量增速在 2008 年
第 3 季度也回落到 10% 以下，全国用电量在 2008 年第 3 季度同
比增长 9.7%，增长率较 2007 年同期下降 5.5%。这意味着中国
经济确实进入了下降通道。

（二）外贸增长速度放慢

强劲的出口一直是拉动中国经济增长的"三驾马车"之一。
2003~2007 年，中国的出口总额同比增长率一直在 25% 以上。
自 2008 年以来，出口增速出现放缓的趋势。2008 年前 3 季度的
出口总额同比增长率分别为 21.4%、21.9% 和 22.3%，明显低
于前几年的增长率。最近 5 个月，进口商品总额同比增长率也
出现下滑，从 2008 年 5 月的 40.0% 下降到 2008 年 9 月的
21.3%，且出口商品总额同比增长率明显低于进口商品总额的

同比增长率。

（三） 全球金融危机影响

美国次贷危机愈演愈烈，已影响到全球实体经济，中国也难以独善其身。国际货币基金组织 2008 年 10 月发布的《世界经济展望》预测，2008 年和 2009 年世界经济增长率分别为 3.9% 和 3.0%，比之前的预测分别调低了 0.2 个和 0.9 个百分点。美国 2009 年经济增长率仅为 0.1%，比之前的预测调低了 0.7 个百分点，中国 2009 年经济增长率为 9.3%，比之前的预测调低了 0.5 个百分点。由于汇率升值和外部需求下降，以及生产成本和人力成本的上升，2008 年三季度，规模以上工业增加值同比增长 15.2%，比上年同期下滑了 3.3 个百分点。中国的实体经济正受到金融危机的侵蚀。

二、减税的政策效应和客观依据

西方经济学家关于减税的政策效应及其反周期的宏观调控功能是这样描述的：政府税收是国民收入循环流量模型中的漏出，因此增加政府税收可以缩小总需求，减少国民收入；减少政府税收则可以扩大总需求，增加国民收入。在经济处于就业困难、总需求不足的萧条时期，政府采取减税政策，可以刺激总需求的扩大，增加就业。这是因为减少个人所得税可以使个人可支配收入增加，从而增加个人消费和投资；减少公司所得税可以刺激公司的投资；减少间接税也会刺激消费与投资。例如 20 世纪 30 年代，罗斯福采用凯恩斯主义推行新政，在大量增加财政支出的同时，大幅度大范围减税，对美国经济走出危机起到了重要作用。克林顿执政时期的美国经济连续多年繁荣不衰，几乎创造了一个长期增长的奇迹，在一定程度上也要归功于里根时期的减税。目前，美国经济出现衰退征兆，世界经济跟着走低，为了扭转这种局面，布什政府也采取了一系列减税措施。这种选择才是符合逻辑和现实的明智之举。

　　为扩大内需，结构性减税的政策效应体现在：第一，减税有利于启动民间投资需求。财政投资"四两拨千斤"的作用一直没有发挥出来，民间投资启而不动，一个重要原因就是税负比较重。在目前产品过剩、有效需求不足与市场竞争激烈的环境下，企业盈利的空间已经很小，利润已经很薄甚至很容易滑进亏损的行列，投资者怎能不谨慎行事。因此只有政府下决心减税降低企业开办成本，减轻企业负担，使正常经营的企业有利可图，至少获得平均利润，才能激发起民间投资的积极性。第二，减税有利于启动各种消费需求。减税促进了民间投资的活跃，原有的企业有可能扩大规模新的企业又不断诞生从而增加了大量的就业机会。有就业自然就有收入，收入的增加必然带动消费。消费增加，市场将进一步趋于活跃，从而进一步增强投资者的信心形成新的扩张冲动，推动宏观经济沿着景气循环的路径向上攀升，实现经济增长的良性循环。

三、各国扩大内需、刺激经济的方案借鉴

　　据不完全统计，截至 2008 年 12 月，世界多国已公布（含讨论中）的刺激经济方案总额超过 1.5 万亿美元，各国方案的相对规模大多占到其 GDP 的 1%～2%，具体的措施主要集中在降息与提供担保等货币政策和扩大财政支出与减税的财政政策方面，但各国在税收政策的使用上存在一定的差异。

（一）两大法宝：减税与增支

　　从各国已经实施或公布的"刺激经济方案"的具体内容来看，大体可以分为三类：

　　一是以减税为主，如美国和韩国。2008 年 2 月美国首先推出了总额达 1680 亿美元的减税计划。其中，用于个人退税约1200 亿美元；用于企业减税约 500 亿美元。2008 年 9 月韩国政

府宣布总额约190亿美元的减税计划。计划在未来5年内累计减税20.7万亿韩元，约190.5亿美元。其中，个人所得税预计减少5.77万亿韩元，企业税收减少9.27万亿韩元。

二是扩大财政支出与减税并重，如法国。法国刺激经济计划总额约260亿欧元，约占其GDP的1.3%。其中，政府和国有企业追加投资105亿欧元，用于公共基础设施建设，还拿出110亿欧元，提前返还企业应享受的各项税收优惠，并为建筑业和汽车业提供15亿欧元的援助，2009年向巴黎地铁公司增加4.5亿欧元投资。

三是以扩大财政支出为主，辅以减税政策，如中国、日本等。中国将在2010年前增加5860亿美元的财政支出，主要用于保障性安居工程、农业、教育、医疗卫生、生态环境等基础设施建设，支持灾后重建，并从2009年起全面实行消费型增值税。日本先后两次推出刺激经济计划，总额达38.6万亿日元，约3800亿美元。其中，为中小企业提供贷款担保或直接融资2万亿日元，向全国家庭发放补贴5万亿日元，减税1万亿日元，并降低失业保险费缴纳标准等。

（二）减税的重点是直接税

从部分国家的减税政策来看，主要集中在个人所得税和企业所得税。在个人所得税方面，美国采用了一贯的退税政策。个人退税总额约1200美元，惠及1.3亿户家庭，大部分工薪族每人可获600美元退税，每对夫妇最多可获1200美元退税。而韩国则主要通过提高免税额、降低税率来降低个人所得税税负。从2009年起对人口较多家庭的免税额由目前的100万韩元增加到150万韩元（约1377美元），同时提高教育和医疗开支的免税额。为减轻中等收入家庭的税负，计划将个人所得税税率降低2个百分点。此外，出于刺激房地产市场考虑，许多国家对于房地产相关税收进行了小幅调整。如韩国将房产转让税的起征点由6亿韩元提高至9亿韩元。英国更是直接推出了总额约

18 亿美元的房地产刺激方案，在提供无息贷款的同时，降低房产交易印花税。可能是出于对财政收支平衡的担心和税式支出公平的考虑，各国并未像 20 世纪 80 年代那样广泛采用降低税率的手段，而是采用了有差异的调整。无论是美国的减税还是韩国的提高免征额都旨在增加居民的可支配收入，刺激消费，也在客观上更有利于减轻中低收入者的负担。

四、我国扩大内需的必要性与艰巨性

2008 年，在国内经济周期性调整和世界性经济危机的双重影响下，我国经济增长出现了高位回落态势，经济增长基本步入了一条逐步下降通道。本轮经济下降的谷底预计收敛在 GDP 增长 6.5% ~ 8.5% 的较高水平。1992 年以来，我国国民经济基本走出了一条"稳中有降、升降基本对称"的运行轨迹，经济增长基本属于稳定运行。如果不存在世界经济危机的外部冲击，那么，我国本轮经济周期的基本特征极有可能表现为温和调整，世界性经济危机的全面爆发加速了我国经济探底的进程。但是，尽管如此，我国经济增长的波峰仍有能力重新回到 10% 左右。其中，至关重要的是，经济增长质量的提高，尤其是以国内消费需求的提高为根本标志的居民福利的增进，将成为我国经济增长长期面临的重点和难点课题。

（一）扩大内需的必要性

1. 固定资产投资的周期性引领我国 GDP 增长进入下行周期。在我国经济系统中，固定资产投资在各个时期均是影响国民经济和地区经济增长的关键性变量，GDP 增长率与固定资产投资增长率在变化趋势上表现出时间上的一致性。固定资产投资引领国民经济进行周期性波动，是造成我国经济周期波动的根本原因。相关实证研究发现，我国固定资产投资机制存在为期 8 年左右的周期性长期波动规律。1992 年以来，固定资产投资的第一个峰值出现在 1993 年，固定资产投资率达到 43.47%，其后，逐年下降；自 2001 年以后，固定资产投资率又进入新一轮上升通道。至 2007 年，达到 55% 左右，基本成为新一轮固定资产投资上升的峰值。2008 年及今后相当一段时期，我国固定资产投资率预计将进入一个周期性回调时期，形成拐点，带动经济增长开始进入更多受市场调节的经济长周期。

2. 世界经济危机导致我国出口导向型经济发展战略不可持续。从 GDP 核算的支出法来看，支撑我国经济增长的三大因素——最终消费、资本形成和净出口在不同时期所起的作用各不相同。虽然我国固定资产投资率自 1997～2007 年之间一直处于缓慢上升状态，引领我国经济进入了一轮持续上升时期，但是，从我国经济中的资本形成状况来看，自 2003 年以来，我国经济中的资本形成对经济增长的拉动能力持续下降，至 2007 年，资本形成对经济增长的贡献率降至 40% 以下。自 1999 年以来，我国经济中的最终消费（即国内最终消费）对经济增长的拉动能力持续下降，最终消费对经济增长的贡献率由 1999 年的近 80% 降至 2007 年的 40%。这从另一个侧面说明，1999 年以来，伴随着我国经济的持续快速增长，我国经济内部国民的实际消费能力和消费福利在持续下降。1994 年以来，我国经济增长开始表现出明显的外向型特点，净出口在我国经济增长中的作用日益突出。1997 年，净出口对经济增长的贡献率曾达到创纪录的 45% 左右。其后，虽然几经波动，但我国经济增长的对外依存度已明显增强。2003 年以来，净出口在经济增长中的比重又持续上升，至 2007 年，净出口对经济增长的贡献率达到 20%。这说明，2003 年以来，我国经济的增长结构中，1/5 的经济增长是为世界市场而生产（确切地说是为美元而生产，并为美国消费对我国消费的跨国替代创造了条件），国内的消费福利并未因经济的快速增长而获得实质性增加。随着 2008 年世界经济危机的全面爆发，外部市场对我国经济增长的需求将会大大降低，我国长期以来所实行的外向型经济发展战略基本难以持续。

（二）扩大内需的艰巨性

我国经济增长中的最终消费需求已经持续下降了将近 10 年，根本原因在于我国经济增长的结构不利于我国内需的持续扩大，经济增长的目标模式从根本上并未立足于扩大内需。从世界经济一体化的角度来看，我国的经济增长属于立足于外需的生产型，尚不属于立足于内需的消费型，外需对我国的内需产生了跨国替代效应。这是外向型发展战略和世界性收入分配不均等的必然结果。从国内经济增长来看，我国的经济增长长期以来主要立足于投资拉动，消费需求由于产品结构不合理、居民收入预期降低和支出压力长期过大等影响而受到严重抑制，投资需求对消费需求产生了替代效应。这是我国长期以来所实行的不合理的收入分配制度所造成的必然结果。因此，大力调整我国收入分配制度、有效扩大内需尤其是消费需求切实增进我国居民的社会福利，任务异常艰巨。

1. 限制消费需求的根源在于不合理的收入分配制度使居民收入预期降低、支出压力长期过大。改革开放以来，我国的收入分配差距迅速扩大。尤其是 1994 年以来，贫富分化速度更快，并呈愈演愈烈之势。不合理的收入分配制度大大降低了居民特别是广大中低收入阶层的收入预期，程度不断提高的市场化、私有化改革，尤其是政府在住房保障、教育、医疗、养老保障等领域所存在的公共供给严重不足，大大提高了居民的支出压力，两者的共同作用，从根本上限制了我国居民的消费能力。在我国经济快速增长的同时，居民的消费福利大大降低。严重失衡的社会收入分配主要体现在以下几个方面：

（1）基尼系数迅速攀升到国际警戒线之上并一直居高不下。改革开放 30 年来，我国的基尼系数从 0.29 左右扩大到目前的 0.47，已超过国际警戒线 0.4 的 17.5%。从 1999~2002 年，我国城乡合一的基尼系数在 3 年间从 0.3983 扩大到 0.4113。2002

年我国基尼系数的水平相当于英国 1949 年的水平。如果按照税后基尼系数来比较，则至 2002 年时我国的社会分配公平状况并不比 1949 年时英国的状况更好。

（2）居民收入差距倍数明显过大且继续呈上升趋势。一是城镇居民和农村居民之间 2003～2005 年的收入差距一直保持在 3.2 倍左右；二是 2005 年城镇居民最高 10% 与最低 10% 收入户的人均收入之比为 9.2 倍，比 2004 年扩大 0.3 倍；三是 2005 年农村高收入户与低收入户人均纯收入之比为 7.3 倍，比 2004 年扩大了 0.4 倍。

（3）城镇居民收入分配差距加速扩大尤为突出。1990～2000 年 10 年间，城镇居民最高 10% 收入组与最低 10% 收入组收入比从 3.2 倍上升到 4.6 倍，扩大了 44%；而 2000～2005 年 5 年间，该收入从 4.6 倍上升到 9.2 倍，扩大了 1 倍，且收入越高增长越快。

（4）西部和民族地区绝对贫困人口比重也在不断增加。我国城镇贫困问题明显加重，庞大的贫困群体主要来自以下群体：国有企业改革和调整导致的失业群体；资源枯竭型城市大量的具有正常劳动能力的城市居民；退休较早、仅依赖退休金生活的老年人；流入城市、成为城市新贫困阶层的大量农村人口；住房制度改革所导致的大量"房奴"阶层。同时，社会保险、教育培训、医疗保障等制度上的缺位与失效，也在随时随地制造和培养着新的城市贫困群体。

2. 财政税收制度缺陷加剧了扩大消费需求的难度。我国收入分配差距持续、快速扩大，大幅度超过国际警戒线，从根本上制约了我国的消费需求，不仅表现在国民收入的初次分配上，而且在财政、税收制度所决定的二次分配上表现也相当明显，二次分配对我国收入分配差距持续、快速扩大起着推波助澜的作用。财税制度推动收入分配差距持续扩大的根本原因在于其所存在的严重累退性。

(1) 以流转税收入为主的税收收入结构造成税收负担由富人阶层向中低收入阶层转嫁，政府的税收负担主要由占人口绝大多数的中低收入阶层承担。增值税、营业税等流转税税种直接附着于商品价格，最终进入消费领域。随着收入的增长，居民边际消费倾向递减。在我国流转税类税收收入占据50%以上的收入格局下，占人口绝大多数的中低收入阶层成为我国税收负担的承担主体，导致收入分配差距继续扩大。

(2) 缺乏累进性的财产财富税制度将直接导致收入分配差距扩大。财产财富税制主要包括房产、物业等不动产税、遗产税和赠与税以及其他各种类型的财产税。它的主要政策目的不在于获取更多的政府收入，而在于体现政府对社会各阶层利益的关心程度，实现社会公平和长期稳定的综合目标。政府对社会形势的判断决定财产财富税制的完善程度和具体税种的累进与累退性质。我国财产财富税制的不完善和严重的累退性质加剧了收入分配差距的快速扩大。

(3) 地区税收优惠和激励性的税收返还制度使地区差距和贫富差距加剧并相互交织，这是我国现行税收制度未能很好调整收入分配差距的特殊机制。由于各地区的人口增长速度不同，经济发达地区人口增长速度低于经济欠发达和经济不发达地区，在政府收入90%以上来源于税收收入的体制下，税收制度存在的任何"累退性"均会通过税负转嫁机制而将高速增长的税收负担转嫁到经济欠发达和经济不发达地区。激励性的税收返还制度又进一步扩大了地区差距，从而在全社会制造更加严重的贫富分化。这是我国财税制度制造收入分配差距的特殊机制。

五、我国扩大内需的税收政策取向

（一）减轻企业税负，促进企业投资

1. 全面推行增值税转型改革，避免对投资重复征税。2009

年1月1日起实行的增值税转型改革，从短期看，有助于企业走出困境；从长远看，也有利于保持经济平稳较快发展。

2. 降低中小企业税负，扶持中小企业发展。为了有效解决中小企业融资难题，可以考虑对金融机构向其提供的贷款免征营业税；对社会投资者取得中小企业发行的公司债券（或企业债券）利息所得适当降低所得税税率，以提高社会投资的积极性。进一步调低对中小企业的所得税优惠税率，由目前的20%下调至15%左右。对中小企业的亏损弥补应适当延长向以后纳税年度结转的时限。

3. 实行产业优惠，促进产业发展。以成都为例，正在加快推进现代服务业发展，努力把成都建设成为带动四川、影响全国、走向世界的服务业基地。把成都打造成全国区域性的金融中心、商贸中心、信息中心、物流中心以及文化时尚之都、旅游休闲之都。如果能够适时推出税收优惠政策，必将推进当地经济的高速增长。另外，对私立博物馆、会展中心的税收政策也值得进一步研究。

（二）增加居民收入，增强消费后劲

千方百计拓宽城乡居民收入渠道，扩大消费需求，这是稳定市场自主投资、保持经济健康发展的基本立足点。城乡广大中低收入群体在总消费中所占比重最大，边际消费倾向较高，扩大消费首先应该增加城乡居民特别是中低收入群体的收入，增加他们的收入会有效扩大消费需求，提高消费率。从政策上，要通过加大"三农"投入力度、提高企业退休人员基本养老金水平、加大对城镇低收入群体的财政补贴力度、提高个人所得税起征点、优化所得税细则等多种减税措施，增加居民可支配收入，促进城乡居民收入持续稳定增长，逐步提高居民收入在国民收入分配中的比重。继续深化收入分配制度改革，促进城乡居民收入持续稳定增长，帮助消化过剩产能，为企业产品优化升级提供缓冲的时间和空间。

（三）稳定居民预期，促进消费扩大

应在努力增加居民收入的同时，在影响居民消费非收入性限制因素上下工夫，为消费持续增长营造有利的环境。目前，居民储蓄在很大程度上受养老金发放、医疗卫生和教育成本等不确定因素的影响。要改善扩大消费的宏观环境，大力发展教育、卫生和社会保障事业，深化收入分配制度改革，建立居民收入稳定增长的机制，稳定居民消费预期。完善的社会保障制度是启动需求的关键，要加大资金投入，做大做实个人账户，规范和完善城市"低保"制度，探索建立农民最低生活保障制度，并同步发展社会福利，大力发展保险业，完善社会保障体系。适时开征社会保障税，使社会保障资金筹措方式法制化、规范化、公开化，进一步明确政府、企业、个人在社会保障资金筹措上的责任。通过提供制度化和人性化的公共福利保障，创造良好的消费环境，稳定居民消费预期，消除人们消费和投资的后顾之忧。

（四）积极扩大就业，筑牢内需根基

担心失业通常被视为抑制消费的头号因素。只有实现充分就业，扩大内需才有坚实的后盾。消费增长乏力，一个很重要的因素是就业增长压力加大。在社会保障体系还不完善的情况下，积极扩大就业和再就业，提高就业率、实现充分就业，是增加全社会消费能力的治本之策，也是实现以内需推动经济发展进入良性循环的前提。既保增长，又保就业，其实更关键的是保就业。目前，尽管每年就业总量都有所增加，可是就业的难度有增大的趋势。要从科学发展的高度千方百计扩大就业，通过支持劳动密集型产业，积极发展中小企业和小城镇经济，创造更多的就业岗位，努力实现充分就业。对吸纳下岗职工的劳动密集型企业，应给予适当的税收照顾，以利于扩大就业，增加低收入者的可支配收入。投资可带动就业，就业可带动消费。任何投资项目必须有直接就业、间接就业的具体指标，与

创造工作岗位挂钩。努力使就业增长与经济增长同步，为扩大消费需求奠定坚实的基础。

（五）支持企业技术改造，优化供给结构

当前经济增长放缓使部分企业经营困难，但同时也为实施结构调整和发展方式转变提供了机遇。要运用财税和货币政策支持企业实施技术改造，对企业新产品、新工艺、新技术的开发予以税收优惠，对高新技术企业适当减免税收，提高其市场竞争力，参与国际竞争。技改投资在提升产业结构的同时可以优化供给，将那些低效供给和无效供给排挤出去，从源头上优化供给结构，使供给更能适应需求，而且技改投资还会引发新的投资需求和消费需求，从需求方面调节总需求不足。这就要求要选择那些对我国长远经济发展有重大影响、产业关联度高的关键性领域，实行集中攻关，以提高国家整体经济技术水平，通过技术创新，推动国民经济结构的高级化、合理化、信息化、环保化，在产业结构的升级中优化供给和创造需求。

（六）加大"三农"投资，拓展广阔市场

贯彻落实党的十七届三中全会关于促进农村经济发展的精神，进一步加大财政对"三农"的投入，大幅度增加国家对农村基础设施建设和社会事业发展的投入，大幅度提高政府土地出让收益、耕地占用税新增收入用于农业的比例。健全农业投入保障制度，调整财政支出、固定资产投资、信贷投放结构，保证各级财政对农业投入增长幅度高于经常性投入增长幅度。重点支持农村水、电、交通、通信等基础设施建设，改善农村生态环境，提高农业生产能力；支持科技含量高的农产品，提高农副产品附加值，促进农业科技进步；支持农产品市场体系建设，促进农业生产的区域化、专业化，形成具有本地优势的主导产业和特色产品。拓宽农业投入来源渠道，积极调动社会资金建设新农村的积极性，形成多元化的支农投入新格局。不断巩固和完善各项强农惠农财税政策，采取有力措施，千方百

计增加农民收入，减少农民的不合理开支，使农民得到更多的实惠。适当提高农产品价格，继续健全农业补贴制度，扩大补贴范围，提高补贴标准，完善与农业生产资料价格上涨挂钩的农资综合补贴动态调整机制，特别是要支持增粮增收，逐年较大幅度增加农民种粮补贴。通过有效增加农民可支配收入来发展农村消费市场，提高农村的消费能力。

在全球金融危机嬗变中如何进一步选择扩大内需的财税政策

浙江省温州市国际税收研究会

2008 年 9 月以来，席卷全球的华尔街金融风暴给世界各国带来重大影响，不论发达国家、发展中国家以及贫困国家，其经济都出现了衰退和滑坡，不少国家甚至处于破产的边缘。分别在华盛顿和伦敦召开的 G20 会议，使世界各国空前地达成一致，携手采取措施，应对这场百年一遇的经济危机。

作为应对全球金融危机的措施，各国无一例外地采取了宽松的货币政策，降低利率，给存在不良资产的金融机构增加流动性。近期以来，美联储更是采取"定量宽松"的政策，开动印钞机大量印制美元，欧盟也紧随其后，大量印制欧元。中国政府自 2008 年 11 月份出台了包括四万亿元刺激经济政策以来，陆续出台了降低利率、减免税收等启动内需的一系列政策，对提振国民信心，发展经济起到了不可估量的作用。

2009 年一季度，美国和中国经济相继出现了回暖的迹象，世界经济出现了走出低谷的曙光。然而，远在北美的墨西哥城突如其来地出现甲型 H1N1 流感并快速向全世界蔓延，这在世界经济千疮百孔的伤口上撒了一把盐。有专家称，如果甲型 H1N1 流感向世界蔓延，会造成交通运输、国际贸易以及旅游行业停滞，全球经济损失将达到 30 亿美元。

面对如此严峻的世界经济形势，我国经济增长保 8 的任务更是雪上加霜。本文试图通过对比和分析世界各国救市政策的异同，总结经验和教训，提出我国今后如何进一步选择扩大内需政策。

一、中国经济刺激政策与美国救市政策侧重面不同

这场席卷全球的金融危机，发源于美国的华尔街。长期以来，美国采取低利率政策，美国的民众养成了提前消费和举债消费的习惯。华尔街的金融高管们就利用了美国民众的心理，不断推出金融衍生品，通过金融机构销售给美国民众。金融机构再将这些金融衍生品抵押、打包，再证券化，出售给世界各国。金融产品的泡沫就越吹越大，形成了难以驾驭的金融风暴。金融泡沫的破灭，导致金融机构的贷款无法回收，金融机构大量倒闭，无法再给实体经济提供贷款支持，美国的制造业经济处在风雨飘摇之中，汽车产业的三大巨头岌岌可危。在此情况下，美国政府只能向金融机构大量注资，购买银行的不良资产，并提供流动性支持。在政府资金不足的情况下，欧美国家开始大量发行国债，开动印钞机。由于欧美国家经济关联度大，其受金融危机的影响也颇为类似，所采取的救市政策，也大致相似。

中国经济虽然与欧美经济有相当密切的联系，中国政府和企业也购买了美国国债和次贷产品，但由于美国国债有美国政府信用作为担保，存在的风险比较少；我国企业所购的次贷产品所占的比重较小，中国金融体系尚未完全对外开放，自然有一道防火线，中国金融业受到金融危机的影响还比较小。由于中国产品的外贸存在度很高，达到68%，中国产品大量出口欧美市场，因此与欧美市场的关联度极高。由于受金融危机影响，欧美国家民众的消费信心和消费能力大打折扣，使得中国企业

出口订单大幅萎缩，生产停工，企业倒闭，工人失业，政府财政收入大幅滑坡，特别是沿海发达的省份和地区，受到的影响更是明显。因此中国政府的救市政策区别于欧美，其重点放在了扩大内需、关注民生和加强重点建设上来。去年 11 月份，国务院采取果断措施，调整宏观经济政策，出台了包括 4 万亿元的十大经济刺激政策。温家宝主持召开的国务院常务会议提出，实行积极的财政政策和适度宽松的货币政策。其中主要有：出台进一步扩大内需、促进经济增长的十项措施。初步匡算到2010 年底约需投资 4 万亿元，2008 年四季度先增加安排中央投资 1000 亿元。全面实施增值税转型改革；取消对银行信贷规模限制，合理扩大信贷规模等。2008 年 11 月份以来，从扩大内需的十大措施出台，到中央经济工作会议重申保增长的调控目标，再到国务院办公厅关于当前金融促进经济发展的三十条意见出台，越来越细化的调控举措逐步勾勒出新一轮宏观调控的路径——既要保民生，又要保经济增长，还要抓住难得契机优化经济结构，促进经济发展方式转变，中国的经济刺激计划可谓"一箭三雕"。

在国际金融危机中，中国政府的救市政策引起世界各国的高度关注和评价，"中国奇迹"受到前所未有的肯定，"中国模式"受到前所未有的关注，"中国机遇"受到前所未有的追捧。正是因为面对席卷全球的金融危机，中国迎难而上、共克时艰的壮举，再次向世界展现了大国风范。美国《新闻周刊》等媒体认为，中国是"惟一一个没有出现信贷危机或信任危机的大国"。经济合作与发展组织秘书长认为，中国推出的大规模经济刺激计划将为全球经济作出贡献。中国保持经济平稳、健康发展，将促进中国以外其他地区的经济发展，中国需求将为其他地区的投资者和企业提供机遇。

二、扩大内需政策的着眼点在于提振信心

席卷全球的金融危机，对世界各国经济和民众打击最大的是信心，投资者不愿意再投资，消费者不愿意再消费。对此中国国务院温家宝总理在国内和国际多个场合总是讲，关键是提振信心，信心比黄金还宝贵。这说明，信心在克服这场金融危机中是何等的重要。

中国经历过 1998 年的亚洲金融风暴。在克服那场金融危机中，中国的金融企业在控制金融风险和消化不良资产方面做到严密而谨慎，积累了不少经验，因而在这次世界金融风暴前我们所筑的金融大堤没有被冲垮。

提振民众的信心，舆论宣传很重要。在金融风暴刚刚在美国发生时，中央电视台经济频道芮成钢主持的直击华尔街节目使我们对金融危机的起因、发展和影响，有了更深刻的了解，但是由于过度的报导也引起了中国民众的担心和恐慌。因此中国政府及时进行调整，引导中国民众客观地看待金融风暴对中国的影响。

从 2009 年一季度来说，中国经济比预计的要好得多。据统计，各项经济指标，都有明显回暖和复苏的迹象。从第一季度来看，中国经济增长速度是 6.1%，虽然对中国以往的增长速度来说这不是一个很高的数字，但是相对于目前世界上很多其他国家都出现了负增长的情况，已经是很不错的成绩。一季度全国城镇居民人均可支配收入同比实际增长 11.2%，农村居民人均现金收入实际增长 8.6%。在经济增速相对比较缓慢的时候，收入相应来说也会有所减弱，但是储蓄又成为促进消费的动力。一季度末，城乡居民金融机构储蓄存款余额达到 24.3 万亿人民币，人均达到 1.8 万多。国家采取的增加农民种粮的补贴，提高养老金和低保补助的标准，都会通过转移收入去促进低收入

群体的消费增长。世界各国对我国的经济率先走出低谷寄予了厚望，有些西方国家呼吁中国在国际社会里"承担更多责任"，把他们从金融危机的泥淖中挽救出来。我们应当充分利用这一时机，大力加强宣传，引导投资者加大投资，消费者加大消费，创造一个良好的创业与发展氛围。

三、继续推进和完善扩大内需的政策

金融危机对我国经济产生广泛而深刻的影响，2009年二三月份，我国外贸出口一改数年来的增长态势，分别同比下降24.9%、20.9%，2009年第一季度财政收入也比去年同期下降8.3%。世界经济的不确定性仍然存在，国际金融危机并未见底且仍在继续蔓延。在这次国际金融危机中，受冲击最严重、经营状况最困难的，就是那些外贸出口企业以及技术和管理水平粗放低端的行业。如果我国的企业在这次经济危机中不调整经济结构、扩大国内市场、增加产品的科技含量，仍然采取依赖国际市场，或者采取简单、粗放、高耗能、高污染的增长方式，势必要遭到淘汰，这次金融危机已充分证明了这一点。自2008年11月份以来，中国国务院出台扩大内需的政策以来，极大地推动了地方政府、企业和广大民众的投资、消费热情。在促进生产方面，我国改革和出台了新的增值税、消费税和营业税条例，规定工业企业购进机器设备可以抵扣增值税；燃油税的推出，取代了长期以来养路费的征收；小排量汽车减免车购税吸引了众多居多的购车热情。在促进楼市健康发展方面，采取了放宽二手房营业税交易年限的限制，首次购买普通住房免征印花税、土地增值税，首次购买90平方米以下契税税率的下调等措施促进交易税收负担的下降，大大刺激了二手房交易市场的繁荣。在金融方面，降低银行准备金和贷款利率，大大减轻了企业和个人融资的负担。特别是今年春节、清明、五一推出了消费券，也激起了民众出游的热情；家电下乡的举措，更是惠及广大农村民众，真正启动了农村"内需"。

但是国际金融风暴仍未见底，北美甲型 H1N1 流感冲击，中国经济发展将继续受到严峻的考验。因此我们还需要不断完善和推出扩大内需的政策，助中国率先冲出金融危机的包围圈。

（一）要着重于提高居民的可支配收入、培养消费倾向

要着重于提高居民的可支配收入和培养其消费倾向，特别是要注重提高城镇低收入者和农村居民的可支配收入和消费能力。首先，鼓励居民自主创业。下岗工人以及待业学生只要自主创业，就可以享受到国家的补贴和减免税政策。其次，国家要通过不断改革和完善税收制度，大力促进民营经济、中小企业、服务业和劳动密集型企业的发展，加大对下岗失业人员再就业的扶持力度，提高就业水平以实质增加居民收入来源。再次，通过消除附加在一些生活日用品上的消费税，引导消费方向，培育居民消费倾向，扩大消费需求。另外，还可通过开征社会保障税增加居民的收入预期，减少人们特别是低收入者的预防性储蓄，从而增加即期消费。

（二）进一步启动农村消费市场

鼓励投资者（包括农民回乡创业者）在农村创办小超市、农家乐等服务业。我们已经启动家电下乡的活动以及"以旧换新"优惠政策。这些政策受到农村广大农民的欢迎，为什么不使这项政策享受的范围更加广泛，时限更加持久呢？不仅家电，农村需要的商品包括农药、家具、化肥等，在监管到位的情况下，都应当可以在小超市中销售，国家都可以给予适当补贴，使这项制度作为长效的政策，在农村中持续下去。对新创办的小超市等服务业，在二三年内给予减免所得税。对超市中销售的粮油、蔬菜、化肥、农药可以免征增值税。金融机构要积极支持农村改革发展，加大对符合信贷原则的涉农信贷资金特别是涉农消费信贷资金的投放力度，增加农民消费有效信贷供给。

对符合信贷条件的农用生产资料的生产、经营、购买的贷款，以及配合"家电下乡"、"汽车下乡"以及家电"以旧换新"、增加老旧汽车报废更新补贴资金等活动和政策，帮助农民购买该类生活商品的贷款，都要加快审批，及时投放，并使农民享受优惠利率。

（三）税收政策要充分体现高科技产业发展的需要

要支持企业针对国内市场特别是农村市场，生产出适销对路、有一定科技含量的产品。如对开发及使用太阳能及其家电产品，国家要制定政策给予补贴。税收政策要充分体现高科技产业发展的需要，要实施重点政策倾斜。要将现有的科技税收优惠政策用足用活用好，要积极推动税收政策创新和征管体制创新。

（四）鼓励发展服务业

相对来说，服务业受国际金融危机的影响小。随着经济的发展，服务业在国民经济中的比重也会越来越大，具有巨大的发展潜力。发展现代服务业是促进我市经济转型升级的重要抓手，鼓励发展服务业，有两条途径，一是投资新办服务业，二是分离创办服务业。企业分离发展服务业则是加快发展现代服务业尤其是生产性服务业的重要途径。

2008年10月份以来，浙江省在各级政府的统一领导下，由财税部门牵头，有关部门单位的共同努力下，要求在工业企业分离发展服务业的基础上，将分离对象扩大到一、二、三产各类企业，并提出了2009年全省要分离1000户的目标任务。温州市的企业分离发展服务业工作进展总体顺利、成绩初步显现，自2008年10月至2009年5月底，温州市已成功分离企业34家，对发展第三产业企业起到了引导和示范的作用，达到"企业获益、地方经济总量扩大、地方税源增加"的"三赢"目标。

（五）继续实行宽松的信贷政策，支持中小企业发展

当前适度宽松的信贷政策大大减轻了中小企业的融资负担，

有助于中小企业尽快走出经济困境。在经济未见根本好转的情况下，这种适度宽松的信贷政策应当继续坚持下去，绝不能半途而废。金融机构对中央出台的支持中小企业发展的各项信贷政策措施，要继续抓细、抓实、抓好，提高中小企业贷款审批效率和服务质量。还要加强对贷款投放方向的监管，利用自身优势引导、帮助企业把贷款用到"刀刃"上。如支持有条件的中小企业利用电子商务平台拓展新市场，特别是支持外贸依存度高的中小企业开拓国内市场；对中小企业合理的并购融资需求，及时发放并购贷款；对基本面和信用记录较好、有竞争力、有市场、有订单但暂时出现经营或财务困难的中小企业加大信贷及多元化融资支持；积极探索创新适合不同地域和不同发展阶段中小企业特点的融资产品和服务方式等。规范、引导和发挥好民间金融在支持中小企业发展中的积极作用，对中小企业民间融资利息高于同期金融机构贷款利息的部分，加大税前扣除比例。支持地方政府在加强信用环境和金融生态建设的基础上，通过资本注入、风险补偿等方式增加对信用担保机构的支持，推进设立多层次中小企业贷款担保基金和担保机构，激励和促进金融机构稳步提高中小企业贷款比重。

（六）引导出口企业转型，在做好出口市场的同时，开拓国内市场

在外贸企业面临难题的情况下，应该支持外贸企业转向国内市场，因为生产出来的产品总得卖出去，企业才能回笼资金。比如说，国际汽车市场极不景气，汽车零配件难以接到订单。但是由于国内汽车市场发展很快，维修所需的汽车零部件却非常好销，这是一个值得开拓的市场。

被誉为"中国第一展"的广交会多年来一直"面朝海外"。但 2009 年春季举行的第 105 届广交会首次对内开放，由商务部商贸服务司出面发出通知，邀请有出口商品采购需求的国内采购商参加与外贸企业的对接洽谈。在扩大内需的今天，广交会向内地采购商开放变得非常合时宜，今后的"广交会"，应办成一个既对外销售商品，同时也把外贸企业过剩的产品带进国内市场的一个合作平台。据统计，在参加 2008 年秋季 104 届广交会的企业中，约有 60% 选择出口转内销。而在 105 届广交会上，至少有 70% 以上的出口企业将内销放在了首位。

出口转内销门槛甚多，对于出口企业而言并非易事。首先，内外贸市场营销环境差别甚大，内外"对接"难就难在交易规则上。外贸商品在国际市场竞争中优势明显，且不用承担任何销售环节的风险，但在国内，商场、超市等进场费令出口企业难以认同。国内零售成本很高，生产性的外贸企业与国内商场、超市洽谈进店事宜，一笔账算下来，企业为此投入的渠道费用至少要 100 万元。遇到超市店庆还要交店庆费。内外贸在交易结算方式方面也存在巨大差异，国内商场、超市的货款结算时间至少要 60 天，甚至更长，这也是外贸企业无法承受之"痛"。

针对出口企业转内销过程中存在的诸多障碍，政府和生产型的出口企业，国内批发、零售企业（商场、超市）等应当携起手来，共同给出口转内销创造空间。最重要的是，生产型的出口企业要树立起"两条腿走路"的理念，针对内地消费需求特点，开发能够满足内地市场需求的商品，将内地潜在的需求转化为现实需求。

课题组负责人：李步鸣

课题组成员：马伟俊　谢清法　詹子芳

支持民间投资税收政策的
国际借鉴研究

支持民间投资税收
政策的国际借鉴

吉尔克

一、我国民间投资的主要范围

与其他投资相比，"中国民间投资"并不是一个标准的统计分类，没有直接现成的统计数据。在固定资产投资数据应用中，有的学者应用国家统计局"全社会固定资产投资资金来源和按构成分固定资产投资"项，将民间投资的范围概括为除国家预算内资金外的所有投资，见表1和图1。有的学者采用国家统计局"按登记注册类型分全社会固定资产投资"项，将民间投资的范围概括为非国有经济投资中扣除外资和港澳台投资的部分，见表2和图2。可见，不论从国家统计局的哪种统计分类来看，数据都显示，我国的民间投资在固定资产投资中都占举足轻重的比重。从表1各类投资所占的比例可以看出，我国自筹资金用于固定资产投资的比重呈现出逐年递增的趋势。

二、促进民间投资的重要意义

投资是推动经济发展的原动力，没有投资，就没有外延的经济扩张和经济增长。税收源于经济，因而投资对税收增长具有决定性意义。反之，税收也对投资有影响。税收作为政府投资主体筹资的主要渠道，一方面，国家通过增税或减税来调节投资；另一方面，政府应用财政拨款或拨改贷等形式将资金供给企业等投资主体，影响非政府主体的投资行为。

运用1978～2008年剔除价格因素后的数据进行回归，分析我国资本形成、最终消费对 GDP 的影响，结果显示：我国投资每增长1%，则当年 GDP 增长0.42%。由此推算，改革开放以来，我国 GDP 年均增长9.8%中大约4.1个百分点是由投资需求拉动的。如果我国投资每年增长10%，则我国 GDP 每年将增长4.2%。依此推算，2009年保持8%的 GDP 增长，固定资本形成增长需要保持在19%左右，全社会固定资产投资增长需要在20%左右。

改革开放30年来，政府投资占固定资产投资的比重由1978年的81.9%下降到2008年的27%，下降了54.9个百分点，民间投资占总投资的比重呈逐年递增趋势，从1978年的18.1%上升到2008年的73%，提高了55.1个百分点。并且在2000年以后，社会投资超过政府投资成为固定资产投资的主体，民间投资增加1个百分点的绝对额大大高于政府投资增加1个百分点的绝对额，因此，社会投资增长1个百分点对经济的拉动作用要明显大于政府投资增长1个百分点对经济的拉动作用。

表1　　全社会固定资产投资资金来源和按构成固定资产投资

年份	投资资金来源				投资按构成		
	国家预算内资金	国内贷款	利用外资	自筹和其他资金	建筑安装工程	设备工具器具购置	其他费用
总量（亿元）							
1997	696.74	4782.55	2683.89	17096.49	15614.03	6044.84	3282.25
1998	1197.39	5542.89	2617.03	19359.61	17874.53	6528.53	4003.1
1999	1852.14	5725.93	2006.78	20169.7	18795.93	7053.04	4005.74
2000	2109.45	6727.27	1696.3	22577.4	20536.26	7785.62	4595.85
2001	2546.42	7239.79	1730.73	26470.04	22954.88	8833.79	5424.83
2002	3160.96	8859.07	2084.98	30941.91	26578.89	9884.47	7036.55
2003	2687.82	12044.36	2599.35	41284.76	33447.17	12681.9	9437.54
2004	3254.91	13788.04	3285.68	54236.3	42803.57	16527.01	11146.82
2005	4154.291	16319.01	3978.799	70138.74	53382.59	21422.93	13968.08
2006	4672.003	19590.47	4334.315	90360.2	66775.83	25563.9	17658.43
2007	5857.057	23044.2	5132.689	116769.7	83518.28	31574.77	22230.89
构成（%）							
1997	2.8	18.9	10.6	67.7	62.6	24.2	13.2
1998	4.2	19.3	9.1	67.4	62.9	23	14.1
1999	6.224708	19.24382	6.744425	67.78672	62.95801	23.62455	13.41745
2000	6.4	20.3	5.1	68.2	62.4	23.7	13.9
2001	6.7	19.1	4.6	69.6	61.7	23.7	14.6
2002	7	19.7	4.6	68.7	61.1	22.7	16.2
2003	4.6	20.5	4.4	70.5	60.2	22.8	17
2004	4.4	18.5	4.4	72.7	60.7	23.5	15.8
2005	4.391853	17.25221	4.206326	74.14961	60.1334	24.1321	15.7345
2006	3.9275	16.4685	3.6436	75.9604	60.7063	23.2403	16.0534
2007	3.883897	15.28093	3.403558	77.43161	60.81844	22.99291	16.18865

资料来源：《中国统计年鉴》，2007~2008

单位：亿元

表2　按登记注册类型分全社会固定资产投资

年份地区	总计	国有经济	集体经济	#农村	私营个体经济	#农村地区	联营经济	股份制经济	外商投资经济	港澳台商投资经济	其他经济
全国											
1997	24941.12	13091.73	3850.871	3055.644	3429.429	2691.169	123.1236	1387.216	1955.946	937.1414	165.6826
1998	28406.18	15369.38	4192.244	3233.316	3744.376	2681.526	60.4956	1947.02	1639.613	1334.259	118.9598
1999	29854.72	15947.77	4338.554	3343.13	4195.752	2779.599	97.9026	2478.886	1433.41	1218.075	144.4468
2000	32917.74	16504.45	4801.451	3791.62	4709.369	2904.266	94.7332	4061.88	1313.214	1293.058	139.6154
2001	37213.49	17606.98	5278.577	4235.725	5429.575	2976.565	94.5245	5663.496	1415.468	1583.294	141.6802
2002	43499.91	18877.35	5987.432	4887.914	6519.193	3123.235	138.1924	8328.813	1685.426	1765.331	198.1921
2003	55566.62	21661.02	8009.486	6553.955	7720.127	3200.966	187.9656	12733.58	2533.713	2375.086	345.6981
2004	70477.45	25027.62	9965.728	8086.577	9880.555	3362.67	217.5523	17697.9	3854.016	3113.503	720.5896
2005	88773.61	29666.92	11969.65	9737.9	13890.65	3940.612	229.5903	23535.96	4657.058	3767.323	1056.5

年份全国总计	内资	国有	集体	股份合作	联营	有限责任公司	股份有限公司	私营	个体	其他	港、澳、台商投资	外商投资
2006	109998.2	99139.9	32963.39	3604.118	757.2008	519.7071	26265.47	8174.235	19267.18	5163.872	2424.73	4745.137	6113.122
2007	137323.9	123970	38706.35	4637.445	874.0046	607.556	33509.33	9655.339	27055.59	6058.666	2865.767	5998.507	7355.394

资料来源：《中国统计年鉴》，2006～2008

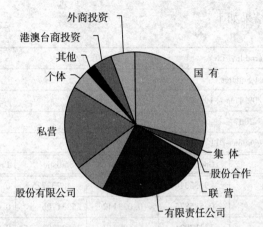

图 1 按登记注册类型分全社会固定资产投资结构

注：根据表 2 的数据整理得出

这是因为从长期来看，政府投资，除经济效益外还有社会效益、政治因素等多种非经济目标，由于政府投资目标的多重性，加上政府投资以基础设施建设为主，使得单位政府投资对GDP 的带动作用要低于单位民间投资的带动作用。该结论也得到计量回归结果的验证。运用我国 1997～2007 年历史数据，将投资分为政府投资和民间投资，建立柯布 - 道格拉斯生产函数，对经济增长和政府投资、民间投资和劳动力进行回归。

假设生产函数为：

$$Y_t = A_0 K_t{}^{\alpha} L_t{}^{\beta} \qquad (1)$$

其中 Y_t、K_t、L_t 分别代表时间 t 时的产出、资金投入量、劳动投入量；A_0、α、β 为参数，α、β 分别代表资金和劳动的产出弹性。将式（1）两边取自然对数做线性变换为：

$$\ln Y_t = \ln A_0 + \alpha \ln K_t + \beta \ln L_t \qquad (2)$$

α 为投资弹性，β 为经济增长的就业弹性。

根据式（2）建立线性回归模型：

$$\ln Y_t = c + \alpha \ln K_t + \beta \ln L_t + \mu_t$$

回归结果如下：

Dependent Variable：LNY				
Method：Least Squares				
Date：06/24/09 Time：19：05				
Sample：1997 2007				
Included observations：11				
Variable	Coefficient	Std. Error	t-Statistic	Prob.
C	− 9. 333102	5. 386374	− 1. 732725	0. 1214
LNK	0. 585875	0. 023142	25. 31706	0. 0000
LNL	1. 312921	0. 500217	2. 624703	0. 0304
R-squared	0. 997839	Mean dependent var		11. 76147
Adjusted R-squared	0. 997299	S. D. dependent var		0. 396637
S. E. of regression	0. 020613	Akaike info criterion		− 4. 698784
Sum squared resid	0. 003399	Schwarz criterion		− 4. 590267
Log likelihood	28. 84331	F-statistic		1847. 275
Durbin-Watson stat	1. 888684	Prob（F − statistic）		0. 000000

回归方程为：$\ln Y_t = -9.3331 + 0.5858\ln K_t + 1.3129\ln L_t$

拟合优度为99.78%，说明方程拟合现实较好，α 的 t 统计量为25.31，表明投资的弹性系数在1%的显著性水平下通过检验，回归显著，而劳动的弹性系数为1.31，t统计量大于2，表明回归系数在5%的显著性水平下通过检验，表明劳动增长1%，产出增加1.31%；0.5858表示资本增加1%，产出增加0.5858%。

在回归使用的10年数据中，政府投资所占比重，如前所述，以国家统计局"按登记注册类型分全社会固定资产投资"项的统计数据为划分方法的，则平均为57%，社会投资比重平均为43%；如以国家统计局"全社会固定资产投资资金来源和按构成分固定资产投资"项的统计数据，即前述的第一种统计口径，则政府预算内投资在 10 年中平均 4.957%，说明民间投资对经济增长的作用要大于政府投资的作用。

可见，随着我国市场经济体制的不断发展和完善，投资主体的更加多元化，社会投资占全社会投资的比重将进一步提高，对经济增长的作用也将更加显著。

因此，在经济低迷时，短期内可以通过增加政府投资来代替社会投资的不足，达到刺激社会总需求和保持经济增长的目的，但从中长期来看，政府投资对经济增长的拉动作用小于社会投资，尤其在我国政府赤字水平和风险已经比较高的情况下扩大政府投资更具有不可持续性。因此，加快政策和体制机制创新，扩大民间投资，实现经济增长由政府投资拉动为主向社会投资拉动为主的动力切换，才是促进经济稳定回升的必由之路。

三、国外促进民间投资的税收政策

从 2001 年开始，受 IT 泡沫破灭和恐怖事件的影响，各国经济发展速度明显放缓，英德法等欧洲主要发达国家出现了财政赤字日益扩大的现象。针对经济和财政运行中出现的新问题，各国政府纷纷制订了符合自己国情的税制改革方案，主要体现在降低税负以促进投资、保持经济增长、促进出口以及吸引外国直接投资等方面。

（一）英国的税制改革

英国 2006 年度税制改革方案的主要内容有以下几个方面。

1. 直接税的改革措施

个人所得税：调整个人所得税是 2006 年英国税制改革的重点内容，改革方案的主要内容包括：一、调整个人所得税累进级次；二、提高宽免额，尤其是对老年人适用的宽免额的调整幅度较大；三、增加工资、薪金所得的税前扣除标准。

公司所得税：从 2006 年 4 月开始，将原先适用于小规模纳税人的两档优惠税率（0，19%）统一为一档低税率（年利润额在 0~30 万英镑的中小企业统一适用 19% 的低税率），而基本税率仍维持在 30% 的水平上。

2. 间接税的改革措施

2006 年的英国税制改革除了对个人所得税、公司所得税、遗产税等直接税进行调整以外，对一些间接税种也提出了若干改革方案。

增值税：增值税是英国的主要税种之一。英国税法中规定，年增值税应税销售额超过 60000 英镑的纳税人作为增值税一般纳税人应依法履行纳税登记义务。为了减轻纳税人的负担，从 2006 年 4 月 1 日开始，将增值税起征点从 60000 英镑提高到 61000 英镑。

其他间接税改革内容包括：提高民用土地转让印花税起征点。

（二）法国的税制改革

据法国经济与财政部 2006 年预算法案补充说明资料所述，2006 年法国税制改革的主要目标有以下 5 个方面：一是促进就业；二是保护国内购买力；三是应对石油价格上升；四是增强法国企业的竞争力；五是简化个人的纳税手续，强化政府与纳税人之间的信赖程度。

个人所得课税相关改革：第一，所得税的通货膨胀调整（所得税指数化政策）。为了减少通货膨胀对税制的影响，对所得税累进级次上下限做了指数化调整，累进级次上下限提高幅度平均约为 1.8%（上调比率相当于除了香烟价格以外商品的价格上涨率）。在此基础上，2007 年全面推进所得税减税政策，改革目标是通过简化税率表、降低税率来减轻中产阶级的税收负担（2007 年减税方案将原 6 级超额累进税率改为 4 级，最高和最低边际税率分别为 40% 和 5.5%）。第二，设置了税收负担上限（"税收盾牌"）。为了降低纳税人的直接税负担水平，使纳税人负担的各种直接税总额占其收入的比重不超过 60%，法国政府在设计新税制时制定了负担上限，被人们形象地称为"税收盾牌"。这里的直接税主要是指所得税、财产税（国税部分）、不动产税、居住税（地方税部分），其中不包括为提供各项社会保障而征收的一般社会保险税。第三，同时采取了其他一些措施，扩大了税收优惠政策的适用范围和优惠幅度，如提高就业补贴（PPE）、增加与再就业相关的搬迁费税前扣除额度、实施因更换工作而取得的不动产收益的税收减免政策、提高购买或租用低污染车辆时的税额扣除标准等。

公司课税相关政策调整：第一，废除了公司税附加。原先，法国在公司所得税基础上，再征收一道税率为 3% 的附加税（临时加征的额外税，其税基为公司税税额）；2005 年预算法为了鼓励就业和促进投资规定：2005 年减半征收公司税附加，即税率下调到 1.5%，2006 年则彻底废除了此项政策。第二，改革公司匡算课税（IEA）制度。对于适用公司所得税的企业，不论盈利与否，都应按照销售收入额缴纳某一税率的公司匡算税（IEA）。原税法中允许将公司匡算税从企业当年或以后两年内缴纳的公司税额中扣除。此次税制改革对公司匡算税进行了以下两个方面的调整：首先，为了减轻中小企业的税收负担，大幅度调整了公司匡算税的税率，此项改革将减少 7.5 万个原先具有公司匡算税缴纳义务的企业，即 7.5 万个企业因此项改革而不必再履行公司匡算税纳税义务。同时，其余的 7 万户左右企业的税收负担也不同程度地得到了减轻。其次，为了简化公司课税制度，废除了在公司税额中扣除已缴纳的 IEA 税款的规定。第三，其他措施。除此之外，法国政府还实施了若干公司所得税优惠政策，如延长环境保护设备的特别折旧适用年限、提高试验研究费税前扣除标准、降低营业税（地方税的一种，也叫职业税）累进级次的上限等。

（三）美国税制改革

早在 20 世纪 40 年代初，美国就开始对中小企业实行税收优惠政策，并经常调整。1981 年颁布的《经济复兴法》对以往的税法作了修订，同时联邦政府还专门颁布了促进中小企业发展的税务计划，宣布国家税务总局将为中小企业提供 6 个月的宽限期；中小企业可通过联邦政府的电子系统纳税等。美国税收优惠政策的具体内容有：

1. 中小企业可以自主选择纳税方式。如果企业符合所得税法中有关中小企业的规定，即可从两种纳税方法中任选一种：一是选择一般的公司所得税纳税方式，税率为 15% ~ 46% 的 5 级超额累进税率；二是选择合伙企业纳税方式，即根据股东应得的份额并入股东的个人所得之中，按个人所得税计算缴纳。此外，美国《经济复兴法》规定，雇员在 25 人以下的企业，所得税按个人所得税税率缴纳。

2. 降低税率。《经济复兴法》将涉及中小企业的个人所得税税率下调了 25%，并将创新型小型企业的资本收益税率减半，按 14% 征收。年应税收入在 5 万美元以下的企业，可享受 15% 的低税率。到 2006 年底，最低所得税率将从 15% 降到 10%。

3. 税收减免。一是允许中小企业或公司对新设备的投资直接冲抵其应纳所得税额。凡购买新的设备，若法定使用年限在 5 年以上的，其购入价格的 10% 可直接抵扣当年的应付税款；若法定使用年限为 3 年，抵免额为购入价格的 6%；甚至某些不动产以及某些购入的旧设备，也可以获得一定程度的税收抵免。小型企业的应纳税款如果少于 2500 美元，这部分应纳税款可全额用于投资抵免。二是对小型企业投入的股本（符合一定条件）所获资本收益实行至少 5 年的 5% 税收豁免。三是企业风险投资额的 60% 免除征税，其余的 40% 只以 50% 征收所得税。四是私人资本为建立科研机构而捐赠的款项一律免税，企业为建立非营利性科研机构提供的资金也免交所得税。

4. 加速折旧。20 世纪 80 年代以来，相继出台政策缩短了原折旧法规定的固定资产折旧年限，实行"特别折旧"制度，允许企业在投资后的 1~2 年里对新购置使用的固定资产提取高比例折旧，对某些设备在其使用年限初期实行一次性折旧。

5. 鼓励中小企业增加科技开发投入、对部分研发费用予以免税。一是通常的研发费用如果在课税年度超过过去 3 年平均发生额，其超过部分 25% 的部分予以减免；二是在从事基础研究时，研发费用的 65% 作为非课税对象，该项抵免可以向前结转 3 年，向后结转 15 年。

6. 亏损结转。中小企业股东遭受的损失可以用来抵减其他来源的收入，如从别的公司得到的工资收入抵减中小企业股东分摊的损失，扣除数额不能超过股东的基值，超过部分要结转到以后年份，结转的期限没有限制。对损失数额超过股东基值的部分，按比例从股东其他收入项目中进行损失扣除。

（四）日本税制改革

1. 调整个人所得税累进税率和累进级次

从 2007 年开始，个人所得税累进税率从 4 档改为 6 档。最低档税率由 10% 下调为 5%，最高档税率则由 37% 上调为 40%。调整累进税率和纳税级次可以减少中央政府个人所得税收入，使税源更多地从中央政府转移到地方政府，即通过中央政府税源移让措施提高地方政府的税收收入进行分权化改革。

2. 研究开发税制改革

（1）调整了与试验研究费总额相关的特别税额扣除制度。具体内容为：对于 2006 年 4 月 1 日到 2008 年 3 月 31 日会计核算年度内发生的各项试验研究费，超过既定试验研究费扣除限额时的特别税额扣除比例增加 5%，此特例适用期限为 2 年。

（2）对于中小企业技术基础强化税制，从 2006 年 4 月 1 日到 2008 年 3 月 31 日两个会计年度内发生的试验研究费超过既定试验研究费扣除限额时的特别税额扣除比例增加 5%，此特例适用期限为 2 年。

（3）增加特殊共同试验研究费对象范围，特殊共同试验研究费中加入稀缺疾病医药品以及稀缺疾病医疗器械相关的试验研究费。

3. 设立信息基础强化税制

（1）填写蓝色申报书的经营者在 2006 年 4 月 1 日至 2008 年 3 月 31 日期间，购置提高产业竞争力及促进信息基础强化的设备，并将此设备投入到国内企业时，可以享受相当于设备购置价格 50% 的特别折旧优惠或享受相当于设备购置价格 10% 的特别税额扣除优惠。此项优惠政策适用年限为 2 年。

（2）对于资本金少于 1 亿日元的法人，如果借入一定数额的风险资产并将此风险资产投入到国内生产经营事业时，对相当于基本风险费用总额 60% 的部分给予 10% 的特别税额扣除。

（3）对上述两项优惠措施，最高扣除限额为当期该法人税额的 20%，超过这一限额部分可以结转到第二年继续抵扣，但结转抵扣年限仅为 1 年。

4. 有关中小企业的税收政策

中小企业法人是指资本金不足 1 亿日元的法人。新税制中对中小企业税制做了如下调整：

（1）中小企业技术基础强化方面的税收政策的规定。

（2）有关促进中小企业投资税制方面，将企业投资优惠资产范围扩大到某些软件以及数字复合机，同时将工具设备（计算机除外）从这一优惠对象范围中剔除。新的优惠政策适用年限为 2 年。

（3）改变交际费不能作为费用列支的规定，即允许将不超过一定范围的餐饮费计入税前扣除项目，餐饮费扣除限额为每人 5000 日元。此优惠适用期限为 2006 年 4 月 1 日至 2008 年 3

月 31 日。

（4）创业 5 年以内的新建中小企业发生亏损时，允许将亏损结转到以后年度的政策使用年限延长 2 年（其他企业发生亏损时不允许结转）。

（5）调整中小企业购买小额折旧资产时发生的购置成本列入费用的特例，在中小企业经营年度内取得的小额折旧资产购置价格总额超过 300 万日元时，超过部分不能列入费用扣除范围之内。这一政策适用期限是从 2006 年 4 月 1 日到 2008 年 3 月 31 日。

（6）家族公司提留金课税制度的调整。家族公司是指由家族实际控股的法人。在家族公司中，少数特定股东可以任意地决定分红，从中取得最大的利益，同时，在某些情况下以超额提留的方式进行避税。家族公司的超额提留不仅影响政府的税收收入，而且影响法人之间的公平课税问题。因此，在此次法人税法中调整了对家族公司的超额提留课税制度。

四、中国目前促进民间投资
发展税收政策分析

（一）促进民间投资发展的主要税收政策

由于民间投资在国民经济日益突出的重要地位和作用，各国政府纷纷出台各种政策措施促进其发展，其中税收政策是各国使用最普遍的政策工具。我国税法也针对促进民间投资面作出了积极的税收政策，主要表现在促进投资的税收优惠政策上。这些税收优惠政策主要有：

1. 增值税方面。在增值税方面，促进民间投资的税收政策主要有普遍性政策和有针对性的政策。

一普遍性政策体现在：2009 年我国在全国范围内推行消费型增值税，扩大固定资产进项税的抵扣范围。同时，降低了对

一般纳税人在经营规模上的认定标准，将工业企业降为 50 万，商业企业降为 80 万，而且把小规模纳税人的征收率降为 3%。对出口货物实行零税率的政策，即除免征出口环节增值税外，还能将以前已征收税款退还企业，使出口货物以不含税价格进入国际市场，增强产品的竞争力。

有针对性的政策主要体现在对一些有利国家经济增长、保证人民生活水平及可持续发展的产业和国家重点扶植产业的税收优惠政策。

2. 所得税方面。我国在企业所得税方面促进民间投资的税收政策，主要体现在：普遍性税收政策、针对重点产业的税收政策、体现国家宏观经济调整的税收政策、吸引国外投资的税收政策以及原税收优惠的过渡性税收政策。如，为进一步促进企业的投资和发展，在普遍性税收政策上，我国 2008 年统一了内外资企业所得税，并将所得税税率由 33% 降为 25%，同时为了鼓励中小企业的发展，对小型微利企业减按 20% 的税率征收企业所得税；为促进我国经济发展从劳动密集型向资本、技术密集型发展，在宏观经济调整的税收政策上，我国鼓励企业自主创新，允许企业对研发支出加计 50% 税前扣除。为吸引国外投资，对在我国境内未设机构场所的或虽然设立机构场所但所得与机构场所没有关联的非居民企业予以 10% 的优惠税率；为实现新旧企业所得税的平稳过渡，对以前原享受税收优惠的企业，实行过渡性的税收优惠政策等。

3. 个人所得税方面。由于目前我国在个人所得税制上采取分类所得税制，所以在促进民间投资的税收政策上也比较分散。如，对个体工商户的生产、经营所得和企事业单位的承包经营、承租经营所得采用五级累进税率计征个人所得税对个人独资企业和合伙企业的生产经营所得，只征收个人所得税；对个人存款利息免税；对个人在一年内换置购房，采取新房购价高于旧房售价的免税；对个人转让股票所得免税等。

4. 营业税方面。将按期纳税营业额的起征点调高为 1000～5000 元，将按次纳税营业额的起征点调高为 100 元。对纳税人以自有的房地用于投资共担风险可以不征收营业税。

(二) 存在的主要问题

虽然国家在鼓励民间投资方面已采取了一系列的税收政策措施，对促进民间投资、加快经济发展起到了积极的作用。但存在一些不足之处，在税收政策上仍存在一定程度的限制，对鼓励私人企业再投资缺少吸引力。

1. 个人所得税政策不尽合理，影响民间投资和再投资。一是对个人以技术参股取得的股份，按税收政策规定，暂缓征收个人所得税，但取得的股份红利所得照章纳税，这显然不利于鼓励个人对技术投资的积极性。二是对个人多处投资取得的收益，按税收政策规定，必须合并征税，但赢亏却不能相抵，显然有失公平，在一定程度上影响了私人扩大投资的欲望。三是对个体工商户的税前扣除与其他内资企业不一致。四是不论是核定征收还是查账征收，个体业主的工资都不能在所得税前扣除，有悖于税收的公平原则。

同时，国家提高增值税、营业税起征点后，扩大了小规模、低收入投资群体的受惠面；但根据规定未达到起征点的纳税人只享受免征流转税的待遇，不能相应免征个人所得税，不能体现国家对低收入者的照顾，也影响了低收入者通过自我投资、个人创业来解决自身生存的信心和能力。

2. 现行企业所得税政策规定不合理，在一定程度上影响民间投资。一是有的税收政策规定对个私企业存在着一定的歧视。如技术开发费加计 50% 的税收政策，在税法规定为发改委指定的产业，而这些主要集中于国有、集体企业和国有、集体企业控股企业享受，个私企业则不能享受这项优惠政策。另外，由于个私经济本身的条件及所处的环境因素影响，造成一些政策事实上被边缘化。如个私企业通过聘请专家辅导的形式从事一些小打小闹式的技术开发，有关技术辅导、技术转让费用只能在业务招待费中列支，无论在列支总额上还是时间上都要受到限制。二是对个私企业允许税前列支的项目少、范围窄、标准低、限制多。如个私企业的车辆、通讯设备均以个人名义购置，虽以企业的生产经营使用为主，但税前却不能扣除。对私人投资企业的广告费、捐赠、折旧、佣金等税前扣除限制过多，直接影响私人投资的收益。

3. 独资、合伙企业比照个体工商业户征税不合理。独资、合伙企业是依照《个人独资企业法》和《合伙企业法》设立的与社会主义市场经济相适应的新型企业形式，虽与国有、集体企业有一定差别，但经营规模、管理水平、产品档次与其他企业比较接近。而现行税收政策却简单化地将个人独资、合伙企业比照个体工商业户征税，使得独资、合伙企业在享受优惠政策、税前扣除等方面受到不同程度的限制，这对独资、合伙企业的投资者来说显然是不公平的。

4. 增值税小规模纳税人税负重，制约了小规模民间资本投资的积极性。以私人投资为主的个体工商户和企业在创业初期往往是达不到一般纳税人标准。小规模纳税人按 3% 缴纳增值税，其税负明显高于一般纳税人，这就直接制约了小规模纳税人（绝大多数是民营经济）的正常发展。如，设一般纳税人和小规模纳税人要取得同等的利润率，并设剔除规模影响的情况下，两者都从同一一般纳税人企业购入原材料的总量为 X，增值税税率 17%，则小规模纳税人的税负为 $[X \times (1 + 17\%) \times (1 + 10\%)]/(1 + 3\%) \times 3\% = 0.0398X$，一般纳税人为 $X \times 10\% \times 17\% = 0.017X$，可见购入相同数量的原料，所负担的税负不同。此外，从固定资产购入的情况来看，小规模纳税人不能抵扣进项税，而一般纳税人可以，这也造成税负的不平等。同时，由前述可以看出我国对促进投资的增值税税收政策上主要集中于大型企业，而多数民营企业不能享受相应的税收优惠政策。

五、进一步促进我国民间
投资的税收政策取向

1. 在增值税方面。应在进一步降低增值税一般纳税人的认定标准的同时，适时的促进增值税征税范围的扩大，即适时实施增值税和营业税的合并。民间小规模投资主要集中在服务业，服务业属于营业税的征税范围，而用于营业税税目的固定资产及外购物资所负担的进项税不得抵扣。这使得目前投资规模较小的民间资本投资流转税的税负偏重。

2. 所得税方面。扩大加速折旧范围。加速折旧实际上是鼓励资本密集型企业的发展。由于加速折旧只影响税收的上缴时间，并不影响固定资产整个使用周期的纳税总额，带来的税收损失比较少，给财政的压力比较轻，是一个可以兼顾国家利益和私人利益的税收制度。

3. 提高民营企业的税后收益率，鼓励民营企业扩大投资。一是建立投资性减免税制度。投资性减免税也称为国家追溯性投资，它是根据国家产业政策和协调地区间经济发展政策的需求，对企业向国家鼓励发展的产业和地区投资所给予的特别优惠。投资性减免税不是国家在项目投资前的拨款，而是对项目投产后实现的税金进行减免，以保证投资者能得到较快的资本回收，达到鼓励投资的目的。将投资税收抵免制度引入民营企业领域，不但可以增加民营企业的税后利润，缩短投资回收期，增加企业可支配资本，激发企业投资意愿，还可以促使民营企业走科技进步和内涵扩大再生产的路子，有利于民间投资结构的优化调整。二是建立风险分担机制。税收优惠政策作为风险分担机制的一种，不仅可以影响投资者的收益，还可以影响民营企业对待投资的态度和意愿。具体措施设计如下：

（1）加速折旧和附加折旧。允许民营企业采用加速折旧法对固定资产计提折旧，从而推迟纳税时间；对其购置的共同使用的机械设备给予20%的附加折旧，即对共同使用机械设备以所购价款的120%作为计提折旧的基数。

（2）投资准备金的税前扣除。对于民营企业提取的投资减值准备，允许按当其投资准备金账户的变动数的50%调节计税所得，即补提减值准备金时，补提数的50%可在税前列支；待冲销准备金时，再将冲销额的50%计入应税所得，从而体现国家与企业投资风险的共担。

（3）投资损失扣除。现行税法规定，被投资企业发生的经营亏损，投资方企业不得调整减低其投资成本，也不得确认投资损失。这项规定不利于民营企业对外投资。建议允许民营企业扣除从受资公司分摊的损失，但扣除数额不能超过投资账面价值，从而降低投资风险。

（4）再投资退税。对民营企业用税后利润转增资本的再投资行为，按一定比例退还再投资部分已缴纳的所得税税款，以鼓励企业将所获利润用于再投资，扩大企业规模。

4. 积极推进税费改革，改善民间投资的配套措施。一是坚决取缔违规的不合理收费，将经营性收费推向市场。名目繁多的税外收费，是造成民营企业负担过重的根本原因，也直接制约了民间投资的发展。应进一步规范政府的行政行为，全面清理违规、甚至违法的各种"乱集资、乱收费"，同时将现行的属于价格范畴的经营性收费，如技术咨询费、培训费等，统一纳入市场平台，彻底从政府行政行为中剥离出来，以独立市场主体的身份，按照公开、公正、公平的交易规则参与社会经济活动。二是全面整顿现行的合规收费，逐步实现清费立税。对现行的合规收费的收费方式、使用管理、设立程序等进行规范，将其纳入财政预算，由财政部门实施监督和管理。对今后新增的收费项目，必须具有充分的法律依据，必须经过严格的审批程序后才得予以执行。同时通过改革现行税收制度，分期分批将公共产品、公共服务的收费和基金并入税收管理，不再向使用者或受益者收取额外费用，切实减轻民营企业的总体实际负担。

作者单位：内蒙古财经学院

促进高新技术产业
发展税收政策的
国际借鉴研究

促进高新技术产业发展税收
政策国际借鉴研究

天津市国际税收研究会

税收是以国家为主体，为实现国家职能，凭借政治权力，依法参与分配，无偿取得财政收入的一种经济手段。但同时它又是一种法律手段，这两重属性无形中决定了税收必然成为政府推动技术进步的最强有力的宏观调控手段。在构建高新技术产业发展的政策支撑体系中，税收政策成为最重要的杠杆手段之一。各国政府对高新技术产业的发展都采取了税收优惠政策，主要包括对各类科研机构和高新技术企业研究开发及所需固定资产、科技成果转让、高科技企业税率、风险投资、高新技术或产品出口等方面的优惠，切实可行的优惠政策对企业的发展起到了很大的推动作用。

一、国外促进高新技术产业
发展的税收政策取向

（一）减免公司（企业）所得税

这是许多国家和地区广泛使用的优惠方式。通过减免公司所得税，可减轻企业税收负担，增加企业税后所得，以此增强企业技术研究与开发投入的能力。很多国家都给高新技术产业（行业）或企业以定期免征或减征企业所得税的优惠。法国政府制定了"高新技术开发投资税收优惠"政策，规定凡是研究与开发投资比上年增加的企业，经批准可以免缴相当于研究与开发投资增值额的 25% 的企业所得税，后来这一比例又提高到 50%；而在高新技术开发区内的新办企业免征公司所得税 10 年。

日本政府为实现科技振兴，实行了对实验研究费给予税额扣除、向海外出售技术等海外收入给予特别扣除等政策。《促进基础技术开发税制》中规定，在对增加实验研究经费给予减免的基础上，对部分高新技术领域的技术开发用资产再按购入价的 7% 免征所得税税金（最高限额为法人税的 15%）。自 20 世纪 80 年代中期开始，日本每年对高新技术产业的减免税支出达 1000 亿日元，极大地促进了高新技术产业的快速发展。

（二）费用扣除

这一方式是允许企业将用于科研、试验及资源开发的投资，在计算应纳税所得额时作为费用扣除，以减少应纳所得税。加拿大政府对企业研究开发的经常性费用和资本性费用，以及在境内发生的费用和在境外发生的经常性费用，允许在发生当年作一次性扣除，对境外发生的资本性费用，则按资本折旧规定分期摊提。同时，对研发费用的 20% 可从应纳税所得额中另行抵免。对由本国人控股的私营公司研发费用未超过 200 万加元的部分，抵免率可提高至 35%，其优惠当年不足抵免的部分允许向前结转 3 年，向后结转 10 年。同时，各地方政府对高科技企业的研究开发费用还都规定有各具特色的抵免措施。美国对于企业的研究开发费用按两种不同的方法进行扣除。一是资本化，即采取类似于折旧的方法逐年扣除，扣除年限一般不短于五年；二是在研究开发费用发生的当年做一次性扣除，若企业当年没有盈利或没有应纳税所得额，则允许减免额的该项费用扣除可向前追溯 3 年，向后结转 7 年，其中费用扣除最长可顺延十五年。

（三）投资税收抵免

即对购进生产性固定资产设备的企业，允许其在税前扣除设备价款一定比例的金额，以减轻其税负。这种抵免有利于鼓励企业更新固定资产和进行技术改造。

美国税法规定，企业用于技术更新改造的设备投资，可按其投资额的 10% 抵免当年应缴的所得税。凡是企业科研发展费用超过前三年平均值的，可按超过部分的 25% 抵免当年的应纳税额（同时规定最高限额为法人税的 10%）。凡购买新的资本设备，如法定使用年限在 5 年以上，其购入价格的 10% 可直接抵扣当年的应缴所得税额；如法定使用年限为 3 年，抵免额为购入价格的 6%；某些购入的旧设备，也可获得程度不同的税收抵免。对企业的研究与发展投资，可按 20% 的投资额抵免当年的应缴所得税。1999 年年底，美国国会通过了《R&D 减税修正法案》，鼓励企业加大对科技的投入，政府将视其投入的情况给予一定的免税额，该免税的额度取决于企业实际的研发（R&D）支出，并允许企业在日后一定时间内逐步实现其过去未能使用和尚未用完的免税研发（R&D）额度。日本政府规定，企业的研发费用可选择资本化即按照递延资产处理，亦可选择当期全额扣除。另外，对于符合条件的费用还可按规定直接抵免应纳税额。如为促进基础技术的研究，对用于基础技术研究的折旧资产，按当年该项支出的 5% 从应纳税额中抵免；又如为鼓励中小企业加大科技投入的力度，规定中小企业的研发支出可按当年支出全额的 6% 抵免。

（四）加速折旧

这一方式是在固定资产使用年限期满前提足更新资金，使企业享受到延期纳税的优惠，相当于从政府手中获得了一笔无息贷款，保证企业短期内获得较多的重置更新固定资产的资金，提高生产效率和经济效益，带动经济的稳定增长。当前，发达国家普遍允许企业采用加速折旧的方法。发达国家企业固定资产的折旧年限目前只有 10 年左右，年折旧率为 11%～12%，从而使折旧金额常常超过企业所增资本额，对于企业更新设备和采用新技术发挥了巨大的促进作用。特别是对高新技术产业，为适应其飞速发展和应对日趋激烈的市场竞争，许多国家对若干产业和用于研究开发的固定资产实施特殊的折旧政策，进一步缩短折旧期，提高折旧率，以促进设备更新的加快。美国早在 1954 年颁布的《财税法》中，就规定企业可以采用双倍余额法以及年限合计法等加速折旧的方法。20 世纪 70 年代和 80 年代，美国政府两次缩短了固定资产的法定使用年限，固定资产的类别减少到五类，将汽车、科研设备等固定资产的折旧年限缩短至 3 年，机器设备缩短至 5 年，这些措施的直接效果就是使固定资产的折旧速度进一步加快。另外，美国政府还将加速折旧作为政府对私人高新技术企业实行巨额补贴的一种有效方法，以此来促进对高新技术产业的投资。目前，美国每年的投资中，折旧提成的比重高达 60%～90%。澳大利亚税法规定，专供研究开发活动使用的厂房和设备支出，可每年按 50% 的比例分 3 年予以扣除（即 3 年可扣除成本的 150%）。

（五）提取投资、科研开发等各种类型的准备金

所谓准备金，系指为减少企业投资风险而设立的资金准备，主要有技术开发准备金、呆账准备金等。这些准备金作为税式支出的一种形式，即企业所得中用于一定用途的所得可作为准备金处理而不纳税。如韩国税法规定有关行业的企业可按收入总额的 3%（技术密集型产业为 4%，生产资料产业为 5%）提取技术开发准备金，并允许在三年内用于技术开发费、技术信息及培训费以及有关技术革新投资计划资金等方面。设立技术开发基金的企业还允许按其技术开发支出的 5%（中小企业为15%）直接从税额中抵免。韩国税法规定转让或租赁专利、技

术秘诀或新工艺所获收入，可减免所得税，转让给本国人所得的收入，全额免征；转让给外国人所得的收入，减征 50% 的税金。

（六）重视对高科技人才施以优惠税收政策

高科技企业的发展最终还是取决于人才，对科技人才实施税收优惠政策，制定以人为本的税收政策，成为世界各国政府的共同选择。韩国对于企业支付的技术和人才开发费可以一定的比例从法人税和所得税中扣除；对在韩国国内企业工作或在特定研究机构（含政府）从事科研的外国人给予 5 年的所得税减免。意大利对于企业聘请的博士后、学士后（2 年以上）每个合同提供税收信用额度为 1500 万欧元至 6000 万欧元，对于企业委托培养的博士研究生，政府给予的支持为奖学金的 60%。

（七）注重构建科学、合理与高效的科技税收优惠运行机制

在市场经济条件下，对高新技术产业的税收优惠同样需要遵循市场经济的规律。很多发达国家在运用科技税收优惠政策的，逐步探索出一条行之有效的运行机制，即由政府制定税收优惠政策，然后将这些政策推向市场，由市场引导和选择企业对科技进行投入，企业享受到这些优惠政策后，规模与效益得到提高，竞争能力增强，导致实现税收增加，回报社会，也就是政府—市场—企业—政府（社会）的运行模式。同时，税收优惠并非无限制的使用，许多发达国家十分重视税收优惠的政策效应，根据经济发展情况不断调整其科技税收政策，严格按照国家的产业规划与序列，将有限的税收优惠运用到亟需发展的行业与领域，特别是科技制高点领域。

（八）加强科技税收政策的法制化管理　规范科技税收政策

科技税收优惠是政府政策目标的风向标。通过法律法规制定科技税收优惠政策，表明一个国家政府实行相应政策的严肃性，也在很大程度上增强了政策本身的刚性，有利于政策目标的实现。如日本制定了《促进基础技术研究细则》和《增加试

验研究费税额扣除制度》，韩国则制定了《技术开发促进法》和《鼓励外资法》。日、韩的科技税收优惠政策的法制化管理，对推动其企业和整个国家的科技进步发挥了不可忽视的重要作用。

二、我国现行高新技术产业税收政策的问题剖析

随着技术的高速发展和国内外经济形势的变化，我国现有的税收优惠措施在促进高新技术产业发展方面存在的问题开始显现，主要表现在以下几方面：

1. 促进高新技术产业发展的税收政策针对性不强，税收优惠政策目标不明确

（1）我国现行科技税收政策更多的是各项税收优惠措施的简单罗列，一些税收法规因临时性需要而仓促出台，没有总体上的规划，缺乏系统性和规范性。（2）促进高新技术产业发展的导向机制尚待完善。新技术转化为现实生产力一般要经过研究开发期、成果转化期、市场成熟期三个阶段，税收优惠也应该在各个阶段发挥其扶持和激励作用。而目前我国对高新技术企业的税收优惠主要集中在成果转化期，使得急需政府扶持、转化投资风险的新办企业享受不到有效优惠，不利于企业的发展壮大。（3）某些地方税收优惠政策滥用。有的地区，不论是否是高新技术企业，都享受税收优惠，并且高新技术企业中的非高新技术收入和"四技"收入（指技术转让收入、技术咨询收入、技术服务收入、技术培训收入）中的非技术性收入也享受优惠政策，使得高新技术产业税收优惠的目标不明确。（4）税收优惠政策不依据经济发展的不同时期而做相应的调整，导致一些企业不思进取，企业的创新活动难以长久地持续下去。

2. 促进高新技术产业发展的科技税法体系不够完善

首先是科技税收法律层次低，相互之间衔接差，影响其效

应的发挥。我国现有的科技税收优惠政策，基本上是通过对一些基本税收法规的某些条款进行修订、补充而形成的，散见于各类税收单行法规或税收文件中，有的规定在内容上出现交叉、重叠的现象，甚至一些过时的规定没有及时废止，使人们对政策难以全面把握，执行起来容易出偏差。其次是税法的单一立法体制，不能完全适应地方科技发展的需要，不利于因地制宜调控配置区域性税收资源和地方税体系的构建。

3. 税收优惠以直接优惠为主，间接优惠为辅

从税收优惠方式上看，税率式优惠与税额式优惠属于直接优惠方式，而税基式优惠，如加速折旧、投资抵免、税前列支等属于间接优惠方式。我国的税收直接优惠主要表现为对企业最终经营结果的减免税方面，如企业所得税的减免，强调的是事后的利益让度。对于引导企业事前进行技术改革和科研开发的作用较弱。间接优惠（税基式优惠）主要表现为对企业税基的减免，强调的是事前的调整，通过对高新技术产业的固定资产实行加速折旧、对技术开发基金允许税前列支以及高新技术产业企业可享受投资抵免等措施来调整税基。它可以激励企业采用先进技术和加强科技开发来享受相应的税收优惠，达到国家产业升级和优化产业结构的目的。我国目前还处于高新技术发展的起步阶段，本应侧重于间接优惠方式的使用，而在科技税收政策的优惠方式上却偏重于直接优惠，较少运用加速折旧、投资抵免等间接优惠方式，优惠的对象主要是那些已经和能够获得技术开发收益的企业，对那些尚处于技术研发阶段以及需要进行技术改造的企业缺乏应有的税收刺激，这对扶持更多的企业加入技术创新的行列有一定的负面影响。

4. 当前税收优惠政策仍以区域优惠为主，产业优惠为辅

区域税收优惠主要有两种形式：一是按行政性区域规定的优惠；二是按照高科技园区、经济技术开发区等经济性区域规定的优惠。我国现行的高新技术税收优惠主要体现在经济特区、

某些行政省区、经济技术开发区和高科技园区内，区域优惠明显而全国范围内的产业（或行业）优惠较少。在经济发展初期，区域税收优惠政策可以起到先导性、示范性、集聚性和辐射性的作用，可以在短期内吸引资金流向对高科技产业优惠的地区，建立起高新技术产业发展的区域环境。通过建立高新技术开发区，然后对进入开发区的企业给予各种优惠，这是国际上通行的方式。但这种方式主要用于吸引外资。对本国企业使用这种方式有较大的副作用，目前对开发区内外相同性质的企业实行不同的税收待遇，既不符合公平原则，也不符合税收促进高新技术产业发展的初衷，更不利于科技产业的合理布局。实际上给很多企业提供了合法避税渠道。在区内的企业，有些并不属于高新技术企业，但同样享受优惠政策。导致许多企业不是在科技创新上下工夫，而是在"新产品"、"高科技企业"等认定方面下工夫，钻政策的漏洞。税收政策对产业性税收优惠的弱化，造成了同一性质的产业因所处区域不同而产生税负不同，不仅不符合国家的产业政策、有悖于税收公平的原则，也大大局限和弱化了税收政策在促进全国科技进步方面的作用。同时，由于中西部地区的总体投资环境比不上东部地区，使本来就相对落后的中西部地区在科学技术方面更加落后，进一步加剧了地区发展的不平衡。

5. 以企业所得税优惠为主，缺乏必要的个人所得税优惠

我国现行的高新技术企业实行 15% 的企业所得税税率（为普通企业所得税税率的一半），个人投资高新技术企业获取的个人所得（如股息、利息和个人分得的利润）却没有所得税方面的优惠措施，并且由于企业所得税和个人所得税的课征形成了双重课税。现行个人所得税法没有对高新技术人员的优惠政策，仅有对省级人民政府、国务院部委以上单位及中国人民解放军、外国组织、国际组织颁发的科学、教育、技术、文化、卫生、体育、环境保护等方面的奖金及规定的政府津贴免征个人所得

税，而对省级以下政府及企业颁发的重大成就奖、科技进步奖仍征收个人所得税。而且个人所得税没有考虑高科技人才教育投资成本大的情况，没有实行税前扣除的优惠，致使居民对高层次的教育投入不足；对红股征收个人所得税阻碍了高新技术企业内部员工持股制度的推行；对高科技人才的创造发明、成果转让收益征税，削弱了科研工作者投身科技开发的积极性，也打击了对科技成果进行转化的热情；缴纳个人所得税时，房补计入应纳税所得额，增加了高新技术企业员工的税收负担。

三、借鉴国际经验改革与完善我国高新技术产业税收政策与制度的构想

（一）完善、健全与高新技术产业有关的税收法律体系

加快有关科技税收方面的立法步伐，提高科技税收法律的权威性，并创造条件尽快对科技税收优惠实施单独立法。我国目前现行科技税收法律的层次较低，权威性差，难以发挥税收的调节作用。因此应对一些已经相对成熟的条例、法规通过必要的程序使之上升到法律层次，既有利于克服由于经常修改而造成税法不够稳定的缺陷，也在一定程度上提升了有关科技税收的法律效力。从长远角度考虑，国家应制定完善促进高技术产业发展的全面性的法律《促进高新技术产业发展基本法》，并根据这一法律的要求，对目前零星散布在国务院、财政部、国家税务总局各种通知、规定中的具体税收优惠政策进行归纳梳理，结合当前国家产业政策和经济结构调整、所有制结构调整的新形势，对科技税收政策实施单独立法，在法律中明确规定优惠的目标、原则、方式及其具体措施、范围、审批程序等内容，消除现行法规之间矛盾、重复、庞杂与混乱的弊端，加强科技税收优惠的规范性、透明性和整体性。国家在完善科技税

收政策时，应由国务院单独制定一个特别优惠法案，将散见各处的科技税收政策集中，统一颁布执行。此法案应先列出与国家产业政策和地区发展政策及科技税收政策有关的其他政策，列出国家产业发展序列和地区发展序列，以使人明确税收倾斜原因，然后具体规定税收优惠方法，明确税收倾斜的具体内容及办理方法和程序。同时，随着经济形势的发展，应赋予地方一定限度的税收立法权，使科技税收优惠政策与中央和地方的发展战略紧密结合，中央可以集中对基础科学、国家重点技术开发及主导性产业给予税收支持，地方则对有利于地方经济发展，效益较为明显的技术开发项目予以扶持，进一步明确管理权限的划分，既有利于提高行政效率。又有利于预防地方越权减免及实施替代税收政策。

（二）逐步实现税收优惠以直接为主向间接为主转变

间接优惠虽然在一定时期减少了政府应征税收，但政府保留今后对企业所得的征税权力，对企业来说主要是延迟了应纳税的时间，相当于从政府获得了一笔无偿贷款。而且间接优惠具有较好的政策引导性，有利于形成"政策引导市场，市场引导企业"的有效优惠机制，也有利于体现公平竞争。事实上，国外发达国家的实践经验已证明，能够使科技快速发展的优惠方式应该是：有利于设备更新和资金回报的加速折旧，有助于科研活动的税前扣除（包括升值扣除）、税前抵免以及资助目的性较强的税收信贷、延迟支付等。在这方面，我国的当务之急是推行加速折旧政策和建立技术开发基金。借鉴国际经验对科研活动使用的先进设备、专用装置、房屋实行加速折旧，并在正常折旧的基础上给予特别折旧，即在折旧资产使用的第一年允许按一定比例实行特别折旧，对利用国产设备的还可以再优惠，使企业放下包袱，轻装上阵，加快科技发展步伐。实践证明，加速折旧对企业从事科研开发、提高技术水平具有明显的促进作用。因此，应在企业固定资产税务处理方面考虑加速折旧问题，规定对高新技术产业、行业的固定资产实行加速折旧或特别折旧，允许某些特殊企业选择自由折旧，并允许不扣除残值计提折旧。同时，面对社会风险基金的建立和运作不如人意的现状，用税收优惠的办法鼓励企业自建技术开发基金。开发基金按企业投资额或销售额的一定比例计提，并允许在计征所得税之前予以扣除，使企业得以降低开发技术的风险，增强企业技术创新的积极性。与加速折旧相比，投资税收抵免能给企业技术进步带来更直接更明显的税收利益，因而更能产生刺激作用，是世界发达国家或科技进步国家经常运用的方法。建议借鉴发达国家的先进经验，并结合现实的国情，调整对高新技术产业的具体税收优惠方式。改变以往单纯的税额减免与低税率的优惠政策，增加对发达国家普遍采用的加速折旧、投资抵免、技术开发基金等税基式优惠手段的运用。作到税基减免、税额减免与优惠税率三种方式相互协调配合，以促进高新技术产业的发展。鼓励企业资金更多用于科技投入和设备更新，加快高科技产业化进程。具体做法包括：（1）对于使用先进设备的企业以及为研究开发活动购置的设备或建筑物，实施加速折旧，并在正常折旧的基础上给予特别折旧，即在折旧资产使用的第一年允许按一定比例特别折旧扣除。同时应简化对加速折旧的审批与实际操作方面的手续，大幅度缩短折旧年限，提高折旧率，进一步降低资金成本，以加快企业的设备更新和技术进步。（2）对从事科技开发的投资与再投资实行投资抵免政策，允许企业按研究开发费用的一定比例从应纳税额中抵缴所得税，提高企业从事技术开发的积极性。（3）准许高新技术企业按照销售或营业收入的一定比例设立各种准备金，如风险准备金、技术开发准备金、新产品试制准备金以及亏损准备金等，用于研究开发、技术更新等方面，并将这些准备金在所得税前据实扣除。上述这些税收优惠措施均允许亏损或微利企业在规定年限内向前或向后结转，以充分体现"科教兴国"的战略方针，增强企业抵御风险的能力。

（三）科技税收优惠政策应对企业技术创新的全过程给予系统完整的扶持

长期以来，有关科技税收优惠政策的重点都集中在高新技术产业的生产、销售两个环节。实际上是针对结果的优惠，而对创新的过程并不给予优惠。如所得税方面对高新技术企业的企业所得税采取两年免征，以后年度减半征收所得税，对企事业单位的技术转让、技术咨询、技术服务、技术培训收入 30 万元以下的，免征企业所得税等等。营业税方面对科研单位技术转让取得的收入免征营业税等。其基本特点是某些符合了认定条件的纳税人如果取得了科技创新收入则可免征或少征税款。用这个方法如果在取得收入以前进行了大量的科技投资，则享受不到优惠鼓励。虽然也对促进高新技术产业规模的扩大起到了积极的作用，但在这样的政策激励作用下，企业就把重点放在引进技术和生产高新技术产品上，而对建立科技创新体系和研究开发新产品投入不足，同时也造成生产线的重复引进和最终产品生产能力强大，而中间产品、配套产品及一些重要原材料开发能力不足等问题。实际上，一国科技进步的进程在很大程度上取决于对创新环节的投入，由于高新技术企业具有高投入、高风险和高回报的特点，因此，当前科技税收的优惠重点应放在补偿和降低高新技术企业的投资风险方面，将目前主要对高新技术产品生产与销售环节给予税收优惠，逐步转化为对科研技术开发补偿与中间试验阶段给予税收优惠，以增强科技税收政策的一体化效应，促进科技创新机制的形成和完善。

（四）使税收优惠的"受益人"向具体科研项目与开发环节转变

税收优惠实施的对象即"受益人"应定位于科技活动过程和科研成果，才能推动科技事业蓬勃全面地发展。而现行科技税收优惠措施大多是以企业作为优惠受益人，其缺陷是无法区分企业收入中真正属于创新收入的比重。在企业多元化经营的条件下，其对科技创新的刺激作用并没有发挥，而是简单地使某些具有资格的企业享受到过多的税收优惠。同时，科技税收优惠不应简单地以企业的总体收入作为优惠基础而对所有结果进行税收减免。应根据高新技术研发的特点，通过项目优惠、研究开发环节优惠，刺激具有实质意义的科技创新行为。应规定可享受优惠的研究项目或研究开发行为，确定基础研究或前期研究环节、中间试验阶段的优惠等标准，由企业进行申报，经核准后享受间接优惠待遇。

（五）税收优惠政策应进一步加大对"人"的优惠

对科技项目、创新收入和科技进步的鼓励和刺激，最终都要归结到对科技人员个人的科技税收优惠上。针对现行科技税收政策中对人力资本激励措施存在的缺陷与不足，应完善和健全与高新技术企业发展相适应的税收优惠措施。具体而言从三个方面入手：首先，要改革高新技术企业的计税工资标准，直接和彻底的办法是比照软件行业，对高新技术企业的工资费用予以税前扣除。在过渡期内，可以较大幅度地提高高新技术企业的计税工资标准，以减轻高新技术企业的实际税收负担。其次，要强化对高科技人才个人所得税的优惠措施。对高科技人才在技术成果和技术服务方面的收入可比照稿酬所得，按应纳所得税额减征30%；适当扩大对科技研究开发人员技术成果奖励的个人所得税的免税范围。第三，对高等院校、科研机构以股份或出资比例等股权形式给予科技人员个人的有关奖励，予以免征个人所得税的优惠政策，并将这一政策规定的实施扩大到企业的范围，鼓励和提高各类科技开发人才开展科技创新的积极性与创造性。

（六）实现税收优惠从以地域优惠为主向以产业优惠为主转变

从税收公平的角度审视，扶持高新技术企业发展的税收优惠，应当尽量少用区域性税收优惠，而要以产业性优惠为导向，以项目优惠为主。科技税收优惠应改变目前只对单位（如高科技企业、科研院所）和对科研成果的范围限制，转向对具体研究开发项目的优惠，凡是符合条件的企事业单位，不论是否处于高科技园区，都可以享受税收优惠。东部地区，高科技园区和经济技术开发区内应逐步取消税收直接优惠方式，采用税收间接优惠方式，体现产业优惠的倾向，区内主要发展各项配套措施和服务，发展成熟的高科技园区。西部地区，配合西部开发"点面结合"的发展战略，借鉴东部发展经验和教训，在开发初期，可以在经济技术开发区和高科技园区实行一定的税收直接优惠，随着开发进程的推进，逐渐减少区域优惠，清理和调整东西部税收优惠差异，走产业优惠的道路。无论在东部地区还是西部地区，无论是在高新区内还是在高新区外，不分企业的所在地区、部门、行业和所有制性质，对所有的科研单位与项目一视同仁，保证高新技术企业之间的公平竞争。另一方面，科技税收优惠必须突出国家产业政策的导向，根据国家产业政策和科技发展的现状，将科技研究开发项目分为重点鼓励项目和一般鼓励项目，分别给予相应的税收优惠待遇，优先鼓励科技水平高、可迅速转化为生产力，并能使生产效率显著提高的高新技术企业与科研项目的发展。具体而言，当前在保持对高科技产业给予税收优惠的同时，应加大对传统产业进行技术改造的税收优惠力度，对科技投入达到一定数额的国有大中型企业，可与高科技企业享受同等的优惠政策，以尽快实现经济增长方式的根本转变。最后需要指出的是，对新技术企业的税收优惠政策应根据"弥补风险"的原则，及时加以调整，实行科技投资项目立项登记制度和科技成果的验收鉴定制度，以便监督管理，避免出现僵化。这方面应对高新技术企业适用优惠税率和其他优惠措施要有一定的时间限制，随着其收益的逐渐增加或其产品、成果已不属于高新技术的范畴，应及时恢复按照正常税率实行征收。这样做的结果既可以促使企业不断进行技术创新，提高生产力，又可以有效地避免税收优惠的滥用，达到公平与效率并举的双重目标。

课题执笔人：刘　群

促进高新技术产业发展税收政策的国际借鉴研究

白晓蓉

一、我国高新技术产业发展的现状

我国的高新技术产业在"863"计划、"火炬"计划的实施后取得了快速发展。总投资为 100 亿元,为期 15 年的"863"计划自 1986 年开始实施以来成果丰硕。截至 1995 年底,已有研究成果 1200 多项,其中 540 项达国际水平,73 项获国家级奖,国内外专利 244 项。1996 年,"863"计划新增产值 10.57 亿元,净利润 0.77 亿元,上缴税金 0.55 亿元,出口创汇 0.15 亿美元。

为促使高新技术产业化,推动中国高科技产业发展,1998年 8 月经国务院批准,中国实施了第一个发展高新技术产业的指导性计划——"火炬"计划。"八五"期间累计实现新增工业产值 1765 亿元,利税 341 亿元,出口创汇 30 亿美元。1996 年"火炬"计划完成项目 109 项,新增产值 342.72 亿元,新增创汇 3.38 亿美元,专利授权 351 项。1991 年以来先后建立了 53个国家级高新技术产业开发区。目前高新技术开发区已成为中国高新技术产业发展的重要基地,"八五"期间国家高新技术产业开发区累计实现技工贸总收入 3353 亿元,工业总产值 2961 亿元,利税 402 亿元,出口创汇 63 亿美元,1988～1997 年十年间,"火炬"计划已累计立项 12599 项,实现工业产值 4147 亿元,利税 60.4 亿元，53 个国家级高新技术开发区已有 13700 家高新技术企业，开发高新技术产品 14300 多种。1997 年技工贸总收入 3388 亿元，利税总额 349.9 亿元，出口创汇约 65 亿美元。

二、高新技术产业发展中税收优惠政策的效应分析

（一）有助于高新技术企业创新能力的提升

税收作为一个分配范畴，与企业创新能力具有密切联系。高新技术产业的税收优惠政策能够促进企业创新能力的提升。同时，税收对高新技术产业的发展又起着反作用。这种反作用机制主要通过税收制度所决定的企业税收负担和税收政策对产业结构、产品结构以及高新技术产业用于技术创新的投入的影响体现出来的。

（二）有助于高新技术产业人才的培养

高新技术的竞争，实际上是人才的竞争。高新技术产业发展的源泉在于创新，而所有的创新只有靠人才能实现。可见，高技术人才是高新技术产业发展中最活跃、最重要的因素。而税收对高新技术人才的培养与形成具有重要作用。

（三）影响高新技术企业技术进步的成本和收益

税收对高新技术产业技术进步的作用主要是通过制定有利于技术进步的税收优惠政策来实现的，而税收优惠政策从本质上讲是政府放弃了一部分根据法律规定应该征收的税收收入，而将其让渡给企业。显然，如果税收能合理降低企业技术进步的成本或增加其收益，必然会提高高新技术企业进行技术进步和技术创新的主观能动性，从而影响其技术进步的规模和速度。

（四）降低高新技术企业技术进步活动的风险

高新技术领域的研究开发以及产业化活动投资大、周期

长、风险高。企业技术进步活动的风险一方面要依靠企业自身通过技术手段和财务手段来降低和化解，另一方面也需要政府采取相应的政策和措施进行降低和化解，税收优惠政策是其中之一。

（五）税收优惠政策可以促进科研成果向现实生产力的转化

高新技术企业的科研成果要转化为现实的生产力，就必须与生产实践、产品的技术和工艺过程紧密结合起来，被企业的生产制造过程所采用。税收优惠政策在这一过程中发挥着相当重要的作用。如果税收政策允许对企业技术含量高的中试产品、新产品实行减免税优惠，对新技术、新工艺的投资进行税收抵免，则必然会加速新技术、新工艺的运用，缩短科学技术成果向现实生产力转化的周期。

三、我国促进高新技术产业税收政策的现状及存在的问题

（一）我国促进高新技术产业的现行税收优惠政策

1. 增值税的主要优惠措施

（1）即征即退政策

2000年6月，为进一步支持软件产业和集成电路产业的发展，国务院印发了《关于鼓励软件产业和集成电路产业发展若干政策的通知》，对软件产品和集成电路的即征即退政策税收优惠政策作了进一步的调整。

（2）进口免税及退税政策

首先，一般企业（包括外商投资企业和外国企业以及内资企业），直接用于科学研究，科学试验和教学的进口仪器、设备免征增值税。

其次，在进出口环节，国家也规定了若干促进高新技术企

业发展的税收政策。

2. 企业所得税的优惠措施

（1）税率优惠。新企业所得税法 2008 年 1 月 1 日起施行。《中华人民共和国企业所得税法》及其实施条例规定，国家需要重点扶持的高新技术企业，减按 15% 的税率征收企业所得税。

（2）新所得税法第二十七条第三、四款明确从事符合条件的环境保护、节能节水项目的所得；符合条件的技术转让所得，可以免征、减征企业所得税。第二十五条规定国家对重点扶持和鼓励发展的产业和项目，给予企业所得税优惠。

（3）新所得税法第三十条第一款规定企业的开发新技术、新产品、新工艺发生的研究开发费用可以在计算应纳税所得额时加计扣除。

（4）新所得税法第三十一条规定，创业投资企业采取股权投资方式投资于未上市的中小高新技术企业 2 年以上的，可以按照其投资额的 70% 在股权持有满 2 年的当年抵扣该创业企业的应纳税所得额；当年不足抵扣的，可以在以后纳税年度结转抵扣。

（5）新所得税法第三十二条规定，企业的固定资产由于技术进步等原因，确需加速折旧的，可以缩短折旧年限或者采取加速折旧的方法。

（6）新所得税法第三十四条规定，企业购置并实际使用《环境保护专用设备企业所得税优惠目录》、《节能节水专用设备企业所得税优惠目录》和《安全生产专用设备企业所得税优惠目录》规定的环境保护、节能节水、安全生产等专用设备的，该专用设备的投资额的 10% 可以从企业当年的应纳税额中抵免；当年不足抵免的，可以在以后 5 个纳税年度结转抵免。

3. 营业税的税收优惠措施

对单位和个人（包括外商投资企业、外商投资设立的研究开发中心、外国企业和外籍个人）从事技术转让、技术开发业务和与之相关的技术咨询、技术服务业务取得的收入，免征营业税。

4. 个人所得税的税收优惠措施

（1）省级人民政府、国务院部委、中国人民解放军军以上单位以及外国组织颁发的科学、教育、技术、文化、卫生、体育、环境保护等方面的奖金及规定的政府津贴免税。

（2）对中国科学院院士的院士津贴；对中国科学院、中国工程院资深院士津贴；对特聘教授奖金；对省级人民政府、国务院部委和中国人民解放军以上单位，以及外国组织、国际组织颁发给科技人员的科学、技术成果奖金，免征个人所得税。

（3）个人以技术成果投资入股所取得的股权免税。

（4）科研机构、高等学校转化科技成果、以股权形式给科技人员奖励，可暂不征收个人所得税。

（二）现行高新技术产业税收优惠政策存在的问题

1. 增值税优惠政策存在的问题

第一，从政策的规定来看，目前即征即退的优惠政策只适用于软件产业和集成电路产业，对企业销售的退免税优惠政策也只限于鼓励企业出口。总之，增值税对高新技术产业的优惠政策覆盖面窄，环节单一，优惠力度小。

第二，无形资产购入、专利权和非专利技术购入等费用不属于增值税抵扣范围，增大了在这方面投入比例较高的高新技术企业的税负，挫伤了企业进行技术开发和新产品研发的积极性。

2. 企业所得税还存在某些制约高新技术产业发展的因素

首先，优惠环节滞后。高新技术产业的特点是中间环节多，一项成熟的科研成果应用于社会生产一般要经过实验室、中试和产业化三个阶段。前两个阶段风险大、收益小或几乎没有收益。而我国现行的高新技术产业税收优惠政策却很少渗透到这两个阶段，大多数停留在产业化阶段，从而使得税收优惠政策作用的力度大打折扣。另外，目前所得税优惠主要对已经形成科技实力的高新技术的企业和已经享受科研成果的技术性收入实行优惠，而对技术落后、急需对技术更新的企业以及正在进行科研开发的活动缺少鼓励措施，导致企业只关心科研成果的应用，而不注重对科研开发的投入，而且容易出现优惠滥用的现象。

其次，优惠方式简单。发达国家促进高新技术产业发展的税收优惠政策主要体现为事前扶持和事后的鼓励，既重视科技产品的开发，又重视将科研开发成果转化为现实的生产力。但我国目前对高新技术企业技术进步税收优惠的方式，偏重于事后的优惠，优惠的主要对象是那些已经和能够获得技术开发收益的企业，而对那些尚未或正在进行技术研发的企业则无税收刺激可言。尤其对中小高新技术企业的优惠支持力度不够。众所周知，企业研发阶段风险是比较大的，而且支出比较多。《新企业会计准则》已经规定对企业内部研究开发项目开发阶段的支出，如果满足特定条件，可以确认为无形资产，进行分期摊销。发达国家为降低企业研发风险，允许设立高新技术准备金，按企业销售额的一定比例提取，可以在一定时间内（35 年）用于研究开发、技术更新和技术培训等方面，不需纳税。该准备金主要用于防范企业开发和应用高新技术的风险。

3. 个人所得税中促进高新技术企业发展的税收优惠政策比较缺乏

（1）目前我国调整后的工资薪金费用扣除标准仍大大低于国际惯例，而且固定数额的费用扣除无法与物价指数挂钩，使税制缺乏应有的弹性。而且高科技人才工资普遍较高，得到高薪却并未享受到税收优惠，势必影响到工作热情，会造成人才外流，不利于科技进步。

（2）现行的个人所得税中对高新技术人员的优惠政策明显不足。现行个人所得税法没有对高新技术人员的专门优惠政策，对高科技人才的创造发明、成果转让收益没有个人所得税优惠政策，削弱了科研工作者投身科技开发的积极性，也打击了对科技成果进行转化的热情。

（3）个人投资高新技术企业获取的个人所得（如股息、利息和个人分得的利润）没有所得税方面的优惠措施，并且企业所得税和个人所得税的课征形成了双重课税。这在一定程度上影响了个人投资高新技术产业的积极性。

（4）缺乏对教育投入的激励机制，最终影响对科技人才的培养。

4. 地区之间的高新技术企业税收优惠区别较大

为了促进高新技术产业的发展，各地竞相采取针对性的财政办法及地方税收优惠，对需要支持的高新技术项目采取税收先征后返还、列收列支专项予以返回或财政补贴的优惠方式，这些不同的地方性税收优惠政策在一定程度上有力地促进了地方经济的发展，但是存在着一定的局限性。

一是地方税收优惠政策设计带有地区性色彩，各地区的口径不一致，易引起地区性的不平衡，甚至造成财政性优惠政策的恶性竞争，影响公平、公正的市场经济外部环境条件的形成。以青岛市和天津市经济技术开发区的部分税收优惠政策为例，可以看出其较大的差别。青岛市经济技术开发区税收优惠政策中规定外国投资者从外商投资企业取得的利润，直接再投资于该企业，增加注册资本，或者作为资本投资开办其他外商投资企业，经营期不少于5年的，经投资者申请，税务机关批准，退还其再投资部分已缴纳的所得税40%的税款。而天津市经济技术开发区税收优惠政策中规定外国和港澳台地区的投资者将从开发区企业分得的利润再投资于产品出口企业或先进技术企业，经营期不少于5年的，经税务机关核准，可全部退还其再投资部分已缴纳的所得税税款。

二是税收先征后返，手续烦琐，成本较高，时间滞后。企业办理新产品退税要经过科委、经委、国税、地税、财政五家联合认定、审核，环节多手续烦琐，从而造成政策优惠效应低下。

三是强化了地区的政策优势，弱化产业性的政策导向，从总体上对国家产业政策和税收政策的实施造成影响，有违税收公平原则，不利于高新技术产业的可持续发展。

四、国外促进高新技术产业
发展的税收政策

（一）鼓励投资的优惠措施

在发达国家，风险投资对于解决初创期高科技企业的资金问题，促进高新技术产业的发展方面，起到了至关重要的作用。因此，对于税收手段来说，要在解决资金来源方面起到作用，就体现在如何利用税收优惠鼓励风险投资进入高新技术产业。

以美国为例，1957 年，美国的投资收益税为 25% 后增至 29%，1969 年又进一步提升到 49%，其结果严重阻碍了美国风险投资业的发展。1969 年美国的风险投资额已达 1.71 亿美元，1975 年迅速下降到 0.01 亿美元。为此，美国政府采取了减税立法措施，首先修改《国内收入法》第 1224 条，允许向新兴风险企业投资达 2.5 万美元的投资者从其一般收入中冲销由此项投资带来的任何资本损失，从而降低了其税收负担。1978 年国会通过了《雇员退休收入保障法》，将投资收益税从 49% 降到 28%。1981 年国会通过了《经济复兴税法》，将投资收益税进一步降到 20%。1986 年，美国国会颁发了《税收改革法》，该法规定投资额的 60% 免除课税，其余的 40% 减半课征所得税。1997 年美国国会又通过了《投资收益税降低法案》，该税法涉及的范围非常广泛，规定的也十分详尽。一方面延长了税收改革法规定的减税有效期限，另一方面又进一步降低投资收益税，但同时对减税额和适用范围也做了严格的界定。许多研究表明，美国风险投资规模的变化与投资收益税率的调整息息相关。

（二）鼓励研发的优惠措施

研发是高新技术产业发展的重中之重，是高新技术产业区别于传统产业的本质所在。但由于高科技产业的研发具有很大的不确定性，很多企业都不愿进行相关的尝试。因此，各国都想尽办法，包括运用税收优惠来刺激企业研发的积极性。国外的优惠措施主要表现在以下几个方面：

第一，投资抵免。投资抵免是指允许企业从应纳税所得额中扣除用于科技投资的一部分资本支出，从而起到了减少纳税金额的目的。这种政策是一种事前的优惠政策，比降低税率等事后政策更能激发企业从事技术创新活动的热情。

表 1　　主要国家在高新技术产业投资抵免方面的优惠政策

美国	美国国会 1981 年通过的《经贸复兴税法》对高新技术开发研究作出如下规定：纳税人可把发生的与贸易或商品活动有关的研究或试验支出直接作为可扣除费用予以抵扣，而不必作为计提折旧的资本支出；凡是当年研究与开发支出超出前三年的研究与发展支出平均值的，其增加部分给予 25% 的税收抵免，该项抵免可以向前转回 3 年，向后结转 15 年，企业向高等院校和以研究工作为目的的非营利机构捐赠的科研新仪器、设备等，可作为慈善捐赠支出，在计税时予以扣除。1986 年，美国国会又通过对该法的修正案，将 25% 的税收抵免减至 20%。据专家测算，这两次减免税额相当于增加 14 亿美元的投资，至少可创办 2800 家小型和 350 家大型高新技术企业
英国	英国税法规定，企业用于科技开发的资本性支出可以 100% 从税前的营业收入中扣除，并且购买知识产权和技术秘诀的投资，按递减余额的 25% 从税前扣除
日本	为支持高新技术研究与开发活动，日本政府制定了《增加试验研究费税额扣除制度》，《促进基础技术开发税制》等税收政策，规定对用于新材料、尖端电子技术、电气通讯技术、宇宙开发技术等的开发资金全部免征 7% 的税金。后来又对尖端电子、高性能机器人、新材料、生物工程等的研究经费及相关的机械设备和建筑物免征 10% 的税金
加拿大	对从事高新技术产业研究与开发发生的当期费用准许在发生当年按 100% 直接冲销，同时纳税人可以额外扣除其前三年平均支出的 50%，作为增加其研究与开发费用的附加津贴

第二，加速折旧。加速折旧实际上使企业享受到延期纳税的优惠，企业将原本应上缴的税金作为自己的资金使用，相当于从政府手中获得一笔无息贷款，从而起到鼓励企业增加科技开发、加快机器设备更新换代的作用。国外企业的固定资产折旧年限，一般都已从第二次世界大战前与战后初期的 20 ~ 25 年，缩短至目前的 10 年左右，年折旧率为 11% ~ 12%，从而使折旧金额常常超过企业所增资本额，对于企业更新设备和采用新技术发挥了巨大作用。但为了适应高新技术的快速发展与日益尖锐的市场竞争，各国又多采取对若干行业或用于研究开发的固定资产的特殊政策，折旧率更高，折旧期更短，设备更新更快。

表 2   世界各国对高新技术产业加速折旧有关规定

美国	对高新技术产业研究开发用仪器设备实行快速折旧，折旧年限率为 3 年，是所有设备年限中最短的。美国还以加速折旧作为政府对私人高新技术企业实行巨额补贴的一种方法，以此来促进对高新技术产业的投资。目前，美国每年的投资中，折旧提成所占比重高达 66% ~ 90%
日本	自 20 世纪 60 年代起，为了促进技术引进与技术革新，先后制定了"试验研究开发用机械特别折旧制度"、"科学技术振兴折旧制度"、"新技术投产用机械设备特别折旧制度"，以及有效利用能源和开发本国资源等多项特别折旧制度，总数已达几十种
德国	对折旧的规定很具体，直接体现其科技政策。例如对于需要重点发展的高科技领域研究开发或实际应用所需要的固定资产，以及企业用于研究开发的固定资产，实行特殊的折旧制度。德国高新技术企业世界，仅就特别折旧这项措施，1987 年由此获得约 2.5 亿马克资金
法国	规定自我开发软件费用可以在发生年度当年全部扣除
新加坡	对用于高新技术产业办公室的设备给予当年 100% 的折旧待遇

第三，设立技术准备金制度。为鼓励企业增加科技投入，加大科研力度，一些国家和地区还允许企业从应纳税所得额中提取未来投资准备金、风险基金和科研准备金。在这方面，韩国的"技术开发准备金"较为有影响。它规定企业为解决技术

开发和创新的资金需要，可按收入总额的 3%（技术密集型产业 4%，生产资料产业 5%）提取技术开发准备金，在投资发生前作为损耗计算。这种做法适用的行业很广，并且该制度对资金使用范围和未用资金的处理有一定的限制，即准备金必须在提留之日起 3 年内使用，主要用于技术开发、引进技术的消化改造、技术信息及技术培训和研究设施等方面。另外，设立技术开发基金的企业还允许按其技术开发支出的 5%（中小企业为 15%）直接从税额中抵免。

（三）鼓励成果转化的优惠措施

科研成果只有转化为现实生产力，才能促进经济的发展。研究发明的成果在转化为产品的过程中，国家的税收政策的作用主要体现在科技成果转让的优惠方面。

韩国在这方面非常重视，并取得了令世界瞩目的技术转化效果。韩国税法规定，转让或租赁专利、技术秘诀或新工艺所获收入，公民按照合同提供自行研究开发的技术秘诀所获收入，可减免所得税或法人税对转让给本国人所获收入全额免征，对转让给外国人所获收入，减征 50% 的税金，但对于不可能在国内实现商品转化而转让给国外时，全额免征。

（四）鼓励市场推广的优惠措施

从国外的实践看，这部分的优惠措施主要表现在税收减免方面，即通过税收减免帮助企业降低成本，提高产品的竞争力，从而为产品的推广做出贡献。

韩国在这方面比较重视，主要有以下一些措施：（1）对先导性技术产品进入市场初期实行特别消费税暂定税率。对具有技术先导性的产品（特别消费税法对具体产品范围有明确规定），在出口战略上有必要扩大内需时，在进入市场的初级阶段给予一定期间的减免特别消费税。以基本税率为基础，最初 4 年为 10%，第 5 年为 40%，第 6 年为 70%，第 7 年起恢复原税率。（2）对技术密集型中、小企业的创业初期实行税收减免

（对技术密集型中、小企业政府有明确规定），在创业初期给予一定期限的税收减免。首都圈以外的地区：在创业后由收入年度起，6年内减免所得税或法人税的50%。首都圈以内的地区：在创业后由收入年度起，4年内减免所得税或法人税50%，之后2年内即第5年、第6年减免所得税或法人税30%。

（五）鼓励吸引人才的优惠措施

高科技企业的发展最终取决于人才，吸引人才的措施有很多种，从税收角度考虑，综合国外的实践来看，主要表现在个人收入的所得税减免和教育支出的税前扣除等方面。

韩国对于企业支付的技术和人才开发费可以一定的比例从法人税和所得税中扣除；对在韩国国内企业工作或在特定研究机构（含政府）从事科研的外国人给予5年的所得税减免。同时，对工作在原材料生产行业的中小企业的现场技术人员根据其在企业工作的连续工龄，享受不同比例的所得税减免优惠。

表3　　　　　　　世界各国的优惠政策的不同特点

	发达国家和地区	不发达国家和地区
支持阶段	研发阶段，即孕育期、形成期	成长期、成熟期
优惠方式	加速折旧、费用扣除、准备金制度等税基优惠	降低税率、直接减免税等税额优惠
优惠对象	企业或单位从事的高科技项目、活动	区域或企业
作用点	事前的优惠，在于过程	事后的调节，在于结果

五、借鉴国外经验促进我国高新
技术产业发展的税收对策

（一）增值税的优化

为了扶持中小高新技术企业的发展，对一些规模小、达不到一般纳税人标准的高新技术企业，可视同一般纳税人，允许其自行开具增值税发票，征收税率为简易税率。这样不仅降低了中小高新技术企业的增值税税负，也有利于中小高新技术企业的产品销售，使中小高新技术企业迅速壮大起来，从而为我国高新技术产业发展创造新鲜血液。

提高对高新技术产品的出口退税率。这是在加入 WTO 过渡期内对增值税完善的一个有力补充措施。为了在短期内增加高新技术产品在国际市场上的竞争力，并鼓励企业对外出口，对出口的高新技术产品实行全额退税，即对高新技术产品在国内市场缴纳的一切税款全部退还给企业。

（二）企业所得税的完善

1. 优惠环节应从结果优惠向过程优惠转变

将税收优惠的重心由直接生产环节向研究开发环节转变。把对高新技术产业的税收优惠重点从以企业为主体转向重大技术攻关、重大市场开拓等重要项目和环节。把在生产活动中已运用或待开发、正在开发中的技术作为优惠对象。同时，为防止税收优惠的滥用，应建立科技项目的认定制度及科技成果的鉴定验收制度，在年度终了时对企业高新技术项目进行测评，把企业收入分为全部高新技术项目收入和部分高新技术项目收入，按照其占总产值的比例来确定享受税收优惠的比例，根据全年纳税情况进行年终调节，多退少补。

2. 重视间接优惠方式的应用

要重视间接优惠方式的应用，因为降低税率、减免税额等直接优惠方式的作用主要体现在政策性倾斜、补偿损失上，可概括为"扶弱"，它偏重于利益的直接让渡，强调的是事后优惠。而投资抵免、加速折旧、亏损结转等间接优惠方式主要体现在刺激新技术开发、推动技术进步、优化产品结构上，可概括为"创优"，它偏重于引导，强调的是事前优惠，带给企业的是长期利益，值得重视。目前，国际上设计税收优惠政策的总体趋势是：以间接优惠为主、直接优惠为辅。另外，可以借鉴发达国家的做法，建立高新技术准备金制度，对目前规模虽小但有科技发展前途的企业，允许其按销售收入的一定比例在税前提取高新技术准备金，同时限定该准备金在一定时间内（3~5 年）用于研究开发、技术更新和技术培训等方面，对逾期不用或挪作他用的，应补缴税款并加罚滞纳金。

（三）个人所得税的完善

增加对科技人员的个人所得税优惠

为实施"以知识为本"、"以人才为本"的战略，政府应增加对高新技术产业人力资本的激励。笔者认为可以从以下几个方面着手：①提高科技人员个人所得税的免征额，可比照软件行业，实行全额扣除；对科技人员在技术成果和服务方面的收入可比照稿酬所得，实行应纳所得税额减征的办法。②科技人员的技术转让、技术专利使用费等收入减免个人所得税。③科技人员从事研究与开发活动做出特殊成绩或贡献所获得的各类奖金及特殊津贴免征个人所得税。④鼓励科技人员参加员工持股，有必要利用税收政策推动员工持股制度的发展与普及，对科技人员以技术入股而获得的股权收益，包括红利和股权转让收入免征个人所得税。

（四）相关企业的税收优惠问题

技术市场不同于一般中介市场，可以对科技成果的产业化起重要的桥梁作用，国家应通过政策性扶持，加速其成长完善的进程。如英国科技部在全国各地区设立技术转让中心，并设置各种不同形式的科研基金和奖学金，专门资助工业企业与科研机构合作的科研课题，增强相互之间的联系与结合，取得了较好效果。我国也应对技术市场的建设和发展给予一定的税收扶持。高科技风险投资，是高新技术开发和产业化的"奶娘"，国际上普遍给予一定的税收优惠。我国现行的税收政策，对高科技风险投资行为及风险投资公司的鼓励力度很小，可考虑以后几个方面各类创业投资公司与高科技企业享受同等税收待遇，以加倍风险准备金、延期纳税等方式降低风险，提高行业吸引力；参与创业投资公司的股权转让交易只征收印花税，对创业投资基金的转让交易免征印花税；企业购买高新技术企业的股权支出，视为企业的科技开发投入，享受相应的优惠政策。

目前的税收政策，对技术的开发研究和技术成果的转让，都制定了相应的优惠措施，但对科技成果的受让方缺乏相应的优惠。无形资产的受让支出不得税前扣除采取直线法摊销，摊销期限一般在年以上可以考虑对属于引进先进技术、先进技艺而形成的无形资产实行加速摊销，或一次性列入费用。

作者单位：内蒙古财经学院

促进高新技术产业发展税收政策的国际借鉴研究

——基于上海层面的企业所得税政策研究分析

上海市国家税务局课题组

一、上海贯彻落实促进高新技术产业发展税收政策分析

（一）现状分析

十多年来，为了支持和鼓励高新技术产业的发展，中央出台了包括企业所得税在内的相当多的税收政策。上海市在贯彻中央的各项税收政策过程中，注重与地方财政政策的有机结合，建立以市场为导向、企业为主体、产学研相结合的自主创新机制，加大对高新技术产业的政府与全社会投入，相关配套政策做到落实有效，使上海的高新技术产业成为转变经济发展方式，全面落实科学发展观，提升城市综合竞争力的助推器。

上海在税收政策方面支持高新技术产业发展的措施，主要是：支持企业加大自主创新投入；支持企业加强自主创新能力建设；支持高新技术企业和科技型中小企业发展；鼓励社会资金捐赠创新活动；加大对高新技术成果转化项目投入力度；落实企业研究开发费用加计扣除政策工作；结合上海发展新环境，聚焦 9 大高新技术领域。

（二）实施效应

1. 高新技术产业对上海经济的贡献度进一步提高

经过多年来的政策扶持，高新技术产业对于拉动上海内需的作用充分显现，对经济与社会的贡献度进一步提高。

（1）促进产业需求。围绕数字制造、绿色制造、极端制造等技术方向，积极打造具有自主知识产权的高端、高效、高附加值和低消耗的精品，推动基础产业产品升级换代和产品结构优化。

在高新技术产业中，信息产业发展对于产业需求的促进作用不可替代。上海市政府将信息化工作就像当年抓城市面貌那样，"一年一个样，三年大变样"，并将信息产业作为上海经济发展的新的增长点。如今，上海各重点产业，如汽车、冶金、航空航天、石油化工等领域的生产、销售、管理以及技术改造、技术革新、技术创新、专利发明，企业对外信息交流和共享，城市建设规划，地铁等城市交通设施的运营，要素商品、大宗商品和各类服务贸易，以及出版印刷、广告创意、物流配送、电子商务、网上银行、证券和期货交易等已经离不开信息技术的支撑，成为产业需求的中枢，有了信息技术的引领，上海先进制造业和现代服务业的能级不断提高。

（2）引导生活需求，指导消费需求。围绕移动化、微型化、多媒体及融合型的发展趋势，通过重点推进信息技术和相关产品的开发，积极推进信息产业和服务产业发展的同时，明显提升了城市智能化的水平。信息网络基础设施的建设，成功地构筑了上海经济发展和社会需要的信息化基础信息平台。指导社会与市民在信息化环境中高质量地运行和生活，政府运用网络公开政务信息，社会组织利用网络开展公益活动，市民在网络世界中改变生活方式，满足了市民对居住、交通、工作、医疗等智能化服务的需求。

（3）增强联动需求。围绕布局、运行、评价等环节，推进部市合作，推动市区之间和园区、社区和校区融合联动，加快创新要素流动，将高新技术特色产业，如生物医药、精细化工、数字媒体、新能源产业等延伸到浦东、金山、长宁、闵行等区，进一步激发并释放趋向创新活力，同样促进区县经济发展方式的转变，强化园区、社区和校区之间的互动和知识的流动和扩散，为区域经济社会可持续发展注入活力。

（4）激发创新创业需求。围绕大学生、科研人员创新创业需求，建成了开放、综合、专业、有利于产学研合作的创新创业服务链和研发公共服务体系，基本涵盖了从研发基础支撑到成果转化、技术转移、创业孵化、专业服务等各个创新环节，研发公共服务平台注册用户人数、服务量、访问量均逐年增加，大型科学仪器设施得到共享和有效使用，最大限度地发挥了现有科技创新资源的作用，创新创业人才不断涌现。

（5）高新技术企业对上海经济社会的贡献度提高。2008 年上海统计公报显示，高技术产业快速增长。全年高技术产业完成工业总产值 6041.98 亿元，比上年增长 11.6%，增幅高出全市规模以上工业总产值 3.6 个百分点，所占比重为 24.8%。

在上海现代服务业创造的增加值中：信息传输、计算机服务和软件业创造的增加值，由 2001 年的 176.72 亿元，提升到 2008 年的 1670.52 亿元，占上海现代服务业增加值的比重由 2001 年的 6.48%，提升到 2008 年的 22.73%。

2. 高新技术产业缴纳的税收收入增多

在以企业所得税优惠为主的相关政策激励下，上海高新技术产业不断发展，缴纳的税金也呈现稳步增长的态势，近两年来由于相关税收政策的变动实施，增幅有下降的趋势，说明该产业的税收负担比较轻。在上海的现代服务业中：信息传输、计算机服务和软件业缴纳的税收，在 2001 年为 0，到 2006 年为 59.61 亿元，2007 年达到 75.08 亿元，2008 年接近 100 亿元，为 98.41 亿元，占现代服务业缴纳税收的比重，由 2007 年的

1.93%，提高到 2008 年的 2.63%。

3. 自主创新税收等相关政策产生了良好的经济与社会效应

高新技术产业税收政策实施以后，产生了良好的经济效益。

首先，企业盈利水平普遍提高。2008 年，浦东新区认定的高新技术企业占全市认定企业的 19.76%，减免企业所得税受益率 14.18%，主营业务利润率为 8.98%；闵行区高新技术企业占全市高新技术企业总户数的 11.09%，盈利面是 79.1%，高于区属企业的总和；黄浦区认定的高新技术企业占全市高新技术企业总户数的 1.71%，减免税受益率 0.93%。

其次，税收负担降低。2008 年全市经认定的高新技术企业达到 1812 家，仅次于北京、广东、浙江。其中：浦东新区高新技术企业占全市认定企业户数的 19.75%，高新技术企业的利润率为 8.98%。企业所得税的减免幅度为 52.52%。

4. 产生的社会效益

根据上海市高新技术成果转化服务中心发布的"2008 年上海市科技创新政策实施效果评估报告"显示，企业研发费用加计扣除、高新技术成果转化、高新技术企业认定这三项政策的实施效果分别达到优良水平，具体情况参见表 1。

表 1　　　　　　　上海科技创新政策实施效果比较

政策名称	研发费加计扣除	成果转化	高企认定
知晓度	51%	67%	57%
便捷性	64%	74%	70%
兑现率	74%	85%	81%
对企业的影响	96%	95%	86%
综合实施效果	良	优	良

资料来源：中国上海政府网站。

以对企业影响达到 96% 的企业研发费用加计扣除政策为例，

经上海市税务部门每年审核的加计扣除额逐年增加。2005 年，上海市有 299 家企业发生加计扣除的研发费用 60 亿元；2006 年有 425 家企业发生加计扣除的研发费用 112 亿元；2007 年，有 805 家自主创新和高新技术企业发生加计扣除的研发费用 195 亿元。

虽然研发费加计扣除与减按 15% 税率征收企业所得税的优惠政策侧重点不同，研发费加计扣除影响的是应纳税所得额，减按 15% 税率征收则直接减少企业所得税，但是两项政策都针对企业所得税而言。所以从理论上说，研发费用越高、盈利越高的企业所实际享受到优惠政策的支持力度应该越大。从抽样数据看，也印证了这一点。上海××电站设备有限公司享受到两政策后合计受益额达 18499 万元，如与该企业 2008 年度账面利润 118759 万元比较，比例为 15.58%，即相当于多增加了 15.58% 的利润。

综上所述，我国促进自主创新的税收政策体系已经基本建立，其中企业所得税的政策力度较大，对上海推进高新技术产业发展，改造传统产业，促进经济发展方式转变，效应显著，但需研究政策执行和落实中存在的问题。

（三）亟待解决的问题

在促进高新技术产业发展过程中，尽管企业所得税的各项优惠政策的实施效应十分显著。但是，面临国际金融危机的挑战、中央和上海市委市政府对上海的经济发展提出的加快"两个中心"建设和"九大"高新技术领域的新要求和新形势，我们要尽快解决好企业所得税落实过程中遇到的实际问题，使企业所得税政策发挥更好的调控作用，进一步拉动内需。

1. 上海高新技术产业发展面临新的挑战

一是宏观经济环境存在不确定因素。国际金融危机对实体经济的影响逐步显现，市场竞争格局发生重大变化，使上海产业发展的压力增大。二是土地、能源等资源环境要素对产业发展的约束不断增加。产业调整成本不断上升，高新技术产业发展面临"瓶颈"制约。三是产业资本集聚能力不强。上海在新能源、航天航空、生物医药、海洋工程装备等领域具有一定的技术储备优势，但由于缺少外部资本的有效投入而未能同步形成较大产业规模。四是核心企业技术支撑能力有待提高。高新技术产业的龙头企业缺乏强有力的技术支撑和系统集成能力，核心技术创新能力和产业链衔接能力还较薄弱等，这些制约因素都有可能对扩大内需产生影响。

2. 企业所得税政策当前所要聚焦的方面

上海在发展高新技术产业进程中出现的问题，有的是产业本身的问题，有的是政策措施有待进一步联手强化的问题，企业所得税能否进一步起到政策聚焦作用，值得探讨：一是如何降低产业调整成本问题，税务部门可否运用企业所得税政策，为具体企业或全行业在冲减、扣除、核销、摊销、递延等方法上给予特殊处理；二是在吸引外部资本投入、集聚产业资本，形成产业规模方面，税务部门能否利用企业所得税的计征方法、税率税额优惠、加计扣除等方法给予扶持；三是在提升企业强有力的技术支撑和系统集成能力方面，能否在加计扣除、折旧、税收减免上再给予附加优惠，同时结合财政扶持，以及营业税、增值税、个人所得税等其他税收政策形成政策合力，共同促进上海高新技术产业的发展。

3. 政策操作上的问题有待协调与沟通

一是如何使新的优惠政策发挥效用。根据《关于经济特区和上海浦东新区新设立高新技术企业实行过渡性税收优惠的通知》（国发〔2007〕40号）的相关规定，在2008年1月1日（含）之后完成登记注册的国家需要重点扶持的高新技术企业（以下简称新设高新技术企业），在经济特区和上海浦东新区内取得的所得，自取得第一笔生产经营收入所属纳税年度起，第一年至第二年免征企业所得税，第三年至第五年按照25%的法定税率减半征收企业所得税。截止到 2009 年 5 月 31 日，2008 年 1 月 1 日之后成立且被认定的高新技术还没有，主要是还未能够达到科委认定的具体要求，但是从目前部分新成立企业的咨询来看，企业对这个政策的关注度很高，对在浦东新区成立高新技术企业充满期望。从中长期来看，这项政策的推广和实施，必将推动和促进浦东新区高新技术产业的发展。

二是如何进一步完善高新技术企业认定办法，增加可操作性。

①关于拥有核心自主知识产权问题。根据认定管理办法，高新技术企业需对其主要产品（服务）的核心技术拥有自主知识产权，同时在实际认定过程中，采取打分方式，拥有多少个专利或者专有技术是一个主要的评分指标。但是调研中，我们发现有些企业是直接购买与其产品（服务）无关的专利技术来获取更高的评分。对此，应根据企业实际生产工艺、生产流程、生产的产品来判定是否属于高新范围。此外，我们还发现部分企业实际拥有很高的技术含量，但是由于核心技术属于母公司拥有而无法获得高新技术企业资格。

②关于职工总数的统计口径问题。随着专业化分工的加剧，目前人力资源管理外包情况越来越普遍，不少企业实际的职工人数远小于实际雇佣人数，企业的职工大部分是通过人力资源管理公司进行录用和管理，企业仅与人力资源管理公司签订用工合同，支付相关人力资源费用。但是根据目前评定的实际操作过程中，企业的实际职工总数、科技人员职工总数、研发人员职工总数均需根据企业实际缴纳的社保信息进行确认，存在一些人员口径统计不一致的情况。

③关于研究开发费用总额的占比问题。根据《高新技术企业认定管理办法》，企业近三个会计年度的研究开发费用总额占销售收入总额的比例要符合相关要求。但在我们实际了解的情况中，部分企业由于一些特殊原因，研究开发费用总额不能达

到上述比例，特别是对于销售收入数额特别大的企业由于其拥有的技术或者专利权存在递延性，企业某些年度实际发生的研究开发费用总额偏低，但是其实际上应当属于高新技术企业。

三是如何降低高新技术企业界定难度。根据《高新技术管理认定办法》第九条的规定，税务机关应尽管理义务，发现企业减免税条件发生变化并不再发现企业不具备高新技术企业资格的，应提请认定机构复核，复核期间，可暂停企业享受减免税优惠。但实际上，税务机关并不具备对高新技术范畴的鉴别能力，这给税务机关的管理带来困难。以某饮料有限公司为例，该公司认为其属于国家重点支持的高新技术领域中第八大领域第三条第一款即绿色制造和快速制造，拥有先进的生产线，并拥有一系列环保设备和净化系统，该企业也通过了高新技术企业复审，但财政部检查组却认为该公司作为生产制造饮料主剂和浓缩液的企业，匹配的领域不应是绿色制造和快速制造，而应该根据产品属性归类，故认为该公司不能享受高新技术优惠政策。从上述案例可以看出，高新技术企业认定的专业性强，认定难度较大。

四是如何强化研发费加计管理。对于研发费加计扣除的管理，税务部门需要攻克三个难关：

①项目认定关。如果说在高新技术企业主要由科技部门认定的话，那么研发费加计扣除主要由税务部门认定。尽管有关文件中规定了税务机关在审核过程中如存在疑问，可以由企业向科技部门提出鉴定申请，税务机关依据科技部门的鉴定再行决定是否登记备案。但税务机关无法逃避首次鉴别研发项目是否属于国家鼓励的研发项目所带来的压力。从闵行区税务部门的执行情况看，该局在审核过程中要求企业申请科技部门鉴别的项目92个，实际通过的只有51个，审核通过率为55.4%。

②项目金额审核关。根据文件规定，企业研发过程中发生的8类费用可以加计扣除，同时要求企业对研发费进行专账管

理。但因是第一年实施加计扣除，一来企业未必就能准确归集研发费用，二来税务机关对如何审核研发费用的经验还不够丰富，仍处在摸索之中，导致项目金额审核困难。

③与相关部门的沟通协调关。无论是国家税务总局制定的《企业研究开发费用税前扣除管理办法（试行）》，还是上海市局的贯彻落实文件中，都原则性地规定税务部门如对申报的研究开发项目有异议的，可要求企业提供政府科技部门的鉴定意见书，但并未规定具体的操作方法及时限。从实践看，科技部门与税务部门之间不直接联系，而是由企业传递有关文书，可见两部门之间的联系并不紧密。

二、促进高新技术产业发展税收政策的国际借鉴

由于科技创新在促进一国经济发展中起着重要作用，近年来，世界经济增长中 25%～50% 源于创新技术，无形和非物质资源与资产的重要性已超过有形和物质资源与资本对经济和社会的重要性。同时又有助于提升质量、环境。而且，国际上对高新技术企业普遍实行低税率政策，鼓励高新技术成果产业化，即便是金融危机情况下，各国政府的刺激经济计划或方案，同样注重对高新技术产业的扶持。

据专家研究，目前我国科技进步对经济增长贡献率只有30%，对外技术依赖度达 50% 以上，而美国、日本仅为 5%，由此说明我国企业自主创新能力还较薄弱，税收政策的激励还很需要。

（一）发达国家税收政策

发达国家如美国、英国、法国、澳大利亚等国促进高新技术产业发展的税收优惠主要以所得税为主，具体优惠形式往往不局限于一种或两种，而是呈现出多样化的特点。通常以间接优惠为

主，同时辅之以直接优惠。直接优惠方式表现为定期减免所得税、采用低税率等；间接优惠方式通常包括加速折旧、投资抵免、费用扣除、亏损结转、提取科研开发准备金等（见表2）。

表2　发达国家与中国促进高新技术产业发展的税收优惠政策比较

税收优惠目的	国家	税收优惠的主要政策及内容
鼓励企业增加研发投入	美国	研发投入增加值的20%退税
		委托研发机构进行基础性研究费用的65%可从所得税中扣除
		研发开支作为费用一次性扣除
		研发领域永久税费优惠
	英国	对中小企业的研发支出150%的税款扣减
		大企业研发支出全额扣除
	日本	对于一般公司开展的研发活动，按照研发费用的8%抵免
		对于研究院、企业和政府联合开展的研发活动，或者政府委托的研发活动，税收抵免比例为12%
	加拿大	规定经常性研究与开发支出和资本性研究与开发支出都可以在发生当年或以后任何年度冲销
	法国	新创企业给予特别的免税优惠
		所有企业对研发投资都可享受所有新旧减税措施
		员工工资免除行业税
		进入开发区的企业、科研机构给予经费补贴
		对企业进行研发活动，政府给予50%的补贴
	西班牙	对投资于研究与开发方面的无形资产和固定资产给予税收抵免
	中国	国家需要重点扶持的高新技术企业，研究开发费用占销售收入的比例不低于规定比例的，减按15%的税率征收企业所得税
		企业研究开发新产品、新技术、新工艺所发生的研究开发经费，可以全额在当年度应纳税所得额中扣除，符合一定条件可享受150%加计扣除

续表

税收优惠目的	国家	税收优惠的主要政策及内容
鼓励企业采用先进技术设备	美国	企业进行新设备投资给予加速折旧
		对中小企业投资购买新的设备进行税收抵免
	日本	新设备购买税额扣除或是加速折旧
		企业投资 IT 软硬件实行加速折旧或税额扣除
		有利于环保的技术与设备税负比例低
	加拿大	用于科研的资本支出，均可给予税收抵免，一般为 5% ~ 40%
	德国	对企业购买的用于研究开发的固定资产追加计提折旧
		企业直接用于科学研究，科学试验和教学的进口仪器、设备免征增值税
	中国	企业的固定资产由于技术进步等原因，确需加速折旧的，可以缩短折旧年限或者采取加速折旧的方法，设备更新也可加速折旧
支持中小企业创新	英国	中小企业投资研究开发减免税政策
	德国	在落后地区新建的中小企业可以免交营业税 5 年
		对新建的中小企业的动产投资，免征 50% 所得税
	法国	新建中小企业可免 3 年所得税
		老工业区兴办公司可免征 3 年地方税、公司税和所得税
	日本	适用研发比例性税收抵免的最高比例 15%（12% + 3%）
	中国	创业投资企业采取股权投资方式投资于未上市的中小高新技术企业的，可以按投资额的 70% 抵扣应纳税所得额

（二）发展中国家和地区的税收政策

在发展中国家和地区中，亚洲的韩国、印度、新加坡和中国台湾地区是高新技术产业发展较先进的国家和地区，制定了一系列支持科技进步和自主创新的税收政策，取得了明显的成效（见表 3）。

表3　发展中国家或地区与中国促进高新技术产业发展的税收优惠政策比较

税收优惠方式	国家	税收优惠的主要政策及内容
税收减免	韩国	对于企业研发机构开发新技术或新产品所需的物品，因国内难以生产而从国外进口的，免征特别消费税，并减免关税
		法人购置的土地、建筑物等不动产，如果由企业的研究机构使用，则4年内免征财产税和综合土地税
		对于技术密集型中、小企业和风险投资企业，给予税收减免
		对拥有尖端技术的外国高科技企业给予税收减免
		对企业符合产业政策的技术引进外购设备和本国没有的技术专利，给予税收减免和政府还给予30%的补贴以资奖励
		对技术转让收入减免税收
	印度	通过认证的企业为技术研发所采购的国产物品免征货物税
		获得科技部认证的科研机构用于研发的设备和零部件等免征进口关税
		研发机构取得的收入，仍用于研发与创新活动的，免征所得税
		从事科技研发活动的公司，自确认之日起5年内减征所得税
		企业采用本国技术或在欧盟、美国及日本取得的专利技术而设计制造的产品，3年内免征商品税
		对产品全部用于出口的软件企业在2010年前免征所得税
		对长期风险投资者的资本利得和红利收入全部免税
	新加坡	对于高新技术产品制造企业仍给予5～10年的低税率优惠
		拥有先进技术和研发能力的新兴工业企业以及高科技风险投资可享受5～10年的免税期
		拥有先进技术的外国公司在新加坡投资设厂，可以享受5～10年的减免税优惠
	中国台湾	引进或使用国外的专利权等，减免营利事业所得税
		新办科学工业企业免征1年所得税
		科学工业园区的企业可以全部免征进口税、货物税、营业税和土地税，5年内免征营利事业所得税，外销产品免税

续表

税收优惠方式	国家	税收优惠的主要政策及内容
税收减免	中国	单位和个人从事技术转让、技术开发业务和与之相关的技术咨询、技术服务业务取得的收入,免征营业税
		企业进口符合特定条件的设备,免征关税和进口环节增值税
		国家需要重点扶持的高新技术企业,减按15%的税率征收企业所得税
		企业符合条件的技术转让所得免征企业所得税,企业直接用于科学研究,科学试验和教学的进口仪器、设备免征增值税
税收扣除	韩国	企业研究人员的人员经费、技术研发费及教育培训费等,可在所得税前扣除
	印度	企业支付给科研机构的研发费用和企业的研发机构在科研开发项目上的全部支出可100%税前扣除
		信息技术企业技术研发的投资可按当年发生的研发费用125%超额扣除
	新加坡	科技开发企业可从应纳税所得额中扣除固定资产投资额的50%
		企业除建筑和设备之外的科研开发费用可按其费用额的两倍扣除
	中国台湾	企业引进新技术、新产品支付的专利费、许可证费等可在所得税前扣除
		中小企业为改进生产技术、开发新产品而支付的研发和实验费用可在当年应税所得中扣除
	中国	企业研究开发新产品、新技术、新工艺所发生的研究开发经费,可以全额在当年度应纳税所得额中扣除,符合一定条件可享受150%加计扣除
加速折旧	韩国	企业购置用于技术研发的试验设备,可享受税金扣除或实行加速折旧
	印度	采用本国技术和设备建立的企业,该设备可加速折旧
	新加坡	设备折旧年限为3年,为科研开发投入的固定资产可一次性提取50%的初次折旧
	中国台湾	对用于科技研发、产业升级和改善生产的机器设备,根据情况可以比法定的固定资产使用年限缩短2年或一半计算折旧,折旧年限缩短后不满1年的直接计入成本费用
	中国	企业的固定资产由于技术进步等原因,确需加速折旧的,可以缩短折旧年限或者采取加速折旧的方法

续表

税收优惠方式	国家	税收优惠的主要政策及内容
其他税收优惠政策	韩国	实行的技术开发准备金制度规定企业可按照销售收入总额的3%在税前提取技术研发基金,用于高新技术的研发
		设立自由贸易区,对区内高新技术投资者的财产税减征50%,减免进口研究设备关税,投资1000万美元以上的高新技术企业,对其实行个人所得税和公司所得税"两免三减半"的税收优惠政策
	印度	企业引进国外技术,按照引进费用征收5%的研发税,用于设立技术开发应用基金,对企业征收的研发税,如果企业将其营业收入的2%用于研发,就无须缴纳该税
	新加坡	符合条件的公司可按照应税所得额的20%提取科研开发准备金,这笔准备金必须在3年内使用
	中国	在经济特区(深圳、珠海、汕头、厦门、海南)和上海浦东新区设立的高新技术企业享受企业所得税"两免三减半"

中国与国外的优惠政策相比较,具有共同之处,就是都重视企业新技术、新工艺、新产品研发,以及对具有自主知识产权、自主创新人才引进培养的支持。不同之处在于中国的政策支持力度更大,内容更系统、更全面,既有产业性,又有区域性,充分体现了中国依托产业政策,提升产业能级,扩大内需,进一步增强在国际市场上的竞争能力的国家战略。

(三)借鉴意义

1. 在政策设计与实施上,要重视对研发的税收支持

研发是科技发展的重中之重,需要给予高度重视和大量投入。但由于高科技的研发具有很大的不确定性,很多企业都不愿进行相关的尝试。目前,我国虽然已经制定了相关研发费用加计扣除政策,但是操作性还有待提高、有些限制还有待破除,需要真正把该项政策落到实处,激发企业的研发热情。

2. 在确定优惠对象时,要以技术创新项目和行为为主

创新行为是经济活动的一个普遍现象,在每一个行业和每

一个企业都可能发生。因而鼓励创新的政策应始终针对特定的行为。目前我国在促进高新技术产业发展方面最直接的所得税优惠政策是经国家认定的高新技术企业能享受15%的优惠税率，这就导致占绝大多数的未被认定的企业在进行技术创新时，享受不到该项优惠政策。

3. 在选择优惠手段时，要考虑以间接优惠为主

从这些国家的科技进步史及相关税收政策的演变来看，科技税收优惠政策更多地选择间接方式。间接优惠强调事前扶持，能充分调动企业从事科研和技术开发的积极性，充分体现政府支持科技创新的政策意向。而直接优惠是一种事后的奖励，企业必须在盈利的基础上才能享受这种优惠。然而大多数高科技项目在相当长的一段时间内大量投入而没有盈利，在开始盈利的前几年利润额也较小，实际享受的税收优惠效果并不明显。我国目前绝大多数的企业所得税优惠政策都属于直接优惠，对盈利企业有利，因此迫切需要转变政策激励方式。

4. 在税收政策的规范性上，要考虑从法律层面上确立有效性

为了提高税收优惠政策促进企业技术创新的效果，确保其发挥出最佳的经济和社会效应，防止税收优惠过度和优惠政策滥用，各国都对享受税收优惠政策的条件和标准作出严格说明，并以法律的形式确定下来。既确保了科技税法的严肃性和执法的刚性，也为这些国家成为世界科技强国奠定了坚实的法律基础。

5. 在税收政策的实施效应上，要考虑能否拉动内需

各国或地区政府出台的各项税收政策，其主要目标是促进经济增长，减少社会成本，增加社会收益，实现经济繁荣。政府通过降低税率，或者免税措施，鼓励企业加大创新投资力度，等于直接或间接降低了企业技术创新成本，规避创新风险，有利于企业扩大积累和投资，拉动社会其他产业为其技术创新配套服务，所有能够工作而且愿意工作的人都有工作机会，使全

社会的非自愿失业保持在一个可以接受的水平，产业链的循环往复，带动了社会的有效需求。

三、完善促进高新技术产业发展
税收政策的思路与对策建议

（一）完善促进高新技术产业发展税收政策的基本思路

科技创新既是扩内需、保增长的有效手段，也是调结构、上水平的根本途径。

国务院《关于推进上海加快发展现代服务业和先进制造业建设国际金融中心和国际航运中心的意见》明确，到2020年，上海要基本建成与我国经济实力和人民币国际地位相适应的国际金融中心和具有全球航运资源配置能力的国际航运中心，要求上海构筑更加高端的现代产业体系，增强先进制造业和现代服务业的国际竞争力。加快高新技术产业化，形成与国际大都市和建设"两个中心"相适应的高附加值、高科技含量和高集聚度的现代产业体系，以适应全面参与经济全球化的战略需要，是加快上海城市功能和产业转型的迫切要求。

上海紧紧抓住当前重要的发展机遇，充分发挥上海产业基础雄厚、科技资源密集、综合实力领先、要素流动迅捷等优势，围绕科技创新发展战略，系统设计支撑"两个中心"建设的税收政策。通过创新突破和资本集聚，集中发展代表全球产业发展方向和体现国家战略的高新技术产业，实现产业集聚、规模扩展和能级提升，克服金融危机带来的负面影响，化危为机，进一步拉动产业需求，引导生活需求，指导消费需求。

明确以上目标取向以后，完善促进高新技术产业发展税收政策的基本思路就是要完善"制度支持"与优化政策体系（包括税收政策在内）的创新环境，及早建立税收激励政策的管理、评估与研究机制（不仅仅是适时将创新政策上升为法律），梳理调整已经出台的政策，完善高新技术企业创新政策，在此基础上重点突出扶持创新阶段中的研发环节，聚焦税收支持政策，而在税收政策执行环节，还要强化税收管理人员的政策与相关科技知识的培训，提高业务能力和服务水平。同时，注重企业所得税政策与货物和劳务税、个人所得税政策和财政扶持政策的配合实施，形成政策的"组合拳作用"，促进上海高新技术产业更好更快地发展。

（二）进一步完善促进高新技术产业发展税收政策的对策建议

1. 大力发展高科技产业来激发市场新热点

为了更好地推进我国高科技产业的发展，拉动内需，除了国家直接投资发展高科技产业外，我们要更加扎实地落实好包括企业所得税在内的各项税收优惠政策，进一步提高企业自主创新能力，发展高科技产业。同时，通过增加对高科技产品的有效需求，进一步完善现有税收优惠政策，引导高新技术企业开发适应现行收入水平的适销对路的产品和项目，大力开发价格适中、质量优良、花色品种多样的新品种和消费项目，为消费者开辟新的消费热点。

2. 扩大高新技术产业税收优惠政策的受益面

根据国家重点支持发展的产业或项目，可以将税收优惠政策的享受范围扩大到所有与高新技术企业发展有关的产业领域，例如对于新能源汽车，无论是投资方还是采购方，都可以比照环保节能节水项目，予以三免三减半的优惠；又如对2008年1月1日以后在浦东新区新成立的高新技术企业，由于第一年享受不到过渡期优惠政策，必须过3年才能享受的政策衔接问题，能否将资格认定期限延长5年，使得新成立的高新技术企业也能享受到相关优惠政策。再如对在上海"两个中心"建设中担当主要角色的服务性高技术企业，对其使用相关专业软件和设备更新换代提供进一步支撑的，同样应该享受相关优惠政策。

3. 加大针对鼓励风险投资税收政策力度

应使促进风险投资政策充分地运作起来。风险投资企业的税收政策，应比照高新技术企业适用的优惠政策来执行。在执行好《企业所得税法》第三十一条有关创投企业投资抵免的基础上，进一步参考国际经验加以完善。例如，美国对风险投资企业的所得税已由 1970 年的 49% 降至 1980 年的 20%。对投资于中小型科技企业的风险投资机构可免征营业税。

上海为科技成果转化项目实行的融资担保基础运作较好，累计担保金额已达 33.57 亿元。在抵押担保、信用担保方面，美国的硅谷银行对生物科技公司发放贷款采取以知识产权为担保的办法；韩国则建立了一整套完整的知识产权鉴别和定价制度。上海可利用目前较好的融资担保运作基础，以建立的信用担保基金为经过完整的鉴别和健全定价的知识产权价值作一定比例的担保。此外，面对欧盟正式认可中国会计准则及全球次贷金融危机，应专题研究自主知识产权、专利技术等在企业购并中的涉税政策，大力扶持中国的世界著名产品品牌。对高新技术企业在知识产权、专利技术的购并，放宽费用列支标准，同时在引进科技人才方面的支出适当给予税收优惠。

4. 率先完善促进高技术服务业发展的税收政策

对属于国家重点支持的高新技术领域规定范围的金融业共性技术、航运、现代物流等的服务企业及相关产业，积极研究落实企业所得税支持创新的税收政策。首先在服务业高端如知识、智力密集型服务业，金融、航运与现代物流等企业，制造业高端等建立健全鼓励创新的普惠制政策，以及掌握自主知识产权、专利技术后的加大激励税收政策。可以率先探索实行综合与分类相结合的个人所得税改革试点在智力密集型服务业进行。可结合浦东新区综合配套改革，先行先试现代服务业研发费用税收抵扣政策的联合推进机制。深入研究区别于传统制造业的金融、航运、现代物流以及生物医药、集成电路、软件业等的自主创新相关因素，探索结合不同于制造业、具有差别化的相关税收激励政策。

　　此外，在区域协调方面，对高新技术企业应实行无差别税收待遇政策，对认定的高新技术企业统一实行减免税政策，以防止地方政府之间以牺牲地区公共利益来争夺企业的混乱现象。在税收政策方面还可积极协调的方面包括：避免高新技术产业盲目趋同的产业税收政策；支持创新的共性技术平台；与区域产学研密切结合的上海公共研发平台（上海目前可行的是将500多家从国家级到区级级次的企业技术中心与公共研发平台结合起来）；在巩固扩大上海的创新综合优势基础上，调整沪苏浙三地"头大翼短"的区域创新能力不协调分布，调整长三角江、浙、沪三地在"知识获取"（较强）与"知识创造"（存在弱势）能力的不平衡状况。

课题执笔人：许建斌、陈　华、金亚萍、
　　　　　　　韩　曙、沈　林等

金融危机背景下促进中国高新技术 产业发展税收政策的国际借鉴研究

广西壮族自治区国家税务局课题组

"扩内需、调结构、保增长"是中国应对国际金融危机的一个战略性决策。自主创新能力是一个国家长远发展的核心竞争力，是经济持续增长的中心环节，而高新技术产业是一个国家自主创新能力的集中体现。经济发展方式粗放依然是中国经济中诸多矛盾和问题的主要症结，国际金融危机是一个促使我们从传统发展方式向科学发展方式转变的好机会。运用税收政策手段支持高新技术产业发展、促进自主创新，这是世界各国经济政策的共同选择。因此，我们采取的应对国际金融危机冲击的税收政策，必须与中长期的经济增长方式转变目标具有内在一致性，要推动高新技术产业发展，实现产业的升级，为经济增长开拓新的空间。

一、促进高新技术产业发展是中国应对 国际金融危机的治本之策

（一）高新技术产业具备应对危机和在风险中发展的本质特征

高新技术产业涵盖高技术产业与高新技术产品，指在高新技术的研究、开发、推广应用基础上形成的现代化产业集群。它主要包括信息产业、生物技术、新材料、新能源产业、航

空、航天与海洋产业、光电机一体化产业、环保产业等。以高新技术为核心资源,利用技术创新开拓市场,实现跨越发展,是高新技术企业典型的生存和发展模式。这就决定了它具备应对危机和在风险中发展的能力。但凡注重产品技术更新换代、自主创新力度大的企业,不仅能够抵御危机的冲击,还能摆脱危机的困扰获得新的腾飞机会;而满足于靠低档次打市场、替别人贴牌生产的企业,则难逃厄运。因此,在传统经济发展受阻的情况下,市场资本存在转向高新技术企业寻求投资价值的趋势。

（二）促进高新技术产业发展对中国实现经济可持续增长的重要性

高新技术产业是一个国家和地区科技创新能力、核心竞争力和先进生产力的集中体现,是经济可持续增长的重要源泉。在当前国际金融危机的背景下,发达国家为扭转自身的经济衰退,可能会减少甚至撤回投资到国外的资金,并减少劳工输入,这对于资金短缺的发展中国家将是一个沉重的打击,直接影响其经济发展速度。世界经济环境的恶化与中国内部总需求结构矛盾的加深,将使中国现阶段出现较为严重的制造业生产过剩和经济增长的衰减;而未来人口红利的消失或生产要素供给条件的逆转,则否定了中国现行粗放增长方式的未来可持续性,这提出了实现中国产业结构调整和经济增长方式转型的必要性和紧迫性。从长远看,国际金融危机是一个促使我们从传统发展方式向科学发展方式转变的好机会。我们要通过政策引导,集中力量推动技术创新,推动具有比较优势部门的产业升级,努力促进经济增长由主要依靠增加物质资源消耗向主要依靠科技进步、劳动者素质提高、管理创新转变。只有技术进步了,才能以较低的投资维持既定的增长;只有技术进步了,才能让经济具有更大的灵活性,游刃有余地应对外部冲击,为未来的经济可持续发展奠定良好的基础。

（三）中国高新技术产业承载着引领中国经济率先走出寒冬、实现复兴的责任和期望

受国际金融风暴的冲击，中国许多中小企业大多举步维艰，甚至倒闭破产，而与此形成鲜明对比的是，一批拥有核心技术、自主知识产权、重视新产品开发的高新技术企业不仅没有萎缩反而发展壮大，成功地规避危机的消极影响，实现逆势发展。

2008 年下半年以来，尽管中国经济增速放缓、出口大幅下滑，但中国高新技术产业在本次危机影响下的表现可谓"一枝独秀"，仍然保持持续增长势头。2008 年中国高新技术产业增加值约 2.17 万亿元，比上年增长 14%。国家高新技术产业开发区作为中国高新技术企业发展的重要基地，成为这场全球金融危机中的一个亮点，2008 年，54 个国家高新技术产业开发区工业增加值达到 1.27 万亿元，比上年增长 18.6%，占中国工业增加值的 8.8%；出口创汇 1957 亿美元，占中国全部出口创汇额的 14%。

显然，在国际金融风暴冲击背景下，中国高新技术产业承载着引领中国经济应对危机、化危为机的责任和期望。

二、发达国家促进高新技术
产业发展的税收政策

（一）美国鼓励研究开发、风险投资、设备更新的税收导向政策

美国高新技术产业税收优惠政策，主要向企业研究开发、风险投资和设备更新环节倾斜，重点激励自主创新，加快资金流向自主创新领域。

1. 激励研究开发的税收导向政策。（1）研究开发费用的免税及延长免税额度使用年限。（2）研究开发费用增长的企业，允许一定比例投资额抵免应税所得额。

2. 激励风险投资的减免税政策。在美国，风险投资额的

60％免除征税，其余的40％仅课以50％的所得税，这一措施的实施使美国风险投资在20世纪80年代初期以每年46％幅度剧增。

3. 激励技术更新的投资抵免政策。企业用于技术更新改造的设备投资，可按其投资额的10％抵免当年应缴的所得税。

（二）日本鼓励研究开发、自主创新技术转让的税收导向政策

1. 鼓励研究开发的多样化税收导向政策。（1）研究开发费用的所得税全额抵扣或按递延资产处理政策。（2）研究开发费用的抵免税额政策。对于符合条件的研发费用还可按规定直接抵免应纳所得税额。（3）用于研究开发的资产抵免一定比例所得税政策。（4）中小企业研发费用的税收抵免政策。为鼓励中小企业加大科技投入的力度，规定中小企业的研发支出可按当年支出全额的6％抵免。

2. 鼓励自主创新技术转让的税收导向政策。日本政府为实现科技振兴，除了对实验研究费给予税额扣除外，对向海外出售技术等海外收入给予特别扣除政策。

三、中国现行高新技术产业税收政策

为了促进和推动高新技术产业的发展，中国相继出台了一系列税收支持政策。

（一）支持高新技术企业的企业所得税政策

1. 新办软件生产企业的定期免税、减税政策。

2. 集成电路产品的生产企业的定期减免税政策。

3. 重点软件生产企业的税率优惠政策。

4. 重点高新技术企业的税率优惠政策。

5. 拥有核心自主知识产权的高新技术企业的税率优惠政策。

（二）支持创业投资或高新技术投资的企业所得税政策

1. 创业投资的投资额比例抵扣应纳税所得额的政策。

2. 投资集成电路生产企业的税率优惠、减免税政策。

3. 再投资退税政策。（1）对集成电路生产企业、封装企业的40%再投资退税政策。（2）对国内外经济组织的80%再投资退税政策。

（三）支持技术引进的税收政策

1. 增值税、关税的免税政策。企业为生产中国科学技术部制定的《国家高新技术产品目录》中所列的产品而进口规定的自用设备和随同设备进口的技术及配套件、备件，企业为引进《国家高新技术产品目录》中所列的先进技术而向境外支付的软件费，免征增值税和关税。

2. 企业所得税的加速折旧政策。对企业、事业单位购进软件的缩短折旧、摊销年限政策。企业、事业单位购进的软件，符合固定资产、无形资产确认条件的，可以按照固定资产、无形资产核算。经过税务机关核准，其折旧、摊销年限可以适当缩短，最短为2年。

（四）支持研究开发的税收政策

1. 增值税、进口消费税、关税免税政策。（1）科研机构进口科研用品的免税政策。（2）转制为企业和进入企业的科研和技术开发机构进口科技开发用品的定期免税政策。（3）承担国家重大研发项目企业的免征增值税和关税政策。

2. 营业税免税政策。对单位和个人（包括外商投资企业、外商投资设立的研究开发中心、外国企业和外籍个人）从事技术开发业务取得的收入，免征营业税。

3. 企业所得税的优惠政策。（1）研究开发软件产品的免税政策。（2）企业所得税加计扣除研发费用政策。（3）转制为企业的科研机构的定期免税政策。

4. 契税免税政策。事业单位承受土地、房屋，用于科研的，可以免征契税。

5. 房产税、城镇土地使用税的免税政策。（1）对事业、非营利性科研机构的免税。（2）对转制为企业的科研机构的定期免税。

（五）支持技术进步的加速折旧政策

企业的固定资产由于技术进步等原因，确需加速折旧的，可以缩短折旧年限或者采取加速折旧的方法；集成电路生产企业的生产性设备，经过税务机关核准，折旧年限可以适当缩短，最短为 3 年。

（六）支持自主创新的基金捐赠的税收扣除政策

个人通过公益性的社会团体、国家机关向科技型中小企业技术创新基金和经国务院批准设立的其他激励企业自主创新的基金的捐赠，可按照规定从捐赠者的企业所得税应纳税所得额中扣除。

（七）支持科技成果转化的税收政策

1. 营业税免税政策。对单位和个人（包括外商投资企业、外商投资设立的研究开发中心、外国企业和外籍个人）从事技术转让业务取得的收入，免征营业税。

2. 企业所得税的免征、减征政策。对符合条件的技术转让所得，可以免征、减征企业所得税。即一个纳税年度内，居民企业技术转让所得不超过 500 万元的部分，免征企业所得税；超过 500 万元的部分，减半征收企业所得税。

（八）支持技术服务的税收支持政策

1. 营业税免税政策。（1）对科技企业孵化器、国家大学科技园的免税。（2）对单位和个人（包括外商投资企业、外商投资设立的研究开发中心、外国企业和外籍个人）从事技术咨询、技术服务业务取得的收入，免征营业税。（3）对农业技术服务、技术培训业务的收入，免征营业税。（4）科研机构对公众开放的科普基地的门票收入，免征营业税。

2. 房产税、城镇土地使用税的免税政策。自 2008 年 1 月 1 日至 2010 年 12 月 31 日，对符合条件的科技企业孵化器、国家大学科技园自用以及无偿或通过出租等方式提供给孵化企业使用的房产、土地，免征房产税、城镇土地使用税。

（九）支持科技人才的税收政策

1. 增值税、关税免税政策。由人事部、教育部及其授权部门认定的高层次出国留学人才和海外科技专家，回国定居或者来华工作连续 1 年以上，以随身携带、分离运输、邮递、快递等方式进境规定范围以内合理数量的下列物品，可以免税：（1）科研、教学物品，包括小型仪器、仪表及其附件，小型实验设备，图书、报刊、讲稿、计算机软件，标本、模型，幻灯片，实验用材料；（2）自用物品，包括首次进境的个人生活、工作自用的家用摄像机、照相机、便携式收录机、便携式激光唱机、便携式计算机各 1 件，衣物、床上用品和厨房用品等日常生活用品，等等。

2. 营业税免税政策。对个人（包括外籍个人）从事技术咨询、技术服务业务取得的收入，免征营业税。

四、中国现行高新技术产业
税收支持政策分析

（一）现行高新技术产业税收立法缺乏总体规划

中国现行的高新技术产业税收政策，散见于不同时期、不同类别的税收单行法规，以暂行条例、文件、补充规定等行政规章形式存在，而且各种规定之间交叉重叠、矛盾或遗漏不全。甚至一些税收法规因临时性需要而仓促出台，没有总体上的规划，缺乏系统性和延续性。

1. 法律位阶低，缺乏应有的权威性、规范性和稳定性。现行高新技术产业税收支持政策，以补充规定等行政规章的形式居多，正式的法律规定文本鲜见，整体法律层次偏低，缺乏应有的严肃性和刚性，在适用效力上受到局限，在实际执行中也往往受到来自各方面的冲击和干扰，影响了政策的稳定性。

2. 税法的中央单一立法体制，不能完全适应地方高新技术产业发展的需要。这不仅不利于根据地方高新技术产业发展需要和可能制定税收政策，以促进地方高新技术产业发展，而且不利于因地制宜调控配置区域性税收资源，同时还可能诱发地方政府制定地方税收支持政策的越权行为。

(二) 享受高新技术产业税收优惠政策的准入门槛提高，不利于创业投资企业和民营企业的技术进步

作为建设创新型国家的战略举措，2008 年，科技部、财政部、国家税务总局联合颁布的关于印发《高新技术企业认定管理办法》的通知（国科发火〔2008〕172 号）规定：把"核心自主知识产权和研究开发投入"作为两个关键性认定标准，这就把长期处于高新技术产业链和价值链低端的大量加工型企业排除在高新技术企业边界之外，其主旨在于进一步增强中国高新技术企业以自主研发为核心的综合创新能力，促进高新技术产业升级发展，这对于推动中国经济的可持续增长无疑是有益的。

当然，这些长期处于高新技术产业链和价值链低端的加工型企业，大部分是 20 世纪 90 年代始中国税收优惠政策扶持起来的大中型高新技术企业，经过长期的税收政策扶持仍然没有能够实现产业升级，理当通过新的税收政策促进其产业升级。但是，中小型企业密集的民营经济长期被排除在高新技术产业的边界之外，对它们的产业进入设置了禁区，它们长期享受不到国家高新技术产业税收优惠政策。近期，国家虽然放宽了它们的产业进入限制，但同时又提高了高新技术企业的认定标准，这种不区分老高新技术企业和新生的技术密集型中小企业的"一刀切"政策，对于高新技术发展处于起步阶段的中小企业是一个极大的约束。

(三) 以所得税优惠为主的结构政策对高新技术产业难以发挥预期的激励作用

1994 年中国税制改革的目标是实行以货物和劳务税、所得税为双主体的税制结构模式，但时至今日仍然实行的是以货物和劳务税为单一主体的税制结构模式，所得税在税制结构中只处于次要地位。而现行高新技术产业税收支持政策，主要集中在企业所得税。在货物和劳务税的优惠政策具体设计中，作为主体税种的增值税支持政策仅涉及进口增值税的免税政策；国内的货物和劳务税的优惠政策仅限于营业税。进口增值税的免税政策也是有限的，限于支持符合条件的技术引进，特定条件的科研机构、企业进口国内不能生产的科研用品、关键设备、原材料和零部件，符合条件的出国留学人才和海外科技专家自带的科研、生活用品。作为地方主要收入来源的营业税免税政策适用范围较窄，仅限于符合条件的技术开发、技术咨询、技术服务业务取得的收入。

而在高新技术产业税收优惠较为集中的企业所得税方面，其政策设计又存在着诸多问题。从税收优惠方式上看，以税率式优惠与税额式优惠的直接优惠方式为主，而税基式优惠等间接优惠方式少见，强调的是事后的利益让度；税收优惠力度受限。从税收对高新技术产业的支持面看，表面上涵盖了高新技术的投资、生产、研发、自主创新、技术进步、技术转让技术服务、科技人才等诸多方面，但实际上所得税优惠集中表现为对高新技术产品的生产企业，特别是软件、集成电路的生产、投资和研发的减免税，强调的是生产环节、投资环节的优惠，而对于引导企业自主创新的作用较弱。从享受所得税优惠政策的条件上看，设置了过多的限制性条件，对税收减免或规定了一定的有效时间，束缚了优惠政策作用的发挥，税收优惠政策难以发挥预期的激励作用。

（四）对企业研究开发的税收扶持力度不足、手段单一

1. 适用货物和劳务税优惠政策的研发企业及产品过于狭窄。中国适用货物和劳务税优惠政策的研发企业及产品仅限于科研机构、转制为企业和进入企业的科研和技术开发机构、承担国

家重大研发项目的企业，其进口的国内不能生产的科学研究用品、科技开发用品、关键设备、原材料和零部件。而韩国的相关规定则宽泛得多，没有指向特定部门和特定产品，只要是企业研发部门进口的试验研究用物品，都可享受免征特别消费税和关税的待遇。

2. 研发的企业所得税优惠面窄、方式单一。中国享受研发企业所得税免税政策的企业仅限于软件生产企业、集成电路设计企业、转制为企业的科研机构，并且仅限于增值税退税部分的免税；研发费用的企业所得税优惠方式主要是加计扣除。而英国适用研究开发费用税收优惠政策的企业，还包括符合条件的投资于研发的中小企业（可加倍减免税），以及未盈利的投资于研发的中小企业（可享受预支减免税待遇）；日本也有专门为中小企业设立的研发费用的税收抵免政策。在税收优惠方式上，美国有免税及延长免税额度使用年限，还有鼓励研究开发费用投入持续增长的投资额抵免应税所得额等间接手段；日本有所得税全额抵扣，可按递延资产处理，直接抵免应纳所得税额，用于研究开发的资产抵免所得税等方式；韩国还有技术开发准备年金用于研发的所得税扣除。

因此，导致整体上中国企业研发机构少，研发投入强度低，创新能力明显不足。据有关资料显示，全国规模以上企业开展科技研发活动的仅占25%，研究开发支出占企业销售收入的比重仅占0.56%，大中型企业为0.76%，高新技术企业平均为2%；只有万分之三的企业拥有自主知识产权。

（五）创业投资的税收优惠覆盖面窄、支持力度弱

高新技术企业发展的特点是高投入、高风险、高收益，客观上要求政府通过税收优惠政策建立风险分担机制，降低高科技企业的风险程度。但是，中国现行创业投资税收支持政策在设计上却忽略了其风险性，仅有创业投资于技术密集型中小企业的企业所得税优惠政策，鼓励风险投资的税收政策基本

缺位。

而韩国的创业投资企业税收支持政策涵盖技术集约型中小企业和风险企业，并且税收支持力度大，优惠期长达 5 年，涉及包括企业所得税、财产税和土地税等多税种减免，优惠幅度深达 75% 的减免率。美国激励风险投资的减免税力度也较大，除了风险投资额的 60% 免除征税外，其余的 40% 仅课以 50% 的所得税。

由于缺乏鼓励风险投资的税收政策，难以形成卓有成效的风险投资机制，不利于风险投资的成长。

五、借鉴国际经验，调整中国高新技术产业发展的税收支持政策

借鉴国际税收经验，结合金融危机新形势，对中国现行高新技术产业税收政策重新梳理，重构符合建设创新型国家发展战略和国家产业政策的税收支持政策体系。

（一）健全高新技术产业税收支持政策体系，保障高新技术产业持续健康发展

从国际税收实践看，许多发达国家都非常注重税收优惠政策的法制性，均有一套较为完整的促进高新技术产业发展的税收法律体系。借鉴发达国家的做法，应提高中国高新技术产业税收优惠政策的法律地位，并进行系统化，增强法制性和严肃性，把鼓励和促进高新技术产业发展的税收优惠政策作为建设创新型国家的战略措施系统化、条理化、法律化。

1. 制定特别的《税收支持高新技术产业发展条例》，从总体上规划设计促进高新技术企业发展的税收政策。国家要通过认真、深入、细致地调查和研究，面对金融危机新形势，结合建设创新型国家的新需求，对原来离散、烦琐、互相冲突及空

缺的高新技术产业税收支持政策进行一次全面梳理，将高新技术产业税收支持政策系统化和条理化。其主要内容应包括：研究和判定予以鼓励的高新技术及其产业标准；明确税收政策的目标、原则、具体受益对象和相应的政策方式；受益范围应当涵盖高新技术产业链和企业链全过程，覆盖高新技术转化为现实生产力的研究开发期、成果转化期、市场成熟期三个阶段；对高新技术企业税收优惠的管理与评效，以此增强高新技术产业税收支持政策的规范性、透明性和整体性。

2. 通过立法程序，将一些已经相对成熟的条例、法规上升到法律层次。这既有利于克服由于经常修订而造成高新技术产业税收支持政策不够稳定的缺陷，也在一定程度上增强高新技术产业税收法律的权威性和稳定性。

（二）降低中小企业享受高新技术产业税收优惠政策的准入门槛，推动中小企业的技术进步

中小企业是一种比大企业更具优势、更适应生产力发展，代表社会经济发展方向的一种主流产业组织形式，在国民经济中具有举足轻重、不可替代的地位和作用。它们是经济增长的主要源泉和推动技术创新的主导力量，是创造就业机会的主要渠道。大中型高新技术企业虽然有吸纳规模资金的优势，但在创造就业机会、吸纳劳动力、"船小好掉头"方面却是劣势。而中小型企业的优势却恰好可弥补大中型高新技术企业的劣势，特别是在金融危机的背景下它的优势显得更为突出和重要。但是，中小企业又通常是市场竞争的弱者，因此，在中小企业的发展中，特别是在中小型高新技术企业的创设阶段，政府的扶持是必要的，也是决定性的。

因此，要充分考虑国家重点支持的高新技术领域对中小企业准入处于起步阶段的客观现实，区分传统的大中型高新技术企业和新生的中小型高新技术企业两类情况，设计双重的高新技术企业认定标准，即对大中型高新技术企业仍实行"核心自

主产权和研发投入"的新认定标准,而对新生的中小企业可考虑沿用传统的认定标准。如果沿用传统的认定标准有难度,则可以考虑在新认定标准框架下,增设一个"核心自主产权和研发投入"占比低于一般标准的标准,作为中小型高新技术企业的认定标准,以鼓励创设期的中小型高新技术企业迈入快速健康发展的轨道。

(三)建立与现行税制结构模式相匹配的高新技术产业税收政策结构体系

由于经济发展水平的差异,中国现行的税制结构模式与发达市场经济国家相区别。发达市场经济国家以直接税为主的税制结构模式与其经济发展水平相匹配。中国现行的税制结构与中国现阶段的国民收入水平相匹配,而现行高新技术产业税收政策结构体系也应当与中国现行的税制结构相匹配。基于中国税制结构的客观现实,宜相应加大增值税对中国高新技术产业的支持力度。其政策重点应当集中于对风险投资、技术密集型中小企业等创业投资的支持,集中于技术研究与开发、自主创新等重要环节的支持。

所得税支持政策改进的方向,应当增加税基式优惠等间接优惠方式,如发达市场经济国家普遍采用的加速折旧、税收扣除、投资抵免、技术开发基金、延长免税额度使用年限、预支减免税等税基式优惠手段的运用,实现税基减免、税额减免与税率优惠三种方式相互协调配合,加大所得税支持力度;政策支持的重点要转向研发、自主创新、技术进步、技术转让等环节;对高新技术生产企业的支持应当由一般的高新技术企业转向中小型高新技术企业、风险投资企业。

(四)加大对企业研究开发、自主创新的税收扶持力度

自主创新能力是内生的,核心技术是买不来的。中国要在激烈的国际竞争中掌握主动权,就必须提高自主创新能力,加大研究开发投入,在若干重要领域掌握一批核心技术,拥有一批自主知识产权，造就一批具有国际竞争力的企业，大幅度提高国家竞争力。但是，高新技术创新的外部效应和高风险性，要求政府通过一定的税收政策来纠正市场失灵，通过税收优惠政策促使技术创新的外部效应内在化，引导企业进行技术创新。加大对企业研究开发、自主创新的税收扶持，可以弥补科技开发可能造成的损失，使企业在投资初期就能享受到税收优惠，减少其创新行为的风险。

借鉴国际经验，拓宽研究开发、自主创新的税收支持政策的适用范围。一是拓宽进口科技用品的进口货物和劳务税免税政策的适用范围。取消进口企业、进口科研用品的限制条件，只要是企事业单位进口用于技术研发的科研用品，都可享受免征进口增值税、消费税和关税的待遇。二是拓宽研究开发、自主创新的企业所得税支持政策的适用范围。将该政策的适用面拓展到全部企业、全部研发投入行为，不论是否高新技术企业，只要企业进行了高新技术开发，就可享受税收优惠；专门为中小企业设立研发投入及费用的税收抵免政策，包括符合条件的投资于研发的中小企业的加倍减免税政策，以及未盈利的投资于研发的中小企业的可预支减免税的政策。

企业研究开发、自主创新的企业所得税优惠政策手段应当多元化。所得税优惠政策手段除了继续保留研发费用的加计扣除手段外，可借鉴引入延长研发投入的免税额度使用年限，鼓励研发投入持续增长的投资额抵免，用于研发的资产抵免所得税，用于基础技术研究的折旧资产可比例抵免应纳所得税额；研发费用的所得税全额抵扣，可按递延资产处理，直接抵免应纳所得税额；中小企业的研发支出可按当年支出全额的一定比例抵免应纳所得税额；允许企业按照销售或营业收入的一定比例设立各种准备金，如风险准备金、技术开发准备金、新产品试制准备金以及亏损准备金等，并在计税所得额中据实扣除，但同时规定各类准备金必须在规定时间内用于研究开发、自主创新等，对逾期不用或挪作他用的，应补缴税款并给予一定的处罚，等等手段。

将高新技术税收支持政策的重点放在高新技术的研究、开发和应用推广上，以避免误导高新技术企业偏离科技开发和研究方向。

（五）建立创业风险投资税收支持政策，降低高新技术投资的风险

从高新技术产业的发展来看，高新技术企业在技术创新的整个过程中，都存在着资金风险。理论上看，所得税是对企业所得课征的税收，实质上在征收所得税的情况下，经营亏损的风险是由企业独自承担的，政府作为课税主体则只享受盈利后的税收收益。这对高风险、高投入的高新技术企业来说，则更加大了高新技术投资的风险系数。因此，高新技术税收支持政策的重点应放在补偿和降低高新技术企业的投资风险方面，努力减轻高科技投资风险，增加风险投资的预期收益，在一定程度上为高风险的科技投入作适度的弥补，鼓励风险投资，增强自主创新能力。

为此，要借鉴国际税收经验，拓宽创业投资税收支持政策的适用范围，建立中国创业风险投资税收支持政策。将当前创业投资税收支持政策的适用范围拓展到风险投资。既要考虑对风险投资企业的税收优惠，也要注意到对风险投资者个人实施税收鼓励，还要考虑对间接风险投资企业的税收优惠。前者，可以加快引导更多的民营资本进入风险投资领域，弥补高新技术投资的资金缺口，使社会闲置的资源得到有效利用。后者如对中小型高新技术企业提供贷款的商业银行可给予营业税和企业所得税的优惠，降低商业银行对中小企业的融资风险，解决中小企业特别是高新技术中小企业融资难的问题。风险投资企业税收支持政策的力度应当高于一般高新技术企业，包括税收优惠期限、税收优惠程度、税种的涵盖面和税收优惠方式等，以促进形成卓有成效的风险投资机制，促进风险投资的健康成长。

　　　　　　　课题组组长：丁明强
　　　　　　　课题组副组长：霍　军
　　　　　　　课题组成员：宋　凡　黄朝晓
　　　　　　　　　　　　　唐婧妮（广西经济干部管理学院）
　　　　　　　　　　　　　龙丽佳（广西大学商学院）
　　　　　　　课题执笔人：宋　凡

税收政策支持高新产业
发展的国际借鉴

湖北省武汉市国际税收研究会

一、我国现行支持高新产业发展
税收优惠政策盘点

（一）增值税主要优惠政策

1. 即征即退政策。20 世纪 90 年代末，对增值税一般纳税人销售其自行开发生产的计算机软件产品按 17% 征税后，对实际税负超过 6% 的部分，实行即征即退。2000 年 6 月，为进一步支持软件产业和集成电路产业的发展，国务院印发了《关于鼓励软件产业和集成电路产业发展若干政策的通知》，对软件产品和集成电路的税收优惠政策作了进一步的调整。

2. 免税政策。在开发区工业园、农业园投资办厂，生产农药、饲料、种子种苗等农业生产资料，免征增值税。

（二）企业所得税有关优惠政策

1. 税率优惠。新《企业所得税法》（以下简称"新法"）2008 年 1 月 1 日起施行。新法及其实施条例规定，国家需要重点扶持的高新技术企业，减按 15% 的税率征收企业所得税。

2. 减免优惠。新法第 25 条规定对国家重点扶持和鼓励发展的产业和项目，给予企业所得税优惠。

3. 鼓励技术改造及设备更新税收优惠。新法第 32 条规定，企业的固定资产由于技术进步等原因，确需加速折旧的，可以缩短折旧年限或者采取加速折旧的方法。

4. 鼓励节能环保税收优惠。新法第 27 条第三、四款明确从事符合条件的环境保护、节能节水项目的所得、符合条件的技术转让所得，可以免征、减征企业所得税。

5. 鼓励研发投入税收优惠。新法第 30 条第一款规定企业开发新技术、新产品、新工艺发生的研究开发费用可以在计算应纳税所得额时加计扣除。

6. 鼓励创业投资税收优惠。新法第 31 条规定，创业投资企业采取股权投资方式投资于未上市的中小高新技术企业 2 年以上的，可以按照其投资额的 70% 在股权持有满 2 年的当年抵扣该创业投资企业的应纳税所得额。当年不足抵扣的，可以在以后纳税年度结转抵扣。

（三）进出口税收优惠政策

1. 进口环节

①对企业为生产《国家高新技术产品目录》的产品而进口所需的自用设备及按照合同随设备进口的技术及配套件、备件，免征关税和进口环节增值税。

②对企业引进属于《国家高新技术产品目录》所列的先进技术，按合同规定向境外支付的软件费，免征关税和进口环节增值税。

2. 出口环节

①出口零税率政策。为了鼓励高新技术产品出口，增强国际竞争力，我国对高新技术产品实行增值税零税率的政策。

②机电产品退税政策。根据国税发〔1998〕65 号文件规定，凡是利用外国政府贷款和国际金融组织贷款由中国招标组以采取国际招标方式，由外国企业中标再分包给国内企业供应的机电产品，视同国内企业中标机电产品予以办理退税。

　　③多缴退税。根据财税字〔1996〕8号文规定，生产企业销售给出口企业和市县外贸企业用于出口货物金额占该企业全部销售额50%以上的，对其多缴纳又未抵减完的税款，可以从国库退还。

二、国际支持高新产业发展税收政策援引

　　高新技术产业是21世纪世界各国综合国力竞争的主战场。因此，各国无不采用各种手段对其加以鼓励和扶持，一般而言，国外利用税收政策促进高新技术产业发展的实践形式主要有：

　　1. 运用税收倾斜政策，鼓励风险投资的税收优惠。高新技术产业的一个重要特点是前期投入高、风险大，因此，风险投资对于解决初创期高科技企业的资金问题，促进高新技术产业的发展起到了至关重要的作用，各国均利用税收优惠鼓励风险投资进入高新技术产业。美国是世界上风险资本最发达的国家，政府为了鼓励私人风险投资的发展，在不同时期，制定了不同的优惠政策。如在1958年，美国国会通过《小企业投资法》，规定由美国小企业管理局（Small Business Administration，SBA）颁布执照的专门从事风险投资的民营公司，除了可用自筹资金投资外，还被允许向SBA申请软贷款用于投资，这种投资可享受相应的特殊税收。1980年，又将风险企业的所得税率由1970年的49%降至1980年的20%。1997年美国国会又通过了《投资收益税降低法案》，该税法一方面延长了税收改革法规定的减税有效期限，另一方面又进一步降低投资收益税，但同时对减税额和适用范围也做了严格的界定。许多研究表明，美国风险投资规模的变化与投资收益税率的调整息息相关。新加坡政府规定，风险投资最初5～10年完全免税。1986年，进一步允许风险投资公司从所得税中扣除购买股票造成的任何损失，同时风险企业可以从以后的所得税中扣除损失金额。

2. 运用税收倾斜政策，增加投资收益的税收优惠。主要体现在降低税率方面。日本规定自 2009 年 4 月 1 日至 2011 年 3 月 31 日，对年度所得不超过 800 万日元的中小企业所得税率由 22% 降至 18%。

3. 运用税收倾斜政策，鼓励企业研发的税收优惠。研发是高新技术产业发展的重中之重，是高新技术产业区别于传统产业的本质所在。各国都想尽办法运用税收政策优惠来刺激企业研发的积极性。第一，投资抵免。投资抵免是指允许企业从应纳税所得额中扣除用于科技投资的一部分资本支出。作为一种间接优惠的税收政策，这对于有科技投资的企业具有较大的帮助，目前许多发达国家均采用这种方法。如英国税法规定，企业用于科技开发的资本性支出可以 100% 从税前的营业收入中扣除，并且购买知识产权和技术秘诀（know how）的投资，按递减余额的 25% 从税前扣除。第二，加速折旧。加速折旧实际上使企业享受到延期纳税的优惠，企业将原本应上缴的税金作为自己的资金使用，从而起到鼓励企业增加科技开发、加快机器设备更新换代的作用。德国对折旧的规定很具体，直接体现其科技政策。例如对于需要重点发展的高科技领域研究开发或实际应用所需要的固定资产，以及企业用于研究开发的固定资产，实行特殊的折旧制度，为高新技术产业环保设备规定的折旧率，动产部分 50%，不动产部分 30%。第三，费用扣除。澳大利亚政府对专门用于科研的建筑和设备的费用，可以按照不少于 3 年的时间扣除。对每年在澳大利亚使用的科研开发费用超过 5 万澳元的部分，可以准予升值按照 150% 进行扣除。第四，设立技术准备金制度。为鼓励企业增加科技投入，加大科研力度，一些国家和地区还允许企业从应纳税所得额中提取未来投资准备金、风险基金和科研准备金。准备金是税式支出的一种形式，即企业所得中用于一定用途的所得可作为准备金处理而不纳税。韩国的"技术开发准备金"较为有影响。它规定企业为解决技术开发和创新的资金需要，可按收入总额的3%（技术密集型产业4%，生产资料产业5%）提取技术开发准备金，在投资发生前作为损耗计算。这种做法适用的行业很广，并且该制度对资金使用范围和未用资金的处理有一定的限制：准备金必须自提留之日起3年内使用，主要用于技术开发、引进技术的消化改造、技术信息及技术培训和研究设施等方面。

4. 运用税收倾斜政策，促进成果转化的税收优惠。科研成果只有转化为现实生产力，才能促进经济的发展。研究发明的成果在转化为产品的过程中，国家税收政策的作用主要体现在科技成果转让的优惠方面。韩国在这方面非常重视，并取得了令世界瞩目的技术转化效果。韩国税法规定，转让或租赁专利、技术秘诀或新工艺所获收入，公民按照合同提供自行研究开发的技术秘诀所获收入，可减免所得税或法人税。对转让给本国人所获收入全额免征，对转让给外国人所获收入减征50%的税金，但对于不可能在国内实现商品转化而转让给国外时，全额免征。

5. 运用税收倾斜政策，鼓励市场推广的税收优惠。从国外的实践看，这部分的优惠措施主要表现在税收减免方面，即通过税收减免帮助企业降低成本，提高产品的竞争力。一是免征关税与增值税。许多国家都有对进口的专用于科研的设备、仪器等免征进口关税和增值税的规定。如印度对为了出口目的而进口的电脑软件一律免征关税，对其他电脑软件的进口税率也连年下调。同时很多发达国家对专门用于科研的产品及用于交流与促进科学技术发展的书报刊物、大学教材、学术杂志等的增值税采用零税率，或对专门用于科研的设备、仪器免征进口环节的增值税。二是减免企业（公司）所得税。这是许多国家广泛使用的优惠方式。通过减免所得税，可减轻企业税收负担，增加企业税后所得，以此增强企业技术研究与开发投入的能力。如法国制定了"高新技术开发投资税收优惠"政策，规定凡是研究与开发投资比上年增加的企业，经批准可以免缴相当于研究与开发投资增值额的 25% 的企业所得税，后来这一比例又提高到 50%。而在高新技术开发区内的新办企业免征 10 年所得税。日本对技术开发基金比上年增加部分，按增加额的 70% 减征所得税，对输出的技术专利所得收入的 18% 免征所得税。

6. 运用税收倾斜政策，给予产研联合的特殊政策。加强公司与研究机构的联合，是加速先进技术扩散、转移、应用的有效途径，有利于企业技术水平上等级。为此，一些国家对产研联合也运用税收政策予以鼓励。如美国规定，凡资助大学开展基础研究和向大学无偿转让科研设备的公司，可享受较高比例的科研费用以税收减免优惠；对通过合同委托大学帮助自己完成基础研究课题的工业公司，允许将其科研费按一定比例冲抵应纳所得税额。允许公司资助非营利研究机构的科研经费和无偿转让的科研设备原值，直接冲抵应纳所得税额。

7. 运用税收倾斜政策，鼓励吸引人才的税收优惠。高科技企业的发展最终还是取决于人才，制定以人为本的税收政策，增强高新技术产业对高级人才的吸引力，成为世界各国的共同选择。一是允许企业对员工的教育培训投资，在计征所得前按一定比例扣除，这几乎是很多西方国家的共同做法。二是对科技人员给予适当税收减免。如韩国规定，对为国内企业提供技术服务或在特定研究机构从事研究工作的外国技术人员，从其开始为国内提供劳动之日起五年内的劳动所得，免征所得税。同时，对工作在原材料生产行业的中小企业的现场技术人员根据其在企业工作的连续工龄，享受不同比例的所得税减免优惠。

三、对比借鉴，我国现行支持高新产业发展税收政策之不足

（一）法律层面存在的问题

一是税法的单一立法体制，不能完全适应地方高新产业发

展的需要。我国的税收立法权高度集中在中央，地方没有立法权。这不仅不利于因地制宜地调控配置区域性税收资源，一定程度还可能诱发地方政府越权行为。

二是税法统一实施方面存在缺陷与不足。我国鼓励高新技术产业发展的税法措施由两部分组成，一为全国统一适用的规定，二为部分地方政府自行制定的规定。这些税法措施都是通过对一些税收法律或行政法规的某些条款进行修订、补充而形成的，或者干脆就是在地方政府的权力范围内通过变通的方式加以规定的，散见于各类与税收相关的通知、决定、命令等行政规章、地方性规章或规范性文件中。这种做法虽然解决了现实经济生活中高新技术产业发展寻求政策法律支持的迫切需要，但由于缺乏整体规划、统一协调，导致这些规定的功效很难相互促进，反而因矛盾、重叠、含糊而彼此抵消，不利于保持税法的完整性和权威性，给贯彻实施带来了诸多不便。例如，由于各种优惠措施散见于许多法规、规章，甚至内部文件中，纳税人对其内容难以全面准确地了解和掌握，明显表现为透明度不够和难以统一实施，同时也造成许多优惠措施缺乏长期稳定性。由于税法宣传形式单一，宣传力度不够，加之对税法的修改和废除在行政规章、地方性规章以及行政规范性文件层面缺乏必要的公告和咨询查证系统，因此，如果不借助专业人士，纳税人自己很难准确地评估和利用各种税收优惠措施。这种税法环境对于高新技术产业的发展是十分不利的，因为高新技术企业除了承受技术风险、市场风险和投资风险外，还会因此承担法律风险。一旦对税法理解有误，就可能招致处罚。高新技术企业除了研究、开发和市场营销的成本费用居高不下外，还会因为不健全的税收法律环境而增加其纳税成本。

（二）应用层面存在的问题

一是现行税收优惠政策效应有待进一步提高，高技术产业发展中需要扶持的领域还存在着一定的政策真空。现行税收政策更多的是各项优惠措施的简单罗列，且对促进高新技术产业发展的导向机制尚不健全。主要表现：其一，在发展高新技术和对原有传统产业的高新技术改造扶持方面，广度和力度都不够。对高新企业各个阶段扶持和激励作用不明显。对技术落后、急需进行技术更新的企业以及正在进行科技开发的活动和项目缺少鼓励。虽然我国税法允许企业研究开发费用按 150% 的比例扣除，但其适用范围仅限于研究开发费用比上年实际增长 10% 以上的盈利企业，且其 50% 的超额扣除不应超过其应税所得额。使得投入巨大、正处于成长期的高新技术群体难以得到实惠，因此其引导作用自然受到影响。其二，现行税收优惠政策缺乏鼓励科研成果转化的力度。高新技术企业的科研成果要转化为现实的生产力，就必须与生产实践、产品的技术和工艺过程紧密结合，国家通过制定这方面的税收优惠政策可以促进科研成果在生产实践中的推广和应用。如果税收政策允许对企业技术含量高的中试产品、新产品实行减免税优惠，对新技术、新工艺的投资进行税收抵免，则必然会加速新技术、新工艺的运用，缩短科学技术成果向现实生产力转化的周期。其三，现行税收政策不足降低高新技术企业技术进步活动的风险。国外税收优惠政策侧重于降低高新技术企业技术进步活动的风险，而我国现行的优惠政策并未将优惠重点放在补偿和降低高新技术企业的风险方面，企业不能在税前提取风险投资基金，而且现阶段还没有形成卓有成效的风险投资机制，在一定程度上影响了对高新技术产业发展的扶持作用。

二是现行税收优惠政策表现手段较为单一。我国现行支持高新产业发展的税收政策以直接优惠为主、间接优惠为辅。所采用的是直接税额式减免和间接税基式减免相结合的方式，并且对高新技术的优惠主要限于税率减少和税额的减免。直接优惠虽具有透明度高、激励性强的特点，但其受益对象具有局限性，主要是那些已经和能够获得技术开发收益的企业，而对那些尚未或正在进行技术研究开发的企业则无税收激励可言。我国的税收直接优惠主要表现为对企业最终经营结果的减免税，如企业所得税的减免，强调的是事后的利益让渡，对于引导企业事前进行技术改革和科研开发的作用较弱。虽然税收直接减免有操作简便、易为征纳双方把握等优点，但其缺点也是明显的：其一，税收直接减免只能在一段时期内使用，因而，对于高新技术企业发展中持续的创新行为缺乏有效的激励；其二，税收直接减免一般在高新技术企业成立初期使用，而由高新技术企业成长特点所决定，该阶段企业很难或很少获利，难以给企业带来实际利益；其三，税收直接减免，属于投资后的鼓励，引导企业的作用不显著，且容易导致税收流失，体现不出税收优惠力度；其四，对高新技术开发区的企业只规定减税开始日期，没有规定减税停止日期，这样不利于企业创新机制的建立，不利于企业增加对科技开发的投入。我国目前还处于高新技术发展的起步阶段，本应侧重于间接优惠方式的使用，而在科技税收政策的优惠方式上却偏重于直接优惠，这种奖励性税收优惠对扶持更多的企业加入技术创新的行列有一定的负面影响。

三是现行税收优惠政策优惠重点较为片面。以所得税优惠为主，流转税优惠相对缺位。我国第一个税收支持高新技术产业发展的配套文件所颁布的 16 条优惠政策中，主要的条款全是围绕企业所得税减免而设。我国目前实行的是以流转税和所得税为主体的双主体税制结构模式，其中流转税收入居于绝对优势，在税收总收入中所占比例达 70% 以上。但在流转税的具体设计中，并没有考虑高技术产业的特点，加重了高技术产业发展的负担。流转环节除进口科研、教学用的先进仪器、设备免征进口环节增值税外，其他流转税方面的优惠几乎为空白。这样虽然我国的高新技术产业在所得税上享受了一定的优惠，但是在一定程度上抵消了所得税优惠对高新技术产业发展的促进作用，使整个高新技术产业税收倾斜政策难以最大限度地发挥效力。我国现行的高新技术产业的税收优惠主要体现为企业所得税的减免，这也是以企业获取所得为前提的，即我国税收优惠往往只看重结果，只对高科技企业的利润优惠，给予减免，而对其投资如无形资产的开发、研究费用的处理上，没有给予高科技企业相应的税收优惠政策。对科技基础研究、风险投资、产学研结合等方面的政策支持力度不够，存在一定的缺位现象。而且过多的限制条件也束缚了税收优惠政策作用的发挥，特别是部分税收优惠政策实施需要主管部门对优惠主体进行认定与管理，存在一定的政策"博弈"现象，税收优惠政策打了折扣。

四是现行税收优惠政策优惠对象针对性不强。国外主要是对高科技的开发和研究进行税收优惠，而我国则没有这种导向性的税收优惠措施，缺少针对具体的科技开发活动及项目的优惠，表现在以企业为主而不是以具体的项目为对象，因此，对高新技术企业普遍施惠，容易导致优惠的泛滥，也容易导致避税行为的发生，造成国家税收收入的流失。最为严重的是，对高新技术企业中的非高新技术产品给予优惠，于其他生产同类产品的普通企业是一种不公平的待遇，必将导致竞争环境的扭曲。一方面使得一些企业的非技术性收入也享受了优惠待遇，造成税收优惠泛滥；另一方面使得一些经济主体的有利于技术进步的项目或行为难以享受税收优惠，造成政策缺位，最终影响了税收优惠的整体效率。此外，以企业为优惠对象还导致许多企业不是在科技创新上下工夫，只关心科技成果的应用，而不注重对科技开发的投入，只在"新产品"、"高科技企业"、"先进企业"等认定方面下工夫，钻政策的空子。

五是现行税收优惠政策缺乏集聚人才优惠措施。我国现行的高新技术企业实行15%的企业所得税税率，个人投资高新技术企业获取的个人所得（如股息、利息和个人分得的利润）却没有所得税方面的优惠措施，并且由于企业所得税和个人所得税的课征形成了双重课税。现行个人所得税法没有对高新技术人员的优惠政策，而且个人所得税没有考虑高科技人才教育投资成本大的情况，没有实行税前扣除的优惠，致使对高层次的教育投入不足。对红股征收个人所得税阻碍了高新技术企业内部员工持股制度的推行。对高科技人才的创造发明、成果转让收益征税，削弱了科研工作者投身科技开发的积极性，也打击了对科技成果进行转化的热情，导致科研领域缺乏吸引力，科技人员队伍不稳定。

四、完善支持高新产业发展税收政策的思路探讨

（一）法律层面

一是致力于完善高新技术产业的税收法律体系，协调中央和地方的立法权。税收优惠是政府政策目标的风向标，只有实现了税收优惠的法制化，才能保证依法征收、依法纳税和依法管理。应加快有关支持高新产业发展方面的立法步伐，提高高新产业税收法律的权威性，并创造条件尽快对支持高新产业发展税收优惠实施单独立法。国家在完善支持高新产业税收政策时，应由国务院单独制定一个特别优惠法案，把散见各处的税收政策集中统一颁布执行。从长远角度考虑，国家应制定促进高新技术产业发展的全面性法律《促进高新技术产业发展基本法》，从总体上考虑促进高新技术产业发展的税收政策。

二是赋予地方适度的高新产业税收立法权。为了促使经济协调发展，应赋予地方一定限度的税收立法权，允许地方政府根据国家产业重点发展领域，在不同时期相应选择契合本地区人才结构、资源状况的重点项目和税收政策手段，进行政策扶持范围和重心的动态调适，尽量发挥有限税收政策资源的最大效能，这样使高新产业税收优惠政策与中央和地方的发展战略紧密结合，有条不紊地实现经济的互动和飞跃。

（二）应用层面

一是在高新技术产业化发展的不同阶段，税收优惠的侧重点应有所不同。此外要根据经济发展情况动态调整税收优惠政策的扶持范围，实现动态鼓励与静态鼓励的统一。建议选择如下优惠政策：其一，通过加强折旧等延期纳税方面的税收措施，加快技术进步投入资金的周转速度，减少资金方面的风险；其二，通过投资抵免等税收措施，增加企业的收入能力，减少企业利润方面的风险；其三，通过税收减免、费用扣除等税收措施，降低企业技术进步活动的成本，减少活动费用与支出等方面的风险；其四，通过提取风险准备金等方式增加企业抵御技术进步风险的能力；其五，鼓励加大科技投入及加快科技成果的转化，建议政府每年拿出一定比例的资金用于科技成果的转化和形成生产能力，并为科技产品培育市场；其六，对高新技术产业投资继续给予税收优惠，以引导投资方向；其七，鼓励企业自主创新。把针对企业研发环节的税收激励置于税收政策的核心地位。

二是税收优惠形式应从主要侧重直接优惠转向侧重间接优惠。对现有的直接优惠应逐步调整、取消。因为实行直接、间接减免优惠操作运行的结果是不一样的。直接减免优惠方式的特点是对税收直接免除，这不但造成税收收入的流失，而且还容易造成钻政策空子逃避税收。间接减免优惠的特点是对税收的间接减免，表现为延迟纳税行为，是对资金使用在一定时期内的让渡，由于高新技术项目生产过程的特殊性，选择间接优惠实施既不违反税收公平原则，又能体现鼓励导向，无异于雪中送炭，提前收回投资可减少投资风险，同时也利于应税行为的规范化管理。间接优惠的主要操作方法：借鉴国际先进经验，选择加速折旧方式，即对于经《高新技术企业认定管理办法》认定的高新企业，其使用的先进设备以及为研究开发活动购置的生产设备或建筑物，实施加速折旧，并在正常折旧的基础上给予特别折旧，在折旧资产使用的第一年允许按一定比例特别折旧扣除，以加快企业的设备更新和技术进步；选择投资税收抵免方式，即对于高新技术企业购置并用于更新改造的所有设备，允许企业按再投资额的一定比例从应纳税额中抵缴所得税，提高企业再投资的积极性；选择亏损结转方式，即企业亏损可以通过以后或以前年度的盈利抵补费用扣除，规定特定范围费用开支的应纳税额扣除；选择提取特定准备金方式，准许高新技术企业按照销售或营业收入的一定比例设立各种准备金，如风险准备金、技术开发准备金、新产品试制准备金以及亏损准备金等，用于研究开发、技术更新等方面，并将这些准备金在所得税前据实扣除。

三是重塑税收激励重点，完善现行税收优惠政策。其一，完善增值税优惠政策。稳步推进第三次增值税改革，将与高新产业发展密切相关的交通运输业、服务业等行业纳入增值税征收范围，这是短期减轻企业增值税税负的有力措施。目前，《高新技术企业认定管理办法》已经实施，笔者认为，增值税税收优惠政策不应局限在软件企业和集成电路企业，应拓宽税收优惠覆盖面，可以将《高新技术企业认定管理办法》认定范围内的企业纳入增值税优惠政策的范畴。可允许对技术转让费、研究开发费、新产品的研制费和宣传广告费等，比照农产品按10%的扣除率计算进项税额；另外高新技术产品中所含折旧部分的增值税，允许在计算增值税税基时予以扣除。对企业研制属于国家产业政策重点开发的高技术含量、高市场占有率、高附加值、高创汇、高关联度且对全国经济发展有重要影响的新产品，其缴纳的增值税，可根据不同情况给予3年或5年先征后返的照顾。通过这些措施，使高新技术企业在增值税方面享受到较多的优惠。其二，完善企业所得税优惠政策。新《企业所得税法》降低了企业所得税的整体税率，提升了国内企业的整体竞争力。而具体到高新技术产业，应根据其发展的特点和需要，有针对性地选取关键环节（项目或行为）给予较大幅度优惠。首先，所得税优惠政策不应按企业的经营状况来确定优惠标准。现行很多优惠政策都把亏损企业排除在外，应参照国际通行做法，扩大研究与开发费用扣除适用范围。不论企业是否盈利，对符合高新技术条件的各类企业的研究与开发费用，在初始年度，均可实行据实税前列支。其次，加速折旧优惠。为鼓励高新技术企业加大科技投入和技术创新，可考虑对技术先进的环保设备、国产软件的购置和风险资本的投资实行"期初扣除"的折旧方式，允许在投资当年就扣除 50%～100%。这既有助于提高投资回收速度，也有助于高新技术产品的市场形成。再次，适时提高高新技术企业计税工资的标准，提高高新技术企业职工教育经费的计提比例等，避免造成高科技企业虚增应纳税所得额，增加企业税收负担。最后，积极调整出口退税政策。适当提高具有自主知识产权、自主品牌的高技术产品的出口退税率。

四是实现税收优惠的"受益人"向具体的科研项目、具体的开发环节转变。税收优惠实施的对象即"受益人"应定位于科技活动过程和科研成果。而现行科技税收优惠措施大多是以企业作为优惠受益人。它的缺陷是无法区分企业收入中真正属于创新收入的比重。在企业多元化经营的条件下其对科技创新的刺激作用并没有发挥，而是简单地使某些具有资格的企业享受到过多的税收优惠。同时科技税收优惠不应简单地以企业的总体收入作为优惠基础，对所有结果进行税收减免，而应根据高新技术研发的特点，通过项目优惠、研究开发环节优惠，刺激具有实质意义的科技创新行为。在这方面首先应原则规定可享受优惠的研究项目或研究开发行为，确定基础研究或前期研究环节的优惠，支持企业加强自主创新能力建设。

五是建立鼓励风险投资的税收优惠政策体系。应根据高新技术产业发展的特点，将税收优惠的重心转移到创新孵育体系和高新技术成果产业化支持体系方面。其一，完善对所有创业企业的税收优惠政策支持。将现行的税收优惠政策逐步扩大到以高新技术企业为主的所有的小型创业企业，使其成为普遍化的税收优惠政策。其二，对中小创业企业可以考虑放宽费用列支标准，并允许有科技发展前景的中小企业，按其销售收入一定比例提取科技开发基金，以弥补可能造成的损失。其三，建立对风险投资的税收倾斜政策。对风险投资公司年度收入50%以上来源高新技术企业的投资收益，给予高新技术企业同等的税收优惠，即定期减免和减按15%优惠税率。对企业投资高新技术获得利润再用于高新技术投资的，不论其经济性质如何，均退还其用于投资部分利润所对应的企业所得税。

六是制定支持高新企业融资的税收政策。其一，对企业改制给予税收优惠，对其改造投资可抵免所得税，以达到优化企业融资条件的目的，从而更有利于获得银行贷款和民间投资。其二，对企业银行贷款的利息，允许在税前全额扣除。该项政策的制定可以特别针对中小型的高新企业，有利于企业得到充足的资金保障，促进其健康快速地发展。

七是建立利于集聚高科技人才的税收优惠政策。高新技术产业的发展说到底都是人才的竞争。因此，税收政策应推动人才的集聚，推动企业的快速发展。其一，进一步加强对科技人才培养的税收支持。制定鼓励民间办学、鼓励社会捐资办学的税收政策。对企业、社会团体和个人向教育培训机构和科研机构的捐赠，不受最高捐赠限额限制，据实税前列支。其二，突出鼓励企业加大教育培训的政策。其三，优惠政策适度向个人倾斜，重点是完善高新技术人员的个人所得税政策。对个人通过技术成果转让、技术服务取得的收入及技术奖励应给予个人所得税的减税或免税优惠，以调动科研开发人员的积极性。

八是加强政策管理，提高税收优惠政策的实际效率。一方面，可尝试实行"税式支出"制度。税式支出是各类税收优惠的统称。为规范高新技术产业税收优惠政策的管理，在管理上需要建立一套科学的监测评价体系，并以效益（包括经济效益和社会效益）为核心进行监督。为保证税收优惠的实际效果，应考虑建立科技投资项目审查立项、登记申报制度，定期评估，进行跟踪监督，把过时或不当的项目及早剔除。实行对技术成果的验收及鉴定制度，对最终成果不符合要求的，及时取消所得税优惠，并加收滞纳金。另一方面，加强对支持高新产业税收政策的宣传教育，优化纳税服务，创新纳税服务内容和手段，降低纳税和征税成本，继续推进科学化、专业化、精细化管理，将科学发展观融入支持高新产业发展的工作实践中，进一步提高征收管理及政策管理的质量和效率，促进高新企业又好又快发展。

　　课题负责人：龚　英
　　课题组成员：周文福、郭　立、张发军、柯　萍、镇　静
　　执　笔　人：镇　静

促进高新技术产业发展税收
政策的国际借鉴研究

陕西省西安市国际税收研究会课题组

一、我国高新技术产业发展
存在的问题

（一）政策措施不配套，落实不彻底

主要有以下几种情况：（1）一些政策在执行中手续繁、周期长、不利于落实；（2）有些地区政策执行中对非国有企业不能一视同仁，如一些地方在集体科技企业进行公司制改组时，要求将国家给予的税收减免资金转为国有股，并要参与企业管理和收益分配；（3）有关政策缺乏配套操作措施。

（二）科技创新能力不足的问题日益突出

研发是国际上公认的用来衡量技术密集及划分高新技术产业的重要指标之一，而我国的研发经费占 GDP 的比重一直很小，与世界主要工业化国家相比显得极为低下。由于关键技术不掌握，近年来，我国在高技术产品出口方面引发了许多知识产权、技术标准等方面的纠纷，使我国高新技术产品出口面临很大的压力。历史和现实已反复证明，真正的核心技术是买不来的，只有大力提高原始创新能力，关键技术创新能力和系统集成能力，拥有大批的专有技术和大批的自主知识产权，才能在国家间的科技竞争中，在国际产业分工和全球经济格局中占据战略

制高点，才能牢牢把握经济发展的主动权。

（三）风险投资市场不发育，技术和风险资本结合困难，对外资依赖程度高

风险投资是促进高新技术产业化的关键环节，但在我国风险投资体系和机制远未形成，高技术企业的融资渠道较为单一，致使风险投资机构不多，风险资金量不大，技术和风险资金结合困难。没有足够的高技术产品开发基金，以银行为贷款主体的融资渠道限制了高新技术的发展。同时，社会风险资本严重短缺，致使高技术研究成果难以转化为高技术产品。

（四）高技术产业的结构还不够合理，政策导向不明

我国在许多领域，特别是在高技术产业发展方面，与发达国家，甚至新兴工业化国家和地区之间还有很大的差距。高新技术产业发展中还缺乏能与世界跨国公司相抗衡，并不断促进产业升级的龙头企业和骨干企业。高新技术产业规模仍然不大，除信息产业外，还没有形成应有的经济规模。各地区行业之间发展不平衡，地区间高技术产业发展存在一定程度的"高水平"重复现象，国家高新技术产业开发区的经济发展过多地依靠数量扩张，增长质量还不高，相当多企业由于缺乏研究开发能力，还在生产附加值较低端产品、代工产品和组装加工产品，难以形成主导特色产业，特色不明显，产业集群优势没有充分发挥。

（五）高新技术出口对外资企业依赖性过强

商务部在第十一届中国投资洽谈会上公布的《2007 中国外商投资报告》显示，外资企业出口约占中国全部出口的 60%，中国高新技术产品出口的 88% 是外资企业实现的。外资企业是中国改革开放的成果，作为最具活力的企业群体，它们以一批著名跨国公司为龙头，在中国形成了一条又一条具有国际竞争力的产业链，创造了中国约 1/3 的工业产值，提供了全国超过1/5 的税收，雇佣了 2000 多万名员工，已经成为中国参与全球

竞争的最积极的企业群体，大大加强了中国企业在全球的竞争力。从另一个角度看，中国高新技术出口过分地依赖了外资企业，使人们在视觉上、感官上忽略了民族企业的存在和发展。

二、国家对高新产业税收优惠政策存在的问题

（一）增值税加重了高技术产业发展的负担

我国目前实行的是以流转税和所得税为主体的双主体税制结构模式，其中流转税收入居于绝对优势地位，2003 年流转税占国家税收总量的 69%。随着我国必须用先进技术改造传统产业，尽快促进产业升级的紧迫性不断增强，现行生产型增值税的弊端也越来越明显地表现出来。在流转税的具体设计中，并没有考虑高技术产业的特点，加重了高技术产业发展的负担。现行增值税加重了高技术产业的税收负担，从一定程度上制约了高技术产业的发展。这主要因为我国目前实行的是生产型增值税，而高技术产业由于资本有机构成普遍较高，固定资产所含税款不能抵扣，高技术产业比一般工业加工产业不能抵扣的固定资产所含税款部分多，负担也相对重一些，因此，生产型增值税不利于高新技术产业适时进行设备更新改造，妨碍企业技术装备进步。更重要的是，它还在一定程度上形成了对高新技术产品的重复征税。高新技术产品出口时，不能实现彻底退税，从而削弱了我国高新技术产品的国际竞争能力。此外，与其他产业相比，高技术产业无形资产和开发过程中的智力投入往往占高新技术产品成本的绝大部分，但这些投入并不能抵扣。这也导致了高技术产业增值税负担偏重，增加了科技投入的负担，在一定程度上挫伤企业技术创新投入的积极性。

（二）税收优惠不能充分发挥效果

现行科技税收优惠政策缺乏针对性，优惠政策重点不明确，

重产品、轻投入、重成果、轻转化的现象较为严重。

1. 税收优惠方式选择不科学。我国现行的科技税收优惠主要手段是税收直接减免，优惠方式单一。

2. 税收优惠对象针对性不强。以企业为主而不是以具体的项目为对象，一方面使得一些企业的非技术性收入也享受了优惠待遇，造成税收优惠泛滥；另一方面使得一些经济主体的有利于技术进步的项目或行为难以享受税收优惠，造成政策缺位，最终降低了税收优惠政策的效果。

3. 优惠力度偏小。特别是鼓励企业加大科技投入，促进企业科技创新和高科技产业化，支持力度不够。此外超额扣除部分受盈利水平的限制，对于研究开发需不断进行，且投入巨大的正处于成长期的高新技术群体来说，这项政策自然难以发挥更大的促进作用。

（三）高技术产业发展中需要税收政策扶持的领域还存在着一定的政策真空

高技术产业发展的特点是高投入、高风险、高收益。但在税收政策设计上却忽略了其风险性。事实上高技术企业，在创新过程中，面临着巨大的市场风险、开发风险和技术流失风险等，而当前我国的税收政策只是对企业技术开发的新产品所带来的利润予以一定的税收减免，对企业用于科研开发的投资以及开发过程中可能的失败，在税收上没有给予更多的考虑。这在很大程度上阻碍了企业技术创新。此外，我国现阶段还没有形成卓有成效的风险投资机制，而且也缺乏鼓励科技风险投资的税收政策，针对创业投资或风险投资没有专门的税收优惠，对其只是采用通行的高技术企业优惠政策，这不利于风险投资的成长。

（四）法律层面还存在一定的问题

1. 科技税收法律层次低，相互之间衔接差。对于科技税收优惠政策，在国家法律中几乎没有规定。我国现有的科技税收优惠政策，基本上是通过对一些基本税收法规的某些条款进行修订、补充而形成的，散见于各类税收单行法规或税收文件中，使人们对政策难以全面把握，执行起来容易出偏差；还有一些优惠政策缺乏稳定性，而且有些细则修改后未被广泛宣传，从而使有关政策不规范，缺乏应有的严肃性和刚性。

2. 税法的单一立法体制，不能完全适应地方科技发展的需要。我国的税收立法权高度集中在中央，地方没有立法权。这不仅不利于根据地方科技发展需要和可能制定税收规定，以促进地方科技和经济发展，而且不利于因地制宜地调控配置区域性税收资源，一定程度上影响了地方税体系的构建及分税制的实施和完善，同时还可能诱发地方政府越权行为。

（五）我国高技术产业相关税收政策不适应 WTO 条款的内容

通过考察 WTO 条款，我国高技术产业相关的税收政策在一些方面与 WTO 规则不相符，具体表现在：第一，世界贸易组织乌拉圭回合协定关于补助金只能用于支持技术开发、地区开发、环境保护等规定精神，我国目前高新技术企业的税收优惠主要集中于高新技术产业开发区内企业，具有产业和地域的双重专项性补贴特征，为反补贴协议的补贴专项性限制原则所不允许，我国应逐步改革或废除现行的按产业分地区进行的税收优惠政策体制，转变为分机能、分领域支持的体制；第二，根据 WTO关于"国民待遇"的规定，我国的高新技术产业税收政策还应逐步消除对不同经济性质的市场主体实行不同税收待遇的状况；第三，我国目前对高技术产业的税收优惠主要集中于高技术企业本身，也有悖于 WTO 反补贴协议要求。

（六）其他方面存在的问题

1. 区域性优惠抑制了目标产业的发展，对特定区域内外的同一性质企业区别对待，不利于科技产业的发展，削弱了政策实现能力。区域性优惠的一个严重后果是大家争相开办开发区，区外企业往区内挤，不合标准的也挤进去了，影响了真正的高新技术企业的发展。

2. 对内资高新技术企业自主开发和创新技术的税收鼓励不够，一国高新技术产业的发展，除了产值、利税和速度等指标外，更重要的是要看主权国家及内资企业对高新技术的掌握程度，以及在此基础上拥有的自主知识产权和自主品牌，而我国高新技术产业的发展，有相当一部分是依靠引进外资及技术，而我国企业自身掌握和控制的高新技术还非常有限。

三、国外税收政策对高新技术产业的影响

（一）免征关税与增值税

许多国家都有对进口的专用于科研的设备、仪器等免征进口关税和增值税的规定。如印度对为了出口目的而进口的电脑软件一律免征关税，对其他电脑软件的进口税率也连年下调。

（二）税收减免

这是许多国家和地区广泛使用的优惠方式。通过减免公司所得税，可减轻企业税收负担，增加企业税后所得，以此增强企业技术研究与开发投入的能力。很多国家都给高新技术产业（行业）或企业以定期免征或减征企业所得税的优惠。

日本政府为实现科技振兴，实行了对实验研究费给予税额扣除、向海外出售技术等海外收入给予特别扣除等政策。《促进基础技术开发税制》中规定，在对增加实验研究经费给予减免的基础上，对部分高新技术领域的技术开发用资产再按购入价的7%免征所得税税金（最高限额为法人税的15%）。对技术开发基金比上年增加部分，按增加额的70%减征所得税，对输出的技术专利所得收入的18%免征所得税。

美国在1981年通过的《经济复兴税法》中规定，纳税人可将发生的与贸易或商业活动有关的研究或实验支出直接作为可扣除费用予以抵扣，而不作为资本性支出。凡是当年研究与开

发支出超过前 3 年的研究与发展支出平均值的，其增加部分给予 25% 的税收抵免（1986 年将 25% 的税收抵免减至 20%），该项抵免可以向前结转 3 年，向后结转 15 年。企业向高等院校和以研究工作为目的的非营利机构捐赠的科研新仪器、设备等，可作为慈善捐赠支出，在计税时予以扣除。

（三）税收抵免

投资抵免是指允许企业从应纳税所得额中扣除用于科技投资的一部分资本支出，即对购进生产性固定资产设备的企业，允许其在税前扣除设备价款一定比例的金额，以减轻其税负。这种抵免有利于鼓励企业更新固定资产和进行技术改造。作为一种间接优惠的税收政策，这对于有科技投资的企业具有较大的帮助，目前许多发达国家均采用这种方法。

日本政府制定了《增加试验研究费税额扣除制度》、《促进基础技术开发税制》等税收政策，规定企业的研发费用可选择资本化即按照递延资产处理，亦可选择当期全额扣除。另外，对于符合条件的费用还可按规定直接抵免应纳税额。同时规定对用于新材料、尖端电子技术、电气通讯技术、宇宙开发技术等的开发资金全部免征 7% 的税金。后来又对尖端电子、高性能机器人、新材料、生物工程等的研究经费及相关的机械设备和建筑物免征 10% 的税金。

（四）费用扣除

这一方式是允许企业将用于科研、试验及资源开发的投资，在计算应纳税所得额时作为费用扣除，以减少应纳所得税。

澳大利亚政府对专门用于科研的建筑和设备的费用，可以按照不少于 3 年的时间扣除；对居民公司每年在澳大利亚使用的科研开发费用超过 5 万澳元的部分，可以准予升值按照 150% 进行扣除。这一政策适用于基础研究、应用研究、使用早期科研成果和经验实施试验性开发、创新或者改进原材料、设计、产品、劳动条件、工序流程所发生的费用。澳大利亚还规定，企业研究与发展投资的 60% 可以得到政府的补偿。

（五）加速折旧

加速折旧是在固定资产使用年限期满前提足更新资金，实际上使企业享受到延期纳税的优惠，企业将原本应上缴的税金作为自己的资金使用，相当于从政府手中获得一笔无息贷款，从而起到鼓励企业增加科技开发、加快机器设备更新换代的作用。当前，发达国家普遍允许企业采用加速折旧的方法，也是世界上众多国家为鼓励技术进步而广泛采取的税收优惠措施。

美国早在 1954 年颁布的《财税法》中，就规定企业可以采用双倍余额法以及年限合计法等加速折旧的方法。20 世纪 70 和 80 年代，美国政府两次缩短了固定资产的法定使用年限，固定资产的类别减少到五类，将汽车、科研设备等固定资产的折旧年限缩短至 3 年，机器设备缩短至 5 年，这些措施的直接效果就是使固定资产的折旧速度进一步加快。对高新技术产业研究开发用仪器设备实行快速折旧，折旧年限率为 3 年，是所有设备年限中最短的。美国还以加速折旧作为政府对私人高新技术企业实行巨额补贴的一种方法，以此来促进对高新技术产业的投资。目前，美国每年的投资中，折旧提成所占比重高达 66%~90%。

（六）提取科研开发准备金并鼓励科技成果的转让

准备金指为减少企业投资风险而设立的资金准备，主要有技术开发准备金、呆账准备金等。

韩国的"技术开发准备金"较为有影响，它规定企业为解决技术开发和创新的资金需要，可按收入总额的 3%（技术密集型产业 4%，生产资料产业 5%）提取技术开发准备金，在投资发生前作为损耗计算。这种做法适用的行业很广，并且该制度对资金使用范围和未用资金的处理有一定的限制：准备金必须自提留之日起 3 年内使用，主要用于技术开发、引进技术的消化改造、技术信息及技术培训和研究设施等方面。设立技术开发基金的企业还允许按其技术开发支出的 5%（中小企业为15%）直接从税额中抵免。韩国税法规定转让或租赁专利、技术秘诀或新工艺所获收入，可减免所得税，转让给本国人所得的收入，全额免征；转让给外国人所得的收入，减征 50% 的税金。

（七）重视对高科技人才的税收优惠

高科技企业的发展最终还是取决于人才，对科技人才实施税收优惠政策，制定以人为本的税收政策，成为世界各国的共同选择。韩国对于企业支付的技术和人才开发费可以一定的比例从法人税和所得税中扣除；对在韩国国内企业工作或在特定研究机构（含政府）从事科研的外国人给予 5 年的所得税减免。意大利对于企业聘请的博士后、学士后（2 年以上）每个合同提供税收信用额度为 1500 万～6000 万里拉，对于企业委托培养的博士生，政府给予的支持为奖学金的 60%。

四、借鉴外国经验，建立符合我国税收政策，促进高新技术产业发展的基本思路

（一）世界主要发达国家运用税收政策促进高技术产业发展的主要经验和启示

1. 事前扶持和事后鼓励并用，侧重点放在研究与开发阶段

高新技术企业从创办到成熟大体可以分为：播种期、创建期、成长期和成熟期。投资强度逐级递增，而投资风险却呈逐级下降的态势。美国在播种期和创建期，税收优惠侧重于事前扶持；而在成长期和成熟期，税收优惠的重点则更倾向事后鼓励。事前扶持突出地表现为政府与企业共担风险，如美国为鼓励企业增加研发投入，把研发投入与一般性投资区分开，实行"费用扣除"和"减免所得税"的双重优惠；而事后鼓励的意义

则体现在政府与企业对所得的分割与让渡，如科研机构作为非营利机构可以免征各项税收。事前扶持与事后鼓励并用、以事前扶持为主，是美国促进高新技术产业发展的税收优惠政策的成功经验之一。

研究开发活动是实现科技进步和创新的基础，也是高技术产业发展的强大推动力。研究开发活动由其中的各个不同阶段和不同环节所组成，是一个有机的、完整的渐进过程，并渗透于现代社会经济生活的各个领域、各个方面。总体来看，我国现行的研究开发税收政策还仅仅是一些税收优惠措施的简单相加，各政策措施之间协调性差，没有形成一个统一的整体。为此，我们应借鉴国外经验，根据研究开发活动各个阶段的特点，全面系统地设计促进研究开发的税收政策。具体包括专门针对研究与开发各个阶段和环节，即实验室阶段、中试阶段和产业化阶段的税收政策；对鼓励技术引进和消化吸收的税收政策等等。从税收优惠的形式上，应扩大税基式优惠的范围和幅度，只要企业进行了研究开发活动，满足税基优惠的前提条件就可以享受相应的税收优惠待遇，而不再考虑其研究开发活动是否取得了收入和利润。

2. 加强税收优惠项目的预算控制与政策管理

为了有效地防止税收优惠支出额度和支出方向的失控，美国政府建立规范的税式支出预算，并对资助的项目进行成果鉴定，对其经济与社会效益进行预算和考核，连同税式支出成本的估价，一同附于年度预算报表之后。

为防止税收优惠支出过多过滥，很多对高技术企业实施税收扶持政策的国家，都非常重视税收优惠的政策管理，即必须严格实行"税式支出"的预算管理制度，严格控制税收优惠的对象和范围，并对税收优惠的刺激效应做出客观、公正的评价。因此，在管理上需要建立一套科学的监测评价体系，并以效益（包括经济效益和社会效益）为核心进行监督。

3. 税收优惠方式不同，取得的效果也不相同

我国税收优惠的形式，主要侧重于税率式优惠，如减税、免税等直接优惠形式上，而较少运用税基式优惠政策，即加速折旧、税前列支、费用扣除、投资抵免等间接优惠方式。国内外经验表明，在激励投资的政策中，广泛运用侧重于税前优惠的税基式优惠方式，具有更高的成本效率。我国的税收优惠政策应进一步加大由税率式优惠为主向税基式优惠为主的转变力度：即以税基减免为主，税额减免为辅。税基减免强调税前优惠，而税额减免则强调事后优惠，偏重于利益的直接让渡。确立了税基减免与税额减免相结合的税收优惠方式，可以引导和鼓励企业加大对技术进步的投入。

4. 税收优惠政策基本上是以法律的形式来实施

发达国家制定的税收优惠政策大多体现在相关的法典中，而且对优惠对象都有非常明确的定义。如：美国在税收法典中，对基础研究和产品的开发都有严格的区分。基础研究的成本可以申请税收抵免和其他的税收利益，而只有在实验室进行过程中发生的开发成本才可以享受特别的税收待遇，其他的开发费用必须资本化。加拿大所得税法典对科学研究与试验开发也有严格的定义，即在科学或技术领域中用试验或分析的方法所进行的系统的调查或研究活动，其中对技术的内涵也都有非常详细的解释和说明。这种以法律形式来体现的税收优惠政策更具有权威性、稳定性和可操作性。

5. 运用税收政策促进产业升级

通过对此次金融危机的分析，我们不难发现，我国改革开放 30 年来，国民经济取得巨大成就，但切不可盲目乐观，必须清醒地认识到我国目前仍处于全球经济链条的下游位置，对上中游产业影响的能力微弱。这是由于我国长期高消耗、低产出的资源扩张型经济增长方式对国际资源市场的依赖程度日益加深，加剧了资源的供求矛盾，导致远期经济发展波动性的增加。

我们可以将这次金融危机作为一次契机，通过财政政策中的税式支出手段来促进经济结构的提升与转型。就我国而言，从现行税制看，在引导和促进技术创新和高新技术产业发展方面，税收上制定了一些优惠政策，但还有诸多需改进和完善之处。

6. 税收优惠应进一步加大对"人"的优惠

具有熟练技能的人员、拥有丰富专业知识的人员、创造型科研和教学人员、高素质的管理人员等都是推进科技进步和高新技术产业发展的根本。从全国收入水平的现状看，高技术企业由于员工的文化水平和素质较高，所以员工工资普遍偏高。但我国税法规定的计税工资标准过低，实际上就会造成高科技企业虚增应纳税所得额，增加了企业税收负担。因此，应允许高新技术企业工资据实列支。

（二）建立和完善促进我国高技术产业发展的税收政策建议

1. 完善、健全与高新技术产业有关的税收法律体系

加快有关科技税收方面的立法步伐，提高科技税收法律的权威性，并创造条件尽快对科技税收优惠实施单独立法。对一些已经相对成熟的条例、法规通过必要的程序使之上升到法律层次，既有利于克服由于经常修改而造成税法不够稳定的缺陷，也在一定程度上提升了有关科技税收的法律效力。另外从长远角度考虑，国家应制定完善促进高技术产业发展的全面性的法律《高新技术产业发展基本法》或者《国家高技术产业发展法》，从总体上考虑高技术产业发展战略以及相关的财税政策。而后根据法律的要求，对目前零星散布在国务院、财政部、国家税务总局各种通知、规定中的具体税收优惠政策进行归纳梳理，结合当前国家产业政策和经济结构调整、所有制结构调整的新形势，对科技税收政策实施单独立法，形成专门的《财政鼓励高新技术产业发展条例》、《税收鼓励高新技术产业发展条例》，明确规定优惠的目标、原则、方式及其具体措施、范围、审批程序等内容，消除现行法规之间矛盾、重复、庞杂与混乱

的弊端，加强科技税收优惠的规范性、透明性和整体性。另外，随着经济形势的发展，应赋予地方一定限度的税收立法权，使科技税收优惠政策与中央和地方的发展战略紧密结合，中央可以集中对基础科学、国家重点技术开发及主导性产业给予税收支持，地方则对有利于地方经济发展，效益较为明显的技术开发项目予以扶持，进一步明确管理权限的划分，以提高行政效率。

2. 在高技术产业实行增值税转型试点

生产型增值税对高新技术产业产生的负面影响已经成为人所共知的事实，最终向消费型增值税过渡是增值税改革的目标与方向。

为了促进高新技术产业发展，建议各省考虑在高技术产业试行增值税转型。可以考虑在电子信息技术、新材料、生物医学、高效农业、航空航天等高新技术产业率先实行消费型增值税，并积累经验，为最终全面实现消费型增值税做好准备。在增值税的抵扣中，应充分考虑高技术研究投入巨大而原材料消耗少等行业特点，在增值税改革中应增加增值税抵扣政策，也就是说，充分考虑高技术产业的人力资本投入。在高科技企业实行消费型增值税，应同时允许抵扣外购的专利权和非专利技术等无形资产和技术设备的固定资产进项税金。这样，既可以减轻企业税收负担，促进企业加大科技研究与开发投入。此外，企业研制属于国家产业政策重点开发的高技术含量、高市场占有率、高附加值、高创汇、高关联度且对全省乃至全国经济发展有重要影响的新产品，其缴纳的增值税，可根据不同情况给予不同的定期"先征后返"的照顾。

3. 建立健全对企业技术创新全过程的税收优惠政策

研究开发方面的补贴是世界贸易组织补贴与反补贴措施协议所允许的。按照协议规定，国家对基础性研究的资助不在限制之列，对产业（基础）研究和竞争开发（产业应用）活动不超过合法成本的75%和50%的补贴为不可起诉补贴。应该将政府对技术创新的支持定位于产业研究和竞争研发阶段，采取拨款和贷款贴息为主、税收减免为辅相结合的支持政策体系。税收政策作用的范围应不限于列入高新技术产业领域的企业自主开发，而应包括所有行业的企业对高新技术的自主开发，不仅包括高新技术自主开发，还包括这些自主开发技术在生产中的应用。

由于高新技术企业具有高投入、高风险和高回报的特点，因此税收的优惠重点应放在补偿和降低高新技术企业的投资风险方面，将目前主要对高新技术产品生产与销售环节给予税收优惠，逐步转化为对科研技术开发补偿与中间试验阶段给予税收优惠，以增强科技税收政策的一体化效应。具体而言，应根据高新技术企业的特点，扩大研究开发经费超额扣除政策的优惠范围，取消现行政策中"国有、集体工业企业"及"盈利企业"和"超额扣除以应纳税所得额为限"的不合理规定，规定只要研究开发费用超过上年10%以上的企业，经主管税务机关批准都可享受150%的税前扣除优惠。受惠企业因当年亏损或盈利部分不足以抵扣规定扣除额的，可在一定的年限内结转使用，从政策上鼓励企业加大对研究开发的投资力度。

4. 调整和完善现行的所得税优惠政策

高新技术产业的发展需要国家的大力支持，为防止企业的短期行为，我们应该减少直接优惠，增加间接优惠，走直接优惠与间接优惠相结合，以间接优惠为主的道路。可以考虑的措施包括：对于高新技术产业，采取固定资产的加速折旧，并按照国家规定的技术标准来核定加速折旧的程度；对于高新技术产业，允许税前列支一定比例的科研开发费用和风险准备金，为企业进行高新技术风险投资分散部分风险。

（1）完善现有的优惠政策，充分发挥其应有的作用

科技税收优惠的重点应从对企事业单位、科研成果转向对

高科技企业成长时期或重大技术攻关、重大市场开拓等关键环节和阶段的税收优惠与扶持，强化对企事业单位科技投入方面的税收鼓励措施，为保证税收优惠的实际效果，应考虑建立科技投资项目立项登记制度，并进行跟踪监督，根据国家的产业政策适时予以优惠。对最终成果不符合要求或将资金挪作他用的，必须及时取消其享受优惠的资格，追回所给予的优惠。

（2）调整对高新技术产业的具体税收优惠方式。改变以往单纯的税额减免与低税率的优惠政策，增加对发达国家普遍采用的加速折旧、投资抵免、技术开发基金等税基式优惠手段的运用。作到税基减免、税额减免与优惠税率三种方式相互协调配合，以促进高新技术产业的发展。具体做法包括：

①加速折旧优惠。现行企业所得税法规定，不论是高新技术企业，还是传统企业，对计税工资列支、无形资产摊销、生产设备折旧，实行统一的列支办法，不利于鼓励高新技术企业加大科技投入和技术创新。一方面，明确规定用于研究开发活动的新设备、新工具可实行双倍余额递减法或年数总和法等加速折旧；另一方面，可考虑对技术先进的环保设备、国产软件的购置和风险资本的投资实行"期初扣除"的折旧方式，允许在投资当年就扣除50%～100%。这一方面有助于提高投资回收速度，另一方面有助于高新技术产品的市场形成。对于使用先进设备的企业以及为研究开发活动购置的设备或建筑物，实施加速折旧，并在正常折旧的基础上给予特别折旧，即在折旧资产使用的第一年允许按一定比例特别折旧扣除。同时应简化对加速折旧的审批与实际操作方面的手续，大幅度缩短折旧年限，提高折旧率，进一步降低资金成本，以加快企业的设备更新和技术进步。

②对从事科技开发的投资与再投资实行投资抵免政策，允许企业按研究开发费用的一定比例从应纳税额中抵缴所得税，提高企业从事技术开发的积极性。

③准许高新技术企业按照销售或营业收入的一定比例设立各种准备金，如风险准备金、技术开发准备金、新产品试制准备金以及亏损准备金等，用于研究开发、技术更新等方面，并将这些准备金在所得税前据实扣除。上述这些税收优惠措施均允许亏损或微利企业在规定年限内向前或向后结转，以充分体现"科教兴国"的战略方针，增强企业抵御风险的能力。

（3）所得税优惠政策不应按企业的经营状况来确定优惠标准

现行很多优惠政策都把亏损企业排除在外，应参照国际通行做法，扩大研究与开发费用扣除适用范围。不论内、外资企业，也不论新、老企业，不论国有、集体、民营企业，不论企业是否盈利，对符合高新技术条件的各类企业的研究与开发费用，在初始年度，均可实行据实税前列支。为鼓励企业对科技投入的长期稳定增长，应按几年的平均数来计算增长基数，从鼓励科技投入持续增长的角度看，5年应是比较合理的。因此，在后续年度，只要5年的平均投入比为每年增长10%以上，均可按150%的比例扣除。可采用未扣除的比例留待下年接转，接转不超过5年的办法。

（4）适时提高高技术企业计税工资的标准

我们应改革高新技术企业的计税工资标准，最为直接和彻底的办法是比照软件行业对高新技术企业的工资费用予以税前扣除。在过渡期内，建议较大幅度地提高高新技术企业的计税工资标准，以减轻高新技术企业的实际税收负担。要强化对高科技人才个人所得税的优惠措施。对高科技人才在技术成果和技术服务方面的收入可比照稿酬所得，按应纳所得税额减征30%；适当扩大对科技研究开发人员技术成果奖励个人所得税的免税范围；同时，对高等院校、科研机构以股份或出资比例等股权形式给予科技人员个人的有关奖励，予以免征个人所得税的优惠政策，并且将这一政策规定的实施扩展到企业的范围，鼓励和提高各类科技开发人才开展科研创新的积极性与创造性。

(5) 加强高新技术产业税收优惠的管理，防止税收优惠泛滥

实践证明，采用税收优惠促进高新技术产业发展的同时，必须加强高新技术产业税收优惠的管理，以防止税收优惠的滥用给国家带来损失和造成经济秩序混乱。由于存在非优惠范围内的纳税人试图从税收优惠中获利，所以，每一项税收优惠政策的出台，都会给税收管理带来一定的困难。因此在对高新技术产业税收优惠管理的具体工作中，应严格依法办税，按照高新技术产业税收优惠政策规定的优惠幅度进行合理优惠，杜绝人为降低或抬高优惠幅度。地方各级政府不得对科技税收优惠工作进行干预，实现税务部门职能独立和依法优惠。同时加大对滥用科技税收优惠单位和个人的惩处力度，给高新技术产业发展提供一个公平、有效的税收环境。

(6) 建立鼓励风险投资的税收优惠政策体系

尽管国内高技术企业的整体税负并不重，但是从结构上看，税收优惠的设计对高科技产业的风险考虑较少，这应是我国下一步税收设计的重点。具体来说，应根据高技术产业发展的特点，将税收优惠的重心转移到创新孵育体系和高新技术成果产业化支持体系方面，建立起比较符合国际规范和 WTO 要求的税收优惠体系。

①建立风险投资机制，为高技术产业提供充足的资金保障。我国高技术企业融资渠道单一，一般以银行贷款作为主要的资金来源，但高技术企业本身的发展却不适应银行贷款的方式，由此造成的资金"瓶颈"严重制约了我国高技术企业的发展。因此，建立完善高效的风险融资体系是我国高技术产业发展的迫切需要。首先，政府要通过财政支持、税收优惠、提供贷款担保等措施，创造鼓励风险投资的动力机制。其次，要多渠道开辟风险投资来源，包括国家利用部分资金启动风险投资、建立高技术风险企业股票交易系统（SDAQ）、创立风险投资基金、发展私募市场、组建风险投资公司和投资银行等等。另外，要

创造有利于风险投资的宏观环境，包括相对完善的技术市场、股票市场、产权市场等市场环境；从管理体制、监督机制等方面加强对风险企业的培育，形成健康的投资接收实体；加强政策法规建设，为风险投资提供稳定的政策环境等。

②统一开发区内、外高新技术企业的税收优惠政策

一方面，不分企业的所在地区、部门、行业和所有制性质，对所有的科研单位与项目一视同仁，保证高新技术企业之间的公平竞争。另一方面，科技税收优惠必须突出国家产业政策的导向，与国家科技发展计划保持一致，确定重点扶持的对象，优先鼓励科技水平高、可迅速转化为生产力，并能使生产效率显著提高的高新技术企业与科研项目的发展。具体而言，当前在保持对高科技产业给予税收优惠的同时，应加大对传统产业进行技术改造的税收优惠力度，对科技投入达到一定数额的国有大中型企业，可与高科技产业享受同等的优惠政策，以尽快实现经济增长方式的根本转变。我国下一步要对现行的高新技术区域税收优惠政策加以改革，使之逐步扩大到以高新技术企业为主的所有的小型创业企业，既不以园区内外为限，不以产业技术含量为界，使其成为普遍化的税收优惠政策。

③对中小创业企业可以考虑放宽费用列支标准

建立科技开发准备金制度，允许企业特别是有科技发展前景的中小企业，按其销售收入一定比例提取科技开发基金，以弥补科技开发可能造成的损失，并对科技开发基金的用途和管理进行规范，规定准备金必须在规定时间内用于研究开发、技术更新和技术培训等与科技进步的方面，对逾期不用或挪作他用的，应补缴税款并加罚滞纳金。

④建立对风险投资的税收倾斜政策

考虑到风险投资基金将是高新技术产业公司重要的股权性资金支持方式，为了促进创业资本的发展，国家可以在税收政策方面给予其适当的优惠。与风险投资基金一样，以高新技术

创业企业为主要服务对象的股票市场也需要税收优惠，应在证券交易税方面及即将建立的创业板市场给予一定的优惠。首先，对风险投资公司投资高新技术企业的风险投资收入，免征营业税，并对其长期实行较低的所得税率；其次，对法人投资于风险投资公司获得的利润减半征收企业所得税，对居民投资于风险投资公司获得的收入免征或减征个人所得税；最后，对企业投资高新技术获得利润再用于高新技术投资的，不论其经济性质如何，均退还其用于投资部分利润所对应的企业所得税。

牵　头　人：仲瑞智　李毅刚
课题组长：李正平　　副组长：孙　莉
课题组成员：邵建强　李　斌　孙海涛　张　琪
执　笔　人：孙海涛
指导专家：李香菊教授　（西安交通大学）

支持中小企业发展
税收政策的国际
借鉴研究

支持中小企业发展
税收政策的国际借鉴

改革开放以来,尤其是随着社会主义市场经济体制的深入发展和不断完善,我国中小企业迅速发展壮大起来,他们在完善市场经济体系、优化经济结构、缓解就业压力、促进技术革新等方面都显示出了其无可替代的战略地位。加快中小企业的发展,有利于培育新的经济增长点,对推动经济的持续、快速、健康发展有着重大的现实意义。

一、我国中小企业的发展现状

(一) 我国中小企业的界定标准

为贯彻落实《中华人民共和国中小企业促进法》,我国原国家经贸委 2003 年研究制定了《中小企业标准暂行规定》(国经贸中小企〔2003〕143 号),其以法人企业和企业规模为划分对象,以从业人数、销售额和资产总额三项指标为划分依据,对工业、建筑业、批发和零售业、交通运输业、邮政业、住宿和餐馆业七个行业划分了中小企业规模界定。但现行标准涉及行业过窄，对其他行业中小企业如何执行政策尚缺乏依据，界定标准尚不完善。

（二）中小企业在我国国民经济发展中的地位和作用

中国中小企业协会 2009 年 2 月公布数据显示：我国目前中小企业有 4200 余万家，占全国企业总数的 99.8%，从业人员达 2.89 亿人，其制造的最终产品和服务的价值占我国 GDP 的 55%，缴纳的税收占我国全部税收收入的 47.5%，提供了 75%以上的城镇就业岗位，完成了我国 65%以上的发明专利和 80%以上的新产品开发（见图 1）。

中小企业在创造产值、缴纳税收、提供就业机会、扩大出口等多方面为社会经济的发展做出了直接贡献，也在促进经济结构调整和优化、带动新兴产业的发展、缓解社会经济矛盾、促进经济平衡发展、促进竞争、优化市场竞争环境、提升我国企业参与国际竞争能力等多方面做出了重要贡献。

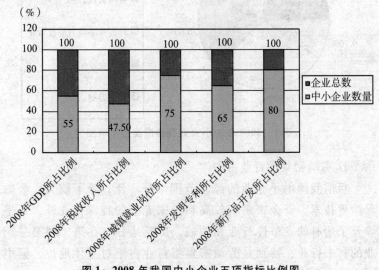

图 1　2008 年我国中小企业五项指标比例图

（三）我国中小企业发展的特点

我国的中小企业是伴随着整个国民经济的发展而发展的。改革开放 30 年来，我国中小企业空前壮大、蓬勃发展，表现出强大的竞争力和广泛的发展前景，主要呈现以下六大特点。

1. 数量众多

据统计，目前我国共有中小企业 4200 余万家，比 1949 年增长了 33.15 倍，占到全部企业总数的 99.8%。

2. 经济形式多样化

目前我国中小企业的组织形式多种多样，既有国有企业，也有集体企业，还有相当数量的个体私营企业，同时也有外商和港澳台商投资企业（见图 2）。

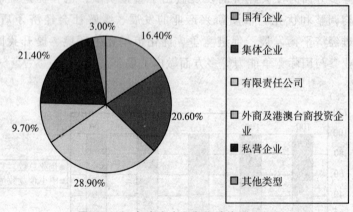

图 2　2008 年中小企业各经济类型比例图

3. 劳动密集型行业占主体

目前我国中小企业的经营范围十分广泛，除了航天、金融保险等技术、资金密集度较高和国家专控的特殊行业外，几乎涉及了所有的竞争性行业和领域，广泛地分布在第二和第三产业的各个行业，特别是劳动密集型行业占绝对主体地位，据中国中小企业协会 2008 年底公布数据显示，劳动密集型中小企业占整个中小企业数量的 87% 以上。

4. 生产经营靠市场调节

改革开放以后，特别是建立市场经济体制以来，中小企业的优越性得到了充分发挥，能够根据市场变化较快调整其产品结构、改变生产方式和服务方式，及时适应市场需求。

5. 生产协作关系相对固定

在中小企业初创阶段，生产协作关系一般是不固定的。但随着企业生产的发展，经营范围的扩大，从总体上看，我国大多数中小企业生产协作处于相对固定阶段。

6. 城乡中小企业差异较大

二元经济结构长期在我国经济中占主导地位，造成城乡之间经济发展的不平衡，这种情况同样体现在中小企业上，城乡中小企业无论是在组织形式、企业规模，还是员工素质和技术水平等方面都还有很多差别。

（四）我国中小企业在经营发展中存在的困难

2008 年一场席卷全球的国际金融危机对我国中小企业造成了极大的冲击，沿海地区以出口外向型经济为主的众多中小企业出现大量倒闭、停产或半停产的状态，世界经济形势的改变固然是主要原因之一，但同时也进一步凸显出我国中小企业发展中存在的一些深层次问题。

总的看来，我国中小企业面临的问题可以归纳为以下五个方面：

1. 竞争能力差。我国中小企业由于规模较小，技术、产品和管理比较落后，加之政策扶持少、力度小，市场竞争能力普遍较差。

2. 融资困难。中小企业拥有的资产往往不符合银行对变现能力、保值能力、抵押率的要求，很难从银行取得需要的融资贷款，只能通过非正常渠道融资，变相增加了中小企业的经营困难。

3. 财务管理不完善。大部分中小企业建账建制不完善，影响了其对内的控制管理和对外的经营及销售。

4. 负担沉重。在正常的税收负担之外，中小企业的"费负"过重也已成为影响其发展的重要因素。

5. 应对风险能力不强。国外企业的不断"入侵"和国内大型企业的恶意竞争进一步压缩了中小企业的生存空间。加之中小企业面对市场变化、经济调控、政策调整、制度变革等因素时往往不能及时研究对策，适时调整经营战略，应对挑战，进一步加剧了中小企业所面临的经营风险。

二、我国扶持中小企业发展的税收政策及存在的问题

（一）我国现行扶持中小企业发展的税收政策

我国目前支持中小企业发展的税收政策主要有：

1. 降低税率或应税所得率

①《中华人民共和国增值税暂行条例》第十二条规定，自2009 年 1 月 1 日起，小规模纳税人增值税征收率由原来的 6% 和4% 调整为 3%，不再设置工业和商业两档征收率。使小规模企业（大部分是中小企业）的负担率有所减少。

②2007 年国家税务总局下发的国税发〔2007〕104 号文件，对部分行业的应税所得率适时进行了调整，绝大多数行业的应税所得率有了不同程度的降低，尤其是降低了部分中小企业税负。

③《企业所得税法》第二十八条、《企业所得税法实施条例》第九十二条规定，符合条件的小型微利企业，减按 20% 的税率征收企业所得税。

2. 政策性免征

《国家税务总局关于中小企业信用担保、再担保机构免征营

业税的通知》（国税发〔2001〕37号）规定：对纳入全国试点
范围的非营利性中小企业信用担保、再担保机构，可由其从事
担保业务收入给予享受3年内免征营业税的优惠政策。

3. 扩大增值税进项扣除范围

《财政部、国家税务总局关于推广税控收款机有关税收政策
的通知》（财税〔2004〕167号）第二条规定：自2004年12月
1日起，增值税小规模纳税人购置税控收款机进项税可抵免当期
应纳增值税。

4. 鼓励创业投资企业发展

《企业所得税法》第三十一条、《企业所得税法实施条例》
第九十七条规定的采取股权投资方式投资于未上市的中小高新
技术企业2年以上的创业投资企业税收优惠政策。

5. 扩大再就业

财税〔2005〕186号文件规定：对商贸、服务型企业、劳动
就业服务型企业中的加工型企业和街道社区具有加工性质的小
型企业实体，录用下岗再就业人员税收优惠政策。

（二）我国现行扶持中小企业发展的税收政策存在的主要问题

1. 税收立法方面存在的问题

我国目前扶持中小企业发展的税收政策大部分是以补充规
定或通知的形式发布，没有以立法形式形成税收政策体系。

2. 税收政策内容方面存在的问题

①政策少、力度小、覆盖范围窄

现行税收政策中，针对中小企业的税收优惠政策数量太少，
扶持力度太小，适用范围太窄（例如咸阳市地税局直属税务分
局2008年度企业所得税汇算数据显示：符合条件的小型微利企
业只占企业所得税总户数的7.7%）。

②纳税负担和成本过高

一是增值税。虽然新的增值税条例降低了小规模纳税人
（绝大部分都是中小企业）的税率，但是对小规模纳税人在进项

抵扣、开具发票、出口退税程序等方面的规定还是增加了小规模纳税人的纳税负担和成本。

二是企业所得税。同大型企业相比，按照量能负担原则，中小型企业明显存在税收优惠政策过少，费用列支标准过严，折旧方法和折旧年限规定过死，税率偏高等问题。

3. 税收政策执行方面存在的问题

有些基层税务机关往往对中小企业不管是否设置账簿，不管财务核算是否健全，都采用"核定征收"办法，扩大了"核定征收"的范围；有的基层征收单位甚至不管中小企业有无利润，一律按核定的征收率征收税款，加重了中小企业的税收负担，不利于中小企业的发展。

三、国外税收政策扶持中小企业发展的借鉴

（一）国外扶持中小企业发展的税收政策概况

世界各国都有着为数众多的中小企业，为社会提供了大量的就业岗位，创造了可观的生产总值。以美国为例：根据2005年12月《中国信息报》统计数据显示，全美2005年11月底共有中小企业2140多万家，占企业总数的99%，中小企业就业人数占总就业人数的60%，创造产值占国内生产总值的40%。

（二）国外扶持中小企业发展税收政策的主要特点

综观国外中小企业税收政策主要呈现以下特点：

1. 通过立法程序，明确扶持中小企业发展的税收政策

多国政府均通过立法，明确规定扶持本国中小企业发展的税收政策。如美国1958年为鼓励风险投资通过了《小企业投资法》，1981年为实现1980年全国中小企业大会提出的政府在财政、金融、经营管理、创新、信息和市场等方面给中小企业更大扶持的6个目标，修订了《经济复兴税法》；1997年通过了《纳税人免税法》，1998年制定了《国税局调整与改革法》，通

过立法形式确立扶持本国中小企业的税收优惠政策及其他优惠政策。

2. 对中小企业实行低税率，提高起征点，扩大税前扣除范围的税收优惠政策

日本注重培育具有高度活力的中小企业成长机制和重视中小企业与大企业的分工协作。税法规定，对资本总额在 1 亿日元以下的中小企业法人，所得额超过 800 万日元的部分征收 37.5% 的法人税，所得额低于 800 万日元的部分，按 28% 的优惠税率征税；对具有公益法人性质的中小企业的年度所得按 27% 征税。中小企业进行设备现代化改造，可实行特别折旧，第一年可提 30%，对新兴产业的设备使用期限缩短到 4～5 年。

3. 鼓励中小企业新办、技术研发、创新、投资、节能环保等方面的税收政策

意大利对于法律规定的技术创新投资，提供相当于投资额 20%～25% 的税收优惠（优惠总额不超过 4.5 亿里拉）。对于为提高劳动生产率、引进技术、开发质量系统和寻找小企业而购买的劳务，可享受 40%～50% 的减税。对于将一部分利润用于研究开发方面投资的中小企业，可享受相当于研究投资总额 30% 的税收优惠。

4. 鼓励中小企业创造更多的就业机会

各国政府都非常重视中小企业在创造就业机会上的重要作用，通过税收政策鼓励中小企业向社会提供就业机会。法国政府为了鼓励中小企业创造更多的就业机会，规定每创造一个就业机会，减免 1 万法郎所得税，最高减免 50 万法郎，同时还将使用生产性资本地方税的减免以职工工资总额进行计算。为促进失业人员创业，法国政府规定创办工商企业可以享受 2 年免征所得税，以后 3 年对企业盈利分别减少 75%、50% 和 25% 的所得税优惠。

5. 对经济落后地区中小企业发展实施税收照顾

　　世界多国政府非常注重实行区域性税收优惠以吸引投资，尤其是对经济落后地区的中小企业发展。如英国政府对前往自然条件比较差、经济基础相对薄弱的苏格兰、威尔士和北爱尔兰等地区投资的中小企业，可享受政府提供的赠款或地区发展补贴、免税3年、产品进出口不受政策限制等优惠政策。

　　6. 加强税收服务，降低企业纳税成本

　　为提高中小企业竞争力，减少政府干预，多数国家采取简化中小企业的征管程序和纳税办法，提供税收服务，减轻税收处罚和缩短税务检查时间，以降低纳税人的奉行成本，提高税收征管效率。俄罗斯政府2001年制定了减少行政对企业干预的法案，其中就包括简化企业登记注册手续、减少经济活动的许可证种类、减少对企业的各类检查等。

　　7. 应对金融危机的税收政策扶持

　　世界多国政府针对金融危机，都制定了很多税收优惠政策，来帮助本国中小企业渡过难关。

　　例如加拿大政府规定从2009年1月1日起，扩大适用优惠税率的中小企业范围，并逐步降低联邦公司所得税税率，从2008年的19.5%降至19%，并在以后年度逐步降低，到2012年降为15%。

　　（三）国外扶持中小企业发展的税收政策借鉴

　　1. 通过立法规范税收优惠政策，并注重政策的连续性、稳定性和协调性

　　针对我国目前制定的扶持中小企业发展的税收政策现状，应借鉴美国政府的相应具体做法，以立法形式规范扶持我国中小企业发展的税收政策，并注重政策的连续性、稳定性和协调性。

　　2. 税收优惠政策的涉及范围广、针对性强、方式多样

　　针对我国中小企业数量众多、涉及行业众多、涉税环节众多等经营特点，应借鉴日本政府扶持本国中小企业发展的税收优惠政策，制定和应用扶持我国中小企业发展的涉及范围广、

针对性强、方式多样的税收优惠政策。

3. 重视对企业技术创新和高新技术中小企业的支持

针对我国技术创新和高新技术中小企业经营机制灵活，更具开拓性和冒险性特点，应借鉴意大利政府的相应具体做法，鼓励企业创新和成果转化，刺激我国创新技术和高新技术企业发展。

4. 鼓励私人投资和风险投资

针对我国中小企业融资难的现状，应借鉴美国的具体做法，来鼓励私人投资和风险投资。在美国，私有企业的投资 2/3 以上来自私人投资者。美国鼓励向中小企业投资，降低投资所得税率。对投入符合一定条件的小企业的股本所获得资本收益实行为期至少 5 年的 5% 税收豁免。对收入不足 500 万美元的最小企业实行长期投资税减免。对投资 500 万美元以下的小企业永久性减免投资税。

5. 鼓励中小企业吸收社会剩余劳动力

发达国家非常重视中小企业对社会剩余劳动力的吸收，我国应借鉴法国采取的一系列税收优惠政策来鼓励我国社会剩余劳动力的就业和创业。

6. 对经济落后地区中小企业发展的实行税收政策倾斜

出于发展我国中西部以及其他欠发达地区的经济需求，应借鉴英国的具体做法，注重实行区域性税收优惠以吸引投资和降低纳税人负担，拉动经济落后地区的经济发展。

7. 注重提供优质税收服务，尽量降低企业纳税成本

为提高我国中小企业竞争力，减少政府干预，应借鉴俄罗斯采取的简化中小企业的征管程序和纳税办法，提供税收服务，减轻税收处罚和缩短税务检查时间，以降低纳税人的奉行成本，提高税收征管效率。

8. 应对金融危机的税收政策扶持

目前金融危机暂未探底，危害还在进一步加剧，部分中小企业已不堪重负，纷纷破产。我国应借鉴加拿大针对金融危机

所制定的税收优惠政策，来帮助我国中小企业渡过难关。

四、扶持我国中小企业发展的税收政策建议

我国中小企业在经济发展中的作用是毋庸置疑的，但总体来说，目前支持我国的中小企业税收措施和政策，不论是在形式上还是在内容上、力度上，都难以对中小企业的生存与发展起到应有的扶持作用。目前出台扶持我国中小企业发展的税收政策的时机基本上已经成熟，应结合我国实际国情，有选择性地借鉴国外先进经验和成功做法，尽快建立系统、规范的支持中小企业发展的税收政策体系，制定出有针对性的税收优惠政策，并采取多样化的手段来支持中小企业发展。具体措施建议如下：

（一）增值税

1. 取消增值税一般纳税人认定的应税销售额标准。企业不分大小，只要有固定的经营场所、财务制度健全、能够提供准确的会计核算资料，遵守增值税专用发票管理制度，没有偷税行为的中小企业，都可按一般纳税人对待。

2. 适当扩大增值税范围，逐步将所有货物劳务纳入增值税计税范围，并替代现有营业税部分税目。这样的税制有利于促进以服务业为主的第三产业中小企业税负的降低。

（二）企业所得税

1. 降低税率

（1）对年应税所得额未满10万元的中小企业，可适用10%的优惠税率；年应税所得额在10万元以上未满30万元的中小企业，可适用15%的优惠税率；年应税所得额在30万元以上的中小企业，可适用20%的优惠税率。

（2）对经济落后地区的中小企业，企业所得税税率减按15%征收，并建议延长西部大开发税收优惠政策的适用期限。

2. 扩大税前扣除范围

（1）对中小企业发生的公益性捐赠支出，在不超过年度利润总额的 20% 的部分，准予扣除；对中小企业发生的与生产经营活动有关的业务招待费支出按照不超过当年销售（营业）收入的 5‰ 以内部分准予扣除；对中小企业发生符合条件的广告费和业务宣传费支出，除国务院财政、税务主管部门另有规定外，不超过当年销售（营业）收入 20% 以内的部分，准予扣除，超过部分，准予结转以后纳税年度扣除。

（2）对中小企业融资利息支出，允许在不超过商业银行同类同期贷款利息的 30% 之内，准予扣除。

（3）建议对所有技术创新和高新技术中小企业，合理研发费用按照 100% 加计扣除。

（4）建议制定吸引中小企业投资的税收政策。对于中小企业从被投资公司分摊的损失，不超过投资账面价值的部分允许扣除；对于中小企业税后利润转增资本的投资行为，对再投资部分缴纳的税款给予退还，以鼓励企业将所获利润用于再投资；对于中小企业提取的投资减值准备，允许按 20% 比例在税前列支。

3. 鼓励中小企业吸收社会剩余劳动力

将现有的财税〔2005〕186 号文件中规定的企业类型建议扩大到所有中小企业，将当年新招用持《再就业优惠证》人员范围建议扩大到所有下岗再就业人员、应届大学生、农村剩余劳动力和残疾人。

4. 鼓励新办中小企业

对所有新办中小企业自项目取得第一笔生产经营收入所属纳税年度起，第 1 年至第 3 年免征企业所得税，第 4 年至第 6 年减半征收企业所得税。

5. 鼓励中小企业技术转让

中小企业转让技术所有权所得在 1000 万元以下的，免征企业所得税。

（三）营业税

对每户中小企业投资贷款额单笔达到 500 万元以上的单位和机构，贷款利息暂免征收营业税。

（四）印花税

新办中小企业注册资本和今后新增注册资本部分，暂免征收印花税；中小企业融资、贷款合同，合同签订双方均暂免征收印花税。

五、结　　论

我国中小企业在经济生活中扮演着越来越重要的角色，已成为支撑我国经济发展的生力军之一，中小企业所发挥的巨大作用是不可估量的。

我国现行的中小企业税收政策和措施，不论在形式上还是在内容、力度上，都难以对中小企业的生存与发展起到应有的扶持作用，出台新的税收政策来扶持我国中小企业发展的时机基本上已经成熟。我们应该结合我国国情，有选择性和针对性地借鉴国外先进经验和好的做法，建立系统、规范的中小企业税收政策支持体系，采取多样化的手段支持中小企业发展，从而全面推动整个国民经济的发展。

促进中小企业发展的
税收政策研究及国际借鉴

王久瑾　王怀旭

目前，我国正处在社会主义初级阶段，中小企业既是我国国民经济的重要组成部分，也是推动经济社会科学发展的重要力量。中小企业在确保国民经济可持续快速增长、满足社会需要、活跃市场、扩大就业机会、优化经济结构、推进技术创新、保持社会稳定等方面都发挥了不可替代的作用。

在美国次贷危机引发的全球金融危机，导致了我国大量的中小企业关闭、停产或破产。在我国经济发展困难的条件下，中央提出"保增长、促民生、保稳定"的目标，利用税收政策促进中小企业的发展尤为重要。

一、中小企业发展为我国经济社会
发展发挥了巨大的作用

（一）中小企业是促进我国国民经济快速健康发展的重要力量

从改革开放到现在，中小企业一直是我国国民经济发展的重要组成部分，在优化经济结构、扩大就业机会、推进技术创新等方面发挥着巨大的作用。据统计，中小企业所创造的最终产品与服务价值、出口总额、缴纳税收与就业人数，分别占全国的58.5%、68.3%、50.2%与80%以上，是中国经济增长中最活跃的一部分。

（二）中小企业创造了大量的就业机会，缓解了就业的压力

中小企业多为劳动密集型企业，数量多，分布广，投资小，能够创造大量的就业机会，缓解社会就业压力，维护社会稳定。

按照我国中小企业划分的标准，目前我国中小企业数量达4200多万户，占全国企业总数的 99.8%，其中，在工商部门注册的中小企业数量有 460 多万户，个体工商户 3800 多万户。全国 80% 左右的城镇就业岗位由中小企业提供，每年新增的约2000 万的劳动力，85% 由中小企业来解决。

以山西为例，山西中小企业数约为 8.8 万个，个体工商户80 多万个，占到全省企业总数的 99% 以上，从业人数有 580 万人，占到全省企业就业人数的 75% 以上；全省 80% 的新增劳动力和 90% 的下岗失业人员在中小企业就业。

（三）中小企业既促进了市场经济的发展，又为社会大生产提供了必要的补充和服务

在我国重要的经济领域，主要是以国有大型企业为主，国有大型企业的发展，必然要求中小企业为其提供服务，形成大中小企业相互依存、共同发展的局面。同时，中小企业处于完全的市场经济竞争条件下，客观上也促进了市场经济的发展。

（四）中小企业对技术创新起着重要的作用

根据有关资料统计显示，我国 66% 的发明专利、74% 以上的科技创新、82% 以上的新产品开发都是由中小企业完成的。在 53 个国家级高新技术开发区，80% 以上是民营科技企业，其科技成果也占到 80% 以上。

在国外，20 世纪 80 年代以后，美国约有 70% 的技术创新是由中小企业实现的；日本也有 50% 的技术创新是由中小企业完成的。

二、中小企业发展税收方面存在的问题

（一）国家经济政策不利于中小企业的发展

根据联合国开发计划曾经研究了东亚地区的经济增长方式之后，在《2006年亚洲太平洋地区人类发展报告》中指出，整个东亚地区普遍存在一种"无就业增长"的情况，它的特点是增长方式以政府主导、出口导向为主，投资驱动为手段，虽然能够带来短期的经济增长，但其创造的就业岗位能力却不尽如人意。在这种模式下，投资、出口部门增长速度最快，但这些部门资本、技术偏好高，具有强烈的排斥劳动力的倾向。

与改革初期快速发展相比，现阶段我国中小企业发展落后，个体私营经济的活力下降明显。2009年3月全国工商联发布的《中国私营经济年鉴（2006年6月—2008年6月）》披露的数据显示，我国的私营企业无论从企业数量、吸收就业人口还是从注册资本规模上看，都呈现增长放缓的迹象。另外，个体经济衰退的速度更快。国家工商总局数据表明，1999年我国实有个体工商户已经达到了3160万户，到2008年年底，个体工商户不升反降，仅为2917.33万户。

在金融危机爆发以来，国家出台了一系列刺激经济发展的计划，广大中小企业至今没有从积极的财政政策和适度宽松的货币政策中直接受益，在近5万亿信贷增长中，中小企业占比不足5%。

以山西为例，在国家宏观经济政策引导下，一大批中小企业从技术落后、资源利用低、能源消耗高的领域推出，向第三产业发展。2008年，山西关闭中小企业5397家，其中关停不符合国家产业政策的中小企业946家，关停因节能减排不达标的中小企业320家，影响就业174413人。新设立中小企业7300家，吸纳就业135218人，合计中小企业个数增加1903家，减少就业 39195 人。2009 年 1 ~ 3 月，我省乡镇企业、中小企业累计增加值完成 369.2 亿元，同比下降 16.51%；总产值完成 1211.6 亿元，同比下降 17.15%；营业收入完成 1111.2 亿元，同比下降 17.98%；实现利润总额 90 亿元，同比下降 24.56%；上缴税金 65.7 亿元，同比下降 16.92%；出口产品交货值完成 12.5 亿元，同比下降 74.17%。

2009 年一季度，我省企业单位数较去年同期减少 8000 多个，同比下降 9.06%，从业人员较去年同期减少 51.83 万人，同比下降 18.79%，劳动者报酬同比下降 19.44%，劳动者报酬的大幅下降将对 2009 年全省城乡居民收入，特别是农民人均纯收入产生较大的负面影响。

（二）税收政策方面存在的问题

2008 年，我国统一了内外资企业企业所得税税法，2009 年又实行了增值税转型，并将小规模纳税人的税率统一降为 3%，同时实行了新的营业税条例，这些都促进了中小企业的发展。但是无论从现行的税收优惠政策、税收征管、纳税服务，还是单个税收政策，还存在许多需要改进和完善的地方。

从税收优惠政策来看，我国的税收优惠侧重于减轻中小企业的税收负担，但税收优惠又分散于多个税种的单行法、实施细则中，而且多以补充规定或通知形式为主，优惠规定多，补充规定散，调整过于频繁，缺乏系统性、规定性和稳定性，法律层次低，缺乏有效保证，不利于实际操作和执行。

从税收征管方面，存在有碍中小企业发展的规定。《中华人民共和国税收征管法》规定，纳税人不设账簿或账目混乱或申报的计税依据明显偏低的，税务机关有权采取核定征收的办法。但有些基层税务机关往往对中小企业不管是否设置账簿，不管财务核算是否健全，都采取了"核定征收"的办法，扩大了"核定征收"的范围；同时根据《企业所得税核定管理办法》制定的"应税所得率"，工业商业为 7% ~ 20%、建筑安装为 10% ~

20%，不符合中小企业薄利多销、利润率低的实际，加重了中小企业的负担。

在纳税服务方面，存在对重点税源、纳税大户服务多，对中小企业服务少的情况。一些地方对重点税源、重点企业推出了电话预约、上门服务等措施，对广大中小企业的纳税服务存在缺陷和不足。

从具体税种来看：

1. 营业税

对发生临时业务，代开发票的附征率过高。例如对纳税人代开建筑业、服务业发票，除了缴纳营业税以外，还需要加征2.3%的所得税；运输业代开发票的纳税人，需加征2.5%的所得税（2009年以前是3.3%）；一些规模小、账务不健全的纳税人在购买饮食业发票时，按照10%的票面金额缴纳税款，税额明显过高。

2. 企业所得税

一是企业所得税核定征收的应税所得率过高；定额征收办法没有具体的标准。

二是缺少对中小企业增加自有资金方面的优惠政策。

三是缺少鼓励企业投资行为的优惠政策。

四是缺少鼓励中小企业解决人才困难、促进科技创新的优惠政策。

三、借鉴国际税收经验，促进中小企业发展

由于中小企业在经济发展、促进就业等方面发挥着巨大的作用，世界上多数国家都采取了多种税收优惠措施来促进中小企业的发展，主要有以下几个税种：

1. 企业所得税

一是降低企业所得税税率。法国中小企业缴纳的公司所得

税的附加税从 2003 年起已全部取消；日本对资本额在 1 亿日元以下、年度应税所得额在 800 万日元以下的，税率降为 28%（大企业的税率为 37.5%）；英国从 2000 年 4 月起，对年利润不足 1 万英镑的公司，所得税适用 10% 的优惠税率；韩国对新创办的中小企业所得税实行"三免两减半"的优惠政策。

二是增加了企业所得税抵免方面的优惠政策。美国对购买新的设备，使用年限在 5 年以上的，购入价格 10% 可抵扣当年的应纳税额，同时对中小企业实行特别的科技税收优惠，企业可按科研经费增长额抵免税收；法国对中小企业用一部分所得再投资，这部分所得可按照 19% 的税率征收公司所得税；日本对实验研究经费超出销售额 3% 的中小企业和创业未满 5 年的中小企业实现设备投资减税，同时对中小企业机器设备给予特别折旧，对工业用自动设备、数控制造机械等，可就购置成本的 7% 抵免所得税（但抵免金额最高不能超过当年应纳税额的 20%）；韩国对中小企业购进机器设备按购进额的 30% 抵免所得税。

2. 个人所得税。美国《经济复苏税法》规定，与中小企业密切相关的个人所得税降低 25%，资本收益税率下调到 20%。

3. 其他税种。法国规定新办小企业在经营的头 4 年非故意犯错误，可减轻税收处罚，并可放宽缴纳时间；美国对雇员在 25 人以下的有限责任公司实现的利润，可选择一般的公司所得税法纳税，也可选择"合伙企业"办法将利润并入股东收入缴纳个人所得税。

四、促进中小企业发展应采取的政策选择

（一）运用财政政策，加大政府对中小企业的支持

在当前经济困难、就业压力日益加大的条件下，要实现中央提出的目标，一定要在经济政策、财政政策方面，加大对中

小企业的支持力度，尤其是要完善支持中小企业融资的财政支出政策。

一是运用财政手段，完善中小企业信用担保体系，解决中小企业贷款难的问题。通过财政支持，建立和完善信用担保机构的行业准入、风险控制和补偿机制，发展中小企业信用担保基金，解决中小企业贷款担保问题。

二是创新机制，支持非银行金融机构的发展，解决中小企业贷款难的问题。可以通过创新模式，利用专业投资方式改变社会资金结构，将社会闲散资金引向资金需求最为迫切的中小企业。例如，被外界解读为"收编"民间借贷的融资新政策——小额贷款公司在山西吕梁试点运行，通过成立"只贷不存"的小额贷款公司 8 家，撬动当地民间资本 4.5 亿元，有效地解决了当地中小企业融资难的问题。

（二）落实和完善现有的税收政策，促进中小企业发展

1. 落实好现有的税收优惠政策，促进中小企业的发展。

在当前税收收入任务压力日益严重的情况下，税务机关应该坚持依法治税的原则，将促进中小企业发展优惠政策落实到位。例如，对小型微利企业按照 20% 的优惠税率征收；对新办服务型企业实行所得税免征政策等。

2. 改革现有税收政策，促进中小企业发展。

一是根据企业所得税税率降低、个人所得税扣除额增加等新的税收政策的规定，降低临时代开发票的所得税附征率，可由原来的 2.3% 降为 1%。

二是降低企业所得税应税所得率，由以前的 7%～20% 降低为 7%～10%，同时降低对中小企业核定征收的比重，扩大查账征收的范围。另外，对采取定额征收办法的中小企业，一定要通过认真调查、实事求是的核定，维护中小企业的合法权益。

3. 改革完善现有的税收优惠，促进中小企业发展。

一是实行有利于中小企业融资的优惠政策，解决融资难的问题。如通过优惠税率，引导大型企业向中小企业注资；对民间相互投资、融资业务，给予3年免征营业税、所得税，以活跃民间借贷、融资市场。

二是鼓励中小企业的投资行为。为鼓励中小企业将所获利润用于再投资，可将其再投资部分已缴纳的所得税按一定比例给予退还，或者将再投资数额按一定比例在应纳税所得额中扣除。对于中小企业的投资损失，可在一定比例中扣除；运用加速折旧政策，为企业购置的某些设备提供特别的折旧政策；对于发展初期没有收益的小企业，可以允许将研究与试验开支直接从增值税税基中扣除。

三是实行特别税收政策，帮助中小企业解决人才问题。对于吸纳大学生就业的中小企业通过社保补贴和税收减免，增强中小企业吸纳人才的能力；对于中小企业提前介入高校毕业生的职业培训，所产生的培养费，允许在国家规定的职工教育经费列支标准以外据实扣除。

四是鼓励中小企业科研创新。为降低科研开发风险，可借鉴其他国家的措施，允许高新技术企业从销售收入中提取千分之三至千分之五的科研开发风险准备金，来弥补科研开发可能失败而造成的损失，并准予风险准备金在所得税前据实扣除。为了保证该基金确实用于科研开发，应同时规定准备金在规定时间内用于研究开发、技术更新和技术培训等，对于逾期不用或挪作他用的，应补缴税款并加收滞纳金。

4. 优化税收服务体系，为中小企业营造良好的纳税环境。

一是针对中小企业财会人员素质较低的情况，广泛开展税法宣传，提供优质的税收咨询服务，使中小企业能够及时了解和掌握新的税收政策和法规，促进中小企业依法纳税。

二是通过合并纳税申报表，减少纳税申报程序等措施，节省中小企业的纳税时间和成本。

　　三是改进中小企业的征收办法，已经建账建制的中小企业，应积极扩大查账征收的范围，尽量缩小核定征收的比例。

　　四是对于中小企业在办理税务登记、纳税申报、缴纳税款时，存在非故意差错，可不予处罚或从轻惩罚。

作者单位：山西省地方税务局

支持中小企业发展
税收政策的国际借鉴研究

刘成龙

中小企业是一个相对的概念，一般是指规模较小或者处于创业和成长阶段的企业，是与本行业中的大企业相比较而言的生产规模较小的企业。世界各国的发展实践证明，中小企业是最富活力的经济群体，在各国的经济发展中占据重要的地位。

一、支持中小企业发展的税收政策的国际比较

为了扶持和引导本国中小企业的发展，世界上许多国家都出台了一系列税收优惠政策，内容涉及公司所得税、个人所得税、增值税等主要税种。

（一）支持中小企业发展的公司所得税政策

在公司所得税方面，各国已经基本上形成了一个从中小企业的建立、成长、发展的税收优惠政策体系，具体采取降低税率、税收减免、投资抵免、研发扣除、加速折旧、亏损弥补等政策手段，鼓励中小企业的创立、投资以及促进中小企业的技术进步。

1. 鼓励中小企业创建的税收优惠政策

对中小企业的所得税实施优惠税率和税收减免主要出于效率和公平两个方面的考虑，从效率方面讲是为了矫正市场失灵，

因为中小企业的规模不经济使它们遭受了严重的融资约束，并导致了较高的税收遵从成本；从公平方面讲，主要是中小企业的利润率比较低，抵抗风险能力较差。实施所得税税率优惠和税收减免，可以增加中小企业的税后利润，降低权益资本的成本，刺激中小企业增加投资，增强市场竞争力。

　　表 1 给出了 OECD 国家中小企业所得税率的设置情况，其中美国等 14 国对小企业所得税不同程度地实施税率优惠，澳大利亚等 14 国没有对中小企业实施所得税税率优惠。澳大利亚等 14 国没有对中小企业实施所得税税率优惠，其主要考虑是应当尽量使税收制度保持中性，有限的资源分配应主要由市场来完成，尽量减少税收政策对市场的干预引发的效率损失。这里仅介绍美国、英国、法国和日本的情况。

　　美国联邦政府对年应税收入在 5 万美元以下的小企业，按 15% 的低税率征收公司所得税。对符合一定条件的小型企业投入股本所获资本收益实行为期至少 5 年豁免 5% 所得税优惠；对小型企业风险投资额的 60% 免税，其余的 40% 只以 50% 征收所得税。

　　英国专门对那些利润较少的小公司实行一种救济制度，降低其公司税税率。税法规定，应税利润低于 30 万英镑的公司称为小公司，高于 150 万英镑的公司称为一般公司。原计划对年应纳税所得额不超过 30 万英镑的小公司实行的低税率，从 20% 提高到 21%，自 2009 年 4 月 1 日起再提高到 22%。为了应对金融危机对中小企业的冲击，帮助中小企业克服困难，英国政府决定推迟提高对小公司适用的优惠税率，将提高税率的期限延长到 2010 年 4 月 1 日。对年利润不足 1 万英镑的小公司实行 10% 的优惠税率。

　　法国税法规定，中小企业年利润低于 38120 欧元的部分按 15% 所得税率征收，并对新建小企业免征 3 年的所得税；为促进失业人员创业，法国政府规定创办工商企业可以享受 2 年免征所得税，以后 3 年对企业盈利分别减少 75%、50% 和 25% 的所得税优惠。

　　日本政府也对中小企业实施低所得税政策，税法规定，自 2006 年起，对资本额在 1 亿日元以下中小企业，年度应税所得额在 800 万日元以下的部分，法人所得税率降为 22%，年应税所得超过 800 万日元的部分，法人所得税税率为 30%；为了应对金融危机的冲击，自 2009 年 4 月 1 日至 2011 年 3 月 31 日，年度所得不超过 800 万日元的中小企业所得税税率由 22% 降至 18%。

表 1　　　OECD 国家小企业所得税税率设置情况（%）

项目	美国	加拿大	法国	希腊	爱尔兰	日本	韩国	卢森堡	匈牙利	荷兰	葡萄牙	西班牙	英国	比利时
公司基本税率	35	19	33.33	25	12.5	30	25	22	18	29.1	25	35	30	33
小企业优惠税率	15	11	15	20	12.5	22	13	20	10	24.5	12.5	25	20	24.25

项目	澳大利亚	奥地利	捷克	丹麦	芬兰	德国	墨西哥	意大利	新西兰	挪威	波兰	瑞典	瑞士	土耳其
公司基本税率	30	25	24	28	26	29	29	33	33	28	19	28	8.5	30
小企业优惠税率	无	无	无	无	无	无	无	无	无	无	无	无	无	无

　　资料来源：（1）国家税务总局网站：165 个国家和地区的公司所得税税率和亏损处理情况表（http://www.chinatax.gov.cn/n480462/n4273674/n4273774/n4691423/4951301.html）。

　　（2）张瑛、韩霖：部分国家应对金融危机的主要税收政策，《涉外税务》2009 年第 4 期。

2. 鼓励中小企业投资的税收优惠政策

　　在鼓励中小企业投资方面，各国主要采取投资抵免、加速折旧、盈亏相抵等税收优惠措施，以鼓励中小企业扩大投资规模，促进中小企业的成长发展。

　　第一，美国允许中小企业或公司对购入新设备进行所得税投资抵免。联邦公司所得税法规定，凡公司购买新的设备，若法定使用年限在 5 年以上的，其购入价格的 10% 可直接抵扣当年的应付税款；若法定使用年限为 3 年，抵免额为购入价格的6%。小型企业的应纳税款如果少于 2500 美元，这部分应纳税款可全额用于投资抵免；对于超过 2500 美元的部分，最高抵免额限于超过部分的 85%。如果企业当年的应纳税额不足以抵免时，可比照亏损处理的办法，不足部分可向前回转 3 年、向后结转 7 年，也就是说，可以将前后 11 年的应缴税额用于投资抵免。第二，美国还规定了专门针对中小企业的长期投资税收减免政策。美国税法规定，对年收入不足 500 万美元的中小企业实行长期投资所得税减免，对投资额在 500 万美元以下的小企业永久性减免投资所得税（前两年减免 7%，以后年度减免5%）。第三，加速折旧政策。20 世纪 80 年代以来，美国相继出台政策缩短了原折旧法规定的固定资产折旧年限，实行"特别折旧"制度，允许小型企业在投资后的 1~2 年里对新购置使用的固定资产提取高比例折旧，对某些设备在其使用年限初期实行一次性折旧。

　　英国政府在 1983 年的财政法案中提出企业扩充计划，通过对投资者大幅度地减税鼓励人们投资创办中小企业。计划规定，凡投资创办中小企业者，其投资额的 60% 可以免税，每年免税的最高投资限额为 4 万英镑。为了吸引私人投资，政府允许非挂牌证券市场的投资者在保持 5 年股权的条件下，申请免税优惠。

　　法国政府为了鼓励中小企业增加固定资产投资，自 2005 年7 月起，对中小企业用于固定资产投资的税前资本扣除比例从25% 提高到 40%；从 1996 年开始，中小企业增加自有资本金

的，增加部分的所得减按 19% 的税率征收公司所得税；在风险
投资方面，法国规定风险投资公司从持股中获得的资本收益可
免除部分所得税，免税金额最高可达收益的 1/3；中小企业在创
办当年及随后 4 年，可从其应纳税所得额中扣除占其 50% 的费
用，或者可在创办当年及随后 2 年，对再用于经营的利润全部
或部分免税。

　　日本政府允许对中小企业购置或租赁的提高技术能力机器、
设备给予特别折旧，对工业用自动机械、数控制造机械等，可
就购置成本的 7% 抵免所得税（但抵免金额最高不得超过当年应
纳税额 20%），或给予相当于购置价 30% 的首次特别折旧。
2009 年 2 月 1 日起，重新实行对中小企业的亏损退税政策。

　　在亏损弥补方面，从效率和公平的角度出发，各国的政策
有所差异。表 2 列示了 OECD 国家亏损弥补的税收政策。在
OECD 国家中，澳大利亚、奥地利、比利时、德国、爱尔兰、卢
森堡、荷兰、新西兰、瑞典法国、丹麦、匈牙利和英国对企业
利用以后年度利润弥补亏损不做时间限制，不同之处在于是否
允许企业利用以前年度利润弥补当年亏损。意大利、韩国和挪
威等国虽然对亏损弥补的时间进行了限制，但却对小企业实行
了特殊的照顾政策。

表 2　　　　　　　OECD 国家亏损弥补的税收政策

项目	美国	加拿大	法国	希腊	爱尔兰	日本	韩国	卢森堡	墨西哥	荷兰	葡萄牙	西班牙	英国	比利时
向后结转年限	20	10	无限	5	无限	5	5	无限	10	无限	6	15	无限	无限
向前结转年限	2	3	3	0	0	0	1	0	0	3	0	0	1	0

续表

项目	澳大利亚	奥地利	捷克	丹麦	芬兰	德国	匈牙利	意大利	新西兰	挪威	波兰	瑞典	瑞士	土耳其
向后结转年限	无限	无限	5	无限	10	无限	无限	5	无限	10	5	无限	7	5
向前结转年限	0	0	0	0	0	0	0	0	0	0	0	0	0	0

资料来源：同表1。

对小企业来说，亏损是否得到全面的税前弥补是刺激投资的一系列税收政策能否发挥有效作用的关键。全面弥补亏损的税收政策可以减少小企业收入的波动幅度，分担小企业的投资风险，鼓励他们扩大企业的规模。澳大利亚等国无限期向后亏损弥补的税收政策，以及英国、意大利、韩国和西班牙等国对小企业实行相对特殊的亏损弥补政策非常值得我们借鉴。

3. 鼓励中小企业科技开发的税收优惠政策

为了鼓励中小企业进行科技开发，大部分国家都规定了对企业研究开发支出的扣除优惠政策，这里仅介绍美国、英国、法国、日本的相关优惠政策。

根据美国《经济再生法》的规定，小企业可将与贸易或商业活动有关的研究、试验支出，直接作为费用扣除，而不必作为计提折旧的资本性支出；企业一般性的研发费用如果在课税年度超过过去3年平均发生额，其超过部分的25%予以减免；企业在从事基础科学研究，研发费用的65%作为非课税对象，该项抵免可以向前结转3年，向后结转15年。

英国政府的企业投资者计划（ESI）旨在通过运用税收优惠政策，鼓励投资者向未上市的中小企业投资，以促进中小企业技术创新。从2000年开始，英国政府开始实行专门针对中小企业的税务信贷，将现行的研究与开发税务津贴从100%提高到150%，中小企业可将研发投入中符合要求的经常性支出按照

150%的折扣率抵扣当年的应纳税所得额，研发费用中的资本性支出实行全额抵扣政策，并将抵扣对象扩大到尚未盈利的企业。

法国税法规定，企业经过有关部门审核确认的研究费用，可以从当年的应纳税所得额中扣除，研究费用扣除标准为当年研究费用额减去前两年该项费用平均额的50%，但是每年的最高扣除额不得超过200万欧元。对于中小企业实施"研究开发投资税收优惠待遇"制度，中小企业研发投资比上一年增加的可以免缴相当于研发投资增加额50%的公司所得税，当然同时也受到最高抵免额的限制。对中小企业用于研究开发的新设备、新工具，允许有条件的实行余额递减法等加速折旧方式。

日本政府特别重视对企业科技创新的税收优惠，主要采取税收抵免的方式，鼓励企业的研究开发活动。对于适用蓝色申报纳税法人的研究开发费用，规定当该年度的研究开发费用支出超过以前任何年度时，可将超过金额的20%（不超过法人税总额的10%）从法人税额中抵免。另外，为了促进中小企业新技术的投资，给予中小企业相当于购置设备价7%的法人税特别税额扣除，此外还有强化中小企业技术基础的法人税税额扣除。所有小企业的产品和技术研究开发支出都可以享受6%的税收抵扣。

（二）支持非公司制中小企业发展的税收优惠政策

企业可以分为两类：公司制企业和非公司制企业，后者主要包括个人独资企业、合伙企业和个体经营企业等形式。而且从世界范围来看，非公司制企业是中小企业的主体。世界各国对公司制企业和非公司制企业都实行不同的税收政策。对于公司制企业，首先要征收公司所得税，对于股东从公司分得的股息和利润还要征收个人所得税（一般情况下，如果公司不分配利润则不需要缴纳个人所得税）；对非公司制企业，不论公司是否分配利润，股东都需要按其应得数额缴纳个人所得税。对于中小企业而言，是按公司制企业对股息双重征税对股东比较优惠，还是按非公司制企业仅缴纳个人所得税对股东更优惠，这完全取决于各国公司所得税与个人所得税的税率设置与税基的确定以及二税的相互协调。

一些国家还给予非公司制企业一定的纳税方式选择权。比如，美国税法规定，如果企业符合所得税法中有关中小企业的规定，即可从两种纳税方法中任选一种：一是选择一般的公司所得税纳税方式，税率为 15% ~ 39% 的超额累进税率；二是选择合伙企业纳税方式，即根据股东应得的份额并入股东的个人所得之中，按个人所得税计算缴纳，税率为 10% ~ 35% 的超额累进税率。此外，美国《经济复兴法》还规定，雇员在 25 人以下的小企业，所得税按个人所得税税率缴纳。

（三）支持中小企业发展的增值税优惠政策

从各国的实际情况看，支持中小企业发展的增值税政策主要包括两个方面：对特定纳税人的减免税优惠和对规模较小纳税人的简易申报管理政策。

在增值税减免税优惠方面，比较典型的做法是对符合条件的小企业，根据它们应纳税额或销售额大小划定一个下限和上限，下限以下部分全部免税，下限与上限之间部分给予部分减免。这一制度类似于我国实施的增值税起征点制度。

在增值税税收管理方面，许多国家通过直接或间接的方法简化或减少部分小企业的纳税遵从行为，以降低这些小企业的税收遵从成本。例如，一些国家规定，对于符合条件的小企业，企业可以自主决定是否减少纳税申报次数，是否以收付实现制为基础计算应纳税额，是否不再进行销项税金的核算而改用征收率（简易办法）计算应纳税额。

由于制定政策的出发点不同，我国的政策基本上没有从维护纳税人权益的角度出发，重管理，轻服务，没有给纳税人足够的选择权利，有时会给纳税人的经营活动带来了一些的阻碍。从维护纳税人权益的角度出发，国外的一些相关政策是值得我们借鉴的。

（四）支持中小企业发展的税收管理政策

在税收管理方面，许多国家都尽力为中小企业提供较为宽松的税收管理环境，尽量避免税收管理对中小企业生产经营产生不良影响。例如，法国税务总局规定，小企业在营业后的前4年善意所犯错误，可减轻税收处罚并给予适当放宽缴纳的时间；另据法国税收程序法典第52条的规定，税收机关对营业额或毛收入不超过500万法郎的销售企业、不超过150万法郎的服务业或非商业企业、不超过180万法郎的农业企业进行税务检查时，最长期限不得超过3个月，否则企业的纳税义务将自动得到免除。

二、我国支持中小企业发展的税收政策的国际借鉴

（一）我国中小企业的划分标准

2002年6月29日全国人大通过《中华人民共和国中小企业促进法》，并于2003年1月1日正式实施。2003年2月19日，原国家经济与贸易委员会、国家发展改革委员会、财政部、国家统计局根据《中华人民共和国中小企业促进法》的精神，针对不同行业的不同特点，以职工人数、销售额、资产总额作为划分标准，正式出台了我国的《中小企业标准暂行规定》。具体划分标准如下：

工业，中小型企业须符合以下条件：职工人数2000人以下，或销售额30000万元以下，或资产总额为40000万元以下。其中，中型企业须同时满足职工人数300人及以上，销售额3000万元及以上，资产总额4000万元及以上；其余为小型企业。

建筑业，中小型企业须符合以下条件：职工人数3000人以下，或销售额30000万元以下，或资产总额40000万元以下。其中，中型企业须同时满足职工人数600人及以上，销售额3000万元及以上，资产总额4000万元及以上；其余为小型企业。

　　批发和零售业，零售业中小型企业须符合以下条件：职工人数 500 人以下，或销售额 15000 万元以下。其中，中型企业须同时满足职工人数 100 人及以上，销售额 1000 万元及以上；其余为小型企业。批发业中小型企业须符合以下条件：职工人数 200 人以下，或销售额 30000 万元以下。其中，中型企业须同时满足职工人数 100 人及以上，销售额 3000 万元及以上；其余为小型企业。

　　交通运输和邮政业，交通运输业中小型企业须符合以下条件：职工人数 3000 人以下，或销售额 30000 万元以下。其中，中型企业须同时满足职工人数 500 人及以上，销售额 3000 万元及以上；其余为小型企业。邮政业中小型企业须符合以下条件：职工人数 1000 人以下，或销售额 30000 万元以下。其中，中型企业须同时满足职工人数 400 人及以上，销售额 3000 万元及以上；其余为小型企业。

　　住宿和餐饮业，中小型企业须符合以下条件：职工人数 800 人以下，或销售额 15000 万元以下。其中，中型企业须同时满足职工人数 400 人及以上，销售额 3000 万元及以上；其余为小型企业。

　　根据国家发展改革委员会中小企业司公布的信息，截止到 2007 年 6 月底，我国中小企业数已达到 4200 多万户，占全国企业总数的 99.8%，经工商部门注册的中小企业数量达到 460 万户，个体经营户达到 3800 多万户。中小企业创造的最终产品和服务价值相当于国内生产总值的 60% 左右，上缴税收约为国家税收总额的 53%，生产的商品占社会销售额的 58.9%，商品进出口额占进出口总额 68% 左右。中小企业提供了 75% 以上的城镇就业岗位，吸纳了农村转移劳动力的 70%，国有企业下岗人员 80% 在中小企业实现了再就业。我国 66% 的发明专利、82% 以上的新产品开发，都是由中小企业完成的。[①] 这一组数据充分

　　① 国家发展改革委员会中小企业司，"五年来中小企业和非公有制经济工作情况与 2008 年工作重点"，《中小企业简报》2008 年第 1 期。

说明了中小企业在国民经济发展中的"保增长、扩内需、调结构"的重要作用。然而，受国际金融危机的影响，我国中小企业正面临 1998 年以来最困难的形势，相当一部分中小企业出现经营困难，甚至处于破产的境地。税收作为国家调解经济的重要杠杆，应该在扩大内需，促进出口，支持中下企业发展方面发挥重要作用。

（二）我国支持中小企业发展的税收政策的国际借鉴

在我国的税收法规中，专门针对中小企业的税收优惠政策并不多，但是有一些法律法规从受益主体来看大部分是针对中小企业的，如《国务院关于鼓励支持和引导个体私营等非公有制经济发展的若干意见》（国发〔2005〕3 号 2005 年 2 月 19 日）主要是针对中小企业而制定的。借鉴国际经验，本文从以下四方面提出我国支持中小企业发展的税收优惠政策。

1. 公司制中小企业所得税的国际借鉴

《中华人民共和国企业所得税法》及《中华人民共和国企业所得税法实施条例》对国家重点扶持和鼓励发展的产业和项目，给予企业所得税优惠，采取了包括免税收入、定期减免税、低税率、加计扣除、加速折旧、税额抵免等多种形式的优惠政策。并对符合国家规定条件的小型微利企业，减按 20% 的税率征收企业所得税，对国家重点扶持的高新技术企业，减按 15% 的税率征收企业所得税。这些政策在促进中小企业发展中发挥了很好的作用，但从"保增长、扩内需、调结构"的角度出发，有必要对中小企业的所得税政策进行一些必要的调整。

（1）降低小型微利企业的企业所得税率。从表 1 分析，在对中小企业设有优惠税率的国家中，我国的 20% 的税率水平是比较高的，20% 的税率水平与英国、希腊、卢森堡相同，低于日本（22%）、荷兰（24.5%）、比利时（24.5%）和西班牙（25%）的税率，高于美国（15%）、法国（15%）、加拿大（11%）、韩国（13%）、葡萄牙（12.5%）和匈牙利（10%）

的税率。考虑到当前的经济形势，应该降低小型微利企业的税率水平，上述列举国家算数平均水平为17%，建议我国调低到15%左右，略低平均水平。

（2）调整中小企业亏损弥补的政策。现行税法规定，企业纳税年度发生的亏损，准予向以后年度结转，用以后年度的所得弥补，但结转年限最长不得超过5年。税法中没有规定专门针对中小企业的亏损弥补政策。从表2分析，我国5年的向后结转亏损弥补期限与OECD国家相比较是最短的，并且我国目前不允许企业用以前年度的所得弥补亏损。为了帮助中小企业渡过难关，建议对中小企业的亏损弥补政策做如下调整：第一，允许中小企业的亏损向后结转的10年；第二，允许中小企业用以前年度（如1~2年）的所得弥补2008年、2009年的亏损。

（3）增加中小企业投资的税收优惠政策。为了降低中小企业的经营风险，鼓励中小企业扩大投资规模，应该给予中小企业进行适当的免税、退税优惠。具体措施如下：第一，给予国家鼓励的新设立的中小企业一定的免税优惠期，比如开业前2年免税，或者借鉴法国的经验，实行分期按比例给予免税优惠，第1年免税，以后3年对企业盈利分别减少75%、50%和25%的所得税优惠；第二，对于中小企业从被投资公司分摊的损失，不超过投资账面价值的部分允许扣除，降低中小企业的投资风险；第三，对于中小企业用税后利润转增资本的投资行为，对再投资部分缴纳的税款，给予全部或部分退还，以鼓励企业将所获利润用于再投资。

（4）支持中小企业融资的税收优惠政策。融资难一直是困扰中小企业发展的首要问题。结合中小企业的实际情况，可以给予中小企业下列税收优惠政策。第一，可以适当提高对中小企业从非金融机构借款利息的扣除标准，比如，对借款利息不超过按银行同类同期贷款利率计算利息的150%的部分，允许在税前全额扣除。第二，对纳入全国试点范围的非营利性的中小企业信用担保、再担保机构取得的担保和再担保业务收入（不包括信用评级、咨询培训等收入），给予一定的企业所得税减税优惠，比如按 15% 的税率征税。第三，允许中小信用担保提取一定比例的赔偿准备金，在税前扣除（根据财税〔2009〕62 号文件，该政策已经实施）。

2. 非公司制中小企业所得税的国际借鉴

与其他国家一样，我国对于非公司制中小企业（个人独资企业、合伙企业、个体工商户）不征收企业所得税，而是按照投资者应该分得的所得征收个人所得税，税率为 5% ~ 35% 的五级超额累进税率（见表 3）。一般公司制企业的企业所得税率为 25%，小型微利企业为 20%（按照作者的建议，调整后应为 15%），小型微利企业的标准为年应纳税所得额不超过 30 万人民币。如果不考虑两类企业计算应纳税所得额的差异，公司制企业投资者的股息红利个人所得税率为 20%，考虑小型微利企业税率为 20% 和 15% 两种情况，我们可以通过下列计算，粗略地比较一下公司制企业和非公司制企业的税负差异。

假设应纳税所得额为 X，要使公司制企业与非公司制企业总体所得税负相等，则下列等式成立：

（1）公司制企业的税后利润全部分配给投资者

公司制企业所得税率 × X + (1 - 公司制企业所得税税率) × X × 20% = 非公司制企业所得税税率 × X - 速算扣除数

计算表明，当公司制企业税率为 20% 时，上述等式不成立。这说明，如果公司制企业的税后利润全部分配给投资者，由于存在对股息的双重征税，公司制企业所得税负担较重，非公司制企业所得税负担较轻。

当公司制企业所得税率为 15% 时，有下列等式成立：

$$15\% \times X + (1 - 15\%) \times X \times 20\% = 35\% \times X - 6750$$

$$X = 225000$$

也就是说，如果公司制企业的税后利润全部分配给投资者，由于存在对股息的双重征税，当应纳税所得额小于 225000 元时，非公司制企业投资者比公司制企业投资者的税收负担轻，当应纳税所得额大于 225000 元时，非公司制企业投资者比公司制企业投资者的税收负担重。

（2）公司制企业的税后利润全部不分配给投资者

公司制企业所得税率 × X = 非公司制企业所得税税率 × X － 速算扣除数

对上述公式分别取值计算，最终在经济上有意义，并且与非公司制企业税率设置相符合的公式只有两个。

$$20\% \times X = 30\% \times X - 4250 \qquad X = 42500$$
$$15\% \times X = 20\% \times X - 1250 \qquad X = 25000$$

上述计算结果表明，如果维持现行小型微利企业 20% 的税率不变，当非公司制企业的应纳税所得额低于 42500 元时，非公司制企业比公司制企业的税收负担轻，当非公司制企业的应纳税所得额高于 42500 元时，非公司制企业比公司制企业的税收负担重。如果小型微利企业调整后的税率为 15%，当非公司制企业的应纳税所得额低于 25000 元时，非公司制企业比公司制企业的税收负担轻，当非公司制企业的应纳税所得额高于 25000 元时，非公司制企业比公司制企业的税收负担重。

表3　　个人独资企业、合伙企业投资者所得税税率表

级数	全年应纳税所得额（元）	税率（%）	速算扣除数（元）
1	不超过 5000 的部分	5	0
2	超过 5000~10000 的部分	10	250
3	超过 10000~30000 的部分	20	1250
4	超过 30000~50000 的部分	30	4250
5	超过 50000 的部分	35	6750

来自国家发改委中小企业司的数据表明，非公司制企业是我国中小企业的主体。截至 2007 年 6 月，我国中小企业数已达

到 4200 多万户，其中个体经营户达到 3800 多万户，占中小企业总数的 90.5%，如果将个人独资企业和合伙企业考虑在内，这个比率会更高。为了降低中小企业的纳税负担，减少税收政策对企业组织形式选择的影响，可以借鉴美国的做法，允许中小企业（包括个人独资企业、合伙企业、个体工商户）选择合理的纳税方式，在公司制企业和非公司制企业所得税间进行合理地选择，增加企业利润，增强企业竞争实力。

3. 进一步完善增值税

2009 年 1 月 1 日，我国开始在全国范围内推行增值税由生产型向消费型过渡的转型改革，允许一般纳税人抵扣当期购入的机器设备类固定资产的进项税额，同时提高了增值税的起征点，降低了增值税小规模纳税人的认定标准和征收率，允许特定企业按季申报纳税，这些措施有利于刺激中小企业投资，降低了中小企业的税收负担和税收遵从成本。2009 年 6 月 1 日，国家再一次提高部分产品的出口退税率，很多中小企业都从中受益。考虑到我国中小企业的实际情况，建议从以下方面完善我国中小企业的增值税政策。

（1）进一步降低小规模纳税人的征收率，建议自 2009 年 7 月 1 日至 2010 年 12 月 31 日期间，将小规模纳税人征收率降低 1 个百分点，从 3% 降低到 2%。

（2）完善出口退税政策，对会计核算健全，能够准确提供出口产品资料的小规模纳税人，给予出口免税并退税的政策。

（3）扩大增值税的征税范围，建议近期将交通运输业和建筑业纳入增值税的征税范围，以降低这两个行业的税收负担。

4. 改进税收管理，为中小企业提供良好的纳税环境

良好的税收服务可以降低企业纳税成本，优化资源配置，为纳税人主动纳税创造条件。针对中小企业的实际情况，主要做好以下工作：

（1）加大对中小企业进行纳税辅导、税收宣传和纳税培训

等工作，提供优质的税务咨询服务，使中小企业能及时获得税收法规变动的可靠信息，以利其依法遵章纳税，减少中小企业因不熟悉税收政策法规而造成的纳税错误。

（2）借鉴日本的"蓝色申报制度"，对于那些会计制度健全，账目清晰正确，长期按时申报的小企业进行税收优惠和奖励，以引导中小企业规范核算，正确纳税。

（3）努力为中小企业提供宽松的纳税环境。在税收征管工作中，可以简化中小企业纳税申报程序和纳税申报资料，节省中小企业的纳税时间和纳税成本。对于规模较小、会计核算不规范的小企业采取简易申报和合并申报的办法，允许资金周转困难的小企业采取延期纳税的办法。对少数小企业纳税上的非故意差错，只要其依法补缴税款，可不予处罚或从轻处罚。

作者单位：内蒙古财经学院

支持中小企业发展国际借鉴研究

一、各国支持中小企业发展的税收政策

(一) 各国支持中小企业发展的税收政策

1. 普通税收减免优惠

美国

(1) 2001 年 7 月 1 日开始，美国将在今后的 10 年中减税 1.35 万亿美元。到 2006 年年底，最低所得税税率将从 15% 降到 10%，39.6% 的高收入者所得税税率要降到 35%。

(2) 美国联邦公司对来源于国内外的应税收入按 15%～35% 的超额累进税率征税（不含劳务服务公司所得税）。也就是说，年应税收入在 5 万美元以下的企业，可享受 15% 的低税率。

(3) 1981 年的《经济复兴税法》对以往的税法作了修订，规定雇员在 25 人以下的企业，依照个人所得税税率缴纳，而不是按公司所得税税率纳税。

日本

(1) 对中小企业实行低税率法人税，低税率为 22%，而普通法人的税率为 30%。对于创办 10 年以内的中小企业的保留金停止征税。

(2) 小企业共用的机械设备减征固定资产税。

(3) 降低遗产税税率水平，以帮助中小企业克服在公司重

组等情况下产生的涉及继承的问题。

2. 设备折旧税收优惠

(1) 美国推行加速折旧。其中,对试验研究用机械设备,折旧期限缩短为 3 年,产业用设备折旧年限减为 5 年。

(2) 日本中小企业对设备现代化改造实行特别折旧,对新兴产业的设备使用期限缩短到 4 ~ 5 年。

(3) 鼓励投资的税收优惠

美国鼓励向小企业投资,降低投资所得税税率。1981 年的《经济复兴税法》把小企业资本收益税的最高税率从 28% 降至 20%。

日本中小企业法人债务在次年不必全部清账,还可从利润中提取 16% 作为积累,用于企业的投资扩张。实行"天使投资税制",规定处于创业期的创业家投资发生的转让损失可以在 3 年间进行结转,同时只对天使投资者交易时产生的 1/4 的资本利得额征税。

(4) 技术创新开发的税收优惠

美国

(1) 对小企业实行特别的科技税收优惠。

(2) 鼓励企业进行科研开发。

(3) 鼓励风险投资。

(4) 高新技术小型企业的亏损的结转期,前转 3 年、后转 7 年。

日本

(1) 技术含量高的中小企业所购入或租借的机器设备减免所得税。

(2) 信息行业有专门的减税待遇。包括:增加 25% 的科研税务贷款;扣除 50% 的软件收入,作为用于软件开发的免税储备金;扣除相当于培训软件工程师开支 20% 和相当于售价 2.5% 的金额,用作意外损失储备金;购置用于基础技术开发的资产,免征 7% 的税金等。

（3）鼓励中小企业增加科技开发投入，中小企业每年度投入试验费总额的 6% 可从法人税或所得税中扣除，但扣除额不能超过税制适用年度法人税或所得税的 15%。

（二）主要发达国家支持中小企业发展税收优惠政策分析

综上所述，各国的税收优惠措施很清晰地呈现出以下特点：

1. 优惠范围相当大。各项措施几乎贯穿了中小企业创办、发展、转让、对外投资等环节，并涉及了流转税、所得税、财产税、投资收益所得税等多个税种。

2. 优惠的针对性强。各国政府充分认识到了中小企业对经济发展的重要作用，以及作为弱势群体本身的脆弱性和生存环境的相对艰难，故针对中小企业竞争力较差、管理成本高、融资难等问题制定政策，使中小企业真正受惠。

3. 优惠方式多样。采取了减免税、加速折旧、再投资减免、费用扣除、盈亏相抵等多种方式，并且优惠力度大。

4. 重视对企业创新和高新技术中小企业的支持。鼓励企业将资金投入到技术研究中去，研制开发科技含量高的新产品和新工艺；对信息、生物、通信等高新技术中小企业尤其关注。

二、我国目前支持中小企业发展
的税收政策及其完善建议

1. 税收政策必须规范化、法制化，与中小企业法律制度相适应。我国目前对中小企业的税收优惠措施散见于各种法规、文件和补充规定之中，很不系统、规范。由于中小企业在社会中自我保护能力，承受能力和谈判能力都处于弱势地位，这些优惠措施往往很难落到实处。此外，税法应对中小企业有明确的政策界定，这个界定要与《中小企业促进法》、《中小企业暂行标准》的规定相统一，只有税收政策适应中小企业的形式、制度、发展规律，才会促进其发展。因此，应对目前已执行的一些税收政策进行清理、规范和完善，形成较为统一、完整的、与《中小企业促进法》相配套的税收优惠政策体系，充分发挥其在促进经济增长，缓解未来就业压力等方面的特殊功能。

2. 优化中小企业发展的外部支持系统。给予与中小企业发展有紧密协作关系的中介机构或对给予中小企业提供社会化服务的组织一定的税收优惠，引导中小企业外部环境的尽快优化。如高校的研究机构、人才培训的机构、信息交流的机构、咨询机构等。

3. 税收政策要有针对性，税收扶持政策应以中小企业自身特点为主、以特殊目的为辅。中小企业在促进就业、再就业和吸纳特殊人士就业方面具有无可比拟的优势，这是其自身特点决定的。因此，税收政策应根据中小企业灵活多变、适应性强、进入和退出壁垒少等特点，适当放宽对中小企业的税务登记、税收申报等方面的严格管制，使中小企业充分利用自身有时组织生产经营活动，给予中小企业以自由发展的空间，使之处于社会公平竞争地位。

4. 严格按照标准控制核定征收范围，严禁随意扩大、人为约定实行核定征收，要严格按照法定程序，特别要注意根据各个企业所处的不同发展阶段，实事求是，公平客观，科学地核定应纳税额，切实维护中小企业的权益。

5. 优化对中小企业的服务，建立中小企业税收管理辅导中心，加强对中小企业的指导，发挥管理辅导中心作为税务部门中小企业中介结构的角色。主要负责中小企业的税收服务、税收辅导、相关会计处理、建账和纳税申报，同时协助税务部门做好税收宣传和税收监督工作。通过建立管理辅导中心，简化中小企业的纳税申报程序、缴税程序和提高企业核算的准确性，降低中小企业的纳税成本。

6. 建立体现目标导向的多层次的税收优惠政策

（1）降低中小企业的税率、税负水平，保证中小企业的生存和发展。针对中小企业的不同盈利水平制定相应的所得税税率，降低中小企业所得税税率；改革增值税的纳税人的相关规定，使小规模纳税人企业的税负不高于一般纳税人的税负。对中小企业用税后利润转增资本再投资，按一定比例退还再投资部分已缴纳的所得税税款，或者将再投资数额的一定比例在应纳税所得额中扣除。

（2）鼓励中小企业进行科研技术开发，对无独立研发能力的中小企业鼓励与科研机构合作研发，并使用高新技术。通过税收减免、费用扣除、投资抵免、延期纳税等多重方式，鼓励中小企业从事研发活动。对在研发过程中用于研发实验的投资，应允许从应税所得额中作为费用扣除。可以借鉴美国的做法，如果中小企业课税年度的科研投入超过过去3年的平均水平，超过部分的50%可以从应纳税额中扣除。对研发后的成果收益，应予以税收的减免，从而鼓励中小企业进行科技转化、使用科技成果，提升中小企业产品的科技含量。

（3）鼓励中小企业固定资产投资、更新改造。中小企业购买机器设备的支出可以按一定比例从应付税款中扣除，若企业当年发生亏损，则允许向后和向前结转，可以结转的期限与亏损结转的期限一致。应鼓励从事科技创新型的中小企业加速折旧。允许此类企业所投资购买的用于创新研发的固定资产可以适用较高的折旧率，提前完成折旧。

（4）用盈亏相抵降低高新技术中小企业投资风险。盈亏相抵包括"盈亏前抵"和"盈亏后抵"。"盈亏前抵"是指若企业在某一年度发生亏损，准予用以前年度的利润弥补亏损，并可申请退回以前年度已纳的所得税；"盈亏后抵"则是准予用以后年度的利润弥补亏损，实质上也就是政府用以后年度的税收来承担企业的部分亏损。

目前我国规定高新技术企业只能盈亏后抵，且只可向后结转 5 年。而美国则规定可前抵 3 年，后抵 7 年；日本规定可前抵 1 年，后抵 5 年。考虑盈亏前抵能更体现出税收政策对风险投资的鼓励程度，更为直接地承担风险，所以对投资风险大的高新技术中小企业来说，若能综合两种抵销方法，允许盈亏前抵 3 年、盈亏后抵 5 年，那么投资风险自然就能得到有效降低。

（5）鼓励中小企业建立风险投资基金、科技研发基金。通过允许中小企业在计算缴纳企业所得税之前提取一定的费用，用于科技开发等风险投资项目或产品，如科技开发基金、风险投资基金等。一般情况下，企业提取这些费用应当从税后利润中列支，而税法允许税前列支则意味着国家以减少税收的方式对企业所从事的这些事业的支持。

（6）加大增值税的税收优惠力度。改变一般纳税人与小规模纳税人的认定标准，企业不分大小，只要财务制度健全，会计资料齐备，有固定的经营场所，都应享受一般纳税人待遇，而对不具备一般纳税人资格的中小企业，在一定条件下，可以按征收率征税，按法定税率开票。这样可以减少不能开具增值税专用发票而对中小企业正常的生产和销售所带来的消极影响。

（7）改进出口退税政策，进一步考虑扩大出口退税的税种范围。目前我国出口退税的税种仅为增值税和消费税，而依据 WTO 规则，退免的间接税还可以包括营业税、销售税、印花税、执照税、特许经营税等。为了加大税收鼓励出口的力度，我们可以初步考虑把营业税列入退税范围，同时把随同增值税、消费税和营业税附征的城市维护建设税、教育费附加等列入退税范围，再逐步退免其他税种。

（8）可以在中小企业优惠政策的基础上，出台一些中小企业相关行业优惠政策，间接支持中小企业发展。如，鼓励大企业对中小企业给予技术、项目的扶植。在国家政策鼓励的范围内，凡是大型企业对中小企业给予科技项目的扶持和资金的支持，或者培训中小企业人员的，可以获得税收优惠，从而实现中小企业与大企业的协同发展。鼓励商业银行创新金融产品，支持中小企业发展。如对向中小企业贷款额度达到或超过一定比率的商业银行，给予相应的税收优惠。

7. 加快"费改税"步伐，彻底清理对中小企业的各种收费项目，切实减轻中小企业负担。收费项目多而杂是我国中小企业负担重的一个重要原因。建议对各项收费该取消的取消，可以改为税的尽快开征相应的税种，不能立即改为税的借鉴一些地区采用的"一次费"的做法，作为税收制度进一步改革之前的过渡措施合并成一种费，由一个部门负责征收。这样可以增加收费的透明度，便于中小企业抵制各种不合理收费，让中小企业在公平、公正的市场环境中轻装上阵，在经济发展中提升竞争力。

8. 促进中小企业发展，税务部门要遵循管理与服务并重的指导思想，大力推行科学管理，努力为中小企业提供良好的纳税服务政策。利用各种途径，帮助中小企业准确理解税法。中小企业大多缺乏税务人才的问题，及时向中小企业提供最新的税收政策，帮助他们准确了解其应履行的纳税义务，解决其遇到的各类问题。优化办税流程，提高办税效率，充分利用现代信息技术和金融结算工具，实行包括电子申报在内的多种申报和缴款方式，同时坚持以纳税人为中心，推出一站式、一窗式和全程服务、限时服务、演示服务、提醒服务等服务模式，满足纳税人纳税的需求。

支持中小企业发展税收
政策的国际借鉴研究

罗妙成　郑开焰　袁　玲

一、中小企业的地位及现状

我国的中小企业尽管起步较晚，但经过改革开放近 30 年的发展，取得了十分辉煌的成绩。随着我国市场经济的飞速发展和国有企业改革的进一步深入，中小企业发展势头迅猛，在保证国民经济持续健康发展、推动技术创新和增加就业机会、维护社会和谐发展等各个方面发挥着越来越重要的作用。中小企业在国民经济中占有举足轻重的地位。据统计，中小企业户数占全部企业总数的 98% 以上，在全国工业产值和实现税收中分别占 60% 和 40% 左右，提供了约 75% 的就业机会。但 2008 年美国发生金融危机后，不同程度地波及我国的实体产业。2009年我国政府提出国民经济增长保持 8% 的情况下，如何扶持中小企业的发展就更凸显其重要性。

由于中小企业自身特点及外部环境的原因，中小企业的发展也面临一些难以逾越的障碍。中小企业向何处发展，中小企业如何解决改革和发展的问题，已引起政府有关部门的高度重视。主要问题表现在：

其一是融资难。因为中小企业投入的资金是有限的，而其发展依赖于银行，目前企业的贷款种类基本是抵押贷款。一方面中小企业缺乏必要的抵押资产；另一方面贷款成本也较高。特别在金融危机的冲击下，其困难越发严重。

其二是政府对中小企业的自主创新扶持政策少。中小企业的平均寿命据统计一般不超过四年，作为投资者为了提高或保证眼前的既得利益，不愿对企业的技术创新投入较多的成本，其原因是在该领域的政策扶持较少或力度不够，对中小企业的投资者缺乏吸引力。提高中小企业科技含量，实现第二次创业，是当前中小企业发展的重中之重。

其三是对中小企业的劳动就业扶持政策少。中小企业大多是劳动密集型行业，承担着我国城乡居民就业的重担。特别是今年，许多中小企业尤其是外贸企业因金融危机而缩减产量甚至破产，给就业带来巨大的压力，同时也带来诸多社会不稳定现象。

当然中小企业在其发展中遇到的困难是多种多样的，究其原因主要还是中小企业在发展中承受着较高的发展成本。而发展成本中投资者最关注的是企业的税收成本，所以研究政府对中小企业发展的税收扶持政策是非常有意义的。

二、发达国家支持中小企业发展的税收政策

中小企业不管在发达国家还是发展中国家的地位都是举足轻重的，正因为其重要性，许多发达国家对中小企业发展从税收角度予以支持制定了诸多税收政策，给我们提供了许多宝贵经验，我们可以借鉴。

（一）美国

为了鼓励中小企业的发展，美国政府采取的税收优惠措施主要包括：（1）1981年的"经济复兴税法"规定雇员在25人以下的企业，依照个人所得税税率缴纳，而不是按公司所得税税率纳税。把资本收益税的最高税率从28%降至20%，为鼓励创新型小

企业的创建与发展，又对创新型小企业减至14%。（2）规定小规模公司本身除特定的资本利得及财产运用收益外，原则上不课征企业所得税。（3）小规模企业每年购买资产的资本性支出在20万美元以内，可作为费用予以扣除。（4）对年收入不足500万美元的最小企业可实行长期投资减免税。（5）凡新购买的设备可以加速折旧，若法定使用年限在5年以上者，其购入价格的10%可直接抵扣当年的应付税款；若法定使用年限为3年者，抵免额为购入价格的6%。小型企业的应纳税款如果少于2500美元，这部分应纳税款可全部用于投资抵免。（6）对通常的研究开发费用给予20%的税收抵免。在从事基础研究时，把各税收年度研究开发费的65%作为非课税对象。

（二）日本

日本政府规定：（1）中小企业法人年所得800万日元以下部分的税率由1998年以前的28%调整到1999年以后的22%。（2）对进行新技术和设备投资以节约能源和利用能源的中小企业，在税制和设备折旧方面给予优惠。对中小企业科技开发的试验费减收6%的法人税或所得税以促进中小企业科技开发。允许中小企业实验研究经费享有10%的税额抵扣。（3）对购买能促进中小企业发展的工业用自动机械、数据控制制造机器等设备的，提供两种优惠选择，一种是给予相当于购买价30%的首次特别折旧，另一种是给予相当于购买价7%的抵免优惠，但以上可抵免金额最高不得超过当年应纳税额的20%。（4）对机械设备及工厂建筑物等实行32%折旧费的补贴。（5）实施加速折旧或税额抵扣制度促进中小企业投资。（6）对于提取的改善结构准备金款额，不计入当年的应税所得，以改善中小企业资金状况。

（三）英国

（1）英国在1983年制定的《企业扩展计划》规定，从1983年起，中小企业的公司税税率从38%降到30%，印花税税率从 2% 减为 1%，征税起点从 2.5 万英镑提高到 3 万英镑。从 2000 年 4 月起，年利润不足 1 万英镑的公司将适用 10% 的优惠税率。（2）取消中小企业的投资收入税和国民保险附加税。（3）凡投资者创办中小企业，其投资额的 60% 可以免税，每年免税的最高限额是 4 万英镑。（4）豁免资本税，历届政府的资本税豁免额从 25%、50%、75% 到 100% 不等。（5）2000年颁布了针对中小企业的研究开发税收优惠政策，年营业额少于 2500 万英镑的中小企业，每年投资研究开发超过 5 万英镑时，可享受减免税 150% 的优惠待遇。尚未盈利的中小企业投资研究开发，可预先申报税收减免，获得相当于研究开发投资 24% 的资金返还。（6）从 1998 年 7 月起，将中小企业用于厂房、机器设备等固定资产投资的税前资本扣除由原先的 25% 提高到 40%。

（四）加拿大

鼓励中小企业发展的税收政策特别条款主要包括：（1）对由加拿大人控制的投资少于 1500 万加元企业的第一个 20 万加元的收入，联邦政府公司所得税税率由 29.12% 降为 13.12%，州政府由 14% 降为 8%；（2）科学研究与试验开发税收优惠计划规定，对上年应税收入少于 20 万加元符合条件的企业，其当年的研究开发投资如在 200 万加元以下，则可获得投资额 35% 的投资税收减免；如研究开发投资额超过 200 万加元，超过部分则可获得 20% 的投资税收减免。（3）对出售由加拿大人控制的并继续经营的个人企业股份和农场财产的第一个 50 万加元收入，其资本所得的 75% 享受减免。（4）对商业投资的 75% 的净资产损失可以从应税资本所得中扣除。对于在股份或债务转让中出现的净资产损失允许从其他收入中扣除，并可以从前 3 年和后 7 年的收入中扣除。（5）自 2000 年 2 月 27 日起，纳税人投资小企业获得的资本收益，如继续投资于其他小企业，其应纳税款允许抵免。

（五）法国

法国政府规定：（1）法国 1978 年财政法规定，任何形式的中小企业，可以在创办当年及随后 4 年，从其应纳税所得额中扣除占其 1/3 的费用，1982 年这一比例提高到 50%，或是在创办当年及其随后 2 年，对再用于经营的利润全部或部分免税。（2）从 1996 年度起，中小企业如用一部分所得作为资本再投资，该部分所得将按降低的税率 19% 征收公司所得税。（3）凡雇员达到或超过 10 人的中小企业，在 5 年内可以逐步减轻建筑税和运输税。（4）对中小企业以专利、可获专利的发明或工业生产方法等无形资产投资所获利润的增值部分可以推迟 5 年纳税。（5）新建的创新型中小企业，在盈利的前 3 年，企业税全免，在之后 2 年减免 50%；免征行业税等地方税种；2003 年法国政府税收法案规定从 2003 年 1 月 1 日起不再对研发固定资产投资征收行业税。（6）2000～2003 年年销售额低于 5000 万法郎，股本至少 75% 为个人持有的公司，其所得税税率 2001 年降为 25%，2002 年降为 15%。

综上所述，主要发达国家的税收优惠政策各具其特色，但从总体上看，有着共同特点和经验：

一是各国为促进中小企业的发展，为中小企业创造良好的政策环境，大都通过立法形式来规定政府对中小企业进行税收扶持，将政策提高到法律层次。

二是各国注重中小企业的创新发展，对中小企业创新方面税收优惠较多，鼓励中小企业加强研发投入，自主创新。

三是各国对创办中小企业的优惠力度较大，因为中小企业在创业初期实力较弱，需要政府的扶持。

四是各国把对中小企业的资金扶持作为主要目标，以解决其筹资困难问题。如对用于再投资部分实行税收减免，降低中小企业税率等措施，有利于保证中小企业取得充足的资金。

五是各国税收优惠措施多样，有降低税率、加速折旧、投资抵免、研发费用列支，等等。

三、完善我国中小企业税收扶持政策的几点建议

（一）支持中小企业自主创新的税收政策

党的十六届五中全会提出"把增强自主创新能力作为科学技术发展的战略基点和调整产业结构、转变增长方式的中心环节"，"建立以企业为主体、市场为导向、产学研相结合的技术创新体系，形成自主创新的基本体制架构"。自主创新已被中央提升到前所未有的国家战略高度。而在自主创新中，最重要的是企业特别是数以千万计的中小企业的创新。这是因为：第一，从市场的角度来看，企业是市场的主体。在经济日趋全球化的形势下，企业能否在国内、国际两个市场激烈的竞争中生存和发展，取决于其创新能力的强弱。在当前众多企业遭受金融危机冲击的形势下，更是如此。第二，从自主创新的内容来看，它包括原始创新、集成创新和引进消化吸收再创新三方面，这三个方面都与企业密切相关，特别是后两者主要是靠企业去实现，即使是前者最终也要靠企业将之转化成现实的生产力。第三，从整个社会来看，只有企业成为技术创新的主体，不断提升企业的自主创新能力，国家的整体创新实力才能得到增强，"创新型国家"才指日可待。

在建设创新型国家的进程中，提升企业的自主创新能力，使企业真正成为自主创新的主体，政府的引导和支持是十分重要的。其中，政府运用税收政策鼓励企业自主创新，已经被各国实践证明是有效的办法。笔者认为，现阶段我国应根据世界经济发展从数量增长转向价值增长的趋势，科技进步作为国民经济增长要素的重要性与日俱增的新形势，充分借鉴国际经验，改进和完善我国提高企业自主创新的税收政策。具体构想是：

1. 形成针对自主创新特点的优惠政策体系。

（1）从创新的主体看，凡具备纳税人身份的，均应纳入税收优惠的范围并有所侧重。我国的创新主体主要包括政府部门属机构（指政府部门属研究机构和政府部门属其他事业单位）、高等学校和企业。对政府部门属机构和高等学校，由于他们是非营利性单位，科研经费主要来源于国家财政拨款，税收优惠应以流转税为主、企业所得税和其他税种为辅；对企业，税收优惠则应以企业所得税为主、流转税和其他税种为辅。这里需要特别指出的是：①为了支持科技体制改革，应加大对整体或部分企业化转制的科研机构的税收优惠力度，尤其在转制的初期，可以采取税种、税率、优惠方式等"多管齐下"的办法。②对企业特别是中小企业，创新是它们安身立命的根本，需要创新才能保持其持久的竞争力，同时，它们也都是创新型国家的建设者。因此，从这个意义上说，凡具备纳税人身份的创新主体，均应一视同仁地纳入税收优惠的范围，并把以往重点对企业的优惠转移到对产业、产品（项目）的优惠。

（2）从创新的内容看，近期税收优惠的重点应放在引进消化吸收再创新和集成创新上。就我国目前的情况而言，在全国的科技资源尚未进行根本性的调整，基础研究、原始创新主要还是依靠科研院所和高等学校来承担的前提下，为了促进产学研相结合，使科研院所和高等学校的科研成果尽快地转化为现实的生产力，同时也为了克服企业重引进、轻消化吸收的现象，尽快提升企业的自主创新能力，降低对外技术的依存度，近期企业自主创新的重点应该放在（引进）消化吸收再创新和集成创新环节上。因而我国针对企业自主创新的税收优惠政策也应该朝这一方面倾斜，即从产品（项目）的销售环节向产品（项目）的研发环节、试验环节乃至生产环节转移，特别是要确立高新技术的研究、开发和应用推广为税收激励的重点。

2. 充分利用增值税、企业所得税新政，促进企业成为自主创新的主体。

（1）充分利用增值税转型政策，加速机器设备更新。增值税在我国现行的税制结构中占有十分重要的地位，2006 年、2007 年国内增值税收入占当年税收收入总额的比例分别达到 34.26% 和 31.57%，增值税是我国目前唯一的一种价外税。在总结近年来东北老工业基地、中部六省老工业基地城市、内蒙古自治区东部地区扩大增值税抵扣范围试点经验的基础上，国务院决定自 2009 年 1 月 1 日起在全国范围内实施由生产型转为消费型的增值税转型改革，即增值税一般纳税人购进或者自制固定资产发生的进项税额，可从销项税额中抵扣。同时，为了平衡小规模纳税人与一般纳税人之间的税负水平，促进中小企业的发展和扩大就业，修订后的《增值税暂行条例》对小规模纳税人不再设置工业和商业两档征收率，将征收率统一降低至 3%。可以预见，增值税转型改革必将对处在金融危机中的我国中小企业摆脱困境产生积极的导向作用。

一是有利于鼓励企业更新设备、促进企业技术进步，降低生产成本。增值税由生产型转为消费型，允许企业抵扣其购进设备所含的进项税额，减少了企业设备投资的税收负担，有利于鼓励固定资产投资和扩大内需，促进企业改进技术、产业结构调整和升级。同时，由于购进设备消除了重复征税，固定资产折旧不再包含增值税，也降低了中小企业特别是技术密集型和资本密集型中小企业的生产成本，有利于提高企业的经济效益和增强市场竞争力。

二是有利于鼓励企业自主创新。作为转型改革的配套措施，将相应取消进口设备增值税免税政策和外商投资企业采购国产设备增值税退税政策。转型改革后，企业购买设备，不管是进口的还是国产的，其进项税额均可以抵扣，从而有利于鼓励企业自主创新、设备国产化和相关行业的振兴。

（2）充分利用企业所得税新政，加大研发经费投入。发达国家的经验表明，企业在研发方面的大量投入是推动当今技术进步与经济增长的主要动力之一。针对我国科学和技术发展领域中的主要矛盾和突出问题，为了贯彻落实《中共中央、国务院关于加速科学技术进步的决定》，早在 1996 年，财政部、国家税务总局就制定了鼓励企业加大技术开发费用的投入，对盈利企业研究开发新产品、新技术、新工艺所发生的各项费用，比上年增幅在一定比例以上的实行"加计扣除"的优惠政策。2006 年国务院在"关于印发实施《国家中长期科学和技术发展规划纲要（2006～2020 年)》若干配套政策的通知"中指出："加大对企业自主创新投入的所得税前抵扣力度。允许企业按当年实际发生的技术开发费用的 150% 抵扣当年应纳税所得额。实际发生的技术开发费用当年抵扣不足部分，可按税法规定在 5 年内结转抵扣。"很显然，这一规定在原先"加计扣除"的基础上又增加了"结转抵扣"的内容，扩大了企业的受益面。2008 年 1 月 1 日起实施的新企业所得税法，明确规定企业为开发新技术、新产品、新工艺发生的研究开发费用，未形成无形资产计入当期损益的，在按照规定据实扣除的基础上，按照研究开发费用的 50% 加计扣除；形成无形资产的，按照无形资产成本的 150% 摊销。这里需要特别指出的是，科研院所和高等学校是提高自主创新的重要力量，为了促进产学研结合，提高科技成果转化率，应将企业用于科研院所和高校与科研相关的支出也列入企业 R&D 经费投入的范围并享受上述税收优惠。

为了营造激励自主创新的环境，推动企业成为技术创新的主体，建设创新型国家，实现《规划纲要》中确定的到 2020 年，全社会研究开发投入占国内生产总值的比重提高到 2.5% 以上，力争科技进步贡献率达到 60% 以上，对外技术依存度降低到 30% 以下，本国人发明专利年度授权量和国际科学论文被引用数均进入世界前 5 位的若干具体目标，中小企业应把握机遇，以国家宏观调控政策为导向，充分利用增值税、企业所得税等税收新政，加速设备的更新换代，加大对研发经费的投入，在不断提升自主创新能力的同时，拥有核心自主知识产权，成为自主创新的主体，从而增强中小企业在国内和国际两个市场中的竞争力。

3. 借鉴国际经验，完善现行税收政策。

（1）允许高新技术企业和创新项目的固定资产实行加速折旧。对于加速折旧，各国通常的做法是缩短技术型企业使用的固定资产的折旧年限、实行加速折旧方法以及特别折旧等，以利于企业更新设备和采用新技术。如美国，对高新技术产业研究开发设备的折旧年限仅为 3 年，同时用加速折旧作为政府对私人高新技术企业实行巨额补贴的一种方法，来促进其对高新技术的投资。日本为了管理技术引进与技术革新，先后制定了数十种特别折旧制度，对高新工业密集地区所用的高新技术设备，可加提特别折旧，最高可达正常折旧的 55%。为了鼓励高新技术企业和创新项目的发展，我国应在对高新技术企业和创新项目的固定资产进行分类的基础上，除缩短折旧年限外，还应实施加速折旧法，如双倍余额递减法。特别是对享受定期减税免税优惠的企业，在减税免税年度实行加速折旧法，将对企业和国家产生"双赢"的效果。这是因为，就企业而言，固定资产实行加速折旧法，可以在自项目取得第一笔生产经营收入所属纳税年度起的前六年即减免税期内，使使用年限为 5～10 年的固定资产提取的折旧额占应计折旧总额的 70% 以上，同时免税期的折旧比重大于减税期的折旧比重；使用年限为 20 年的固定资产提取的折旧额占应计折旧总额的 50% 以上。这样，不仅有利于企业缩短投资回收期，降低投资风险，而且有利于企业加速资金周转，及时更新技术和设备，不断增强企业的竞争力。就国家而言，因为免税期内实行加速折旧法，不影响所得税收入，在减税期和减免税期满后的年度里，实行加速折旧法提取的折旧额小于实行直线法年均计算提取的折旧额，会增加所得税收入。

（2）对科技及创新类企业人员的工薪所得，减征个人所得税。《国家中长期科学和技术发展规划纲要》（2006～2020年）（以下简称《规划纲要》）指出，科技创新，人才为本。人才资源已成为最重要的战略资源。国家鼓励企业聘用高层次科技人才和培养优秀科技人才，并给予政策支持。为了使中小企业真正成为自主创新的主体，充分调动科技创新人才的积极性，应建立起能够吸引科技人才向中小企业流动的激励机制，培育一批集研发、设计、制造于一体并能提供系统集成服务的中小企业，使自主创新项目更好地面向产业发展和市场需求。因此，有必要对科技类及创新类企业人员的工薪所得减征个人所得税，从税收角度体现《规划纲要》对科技类及创新类企业人才队伍建设的政策支持。

（二）　为中小企业提供资金支持的税收政策

受国际金融危机的影响，"融资难"已经成为普遍困扰中小企业的难题。按照资金来源渠道，融资可以分为内源性融资和外源性融资。内源性融资包括折旧和留存收益两种方式；外源性融资即从企业外部获得的资金，包括股票、债券、租赁、银行借款、商业信用等融资方式。在我国，中小企业在初创时期，其资金来源主要依赖于内源性融资。但是，随着企业发展进入追求技术进步与资本密集的阶段，对外源性融资的依赖程度提高。由于我国中小企业的经营规模普遍较小，一般无法进入股市或债市进行直接融资，因此，不论是现在还是可以预见的将来，以商业银行为主，其他金融机构为辅的中小企业信贷资金供给格局不会有太大的改变，银行融资将依然是中小企业融资的主要途径。基于以上事实，笔者认为，现阶段可以采取的为中小企业提供资金支持的税收政策主要是：

1. 扩大企业内源性融资的税收政策。一方面，除对技术进步、产品更新换代较快的固定资产实行加速折旧外，还应允许高新技术企业和创新项目的固定资产实行加速折旧。通过缩短固定资产折旧年限和实行加速折旧法，提高固定资产折旧率，扩大企业内源性融资的资金来源,从而提高企业的自我积累能力,使企业有足够的内部资金用于固定资产更新改造。另一方面,对中小企业用税后利润转增资本再投资本企业或其他中小企业,增加本企业或其他中小企业的注册资本,或者投资举办其他中小企业,按一定比例退还再投资部分已缴纳的所得税税款,或者将再投资数额的一定比例从再投资当年的应纳税所得额中扣除。

2. 扩大企业外源性融资的税收政策。中小企业要扩大外源性融资,除了要建立完善的企业管理结构,注重改善自身的融资环境,提高信用度以信取资外,政府应加大对中小企业融资的扶持力度。在中小企业融资问题上政府起着不可忽视的作用。美国、日本、西班牙等国家都设有专门的政府部门和政策性金融机构为中小企业发展提供资金帮助。根据我国当前的实际,一是建立完善的中小企业政策性金融体系。在继续完善政策性金融机构的同时,鼓励各商业银行拓宽对中小企业融资的渠道,采取各种贷款品种支持中小企业的发展。为了降低中小企业贷款业务的风险,政府应设立中小企业贷款风险补偿金,专项对开展中小企业贷款的金融机构给予风险补偿。同时,应鼓励民营资本进入金融领域,在一定程度上增加民间借贷的可能,拓展企业融资方式,以具体解决中小企业融资难的问题。对上述银行和金融机构面向中小企业开展的融资业务,给予定期减征或免征营业税和企业所得税的优惠。二是促进信用担保体系建设。为了更好应对国际金融危机,支持和引导中小企业信用担保机构为中小企业特别是小企业提供贷款担保和融资服务,努力缓解中小企业融资难问题,帮助中小企业摆脱困境,国家应对符合条件的中小企业信用担保机构实施定期免征营业税和企业所得税的优惠政策。

作者单位:福建省江夏学院

促进中小企业发展的
税收政策研究

江西省国家税务局课题组

一、中小企业在国民经济中的
重要作用和面临的问题

改革开放以来，我国中小企业在建立和发展社会主义市场经济中发挥了极其重要的作用。主要表现在以下三个方面：

1. 中小企业是国民经济的重要组成部分

改革开放以来，中小企业以其较低的运作成本、灵活的管理体制、富有创新的企业文化，为国民经济的发展带来了显著的活力。有关资料表明，目前我国中小企业已达4200万户（包括个体工商户），约占全国企业总数的99.8%。"十五"期间，国民经济年均增长9.5%，而规模以上中小工业企业增加值年均增长28%左右。

2. 中小企业是我国改革创新的主力军

改革成本低，社会震动小，我国企业改革和体制创新的成功之果，大多来自中小企业，而且许多行业的技术创新首先适宜中小企业研发经营。目前，中小企业完成了我国65%的发明专利和80%以上的新产品开发。不少中小企业已经从早期的加工、贸易等领域，向基础设施、高新技术等领域拓展，其专业化协作能力已成为产业链的重要组成部分，是增强我国自主创新能力进程中不可忽视的力量。

3. 中小企业是我国吸收就业的主渠道

中小企业绝大多数是劳动密集型企业，其吸引就业能力明显要强于资本密集型的大企业。随着我国改革开放的深入和经济结构的转型，国有企业的职工下岗、农村剩余劳动力的转移、大学生扩招等形成了巨大的就业压力，中小企业已成为吸纳社会劳动力的主要载体。据统计，中小企业提供了大约75%的城镇就业机会，在新增就业职位中所占的份额更是高达80%以上，而工业和服务业的就业机会分别有85%和90%由中小企业提供。中小企业的发展也为大企业下岗分流创造了条件，已成为保持我国社会稳定的基本力量。

尽管中小企业发展日益强大，但也不是一帆风顺的，始终面临着挑战和困难。尤其是当前，市场竞争日趋激烈，国际金融危机导致中小企业的经营环境持续恶化，加剧了中小企业先天不足和自身弱点，使之面临一系列新的突出问题。

1. 中小企业资金不足且融资难度大

融资难成为长期困扰和制约中小企业生存与发展的瓶颈问题。中小企业多数是城乡集体企业或个体私营企业，自由资金欠缺，自身积累严重不足。银行商业化运作后，认为中小企业实力不强、信用等级不高，对于中小企业往往以抵押、担保贷款为主，而中小企业能够提供的抵押担保品少，因此难以从商业银行获得大额贷款。而民间融资的资金规模小、贷款利率高等局限性，也无法完全满足中小企业的融资需求。据有关机构对珠江三角洲中小企业的最新调查，有6成的中小企业感到资金紧张，其中民营中小企业接近70%的资金筹集来自股东个人积蓄和内部员工集资。

2. 中小企业自身素质较低

当前我国的中小企业总体仍然处于粗放型管理状态，中小企业材料消耗、能源消耗高，产品质量和生产效率存在较大的提升空间。据研究，我国中小企业的生存周期一般只有 3 ~ 5 年，低于发达国家的中小企业生存周期。加上中小企业技术装备落后，经营规模、专业化协作水平与国际同行相比仍存在较大差距，整体实力较弱。

3. 政府对中小企业扶持力度不足

目前各省市自治区的乡镇企业局、中小企业局、工商管理局及中小企业协会等机构，只是从区域上、行业上对本区域的中小企业加以管理，而并非从全局的角度审视不同产业的中小企业的发展。尽管 2003 年出台了《中小企业促进法》，但实施细则尚未制定，国家在税收、融资、市场准入等方面对中小企业的扶持力度都不够。

4. 当前经济环境制约了中小企业的持续发展

当前国际、国内经济形势导致中小企业的经营环境持续恶化，直接影响着中小企业的生存和发展。从国际环境看，出口型中小企业面临较大困难。外部需求明显下降，导致中小企业生产订单锐减且周期缩短，部分中等偏小的企业处于半停产状态。从国内环境看，市场和政策因素也影响着中小企业的发展，最主要的两个因素是原材料价格上涨和融资困难。大部分中小企业都受到原材料价格上涨、劳动力成本攀升等诸多因素的综合影响，利润空间越来越小；在国际金融危机背景下，随着企业经营环境的恶化和放贷主体风险意识的增强，加上拖欠货款增多、资金流动速度放慢等因素困扰，造成中小企业资金供应严重不足、资金缺乏现象仍然突出，因资金链断裂而导致的企业停工、破产大量出现。

二、我国促进中小企业发展的现行税收政策分析

改革开放以来，我国对中小企业实行了一些税收优惠政策，

积极促进了中小企业的发展。尤其是近几年，我国加快了税制改革步伐，全面实施企业所得税税制改革和增值税转型改革，陆续出台了新的企业所得税和增值税优惠政策，尽管这些政策不是为中小企业专门制定的，但从受益主体来看，大部分中小企业得到了实惠。

1. 企业所得税优惠政策

新企业所得税法在扶持中小企业发展上取得了重大突破。首先，从优惠手段看，同以往直接减免的单一手段相比，现行优惠政策手段更加灵活、更加多样、更加科学，不同的中小企业可以享受不同形式的优惠政策。目前的优惠手段有：优惠税率、直接减免、减计收入、加计扣除、加速折旧、抵免税款、费用扣除、弥补亏损等多种形式，基本上与国际接轨。其次，从优惠内容看，现行政策涉及范围广，优惠力度大，导向功能强，诸项措施贯穿了中小企业创办、发展、转让、对外投资等环节，使中小企业真正受惠。一是降低中小企业整体税负。主要政策有：（1）降低税率。现行企业所得税基本税率为25%，对符合条件的小型微利企业减按20%征收企业所得税，税率降低使各类中小企业普遍受惠。（2）放宽费用列支标准。取消实行多年的内资企业计税工资制度，对企业合理的工资、薪金可以据实扣除，提高职工教育经费、广告费、企业捐赠扣除标准等，切实减轻中小企业的负担。（3）弥补亏损。企业纳税年度发生的亏损，准予向以后年度结转，用以后年度的所得弥补，这项政策对新办的中小企业尤其实用。二是鼓励中小企业技术创新。主要政策有：（1）鼓励高新技术。对经国家有关部门认定为高新技术企业的中小企业，减按15%的税率征收企业所得税。（2）鼓励研究开发。中小企业为开发新技术、新产品、新工艺发生的研究开发费用，未形成无形资产计入当期损益的，在按照规定据实扣除的基础上，按照研究开发费用的50%加计扣除，形成无形资产的，按照无形资产成本的150%摊销。（3）鼓励技术转让。中小企业在一个纳税年度内，技术转让所得不超过 500 万元的部分，免征企业所得税，超过 500 万元的部分，减半征收企业所得税。（4）鼓励加速折旧。对中小企业由于技术进步、产品更新换代较快的固定资产，可以采取缩短折旧年限或者采取加速折旧的方法。三是鼓励中小企业安置就业。对中小企业安置残疾人员的，在按照支付给残疾职工工资据实扣除的基础上，按照支付给残疾职工工资的 100% 加计扣除；对符合条件的商贸企业、服务型企业等，在新增加的岗位中，当年新招用持《再就业优惠证》人员，与其签订 1 年以上期限劳动合同并依法缴纳社会保险费的，按实际招用人数予以定额依次扣减营业税、城市维护建设税、教育费附加和企业所得税优惠。四是鼓励对中小企业的投资。创业投资企业采取股权投资方式投资于未上市的中小高新技术企业 2 年以上的，可以按照其投资额的 70% 在股权持有满 2 年的当年抵扣该创业投资企业的应纳税所得额；当年不足抵扣的，可以在以后纳税年度结转抵扣。

2. 增值税优惠政策

从 2009 年 1 月 1 日起，在全国范围内实施增值税转型改革，这对于促进中小企业发展、减轻中小企业税收负担是一个重大利好，主要表现在两个方面：一是降低企业设备投资的税收负担。增值税转型改革，允许全国范围内的所有增值税一般纳税人抵扣其购进设备所含的增值税，这将消除我国以往生产型增值税制产生的重复征税因素，降低企业设备投资的税收负担，对中小企业来说，这是一项重大的减税政策。二是降低小规模纳税人征收率。原政策规定，小规模纳税人按工业和商业两类分别适用 6% 和 4% 的征收率，现行政策将小规模纳税人的征收率统一降低至 3%，直接减轻中小企业税收负担，为中小企业提供一个更加有力的发展环境。

上述优惠政策，对当前促进中小企业发展起到了重要作用，但在总体上还没有把支持中小企业的发展提到应有的战略高度，现行的税制和征管对中小企业还存有一定的限制和歧视，加上我国中小企业的非税负担普遍较重，这些都影响到中小企业的持续快速健康发展。

1. 现行税制对中小企业存在限制和歧视

尽管我国税制改革取得了重大进展，得到了较大程度的完善，但是仍然有一些税收政策对中小企业存在限制和歧视，突出地反映在增值税和所得税方面，一定程度上影响了中小企业的发展。（1）增值税方面。我国增值税税制把纳税人分为一般纳税人和小规模纳税人两类，凡达不到销售额标准的纳税人，不管企业会计核算是否健全，一律不得认定为一般纳税人，都划为小规模纳税人征收。小规模纳税人的进项税额是不允许抵扣的，也不得使用增值税专用发票，如果需要开具专用发票，必须到税务机关申请代开，而且只能按"征收率"填开应纳税额，这不仅加重了小规模纳税人的税收负担，而且购货方因小规模纳税人不能提供专用发票或不能足额抵扣进项税额，不愿购买小规模纳税人的货物，阻断了中小企业与其他企业之间的正常经济交往，使得小规模纳税人在激烈的市场竞争中处于极为不利的地位。从 2009 年 1 月 1 日起，小规模纳税人的征收率统一降低至 3%，但是与一般纳税人税负（增值税转型使一般纳税人税收负担普遍下降）相比还是偏高，税负不公在一定程度上影响了中小企业的发展。（2）所得税方面。相对增值税税制而言，新企业所得税税制比较完善，也更彰显公平，但在某些方面改革还不够彻底，有些细节还有待进一步完善。如新税法仍保留对公益性、救济性捐赠的限制和对按国家银行贷款利率标准列支的限制等，这些都与国际通行做法不符；在安置就业政策方面，现行优惠政策对象仅限于符合条件的商贸企业、服务型企业等，而不是所有企业，安置对象仅限于下岗失业人员，而没有考虑农民工和大中专毕业生等群体，这些人员都是中小企业招用的主要对象，也是新形势下急需解决就业的人员。在新办企业方面，新税法取消了新办三产企业的优惠政策，不利于新办企业的发展，而大部分新办企业都是中小企业。笔者认为，税法既要考虑公平，也要兼顾产业导向功能，新办企业是企业的新生力量，是将来国民经济的支柱，其成长、壮大、发展需要国家在各个方面予以扶持。

2. 现行征管上对中小企业存有不公现象

一是核定征收办法对中小企业不利。《税收征管法》规定，纳税人不设置账簿或账目混乱或申报的计税依据明显偏低的，税务机关有权采取核定征收的办法。由于国家对核定征收条件的规定定性多、定量少，没有量化的标准，在实践中，部分地区往往采取"一刀切"的办法，即在一定规模以下的中小企业，无论企业是否设置账簿，不管财务是否健全，都采取核定征收的办法；有的甚至不管企业有无利润，一律按核定税款征收。这些做法无法反映企业实际经营状况，造成税负不均，应纳税款与实纳税款严重脱节，加重了中小企业的税收负担。而且，总局《企业所得税核定征收办法》制定的行业"应税所得率"也明显偏高，不符合中小企业薄利多销、利润率低的实际。二是纳税信用等级评定机制对中小企业不公。在纳税信用 A 级企业的评定中，普遍存在重规模企业、轻中小企业的现象，被评定为 A 级的企业基本上都是些规模较大，在当地有较大影响的大型企业、重点企业，而一些纳税较好的中小企业即使符合条件，也很少被评定为 A 级。被评为纳税信用 A 级企业可以享受诸如提供优质服务，优先办理出口退税、减免税等权利，这在一定程度上挫伤了中小企业的积极性，也损害了中小企业的利益。三是税务机关提供的纳税服务不公。不少地方只重视对税源大户、大型企业的服务和监管，对中小企业要么管得过严，要么只重结果不重过程，出了问题一味处罚，导致中小企业在建立健全财务管理、依法纳税等方面得不到及时有力的指导和帮助。

3. 中小企业的非税负担偏重。

我国目前税外收费现象仍然严重，不合理的收费、摊派、集资、罚款等严重冲击了税收调节分配的主导地位，形成税费不分、以费挤税、以费代税、费强税弱的不正常局面，既弱化了税收的刚性，又增加了企业负担。而我国中小企业自身承受能力和自我保护能力普遍较弱，面临着种种摊派难承受，推销商品难拒绝，各种检查难应付、转嫁费用难招架的窘迫境地，繁重的税外负担（费），加大了中小企业的运行成本和生存困难。

三、国外促进中小企业发展的税收政策及启示

世界经济发展的经验表明，中小企业的活跃程度标志着一个国家或地区的市场经济活力大小。美国人把中小企业称为"美国经济的脊梁"，日本人把中小企业誉为"日本经济活力的源泉"。尽管中小企业在社会经济中有着重要的地位和作用，但世界各国，无论是发达国家，还是发展中国家，一般没有专门的中小企业税收制度，各国对中小企业的税收支持，主要通过一些特别条款和特别措施来实现。

1. 通过立法规范中小企业税收优惠政策

各国根据本国经济发展需要，大都通过立法形式来明确中小企业地位，通过制定中小企业的税收扶持政策来保障中小企业合法权益。如美国颁布了一系列法律法规从各个方面鼓励和扶持中小企业的发展。为鼓励风险投资通过了《小企业投资法》；为在财政、金融、经营管理、创新、信息和市场等方面给中小企业更大扶持，修订了《经济复兴税法》；为减轻中小企业的税收负担和促进技术创新，制定了《纳税人免税法》和《国税局调整与改革法》。日本颁布了《中小企业基本法》，德国颁布了《关于保持稳定和经济增长的法令》，英国颁布了《企业扩展计划》，法国颁布了《振兴中小企业计划》等。

2. 税收优惠政策涉及面广、导向性强

（1）鼓励社会对中小企业的投资。美国对投入符合一定条件的小企业的股本所获得资本收益实行为期至少5年的5%税收豁免。对收入不足500万美元的最小企业实行长期投资税减免。对投资500万美元以下的小企业永久性减免投资税。同时，为了消除投资者对中小企业风险投资的顾虑，对于事业经营发生的亏损，允许向前3年或向后7年结转到盈利折抵纳税，中小企业的股东从公司得到的损失可以用来对抵从别的来源所得的收入，对损失数额超过股东基数的部分，按比例从股东其他收入项目中进行损失扣除。英国"企业投资法案"规定：个人年度投资在15万英镑以内的资本享受20%所得税税收优惠；投资期满5年后，任何处置企业投资后的资本利得都免缴所得税；在允许期内的收入和资本利得还可以弥补以前年度的亏损。"风险资本信用制度（VCT）"规定：在由私人持有普通股的风险投资中，限额在每年10万英镑以下，可享受20%的收入税减免优惠等。同时，凡投资者创办中小企业，其投资额的60%可以免税，每年免税的最高限额是4万英镑；公司税从38%降到30%，并取消投资收入税和国民保险附加税。

（2）增强中小企业发展初期的抗风险能力。美国在《经济复兴法》规定：雇员在25人以下的企业，依照个人所得税税率缴纳，而不是按公司所得税税率纳税，并将涉及中小企业的个人所得税税率下调了25%。对年应税收入在5万元以下的企业可享受15%的低税率，到2006年底，最低所得税率从15%降到10%。法国非常注重从解决中小企业资金的角度对中小企业进行扶持，对新建立的中小企业在3年内免缴核定税额，最初4年的税金，允许不做税前交戴。根据各地的不同情况，最多可以免除5年的事业税。企业成立5年后仍处于无力纳税状况时，相当于出资部分的损失额（最多不超过10万法郎）不予课税，对因创业期间资本金不足而发生债务的个人，在一定限度内可以从所缴纳的所得税中扣除贷款利息。英国专门为那些利润较小的公司设立了"小企业救济"的政策,规定年利润低于30万英镑的小企业税率为20%,比大企业适用的税率低了10个百分点。2005~2006年,对年利润不足1万英镑的公司,享受零关税,年利润在1万~5万英镑的,税率为0~19%。加拿大政府规定对应税资本低于1000加元的中小企业免税。韩国的《租税特例限制法》和《中小企业创业支援法》对技术密集型、风险企业以及创业培育中心事业者等在创业期实施税收优惠,对创业初期的技术密集型中小企业,从获得收益日算起,前3年免征50%的所得税,此后两年内再减征30%。

(3)鼓励中小企业技术创新行为。一是加大研发投资抵免。美国《经济复兴税法》对创新型小企业的税率规定为14%,低于普通公司所得税税率。该法还规定,凡新购买的设备,若法定使用年限在5年以上者,其购入价格的10%可直接抵扣当年的应付税款;若法定使用年限为3年者,抵免额为购入价格的6%。英国政府自2002年起开始实行中小企业投资研发减免税政策,对年营业额少于2500万镑的中小企业,每年研发投资超过5万英镑时,可享受减免税150%的优惠待遇,尚未盈利的中小企业投资研发,可预先申报税收减免,获得相当于研发投资24%的资金返还。日本规定:中小企业在税制适用年度投入实验研究费用总额的6%可从法人税或所得税中扣除,但扣除额不能超过税制适用年度法人税或所得税的15%。意大利对于将一部分利润用于研究开发方面投资的中小企业,可以享受相当于研究投资总额30%的税收优惠。二是加快加速折旧。美国允许公司在投资后1~2年里对新购置使用的固定资产提取高比例的折旧,对某些设备在其使用年限初期实行一次性折旧,对科研设备的法定使用年限缩短为三年,使每年的折旧金额超过企业所增资本额。日本对能促进中小企业发展的工业用自动机器、数控机器等,或给予30%的首次特别折旧,或是免缴7%的所得税金。

（4）鼓励中小企业安置就业人员。英国政府鼓励中小企业吸收社会剩余劳力，如从 1997 年开始，对招收 18～26 岁失业青年的中小企业进行资助，雇主招收 1 名工人可获得政府每周 75 镑的补贴。法国政府规定每创造一个就业机会，减免 1 万法郎所得税，最高减免 50 万法郎，同时还将使用生产性资本地方税的减免以职工工资总额进行计算。还规定创办工商企业可以享受 2 年免征所得税，以后 3 年对企业盈利分别减少 75%、50% 和 25% 的所得税优惠。韩国为防止因中小企业同大企业间工资和福利待遇差距拉大，而导致中小企业人才向大企业流失，对过高增加工资或接收中小企业现职职工的大企业征收一定金额的补偿金，用于中小企业福利基金。

（5）扶持欠发达地区中小企业发展。美国联邦政府颁布"联邦受援区和受援社区特别法案"，拨款 25 亿美元用于受援地区税收优惠，对中小企业投资税进行长期减免。康涅狄克州还规定对贫困地区的企业投资减免 5 年所得税。英国政府对前往自然条件比较差、经济基础相对薄弱的苏格兰、威尔士和北爱尔兰等地区投资的中小企业，可享受政府提供的赠款或地区发展补贴、免税 3 年、产品进出口不受政策限制等优惠政策。德国联邦政府规定在经济落后地区新建中小企业，可以 5 年免缴营业税；消耗的动产投资，免征 50% 所得税；对中小企业使用内部留存资金进行投资的部分免征财产税。意大利对在南部地区和西西里岛地区的中小企业，免除 10 年的动产税、地区税、降低交易税等。日本颁布《北海道开发法》，并在中央政府内设置了北海道开发厅，由北海道开发厅制定了一系列的特殊政策，鼓励北海道地区中小企业的开发和发展。

3. 提供纳税服务，降低中小企业纳税成本

美国政府针对小企业开展了"小企业纳税人宣传教育计划"，通过研讨会等方式，向小企业纳税人讲解包括账册凭证的保管、会计处理、纳税申报表的填写等与小企业有关的税收知

识，同时进行与小企业有关的税收政策分析。法国政府针对不少以家庭式或聘用少量雇工，从事商业、手工加工业为主的特小企业缺乏专业财务管理人员和经营管理水平相对滞后的状况，成立了税务委托管理中心。管理中心为企业化管理的协会性机构，其主要职责是向小企业派遣专业会计人员，帮助小企业建立会计账目，对企业生产经营资金流通情况进行监督和指导，提供信息、培训、数字统计等服务。参加管理中心的企业每年仅缴纳1200法郎加入费用，比专门聘用会计人员便宜得多，还可享受20%的减免税。英国为提高中小企业的竞争力，从2004年1月1日起，提高企业年度审计的起点，使更多中小企业免于年度审计。根据新规定，年营业额在560万英镑以下的企业将免予政府规定的年度审计要求，在此之前，审计起点为100万英镑。调整之后，免予审计的企业增加了69000家，为此可使企业每年至少减少开支9400万英镑。

四、促进中小企业发展的税收政策选择

税收政策对企业发展有着重大影响，各类企业发展都需要税收支持，税收优惠政策不可能普遍实行。这就要求我们针对中小企业发展中面临的新形势、新问题，找准现行税制和征管中存在的不合理、不完善之处，借鉴国外税收扶持中小企业发展的经验，逐步建立和完善促进中小企业发展的税收支持体系。笔者认为，税收扶持中小企业发展应遵循以下原则：

一是公平待遇的原则。制定税收政策，不应对中小企业有所歧视，而且中小企业因经济实力不强、融资渠道不畅，社会负担偏重，存在的困难较多，在不违背市场经济基本原则的前提下，应给予中小企业更多的税收优惠。

二是产业导向的原则。我国中小企业面广、量大，如果无选择地见小就促，则达不到应有目的。笔者认为，制定税收政策应

有所侧重。当前扶持的重点是：科技型中小企业、就业型中小企业、服务型中小企业、特色型中小企业和外向型中小企业。

三是便于征管的原则。对中小企业的税收优惠政策和征管办法，应目标清晰，手续简化，可操作性性强，有利于贯彻执行，有利于减少纳税成本和征税成本。

基于以上考虑，笔者认为，当前在税收政策和征管上应采取如下措施：

1. 调整和完善中小企业税收政策

（1）调整增值税政策。一是取消增值税一般纳税人认定的应税销售额标准，企业不管规模大小，只要有固定场所，财务制度健全，会计核算准确完整，遵守增值税专用发票管理规章制度，没有偷税行为，都应享受一般纳税人待遇。二是取消小规模纳税人委托税务机关开具专用发票的做法，采取有力措施促使其进一步健全会计核算，规范纳税，切实减轻中小企业的税收负担。三是参考增值税个人起征点的做法，对小企业销售额达不到一定标准金额的，免征增值税，目前世界上实行增值税的 100 多个国家中，绝大多数国家对小企业都采用这种免税的方法。

（2）完善所得税政策。一是进一步放宽费用税前列支标准。取消对公益性、救济性捐赠的限制，准予税前列支；取消按国家银行贷款利率标准列支的限制，对不违反现行法规的融资利息支出，都应准予按实税前列支，从而拓宽中小企业的融资渠道；允许中小企业职工教育经费据实在税前列支，以支持其人力资源开发，解决人才缺乏的难题。二是扩大中小企业税收优惠范围。把现行安置就业的优惠政策对象扩大到所有符合条件（即安置就业人员达到一定比例）的企业，而不是仅限于商贸企业、服务型企业；安置对象也扩大到下岗失业人员、农民工、大中专毕业生和退伍军人等社会就业的重点对象。恢复新办三产企业定期减免税政策，并适当扩大范围，对当前要重点扶持的科技型中小企业、就业型中小企业、服务型中小企业、特色型中小企业和外向型中小企业也给予定期减免的优惠政策。

（3）开征社会保障税。社会保障税纳税人应包括所有企事业单位、行政单位和个人，课税对象应为纳税人支付的工资总额或取得的工薪总额。税款入库后集中到负责社会保障的专门机构统一管理。这不仅可以增加征收的刚性，节约征收成本，扩大资金来源，加强对资金的管理监督，而且可以为各种经济类型企业下岗职工提供基本生活保障，有利于市场经济活动主体的公平竞争。

2. 完善中小企业税收征管制度

一是改进对中小企业的征收方法，已经建账建制的中小企业，应积极扩大查账征收的面，尽量缩小核定征收的比重，同时，核定征收的应税所得率和应纳税款，一定要通过调查、实事求是核定，以维护中小企业的合法权益。二是纠正在税收服务上"重大轻小"倾向。简化中小企业纳税申报程序和纳税申报附送的资料，节省纳税时间和纳税成本。加强对中小企业的税收宣传和纳税辅导，及时为中小企业办理税务登记、一般纳税人认定、发票购买等涉税事宜。取消发票定期缴销制度，只要纳税人没有发票违法违章现象，应准许纳税人用完再领，避免浪费。尤其要创造条件，为那些财务管理和经营管理水平相对滞后的中小企业，提供建账建制和电算化管理方面的指导和信息、培训、企业发展分析等服务。提高服务质量和工作效率，减少企业申报纳税时间和纳税成本。发挥中介服务机构的作用，积极推行对中小企业的税务代理，降低纳税成本。三是规范纳税信用等级评定管理和纳税信用等级制度。改变纳税信用评定"盯大户"的现象，按照公平、公正、透明的原则开展纳税信用等级评定工作，对大企业和中小企业一视同仁。四是加强中小企业税源监控。在注重保护中小纳税人权益和为中小纳税人服务的同时，还应从中小企业不同经营方式和组织方式的实际出发，加强对中小企业的户籍管理和税源监控，强化责任制，因地制宜实行分类管理，及时掌握中小企业经营情况、核算方式和税源变化情况，把优化服务和强化管理结合起来，促使中小企业在提高管理水平和经济效益基础上，提高税收贡献率。

3. 规范税收执法行为，切实维护中小企业的合法权益

《税收征管法》在强调纳税人义务和责任的同时，更加注重保护纳税人的权益，这对为数众多、遍布城乡的中小企业来讲更具现实意义。第一，税务机关应坚持依法征收、应收尽收、坚决不收"过头税"的原则，做到征收服从政策、任务服从税源；坚持内外并举、重在治内的治税原则，健全执法监督机制，全面规范税收执法。第二，要认真贯彻促进中小企业发展的各项税收政策，确保各项税收优惠政策在执行中不偏离、不走样、不打折扣，绝不能怕税收减收而打折扣。第三，坚持"阳光稽查"，严格控制税务检查次数，避免多头重复检查，切实减轻中小企业的负担。第四，依法处理中小企业申请的税务行政复议、税务行政执法投诉案件，纠正违法或不当的具体行政行为依法保护中小企业的合法权益，促进中小企业做大、做强。

4. 减轻中小企业非税负担

取消非规范的制度外收费，对巧立名目设置的违规收费项目、重复收费项目、擅自扩大的收费项目坚决取缔。加快税费改革步伐，费改税应尽量不增加新的税种，尽量利用现有税种，通过增设品目，调整税率，达到预定目的。规范政府行政行为和收入机制，公布收费项目和标准，严禁违规收费，明确国家机关提供的公共服务一律不能收费，加强对公用部门监督和检查，禁止公用部门利用自己的垄断地位侵害企业利益，从根本上解决减轻企业尤其是中小企业的负担问题。

课题组组长：汤志水

课题组成员：段步仁　吴晨阳　葛开珍

成耀文　江云

支持中小企业发展税收政策的
国际借鉴研究

中小企业是指在我国境内设立的有利于满足社会需要，增加就业，符合国家产业政策，生产规模属于中小型的各种所有制和各种形式的企业。改革开放以来，随着市场化进程的加快，我国的中小企业蓬勃发展。截至 2008 年年底，全国实有企业971.46 万户，其中 99% 以上为中小企业。中小企业对 GDP 的贡献超过 60%，对税收的贡献超过 50%，提供了近 70% 的进出口贸易额，创造了 80% 左右的城镇就业岗位，吸纳了 50% 以上的国有企业下岗人员、70% 以上新增就业人员、70% 以上农村转移劳动力，拥有 66% 的专利发明、74% 的技术创新和 82% 的新产品开发。中小企业已经成为我国经济领域最活跃的市场主体和经济增长的重要推动力。但最近两年来世界经济形势的变化，特别是由美国次贷危机演变而来的世界性经济金融危机的爆发和持续扩大，使我国中小企业发展面临较大的压力和困难。市场化、国际化程度高，对国外市场依赖较大的长三角、珠三角等地倒闭了一大批中小企业。如受金融危机影响，广东中小企业经营出现困难，关闭、停产、歇业、转移的中小企业数量增加，企业亏损面达 25%。分析当前中小企业面临困难的具体表现，实施针对性的帮助扶持措施，对帮助中小企业渡过难关，实现更好更快发展，具有重大意义。

一、世界性经济金融危机下中小企业
发展面临的困难和挑战

随着市场经济的进一步发展以及在世界性经济金融危机的冲击下，除长期制约中小企业发展的经营规模小、技术水平低、市场竞争力差，融资困难等问题日益突出外，外部市场需求的急骤变化给中小企业经营发展带来更大的压力。

（一）面临产品的国际市场需求骤减和国内市场需求不足的挑战

由于我国是发展中国家，人均生活水平较低，居民的消费能力受到限制。与美国相比，美国的私人消费占 GDP 构成的70% 左右，我国的仅占 35% 左右。这导致我国实施投资拉动型经济发展模式，即出现在我国生产和在他国消费的经济现象，其经济后果是国内的消费需求不足，对世界市场严重依赖，并容易出现严重的产能过剩。据专家估计，到 2010 年，我国钢铁产能过剩约 2.5 亿吨，煤炭产能过剩约 4 亿吨，汽车产能过剩约300 万辆，水泥、电力、纺织等产能过剩亦十分突出。世界性经济金融危机爆发后，欧美国家消费观念发生变化，消费心理趋于保守，国外市场需求萎缩，使我国以出口导向的中小企业订单锐减，生产能力过剩，利润严重滑坡。而因社会保障制度不健全、城市化成本较高等因素的影响和制约，内需市场的启动受到限制。受限于国内市场的消费能力，中小企业的市场环境急骤恶化。广东和浙江等地中小企业规模化、集群化发展较好、外向度较高的省份，受到的影响更大。

（二）面临自有资金发展不足和外部融资成本较高的困难

中小企业规模小、资金少、底子薄，抗风险能力弱，难以采取发行企业债券、通过股票上市等手段融资，具有融资空间有限、资金供应不足及抵押担保难的问题，融资难已成为制约中小企业生存与发展的关键性难题之一。在调查中发现，80%以上的中小企业反映缺少资金，而只有 10% 左右的中小企业能够通过正常渠道获得融资支持。如果通过担保的话，会提高企业财务费用 10% 以上，大大影响企业的市场竞争力。据万德统计，从 1996 年 11 月至 2008 年 11 月，中小企业贷款余额在全国贷款余额中的比重一路下滑，从 7.5% 降至约 3.8%。中小企业资金大都是通过企业老板投资或以亲情关系借贷，很少能通过银行等融资获得，具有明显的封闭性和单一性，严重制约了中小企业的生存、发展以及做大做强。因经济金融危机影响的普遍性，企业融资困难的直接后果便是经营难以为继，一些资金链断裂、抗风险能力差的中小型企业，甚至一些原来效益很好、规模较大的企业都因此处于停产半停产状态，有的甚至倒闭。

（三）面临没有产品定价权和成本转嫁能力弱的压力

我国中小工业企业大都集中在传统的第三产业和加工制造业，高投入、高消耗、高污染、低效益的发展模式尚未根本转变，没有产品定价权，受外部市场环境影响较大。据调查，90% 以上的企业反映，近年来企业的生产要素成本，如原材料、能源、土地、劳动力等成本大幅上升，给企业造成很大的经营压力。特别是劳动合同法的实施和最低工资标准的调整，使劳动密集型企业劳动力成本整体上升 5% ~ 10%，一些低端行业的劳动密集型企业的劳动力成本甚至上升 20% 以上，并引发大量的劳资纠纷。而且一些地方政府为了解决地方财政困难，还把中小企业作为摊派各种费用的对象，对中小企业的乱收费、乱摊派、乱集资的"三乱"现象严重。如应财政部、国家发展改革委促发展要求，辽宁省政府决定自 2009 年起，在全省一次性取消和停止征收 220 项行政事业性收费，由此对中小企业负担之多可略见一斑。中小企业由于其规模小、技术落后、信息不灵、管理水平不高、社会负担较多，加上利润空间本来就小，成本转嫁能力弱，因而多数抗风险能力相对也较弱，其中部分因此经营不下去而关闭、迁移。

（四）面临中小企业发展中自身所带有的"瓶颈"制约

在面临外部市场环境变化、经营成本上升、融资困难等压力的同时，中小企业自身也具有"瓶颈"性的制约因素。主要是公司的财务管理制度普遍不健全，信用法制观念淡薄，缺乏可供抵押的担保，财产抵御风险的能力较差。据调查，目前有合格抵押品的中小企业不足10%。这种情况在异地经营的企业，特别是港澳台企业更为突出。在经营上，以家族化管理模式为主的中小企业，依靠血缘关系维持经营，若没有在市场竞争中完成向现代企业制度的转型，其发展方向和核心竞争力将难以获得提升。统计表明，我国中小民营企业每年设立300多万家，但存活率非常低，不到10%，平均存活率只有2.9年。中小企业存活时间较短，与其自身的素质密不可分。

上述困难和挑战，严重影响和制约了我国中小企业的发展壮大和市场竞争力增强。以某省税务部门组织的收入为例。近几年来，某省税务部门组织的税收收入一直快速增长，2006年、2007年、2008年分别增长37.7%、24.8%、21.2%，形成鲜明对比的是，中小企业的税收增速分别为34.4%、-0.8%、1.2%，而提供的税收收入比重呈下降态势，从2006年的6.9%下降到2008年的4.56%，中小企业对税收收入增量贡献减少。[①]这从一个侧面折射出我国中小企业营利能力和市场竞争力的降低，不得不引起高度重视。

---

① 在税收上，全国没有对应的中小企业税收统计口径。这是根据某省对税源进行分类管理统计整理出来的结果，与2003年国家颁布的《中小企业标准暂行规定》的统计口径不一致。但仍然可以反映我国中小企业营利能力和市场竞争力的降低。

二、中小企业发展中税收政策
支持和管理上的不足

因中小企业在国民经济发展中的重要地位，我国对中小企业的扶持力度一直在强化。2002 年国家正式颁布了《中小企业促进法》，加强对中小企业发展的扶持和引导。随后江苏、浙江、广东等各省市根据各地实际，采取各种举措促进中小企业发展。从中央到地方推动中小企业发展的政策措施看，主要表现在四个方面：一是抓贯彻落实中小企业促进法的制度建设，如江苏 2005 年制定《促进中小企业发展条例》，浙江 2006 年制定《促进中小企业发展条例》，广东 2007 年制定《促进中小企业发展条例》。二是抓省市县三级服务平台建设，如到 2007 年底广东的中小企业服务性机构达 130 家。三是为解决中小企业融资难问题，如中央 2008 年支持信用担保的资金达到 18 亿元，浙江 2009 年财政拨付 6500 万元加大对中小企业担保机构的扶持，将撬动的银行资金将达到 260 亿元，广东全省 133 家担保机构将为中小企业解决 700 亿元的贷款担保问题。四是抓中小企业成长工程，扶持成长性的中小企业做大做强。在税收上，也有一些优惠政策。

但现行税收制度尤其是优惠政策已不能适应中小企业快速发展的要求，存在优惠政策适用范围窄、优惠手段单一、优惠目标不明确等一系列问题，具体表现在：

（一）未建立系统规范的中小企业税收制度体系

与发达国家和地区相对完备的中小企业税收优惠制度体系比较，我国没有一套专门针对中小企业的税收优惠扶持制度体系。现行关于中小企业的税收政策目标不明确，税收扶持政策重点不突出，没有结合政府财力和产业发展政策；在一些方面还造成了产业政策与中小企业发展政策之间的冲突，很难达到较好的扶持效果。税收优惠形式单一，支持力度不够。我国税收优惠的主要形式是减免税和优惠税率，其他形式较少。实行的基本上是直接优惠，间接优惠较少。受现行税收管理权限规定的制约，省级税务部门无权制定专门针对帮助中小企业渡过金融危机的税收优惠政策。根据现行税收管理权限的规定，中央税、共享税以及地方税的立法权都集中在中央，除有关税收法律、行政法规规定下放地方的政策管理权限外，税收政策管理权全部集中在中央，管理无法体现出因地适宜的灵活性。

（二）主要税种的规定不利于中小企业发展

现行增值税税制对增值税两类纳税人的界定标准不合理，一般纳税人的门槛仍然过高，把大量中小企业划为小规模纳税人，在一定程度上限制了中小企业发展。营业税上，多采用5%的基本税率，计税依据多数以全额为依据而不是增值额，在服务业分工越来越细，流转环节越来越多的情况下，重复征税现象相当严重，不利于中小企业的集群化、专业化发展，对大量处于第三产业的中小企业的发展不利。新企业所得税法专门针对符合条件的微利中小型设定的20%的低档税率，与旧企业所得税法的优惠税率比较，略有提高，也加重了中小企业的税收负担。个人所得税免征额太低，80%的受调查企业认为，在现有的物价水平下，个人所得税的扣除标准严重影响了中小企业对人才的吸引。

（三）专门针对中小企业的税务管理存在不足

中小企业税源零星分散、交易频繁、流动性强、开业停业变化快，加上财务管理人员的素质一般不高，依法纳税意识不强，对税法的理解和运用特别是对税收优惠的了解欠缺，使中小企业自身不能很好地利用税收制度已有的优惠政策促进自身发展。一些税务部门特别是经济欠发达地区的税务部门受税收收入的压力影响，对税收优惠政策的落实也不积极。针对中小企业纳税人的税收优惠政策指引，是世界性经济金融危机爆发后才引起各地的关注。如广东省地税部门从现行税收政策中梳理出的促进中小企业发展的 8 条税收政策，山东省地税部门梳理出的 6 条措施，青岛市提出 32 项税收措施等，都在不同的程度从税务管理上加强对中小企业的纳税辅导。但在全国范围内，这些辅导和指引仍存在范围窄、力度小的缺陷。对中小企业的纳税辅导、纳税指引等纳税服务的分类管理还处于起步阶段。

三、发达国家扶持中小企业发展的经验做法

第二次世界大战后，西方工业国家的中小企业取得了较大程度的发展，其根本原因在于中小企业本身的灵活性、多样化和较强的市场适应能力。同时，发达国家政府对中小企业的扶植和指导起到了积极的促进作用。这在日本和美国等表现得尤为突出。发达国家政府从发展经济出发，遵循市场规律，在促进中小企业发展上主要采取了以下措施：

（一）通过加强立法为中小企业发展提供制度保障

美国以 1953 年出台的《联邦政府小企业法》为政策基础，制定了《中小企业投资法》、《中小企业经济政策法》、《小企业技术创新法》、《小企业投资奖励法》、《扩大小企业商品出口法》等法律法规，并特地制订了"小企业创新研究计划"和"小企业技术转让计划"等，将政府对中小企业的扶持措施法律化。日本在 1963 年颁布了《中小企业基本法》，成为中小企业发展的基本法规。1999 年，又对《中小企业基本法》做了重大调整，并以此法案为基础，出台了 30 多部涉及金融、技术创新、税收、公平竞争、行业调整、破产防范的法律、法规，形成了一套比较完善的中小企业政策法律体系。德国、韩国等也都制定了专门的法律扶持作为弱小群体的中小企业群，并把促进中小企业纳入整个国家的经济发展战略框架内。

（二）通过金融制度创新缓解中小企业融资难问题

1. 成立专门的政府职能部门和政策性金融机构

美国政府设有小企业管理局（SBA），专门为小企业提供资金支持、技术援助、紧急救助等全方位、专业化服务。主要通过担保方式支持金融机构向中小企业发放贷款。据统计，SBA直接或间接援助了近2000万家小企业。1991～2000年，SBA帮助43.5万小企业获得了946亿美元贷款。至2003年底由SBA组织的贷款存量约21.9万笔，总额超过450亿美元。日本建立了一套以中央政府为主导、地方政府为基础、民间社团为补充的中小企业行政管理和服务机构。中小企业厅（SMEA）是日本中央政府管理中小企业的最高专门行政机构，其职能之一是帮助中小企业解决资金困难、调查和指导企业经营管理。对中小企业的金融支持是通过专门设立为中小企业服务的中小企业金融公库、国民金融公库和工商组合中央公库等政策性金融机构来实现，专门向缺乏资金但有市场、有前途的中小企业提供低息融资，保证企业的正常运转。

2. 建立健全中小企业信用担保体系

美国小企业管理局对中小企业最主要的资金帮助就是担保贷款。近年来，小企业管理局还制订和实施了"债券担保计划"、"担保开发公司计划"、"微型贷款计划"等多种资金援助计划，使按正常渠道无法获得贷款的小企业得到了资金上的支持。日本建立了地方信用保证防会（全国52个）和中小企业信用保险公库（由政府全额出资），共同为中小企业提供信贷担保服务。在中小企业向金融机构融资时，由地方信用保证防会对其债务进行担保，而信用保证防会承保的债务再由中小企业信用保险公库进行再担保，以增强中小企业从银行获得贷款的能力。为防止信贷紧缩导致中小企业倒闭和结构性倒闭，日本政府还在各都道府县的商工会联合会内增设了"防止企业倒闭特别顾问室"，实施了旨在加强中小企业体制的"经营稳定对策信贷制度"。

3. 直接提供贴息和政策性贷款缓解企业资金压力

一是贴息贷款。德、法等西欧国家多采用这种方式即对中小企业的自由贷款给予高出市场平均利率部分的补贴；对中小企业最难获得的长期贷款给予贴息。二是提供政策性贷款。政府设立长期低息贷款专项基金，或建立专门的金融机构，按一定要求选择中小企业，发放贷款。如德国的"欧洲复兴计划特殊资产基金"，日本的"中小企业金融公库"等。

4. 设立风险基金扶持创新型中小企业发展

那些高风险的处于创业阶段的中小企业更需要资本性的资金投入，即风险投资或创业资本，而非一般性的银行贷款。针对这种情况，国外许多国家设立了风险基金。风险基金是政府或民间创立的为高新技术型中小企业创新活动提供的具有高风险和高回报率专项投资基金。其中欧美等国家多由民间创立，而日本等国主要是政府设立。

5. 允许发行低等级债券在资本市场融资

一般中小企业利用小型私募债融资，其特点是不必在债券市场流通，不需证券公司承销。1987 年前，日本规定每期私募债的最高发行额不得超过公募的最低额，因此，中小企业通常发行的私募债在 10 亿日元以下。美国的债券发行比日本宽松，不仅发行债券种类多，而且对发行债券的总额也没有限制。中小企业能够发行资信评估低等级或无等级的"垃圾债券"。

（三）制定税收优惠政策减轻中小企业税收负担

发达国家企业税收一般占企业增加值的 40% ~ 50%。在实行累进税制的情况下，中小企业的税负相对轻一些，但也占增加值的 30% 左右，负担仍较重。为进一步减轻中小企业税负，各国采取了一系列的措施，主要有：一是降低税率。主要是降低营业税、周转税与增值税等流转税以及企业所得税与利润税等直接税的税率。许多国家对中小企业都实行比普通税率低 5

个百分点左右的优惠税率。二是税收减免。包括全额减免、定额减免和定比减免。在减免的环节上，主要是中小企业的创建初期和产品与服务的出口环节。三是提高税收起征点。这可减少起征点以下的企业的税收。各国提高起征点的税种主要有营业税、所得税等。四是提高固定资产折旧率。这对中小企业有两方面的好处，一是加速技术设备的更新换代，二是降低当期的应税所得额，从而减少税款。

　　各国都制定了程度不同的针对中小企业税收优惠的政策，但相对而言，以德国最为典型。德国 1984 年开始实行对中小企业有利的特别优惠条款，1986 年开始税制改革，目前中小企业税收优惠政策主要有：对大部分中小手工业企业免征营业税；中小企业营业税起征点从 2.5 万马克提高到 3.25 万马克，对统一后的德国东部地区营业税的起征点更是从 15 万马克提高到 100 万马克；提高中小企业设备折旧率，从 10% 提高到 20%；所得税下限降低到 19%；对周转额不超过 2.5 万马克的小企业免征周转税；对大部分中小手工业企业免征营业税；固定资产折旧率从 10% 提高到 20% 等。

　　总之，发达国家高度重视中小企业发展，通过立法、融资支持、税收优惠以及建立社会化服务体系等提供全方位支持中小企业。经过几十年的持续努力，形成了一系列的法律法规、扶持政策等促进措施，使中小企业得到了快速发展，促进了经济发展和社会繁荣，其成功经验值得我们借鉴。

四、扶持和促进中小企业发展的对策

　　当前中小企业发展遇到的困难和挑战主要是由市场环境的大变化引致的。针对国内外市场需求的疲软不足，短期内，中央政府应在保增长的同时，把 4 万亿的投资、十大产业振兴计划等经济发展战略与扶持中小企业发展结合起来，发挥政府投资对民间资本的杠杆作用，防止发生政府投资对民间资本的拉出效应，促进中小企业发展。更主要的是要通过逐渐转变经济发展模式，建立健全城乡全覆盖一体化的社会保障制度，促进二元经济的一元化发展，降低城市化成本以加快推进城市化进程，深化金融领域的改革、制定科学合理的产业政策，以解决中小企业发展的体制性障碍，引导中小企业快速健康发展。

针对我国中小企业发展现状，借鉴发达国家促进中小企业发展的经验做法，提出以下促进我国中小企业大力发展的对策举措：

（一）建立健全促进中小企业健康发展的制度体系

一是要健全完善的中小企业政策法规体系。以《中小企业促进法》为核心展开立法，重点应放在承认、保护、扶持和反垄断上来；同时，要围绕促进中小企业发展的融资、创新、人才培养、信息化等方面的法律法规来展开，并将其迅速落实到位。在现有立法的基础上，应完善中小企业管理机构职能，维护中小企业权益，保护中小企业的发展。二是要健全完善中小企业金融支持体系。首先是在推进存款保险制度建设的基础上发展地方中小银行等中小金融机构；其次是建立支持中小企业发展的政策性金融体系；再次是建立健全有效的中小企业贷款担保体系；最后是发展中小企业投资公司等中小企业股权融资机构，推进风险投资及创业板市场建设，积极鼓励面向中小企业的金融创新等。三是要积极推动产业升级，提高企业竞争力。各级政府部门要进一步解放思想，深入贯彻落实省委省政府关于推进现代服务业发展和"双转移"的战略，通过"腾笼换鸟"和企业转型，大力推动产业升级，努力掌握核心技术，打造广东自有品牌，提高中小企业在国内国际市场上的竞争力和对外部环境变化的适应能力。

（二）扶持和促进中小企业发展的税收对策

在现行体制下，税收法律政策的制定权、调整权高度集中在中央，省以下税务部门是一个征收执行机构。建议中央有关部门针对中小企业普遍反映的税收问题，进一步开展专题调研，优化税收制度，促进我国中小企业大发展。结合税收职能作用和我们的调研情况，借鉴国外和国内先进省市的相关政策经验，提出如下意见和对策：

一是建立健全中小企业税收制度，适当下放税收管理权限，赋予广东省一定的地方税种立法权和管理权。

建议根据《中小企业促进法》的规定，尽快建立与其相配套的针对中小企业的税收优惠政策法规，健全税收制度，提高税收法规的级次，保证税法的稳定性、严肃性和权威性。同时，根据《珠江三角洲地区改革发展规划纲要（2008～2020年）》"科学发展、先行先试"的要求，建议中央政府对广东适当下放税收管理权，考虑将地方税税种（如房地产税、城镇土地使用税）向地方适当分权。中央负责制定这些地方税税种的基本税法，但实施办法、税目税率调整、税收减免等权限赋予地方，便于地方政府根据实际灵活运用税收政策，促进中小企业的更快发展。

二是尽快恢复《关于促进创业投资企业发展有关税收政策的通知》（财税〔2007〕31号）规定的税收优惠政策。

为贯彻国务院《关于印发实施〈国家中长期科学和技术发展规划纲要（2006～2020年）〉若干配套政策的通知》（国发〔2006〕6号）精神，结合《创业投资企业管理暂行办法》（发展改革委等10部门令第39号），为扶持创业投资企业发展，财政部、国家税务总局2007年出台了《关于促进创业投资企业发展有关税收政策的通知》（财税〔2007〕31号），规定对创业投资企业采取股权投资方式投资于未上市中小高新技术企业2年以上（含2年），符合条件的，可按其对中小高新技术企业投资额的70%抵扣该创业投资企业的应纳税所得额。由于2008年新的《企业所得税法》出台以后，财政部、国家税务总局没有明确这份文件的有效性，该项税收优惠政策现在没有继续执行。

这项政策对中小高新技术企业融资十分有利，建议中央尽快明确恢复执行。

三是制定鼓励中小企业投资的税收政策。

中小企业融资渠道少、投资能力弱、缺乏吸引外部投资的能力，是限制中小企业发展的瓶颈。应采取税收政策拓宽中小企业的融资渠道，鼓励中小企业进行投资。建议对地方性非营利性的中小企业信用担保和再担保机构，可以给予一定年限的免征营业税的税收优惠政策；允许科技型中小企业以专利、商标等工业产权作为向担保机构的反担保。担保公司负连带责任担保的高新技术产业项目的担保金，符合财产损失税前扣除条件的，可以申请税前扣除。

四是制定支持中小企业人力资源开发的税收政策。

为了支持中小企业的人力资源开发，更好地发挥"小企业，大就业"的作用，建议提高中小企业对职工教育经费的计提比例，并按实际发生额在计提额内给予税前列支，降低员工培训成本，鼓励企业开展员工培训。可考虑对所有安置失业人员或吸纳社会劳动力达到一定比例和数量并按照《劳动法》的规定给予接纳人员相应待遇的中小企业均可享受一定时期的减免税优惠。在优惠方式上可借鉴英国、法国的经验，中小企业每吸收一名社会剩余劳动力，则可享受一定数额的所得税减免。

五是改革工资薪金个人所得税税前扣除方式。

个人所得税的工资、薪金所得费用扣除标准经过两次调整，使大多数中低收入的工薪阶层直接受益，更多地分享了改革发展的成果。但随着生产生活成本的增加，2000元的扣除标准已不能适应经济社会的快速发展。为使公民的个人所得税负保持合理的水平，建议建立个人所得税税前扣除标准随CPI指数变化作相应调整的浮动扣除机制，可以选择部分地区作为此项改革的试点地区，促进包括中小企业在内的人力资源的开发，提高中小企业的市场适应力和国际竞争力。

（三）　加强对中小企业的纳税辅导优化税务环境

一是优化税收管理服务体系，为中小企业营造良好的纳税环境。优化服务主要体现在执法公平、方便纳税、节约中小企业纳税成本方面。应对中小企业推广"五免服务"，即免费办理税务登记、纳税培训、办税软件提供与维护、税收资料提供、税法咨询服务。在税务部门网站和纳税服务大厅提供针对中小企业的纳税服务指引。二是积极推行税务代理制度，积极开展对中小企业的税务代理业务，尽量减少纳税人因不了解纳税细则而造成的纳税申报中的种种失误，减轻中小企业涉税成本。三是以优化和提升纳税服务为契机，推动政府协调政策性金融机构、公共服务机构、商业性服务机构、工商联服务机构以及信用担保机构的合作，完善信息共享与沟通机制，促进对各机构的服务行为的规范和管理，进一步优化中小企业的社会化服务体系，营造良好的发展环境。

支持中小企业发展税收
政策的国际借鉴研究

河南省国际税收研究会

一、各国支持中小企业税收
优惠政策的主要类型

综观世界各国和地区支持中小企业的税收优惠政策，就优惠方式而言主要有以下几种：

（一）适用低税率

此项优惠措施通常体现在公司所得税上。由于中小企业的利润额与大企业相比相对较小，公司所得税如果采取累进税率，无须采取特殊优惠措施而自然有利于中小企业；但如果公司所得税采用单一比例税率，则不利于经济效益较低的中小企业。为此，在公司所得税采用比例税制的情况下，许多国家采取增设一、二档低税率的方法以降低中小企业的税收负担。例如，法国和韩国的公司所得税均有此类规定。许多国家的优惠税率一般比普通税率低 5 ~ 15 个百分点，因此，此举对中小企业的支持作用是十分明显的。

（二）减税、免税

此项税收优惠主要集中在对企业生存、发展非常重要的创立和技术创新环节。许多国家的公司所得税规定对新建立的中小企业在一定期限内（通常为 1 ~ 3 年）减、免税，有些国家的流转税亦有此类规定。一些国家为贯彻政府的产业政策，引导中小企业进行技术创新，推动中小企业产业升级，还规定对研发新产品、采用新技术、新工艺的中小企业给予减免税优惠。这些税收优惠措施对处于创立、成长期的中小企业加速投资收回、降低投资风险、克服资金短缺困难都是大有裨益的。

（三）税收抵免或退税

主要是在中小企业的再投资环节按照投资额的一定比例实施抵免或退还应纳公司所得税的优惠，但各国的做法及其政策目标存在较大差异。有的国家为鼓励中小企业扩大规模，规定对增资达到一定额度者实施按比例抵免或退还公司所得税的优惠；有的国家则出于促进中小企业技术创新、产业升级的目的，对中小企业的研发费投资给予抵免公司所得税的优惠。

（四）加速折旧

为了使中小企业尽早收回固定资产投资，加速资金周转，一些国家对中小企业规定了比大型企业更短的折旧年限，允许中小企业采用快速折旧法计提固定资产折旧。

（五）设置起征点

起征点的规定从表面看来似乎是一种普遍性的税收优惠措施，而其隐含的政策目标却是减轻甚至免除弱小的纳税人的税收负担。其原因在于大企业的经营规模较大，其课税对象的数额一般都在起征点之上，从而是此项规定通常仅使小企业受益。因此，许多国家通过对流转税和所得税等税种设置起征点来对中小企业的支持和照顾。

（六）简化征纳手续

广义税收负担不仅包括纳税人因缴纳税款而造成的经济负担，还包括纳税人为履行纳税义务而发生的计算应纳税额和办理税务过程中缴纳的各项手续费等费用。很多国家根据大多数中小企业内部管理机构不健全，管理力量薄弱的特点，允许中小企业选择简化的计算缴纳税款，以降低他们缴税成本。

二、各国支持中小企业税收
优惠制度的特点

在促进中小企业的税法制度方面，尽管各国的具体做法各有千秋，但从整体上讲，存在一些共同特征：

（一）税收立法主体明确，效力层次高，各方利益达到均衡

综观各国税收政策，无不是以议会通过的法律或者法案确定对中小企业的征收幅度。中小企业税收优惠政策都是由各国各地区最高的立法机关制定或批准的，因此，其效力高，稳定性强，有利于利益各方在法律公布前充分博弈平衡利益，在执行的时候也能更好地实施。

（二）税收优惠政策内容比较系统，优惠范围相当大

多数国家制定的税收优惠政策，贯穿了中小企业创办、发展、再投资、科技开发、甚至联合改组等各个环节，也涉及流转税、所得税、财产税等多个税种，内容比较系统，涉及范围广泛。

（三）对中小企业的税收针对性强，优惠力度大

各国对中小企业的鼓励措施针对性较强，并不是实行普惠的税收优惠，而是注重对中小企业加以引导，对符合条件的中小企业又给予很大的优惠。鼓励企业将资金投入到技术研究中去，研制开发科技含量高的新产品和新工艺，对信息、生物、通信等高新技术中小企业尤其关注。

（四）税收扶持措施方式多样，以间接措施为主

税收优惠手段灵活多样，多数国家采用定期减免、降低税率、加速折旧、开发费用扣除、投资抵免、亏损抵补等多种税收优惠措施，大力促进中小企业的发展，特别是对新创办的中小企业，对新技术新产品开发企业，税收优惠很多，使不同类型的各种企业都能得到税收政策的支持和鼓励。各国采用的税收扶持措施多样化，发达国家更多的是采用间接措施，因为间接促进措施一般不会对国家财政造成直接影响。

(五) 制定区域性税收优惠政策，注重政策的倾斜

各国针对本国地区间经济发展的不平衡和差异性，有针对性地制定区域税收优惠政策，给予经济基础比较薄弱地区、落后地区和特定地区的中小企业更多的税收优惠和政策倾斜，促进经济社会全面、均衡、可持续发展。

(六) 鼓励技术创新和设备更新

多数发达国家都采取税收优惠措施鼓励中小企业技术创新。有的采取机器设备投资抵免，如美国、日本。有的采取研究开发费用加计抵扣，如法国和美国。有的采取加速折旧，如美国、法国、英国和德国。无论是给予设备投资抵免、研究开发费加计抵扣，还是加速折旧，都相当于给予中小企业一笔无息贷款，为中小企业增加技术投入创造条件。

(七) 重服务轻惩罚，创新税收制度，提高税收征管效率

为促进中小企业发展，大多数发达国家都十分注重纳税程序和税收服务建设。如欧盟多个成员国都减少了中小企业纳税申报材料，减轻中小企业的行政负担，放松对中小企业的管制。

三、各国支持中小企业税收优惠制度的设计思路

(一) 注重中小企业的发展，防止竭泽而渔

从表面上看，对于中小企业的税收优惠是一种税收上的损失。但实际上，各国对于中小企业的这种扶持是"放长线钓大鱼"，培育经济增长的因子，带来更多的就业机会，将更多的财富保留在民间，这正是西方发达国家藏富于民，"大社会、小政府"治理理念的体现。

（二）结合本国实际，根据中小企业的发展情况制定优惠措施

尽管各国对中小企业都实行税收优惠措施，但这些措施并不是千篇一律的。结合本国的实际情况，充分考虑本国中小企业发展的制约因素，提出侧重点有所不同的措施。比如，法国的金融资本发达，但工业资本相对薄弱。为了鼓励向中小企业投资，法国的税收优惠便主要侧重于投资方面。美国一直以科技发达著称，其税收优惠也自然更加注重对科技创新和科研开发的扶持，引导中小企业科技创新。

（三）注重对中小企业发展方向的导向性

发达国家通常对所鼓励的产业和落后地区采取更多的税收优惠措施。例如，美国对技术开发型企业实行减免税，对联邦受援区内的中小企业实行长期投资税减免。

（四）区别对象严格设定优惠的幅度范围

税收优惠政策是以牺牲一部分税收为前提的，但这一优惠应该保持既支持了中小企业的发展，又不会伤及国家和其他类型企业的利益，这就要求必须把握合适的优惠度从而产生最佳效益。日本在调整税率时具体到了小数点后第 3 位，而意大利的税收优惠措施更是根据企业员工数量的多寡按照不同税率进行征收。

四、我国促进中小企业发展的现行税收政策分析

（一）我国中小企业面临的主要税种

1. 增值税

如果企业规模较小，未被认定为一般纳税人，则按征收率缴纳增值税。新《增值税暂行条例》规定，2009 年 1 月 1 日起，不分商业与工业，小规模纳税人征收率为 3％。较之现行的工业

企业 6% 的征收率、商业企业 4% 的征收率，税负明显下降。

2. 营业税

国家对中小企业没有直接的税收优惠，但有的政策方便了中小企业融资。财政部、国家税务总局《关于非金融机构统借统还业务征收营业税问题的通知》规定，对企业主管部门或企业集团中的核心企业等单位（以下简称统借方）向金融机构借款后，将所借资金分拨给下属单位（包括独立核算单位和非独立核算单位），并按支付给金融机构的借款利率水平向下属单位收取用于归还金融机构的利息不征收营业税。另外，国务院办公厅《转发国家经贸委〈关于鼓励和促进中小企业发展若干政策意见〉的通知》和国家税务总局《关于中小企业信用担保、再担保机构免征营业税的通知》规定，对纳入全国试点范围的非营利性中小企业信用担保、再担保机构，可由地方政府确定，对其从事担保业务收入，3 年内免征营业税。同时，国家发展改革委、国家税务总局也发出了《关于继续做好中小企业信用担保机构免征营业税有关问题的通知》。

3. 所得税

根据《企业所得税法》及其实施条例，小型微利企业适用优惠税率 20%。但前提是从事国家非限制和禁止行业，并符合相关条件。

（二）我国中小企业税收优惠政策

1. 鼓励为安置就业创办企业

对符合条件的商贸企业、服务型企业等，在新增加的岗位中，当年新招用持《再就业优惠证》人员，与其签订 1 年以上期限劳动合同并依法缴纳社会保险费的，按实际招用人数予以定额依次扣减营业税、城市维护建设税、教育费附加和企业所得税优惠。

为安置自主择业的军队转业干部就业而新开办的企业，凡安置自主择业的军队转业干部占企业总人数 60%（含）以上的，经主管税务机关批准，自领取税务登记证之日起，3 年内免征营业税和企业所得税。

对为安置自谋职业的城镇退役士兵就业而新办的服务型企业（除广告业、桑拿、按摩、网吧、氧吧外）当年新安置自谋职业的城镇退役士兵达到职工总数 30% 以上，并与其签订 1 年以上期限劳动合同的，经批准 3 年内免征营业税及其附征的城市维护建设税、教育费附加以及企业所得税。

对为安置随军家属就业而新开办的企业，安置随军家属占企业总人数的 60%（含）以上的，自领取税务登记证之日起，3 年内免征营业税、企业所得税。

对安置残疾人的单位，按单位实际安置残疾人的人数，给予限额每人每年 3.5 万元即征即退增值税或减征营业税的照顾。单位支付给残疾人的实际工资可在企业所得税前据实扣除，并可按支付给残疾人实际工资的 100% 加计扣除。

2. 支持中小企业筹资融资

支持建立完善中小企业信用担保体系。对为中小企业筹融资而建立的纳入全国试点范围的非营利性中小企业信用担保、再担保机构，可由地方政府确定，对其从事担保业务收入，3 年内免征营业税。

支持风险投资机构增加对中小企业的投资。对设立的风险投资企业，采取股权投资方式投资于未上市中小高新技术企业 2 年以上（含 2 年）的，可按其对中小高新技术企业投资额的 70% 抵扣其应纳税所得额。符合抵扣条件并在当年不足抵扣的，可在以后纳税年度逐年延续抵扣。

鼓励社会资金捐赠中小企业技术创新基金。对企事业单位、社会团体和个人等社会力量通过公益性的社会团体和国家机关向科技部科技型中小企业技术创新基金管理中心用于科技型中小企业技术创新基金的捐赠，企业在年度企业所得税应纳税所得额 3% 以内（从 2008 年 1 月 1 日起为在年度利润总额 12% 以内）的部分，个人在申报个人所得税应纳税所得额 30% 以内的部分，准予在计算缴纳所得税税前扣除。

3. 鼓励中小企业技术创新

鼓励中小企业技术创新。经国家有关部门认定为高新技术企业的中小企业，可以享受高新技术企业税收优惠政策，减按 15% 的税率征收企业所得税。

扶持科技孵化器的发展。国家及省认定的科技企业孵化器（高新技术创业服务中心）、国家大学科技园等，在税法规定的期限内，暂免征营业税、所得税、房产税和城镇土地使用税。

鼓励中小企业技术开发。单位和个人从事技术开发业务和与之相关的技术咨询、技术服务业务取得的收入，免征营业税。对财务核算制度健全、实行查账征税的企业，其研究开发新产品、新技术、新工艺实际发生的技术开发费，在按规定实行 100% 扣除基础上，允许再按当年实际发生额的 50% 在企业所得税税前加计扣除。

例如：某企业 2008 年度实现收入 100 万元，允许税前列支的成本费用 50 万元，其中技术开发研究费用 20 万元，该企业对当年实际发生的研究费用，在据实扣除的基础上，可以加计 10 万元在企业所得税税前扣除。由于享受了优惠政策，该企业 2008 年度可以少缴企业所得税税款 2.5 万元。

鼓励中小企业技术转让。对单位和个人从事技术转让和与之相关的技术咨询、技术服务的收入，免征营业税。企业事业单位进行技术转让，以及在技术转让过程中发生的与技术转让有关技术咨询、技术服务、技术培训的所得，年净收入在 30 万元以下的，暂免征收所得税。

对中小企业当年提取并实际使用的职工教育经费，在不超过计税工资总额 2.5% 以内的部分，可在企业所得税前扣除超过部分，准予在以后纳税年度结转扣除。

4. 鼓励中小企业进行市场开拓

鼓励中小企业搬迁发展。对企业取得的政策性搬迁收入，如用于购置或建造与搬迁前相同或类似性质、用途的固定资产和土地，以及进行技术改造或安置职工的，准予搬迁企业的搬迁收入扣除重置固定资产、技术改造和安置职工费用，其余额计入企业应纳税所得额。

鼓励中小企业节能节水。从 2008 年 1 月 1 日起，企业购置用于环境保护、节能节水、安全生产等专用设备的投资额，可以按一定比例实行税额抵免。

鼓励符合条件的中小企业到境外投资创业。对中小企业取得的来源于中国境外的所得，已在境外缴纳的所得税税款，准予在汇总纳税时，从其应纳税额中扣除，但是扣除额不得超过其境外所得依照税法规定计算的应纳税额。

落实对中小企业所得税优惠税率。从 2008 年 1 月 1 日起，对符合条件的小型微利企业，减按 20% 的税率征收企业所得税。

5. 乡镇企业政策

乡镇企业所得税可按应缴税款减征 10%，用于补助社会性开支，不再税前提取 10%。

6. 支持贫困地区发展政策

在国家确定的革命老根据地、少数民族地区、边远地区、贫困地区新办企业，经主管税务机关批准后可减征或免征所得税 3 年。民族自治地方企业，需照顾鼓励的，经省政府批准，可定期减征或免征所得税 3 年。

7. 支持和鼓励第三产业政策

（1）对农村的农业生产服务的行业，即乡村的农技推广站、植保站、水管站、林业站、畜牧兽医站、水产站、种子站、农机站、气象站以及农民专业技术协会、运输业合作社对其提供的技术服务或劳务所获得的收入，以及城镇其他各类事业单位开展上述技术服务或劳务所取得的收入免征所得税。（2）对科研单位和大专院校技术成果转让、技术培训、技术咨询、技术服务、技术承包所取得的技术性服务收入免征所得税。（3）新办独立核算的从事咨询业、信息业、技术服务业的企业或单位，自开业之日起，第 1 年至第 2 年免征所得税。（4）新办独立核算的交通运输、邮电通讯企业或单位，自开业之日起，第 1 年免征所得税，第 2 年减半征收所得税。（5）新办独立核算的公用事业、商业、物资、外贸、旅游、仓储、居民服务、饮食、文教卫生企业或单位，自开业之日起，报经主管税务机关批准，可减征或免征所得税 1 年。

8. 福利企业政策

民政部门举办的福利生产企业可减征或免征所得税；安置"四残"（盲、聋、哑和肢体残疾）人员占生产人员总数 35% 以上免征所得税；安置"四残"人员占生产人员总数超过 10% 不足 35% 的，减半征收所得税。

五、我国现行中小企业税收政策存在的问题

（一）政策目标起点不高，支持力度不足

首先，政策目标不明确，针对性不强。现行的税收政策更多的是被当作一种社会政策工具、解决社会问题的手段，侧重于减轻中小企业的税收负担，却忽视了中小企业核心竞争力的培育，政策的制定既没有考虑中小企业自身的特殊性，也没有考虑中小企业发展所面临的问题。而企业核心竞争力的提高正是中小企业发展所面临的问题。而企业核心竞争力的提高正是中小企业生存与发展的首要问题，应该是政策扶持的重点，而现行的税收优惠政策在这方面的支持力度明显不够。

（二）优惠政策缺乏系统性和规范性

现行对中小企业的税收优惠政策分散于各个税种的单行法、实施细则中，而且多以补充规定或通知的形式发布，优惠内容多，补充规定零散，而且政策调整过于频繁，虽然这种做法较

好地体现了税收政策的灵活性，但却缺乏系统性、规范性和稳定性，缺乏有效的法律保证，透明度低，不利于实际操作，影响到中小企业长期发展战略的制定，也使得政策措施缺乏有效的法律保障，不利于实现公平税负和平等竞争。

（三）税收优惠政策方式单一、范围窄

现行对中小企业的税收优惠政策局限于税率优惠和减免税等直接优惠方式，而像国际上通行的加速折旧、投资抵免、延期纳税、专项费用扣除等间接优惠方式运用较少。这样，不能真正体现公平税负、平等竞争的原则，不利于鼓励中小企业对于投资规模大、经营周期长、见效慢的基础性投资。此外，对中小企业缺乏降低投资风险、筹集资金、缓解就业压力、引导人才流向、鼓励技术创新、提高核心竞争力等方面的税收优惠政策。并且税收优惠主要集中在企业开办之时。

（四）税收优惠政策设计不合理

现行对中小企业的税收优惠政策设计不合理，没有真正起到鼓励和支持中小企业发展的作用，效果不明显。同时，适用优惠税率的应纳税所得额标准则定得太高，使得不少应予扶植的中小企业得不到扶持照顾，从而在一定程度上限制了中小企业增加投资、扩大规模，影响了中小企业的发展。

（五）税收优惠政策导向不明，不利于产业结构调整和优化

税收优惠政策应按照国家产业政策要求对宏观经济进行调控，要体现鼓励、允许和限制精神，引导中小企业的资金、资源流向国家急需发展的产业，而现行优惠政策未能充分体现导向性原则。

（六）税收优惠政策对中小企业存在歧视和限制

现行增值税税制对中小企业存在歧视和限制。现行增值税税制把纳税人分为一般纳税人和小规模纳税人两类，凡达不到销售额标准的纳税人，一般不得认定为一般纳税人，都划为小规模纳税人征税。小规模纳税人的征税规定是：进项税额不允

许抵扣，也不得使用增值税专用发票；经营上必须开具专用发票的，要到税务机关申请代开，而且只能按"征收率"填开应纳税额。这不但加重了小规模纳税人的税收负担，而且购货方因不能足额抵扣进项税额不愿购买小规模纳税人的货物，使占总纳税户80%甚至90%以上的小规模纳税人在激烈的市场竞争中处于不利的地位，阻断了一般纳税人与小规模纳税人之间的正常经济交往，严重地影响到中小企业的正常生产经营。

六、促进我国中小企业发展的税收政策建议

（一）支持中小企业发展的税收支持取向选择

根据我国经济发展的实际情况，在运用税收政策手段支持中小企业发展时，应重点考虑以下几个方面：

1. 运用税收政策支持中小企业发展，要坚持税制统一，税负公平的原则。根据《中华人民共和国中小企业促进法》，对现行的中小企业的税收优惠政策进行清理、规范和完善，按照效率优先、兼顾公平，平等竞争、税负从轻、便于征管的原则，并以正式法规的形式予以颁布，以增强税收政策的规范性、稳定性和透明度，使中小企业税收优惠政策具有有效的法律保证，以此积极营造有利于中小企业生存和发展的税收环境，引导中小企业经营行为，提高中小企业自身素质和竞争能力。

2. 运用税收政策支持中小企业发展，不能夸大税收在促进中小企业发展中的作用，不能片面强调税收手段的运用，税收手段也有其局限性。要科学选择税收手段的作用方式、方法和作用范围；注重发挥加速折旧、税收投资抵免、风险投资扶持、费用扣除等间接税收优惠政策的作用；注重系统的观点，与其他政策手段，如财政支出、投资政策、金融政策、产业政策等的配合运用。

3. 支持中小企业发展的税收优惠政策，要充分考虑到中小

企业和经济、社会发展的现状和特点，具有明确的针对性和有效性。当前及今后一个很长的时期，支持中小企业发展的税收优惠政策的方向和重点应当明确为：

（1）支持发展科技型中小企业。要把鼓励企业技术创新、支持科技型中小企业发展作为一个明确的政策目标，通过培育企业技术创新机制和必要的政策支持，引导中小企业大力推进技术进步，不断提高企业的技术素质和产品竞争力，加快科技成果迅速转化为现实的生产力。

（2）支持发展特色型中小企业。要把特色资源优势的开发、利用与促进工业生产的专业化、加快培育优势特色型中小工业企业的发展结合起来。

（3）鼓励发展服务型中小企业。要把发展信息服务业、商贸流通、交通运输、市政服务和会计、咨询、法律等现代服务业以及旅游业、社区服务业，作为中小企业着力发展的重点产业，引导中小企业向生产生活服务型领域拓宽。

（4）积极推动发展外向型中小企业。要把积极推动外向型中小企业的发展作为一个重要战略举措，鼓励和引导企业主动出击，参与国际竞争，使中小企业在国际市场的地位得到进一步巩固，让中小企业在"走出去"战略中发挥其应有的作用。

4. 支持中小企业发展的税收政策应与产业政策结合起来。在制定支持中小企业发展的税收政策时，应适应市场需求结构的变动，推动传统产业的调整和升级，发展高新技术，加快产品更新换代，实现经济结构的优化升级。

5. 支持中小企业发展的税收政策应与就业政策紧密结合起来。当前我国就业压力仍然很大，促进就业，特别是国有企业下岗失业人员再就业是社会稳定的关键因素。因此，制定支持中小企业发展的税收政策，应充分考虑我国的这一特殊国情，这对促进经济发展，实现充分就业，支持鼓励下岗失业人员再就业，维护社会稳定具有深远意义。

6. 支持中小企业发展的税收政策应与振兴东北、西部大开发、中部崛起战略的实施结合起来。针对东西部中小企业发展存在的客观差距，应结合国家实施振兴东北、西部大开发、中部崛起战略，加大对东北、中西部中小企业的税收扶持力度，促进东北、中西部地区等欠发达地区中小企业的发展。

（二）建立促进中小企业发展的税收政策体系

1. 我国对中小企业的现行税收优惠政策的优惠方式比较单一，主要采用减免税方式，而此种方式的过度运用导致税收收入大量减少，使财政紧张的状况进一步加剧。建议借鉴国外的经验，采用灵活多样的税收优惠方式支持中小企业发展。特别应当注重采用加速折旧、延期纳税、投资抵免等税收优惠方式。这些税收优惠方式实质只是将资金的时间价值让渡给了企业，既不会造成过大的财政压力，又能够"四两拨千斤"，使企业加快固定资产投资，缓解资金短缺，从而可以获得政府与企业"双赢"的效果，非常适合于像我国这样的发展中国家运用。

2. 我国对中小企业的现行税收优惠政策在覆盖范围上主要局限于企业的初始创建环节，而缺少针对中小企业特点对其在产品和技术研发、设备更新、增资、再投资以及改制等企业发展关键环节的政策扶持。建议应针对这些环节加大税收政策支持力度。具体设想是：

（1）对中小企业为研发新产品、新技术而添置或更新的设备，可按其投资额的一定比例抵免企业所得税，或允许其对所购置的设备实行加速折旧，以支持中小企业技术创新、产业升级。

（2）对中小企业的股东将在企业获取的利润再投资于该企业，可按照一定的比例退还该利润额已经缴纳的所得税部分。

（3）对中小企业改制、重组、上市等给予一定的政策支持，以扶持中小企业发展。

3. 我国对中小企业的现行税收优惠政策目前涉及税种太少，且主要集中在企业所得税一个税种，限制了税收对中小企业的调控和支持力度。建议应注重发挥不同税种对中小企业的调节作用。特别是对中西部地区和东北老工业基地，应下放给其地方政府更多的税收管理权限，使他们能够因地制宜、因时制宜地通过多税种的税收优惠政策对中小企业加以扶持，以便促进这些地区中小企业更快发展，振兴地方经济，尽快改变这些地区的经济落后面貌，促进我国不同区域间平衡发展。

4. 我国对中小企业的现行税收优惠政策忽略了与其他政策手段的配合，从而难以构建起完整的中小企业政策支持体系。鉴于此，今后应注重税收优惠与其他政策的配合，具体建议是：

（1）配合政府加强对中小企业投资方向的引导。对于高污染、高能耗、与国家产业政策相悖或布局缺乏合理性，且经济效益十分低下的企业，应采取有效措施加以限制，绝不能盲目地通过税收优惠手段加以扶持。而对那些符合国家产业政策、布局合理、具有良好发展前景，如从事环境保护产业、高新技术产业的企业和安排城镇下岗职工及吸纳农村剩余劳动力就业的企业，可考虑给予税收优惠。因此税收对中小企业的支持应采取"特惠制"，而非"普惠制"。

（2）配合政府对中小企业的金融支持，通过对向中小企业资金支持的金融机构的税收优惠，以解决中小企业面临的融资困难问题。要与政府的相关的金融政策和措施相配合，对向中小企业提供优惠贷款的银行和其他金融机构在营业税、企业所得税和印花税等税种上给予一定的税收优惠。

（3）通过对为中小企业提供服务的中介机构的税收优惠，促进中小企业社会化服务体系的建立与发展。由政府组建或资助民间建立为中小企业提供服务的中介机构是发达国家通行的做法。我国从20世纪90年代出现了为中小企业提供信用担保服务的机构。据统计，目前全国已有近万家为中小企业提供信用担保服务的机构，但是这些担保机构普遍存在着规模小、资金薄弱、担保实力不足问题，远不能满足广大中小企业的需要，其自身的经济效益也不够理想。为促进它们发展壮大，政府应运用包括税收在内的政策工具给予支持和扶助。

（4）我国的《中小企业促进法》规定国家设立中小企业发展基金。并规定该项基金的来源除由中央财政预算安排的扶持中小企业发展专项资金外，还包括基金收入和捐赠等。为配合这一举措，建议对中小企业发展基金的运营收益应予以免税；对企业和个人向中小企业发展基金提供的捐赠应允许按照一定标准在其所得税前扣除，以促进我国中小企业发展基金制度的建立与完善。

支持中小企业自主创新税收
政策的国际借鉴研究

在肇始于美国次贷危机的国际金融危机席卷下，我国的出口拉动型经济受到严峻挑战，截至 2009 年 4 月，我国出口已经连续 6 个月下降，1~4 月出口下降达 20.5%，[①] 扩大内需成为促进我国经济平稳发展的理性选择。我国中小企业 4000 多万，占我国企业数量的 99%，提供了城镇就业人口 75% 以上的就业机会，并吸纳了 75% 以上农村剩余劳动力，是我国市场经济的重要主体，[②] 已经成为拉动国民经济发展、解决就业问题的重要部门。在金融危机影响下，大量中小企业生产经营出现困难，甚至停业倒闭，当前扩大内需，首要就是要保证中小企业的生存和发展。"技术能引进，创新不能引进"，扶持中小企业发展，增强其经营能力和适应力的关键在于支持中小企业提高自主创新的能力。本文试借鉴国际有益做法，从税收政策角度探讨支持我国中小企业自主创新的路径。

---

① 朱青. 我国应对国际金融危机的财税政策研究. 中国人民大学财政金融学院.

② 加大中小企业扶持力度呼声强代表委员建言献策聚焦融资难. 工人日报，2009 - 03 - 04.

一、税收支持中小企业自主创新
的理论基础及现状分析

（一）税收支持中小企业自主创新的理论基础

1. 自主创新的外部性

创新作为一种公共产品，具有明显的公共性和外部性，研发创新的开发、投入成本很高，但相对复制成本和使用成本较低，"搭便车"现象较为突出。企业自主创新的成果，很容易被其他企业所复制使用，产生溢出效应（Spill Over Effect），创新企业的私人收益小于其社会收益，从而降低了竞争性市场结构对自主创新的激励作用，严重影响创新者的自主创新动力和能力。

2. 自主创新的不确定性

自主创新本身过程和结果的风险、不确定性，一般来说，创新的程度越高，不确定性就越高。此外创新还反映在未来市场和竞争的不确定性，直接关系着创新成果向现实生产力的转化。自主创新活动的风险性和不确定性，很大程度上限制了创新主体的创新能力。

3. 自主创新的社会性

自主创新具有社会性、关联性，其研发需要创新主体与整个社会的配套，创新成果也不仅仅体现为创新主体的个体利益，甚至关系到整个社会的生产力水平。技术创新的特点，使其不能仅仅依靠市场调节，"市场失灵"领域需要政府的介入。税收政策则是各国通用的促进自主创新的重要手段。

（二）中小企业自主创新对税收政策扶持的客观需求

一方面，中小企业建成资金少、建成周期短、决策机制灵活、管理成本低、信息传递快，在创新方面具有动力大、成本低、时间短、效率高、转化快等优势，从而成为技术创新的主体。另一方面，中小企业因为规模小、资金少、经营风险高，业绩不稳定，融资难，金融安全性低等劣势，自主创新能力被很大程度上削弱，更需要政府通过宏观调控手段对其自主创新进行支持和激励，优化市场资源配置，扶持中小企业发展壮大。

税收政策作为国家宏观调控的重要手段，对中小企业的自主创新能力的培养具有直接作用。国家对科技、产业、区域政策的选择并配套形成相应的税收政策，反映了政策的导向性作用，既涉及企业改制、产业结构升级的宏观层面，又直接影响企业的成本与收益，关系到企业营销、管理、财务等微观层面，同时与企业抵御技术创新风险的能力的培养也直接挂钩。而中小企业由于其规模小、结构单一等特点，使其受税收政策的影响更加迅速、直接、明显，完善扶持中小企业自主创新的配套税收政策具有现实紧迫性。

（三）我国支持中小企业自主创新税收政策现状

我国一直以来国家宏观政策上都注意侧重中小企业的发展，2003年1月1日正式实施《中小企业促进法》，2月颁布《中小企业标准暂行规定》，2004年颁布了《小企业会计制度》。2006年2月14日，国务院发布了《关于实施〈国家中长期科学和技术发展规划纲要（2006~2020年）〉若干配套政策的通知》。此外我国出台了一系列税收优惠政策，虽然不是专门为中小企业制定的，但从受益主体看，相当一部分涉及中小企业，反映了政府对中小企业的直接支持，但这对于当代综合各种财税手段扶持中小企业的发展的要求来说，存在一定不足和滞后，缺乏针对性和系统性，集中反映在企业所得税法规定，很大程度依赖于高新技术企业自主创新的优惠政策。目前各省市地方发布的落实税收优惠政策扶持中小企业发展的文件也大多仅是现有其他税收政策汇编，并没有针对中小企业自主创新的专项税收优惠政策，与当前发展形势要求存在差距。我国可以参考借鉴国际成熟做法，完善支持中小企业自主创新的配套税收政策。

二、中小企业自主创新税收政策的国际借鉴

国际上各国在扶持中小企业进行自主创新的税收政策上综合运用直接优惠与间接优惠，存在共通之处，同时立足各国国情采取了特色的各异做法，本文仅选取具有对中国中小企业创新发展具有特殊借鉴意义的几个国家政策予以介绍分析，并在第三部分对我国现行中小企业自主创新税收政策的建议部分予以重点论述。

（一）美国[①]

美国在扶持中小企业自主创新的税收制度上，制定了专门针对小型企业的税收政策，其在投资抵免，亏损结转，研发费用的扣除，对基础科研的支持上等方面都有较为成熟的税收政策规定，具有现实借鉴意义。

1. 建立小企业管理局提供财政专项资助和政策性优惠贷款。对中小企业允许其对纳税方式上具有选择权，如果一个企业符合美国税法中有关中小企业的规定，便可以从下面两种纳税方式中任选一种：（1）一般的公司所得税，税率为5%~46%的超额累进税率。（2）合伙企业的纳税方式，合伙企业的所得不用缴纳公司所得税，而是根据股东应得的份额并入股东的个人所得之中，缴纳个人所得税。

2. 制定专门针对小型企业的税收政策。对创新性小型企业将其资本收益税率减半按14%征收；对年收入不足500万美元的小型企业实行长期投资减免税；对小型企业投入的股本（符合一定条件）所获资本收益实行至少5年的5%税收豁免。同时

---

① 曾庆宾，刘明勋. 借鉴发达国家经验完善我国中小企业税收政策. 税务研究，2005（6）.

鼓励中小企业加大科研力度的政策，研究开发费用如果在课税年度超过过去 3 年的平均发生额，其超过部分的 25% 给予免税，其在从事基础研究时，把各税收年度的研究开发费的 65% 作为非课税对象。

3. 减轻对企业投资的税收。（1）投资抵免：凡购买新的设备，若法定使用年限在 5 年以上的，其购入价格的 10% 可直接抵扣当年的应付税款；若法定使用年限为 3 年者，抵免额为购入价格的 6%；小型企业的应纳税款如果少于 2500 美元，这部分应纳税款可百分之百用于投资抵免。（2）亏损结转：中小企业的股东从公司得到的损失可以用来对抵从别的来源所得到的收入，如从别的公司得到的工资收入。对中小企业的股东从公司分摊的损失，扣除数额不能超过股东的基值，超过部分要结转到以后年份，结转的期限没有限制。对损失数额超过股东基值的部分，按比例从股东其他收入项目中进行损失扣除。

（二）法国[①]

法国是实行中小企业税收优惠政策较为全面和完善的国家之一。其对中小企业从创办到发展、再投资、转型各个环节都有系统的政策规定，同时对中小企业实行增值税免税或减税待遇，简化其纳税手续，"年交易额在 50 万法郎至 300 万法郎之间的实行据实征收，年交易额在 50 万法郎以下的实行核定征收"[②]，充分考虑了中小企业自身发展的特点和需求，对我国建立支持中小企业自主创新发展税收制度的整体框架提供了参考。

1. 鼓励创办中小企业方面：中小企业在创办当年及随后 4 年；可从其应纳税所得额中扣除占其 50% 的费用或者可在创办当年及随后 2 年，对再用于经营的利润全部或部分免税。

---

① 财政部税收制度国家比较课题组. 法国税制. 中国财政经济出版社，2002.
② 曾庆宾，刘明勋. 借鉴发达国家经验完善我国中小企业税收政策. 税务研究，2005（6）.

2. 有利于中小企业转型方面：从 1997 年起对中小企业转为公司时所确认的资产增值暂缓征税，并允许原有企业的亏损结转到新公司。

3. 鼓励再投资方面：中小企业如用一部分所得作为资本再投资，该部分所得将按降低的税率（19%）征收公司所得税。

4. 鼓励发明创新方面：中小企业以专利、可获专利的发明或工业生产方法等无形资产投资所获利润增值部分可以推迟 5 年纳税。

（三）英国[①]

英国专门对那些利润较少的小公司实行一种救济制度，降低其公司税税率。以 1997 ~ 1998 年为例，应税利润低于 30 万英镑的公司称为小公司，高于 150 万英镑的公司称为一般公司。一般公司的公司税率是 31%，小公司减按 21% 的低税率。

（四）日本[②]

日本对中小企业引进技术设备给予特别折旧，鼓励技术投资采取直接税额扣除，同时建立的各种准备金制度相对完善，对我国税收优惠方式的选择上具有借鉴意义。

1. 鼓励中小企业引进技术设备、加大投资：对中小企业购入或租赁的提高技术能力的机器设备，或是给予相当于购置价 30% 的首次特别折旧，或是免缴相当于购置价 7% 的法人税；促进中小企业新技术的投资，给予相当于购置价 7% 的法人税特别税额扣除，此外还有强化中小企业技术基础的法人税税额扣除；同时对中小企业试验研究费减收 6% 的法人税。

2. 准备金制度：日本建立了多种特定准备金，针对中小企业设立了中小企业改善结构准备金。对于提取的准备金款项，不计入当年的应税所得，年度终了使用有结余时交回再提。

① 财政部税收制度国家比较课题组. 英国税制. 中国财政经济出版社, 2000.
② 财政部税收制度国家比较课题组. 日本税制. 中国财政经济出版社, 2000.

（五）巴西

建立微小企业单一税制。巴西从1997年起就建立微小企业单一税制，将微小企业原来要缴纳的五种联邦税费、两种地方税统一合并为一个税目，使其税收负担平均减轻50%，平均税负大约相当于企业产值的5%~6%。

三、鼓励我国中小企业自主创新税收政策思考与建议

（一）税收优惠对象的认定和选择方面

根据税收公平原则，横向公平要求税收制度不得对中小企业歧视，对不同规模、不同企业类型制定相同的税收政策；纵向公平要求根据量能负担的原则，针对中小企业的税负能力不同设置税收政策。这就要求既给予中小企业相对公平的税收环境，同时有针对性的对中小企业实行税收优惠，激励中小企业自主创新，提高竞争能力。[①]

1. 制定专门针对中小企业的税收政策。目前我国缺乏专门针对中小企业的税收政策，地方制定的落实中小企业税收优惠政策的办法，大多是现有税收政策的罗列和集合，且多以补充规定或通知的形式出现，虽具有灵活性和适应性，缺乏系统性和规范性，缺乏有效的法律保证，不能更好地贯彻税收纵向公平。我国在考量针对中小企业发展应设计相应的税收制度可以借鉴法国的做法，考虑环节和阶段性，建立涵盖中小企业从创建到发展直至转型或转让环节的系统体系。

2. 明确中小企业自主创新的认定标准。目前我国的中小企业的认定标准是依据2003年颁布的《中小企业标准暂行规定》，立足2003年全国第三产业普查结果，反映了当时中国的经济特

① 游振宇. 税收政策对促进中小企业发展的经济学分析.

点，但就当今的经济形势，特别是对次贷危机影响下的中小企业的特点存在差距，应结合经济形势的发展和新旧产业的更迭，适时调整标准。此外对自主创新的标准设定应按照实质重于形式的原则，参考高新技术企业的认定标准，对高新技术开发区、大学科技园、软件园、留学生创业园、孵化基地等区域标准予以保留，但不能局限于特定区域的认定，更应考虑企业规模、行业、技术本身的特点等，避免形式主义的泛滥。

3. 建立地方税收优惠的区域性政策。美国南部、西部和山地各州等经济欠发达地区实行税收倾斜政策，其税率明显低于东北部和五大湖地区，鼓励资本流向欠发达地区流动。英国政府对前往自然条件比较差、经济基础相对薄弱的苏格兰、威尔士和北爱尔兰等地区投资的中小企业，可享受政府提供的赠款或地区发展补贴、免税3年、产品进出口不受政策限制等优惠政策。德国联邦政府规定在经济落后地区新建中小企业，可以5年免缴营业税；消耗的动产投资，免征50%所得税，对中小企业使用内部留存资金进行投资的部分免征财产税。我国可以借鉴国际做法，立足于促进地区经济均衡发展，加大对经济欠发达的中西部地区中小企业发展的扶持力度，适当放宽针对中小企业的优惠政策的地方税收立法权，通过财政、税收等手段加大对其优惠扶持力度，吸引民间资本、外国资本的流向，以投资拉动内需，促进资源向经济落后地区流动，有利于地区经济均衡发展。

4. 体现产业结构升级调整的倾斜。对税收优惠扶持对象的选择应与国家产业政策、宏观经济政策一致，建议扶持的中小企业重点应包括科技型、就业型、资源综合利用型、农副产品加工型、出口创汇型、社区服务型等，依靠技术创新，优化中小企业的生产、经营和管理结构，以技术创新促进新兴产业的发展同时推动传统产业的改造和升级，加快技术创新成果向现实生产力的转化，切实拉动内需，促进就业，刺激消费，推动经济发展。

（二）税收优惠方式方面

中小企业开展自主创新，主要依靠资金和人才，为保证中小企业获得充足的创新资金和激励科研人员创新动力，我们应综合运用税基减免、税额减免与优惠税率三种方式，围绕资金扶持和人才扶持两个方面推进。我国目前关于中小企业的税收优惠大多集中于增值税和所得税，主要采取降低税率和减免税两种直接优惠方式，间接优惠方式运用较少，对中小企业创新、投资、转型的扶持力度不大，不利于提高税收优惠的效益。

1. 降低税率和税收减免。这是我国目前采取较多的两种直接优惠方式，其优点是见效快、透明度高，直接降低中小企业税后生产成本，使其直接受益，缺点是间接优惠方式的空间较小，不利于鼓励中小企业自主创新的长远发展。我国的优惠方式应该由直接减免为主转向直接减免和间接减免的综合运用，更多地采用税基式减免。

2. R&D 费用扣除。① 新企业所得税法第三十条明确规定，企业开发新技术、新产品、新工艺发生的研究开发费用可以在计算应纳税所得额时加计扣除。我们应该借鉴国际通行做法，引进 R&D 费用扣除标准，不仅仅局限于所得税领域，加大科研奖励基金、技术性无形资产摊销、投资抵免、费用扣除等税基式减免的力度。对自主创新的优惠不仅关注创新的应用研究上，更要扩展到基础性研究领域，可以参考美国对从事基础研究研发费的 65% 作为非课税对象，明确并提高 R&D 费用扣除标准，将降低中小企业的自主创新风险前移，同时，税收优惠的重点应将对技术开发创新的引入期转向成长期，鼓励创新成果的自

---

① R&D（Research and Development），即研究与试验发展，指在科学技术领域，为增加知识总量以及运用这些知识的系统的创造性的活动，包括基础研究、应用研究、试验发展三类活动。国际上通常采用 R&D 活动的规模和强度指标反映一国的科技实力和核心竞争力。

主研发和向现实生产力转化的能力。

3. 加速计提折旧。允许企业加速研究开发仪器设备的折旧，如对厂房、设备等采取加速折旧方法，并缩短折旧年限等，对购买先进科学研究仪器和设备给予必要税收扶持政策，鼓励企业在引进技术的基础上，进行吸收、转化和创新。在法国，用于研究开发活动的新设备、新工具，可实行加速折旧，实行加速折旧的固定资产，按正常使用年限（2～10年）提取折旧，折旧年限也可作上下20%幅度调整；在澳大利亚，供研究开发活动专用的设备支出，若其年支出总额超过2万澳元，则可以每年按125%的1/3分3年扣除，没有超过2万澳元的，在3年内100%摊销。我国新企业所得税法第三十二条明确规定，企业的固定资产由于技术进步等原因，确需加速折旧的，可以缩短折旧年限或者采取加速折旧的方法。针对中小企业，可以明确其研发的仪器设备、厂房固定资产等费用可以采取加速折旧的方法，并缩短折旧年限。

4. 研发机构的税收优惠。科研机构是提高自主创新的重要力量，各国对科研机构均采取了一系列的税收优惠政策。有些政策是直接对科研机构免征所得税，有些政策是对知识产权的转让实施优惠，有些是对企业购买知识产权的费用在抵扣方面给予优惠。如：美国和加拿大将科研机构视为非营利机构，免缴科研机构的所得税；在美国，企业支付给大学或研发机构的研究费用的65%可用于抵免所得税等。我国应对中小企业以依托科研机构、与大企业分工合作，中小企业间联合出资、共同委托等方式的合作研发应予以税收优惠政策支持。

5. 科研人员的个人所得税优惠。科研人员的岗位补贴、科研奖金、津贴在个人所得税范畴予以减免，鼓励科研人员持股，对科技人员因技术入股而获得的股息收益免征个人所得税等。目前我国个人所得税的减免优惠门槛太高，不利于调动科研人员的积极性与主动性。可以考虑适当扩大技术成果奖励的免税范围，对科研人员以技术入股所获得的股权收益，减征或免征个人所得税。

6. 鼓励中小企业加大研发投入。我国税法明确规定，企业为开发新技术、新产品、新工艺发生的研究开发费用，未形成无形资产计入当期损益的，在按照规定据实扣除的基础上，按照研究开发费用的 50% 加计扣除；形成无形资产的，按照无形资产成本的 150% 摊销。有利于调动中小企业自主创新的积极性，加快其创新投资的资金回笼，降低创新的风险和不确定性，缓解创新资金紧张的局面。

7. 针对无形资产保护及科研成果转让的税收优惠。我国的税收法律鼓励中小企业技术转让，明确规定"对中小企业从事技术转让、技术开发业务和与之相关的技术咨询、技术服务业务取得的收入，免征营业税。对中小企业的技术转让所得，在一个纳税年度内不超过 500 万元的部分，免征企业所得税；超过 500 万元的部分，减半征收企业所得税。"无形资产的转让主要涉及出让方与受让方，我国的税收优惠政策设计主要集中于转让方，政策背后反映了国家鼓励企业开展技术研究与创新，同时鼓励技术成果向现实生产力转化的导向性意图。但中小企业因其资金、技术、人才等方面的特点，其作为无形资产转让受让方的情况亦很普遍，直接受让已经具有经济效益的无形资产，有利于中小企业掌握最新的科技、避免或降低科技研发的风险，将创新成果现实生产力化，带动经济和产业的优化升级。在不少国家制定了对科研成果购买方的税收优惠，如在澳大利亚，企业现成核心技术购进支出允许 100% 扣除；在印度，支付给国家指定的国立实验室、大学或技术研究机构，并指定用于经批准的科研项目的支出，允许按 1.25 倍超额扣除。参照对上述无形资产受让方的税收优惠制度的设计，建议可以区分技术创新的类型、受让方的类型、行业等指标分类对无形资产受让方给予税前扣除或者税收减免优惠等。此外对从事科技开发的中小企业利用自主创新的成果进行投资与再投资实行投资抵免政策。同时我国对无形资产投资入股免征营业税。建议在这个政策的基础上，对把无形资产转让或者租赁给中小企业的行为，减征或者免征营业税，从而鼓励中小企业增加科技投入。

（三）税收优惠环节方面

1. 中小企业建立、发展直至转型或转让的系统环节。首先在中小企业创建环节，可以通过降低税率、增加费用扣除标准、放宽纳税期限等方式鼓励民间资本投资中小企业，繁荣经济类型，扩大国内需求；其次在扶持中小企业发展环节上，考虑到中小企业发展过程中面临的最大困难是资金和技术等问题，可以采取对资本和设备的再投资、研究开发费用等给予减免税或税收抵免等优惠扶持企业发展壮大；第三，在鼓励中小企业转型或转让的环节，通过对新注册企业以及原有亏损和流转税等问题的照顾来促使这种转变。

2. 中小企业自主创新的税收政策的优惠环节。应该覆盖中小企业自主创新的研制、试验、产业化的各个环节，目前我国的税收优惠主要集中对创新成果的生产与销售环节给予税收优惠，对创新的研发与中间试验阶段政策支持不足。特别是针对中小企业建立或成长时期，或者是企业的重大技术攻关、重大市场开拓等关键环节和阶段，突出税收支持与优惠，促进创新的集聚效应，重视促进高创新成果转化和产业化发展的税收政策的制定，对技术转让、研发费用、成果转化投资以及产业化链条的各个环节给予相应的税收优惠，以降低科技开发成本，推动基础研究和应用开发的进程。

3. 企业亏损的研发费用结转抵扣方向问题。中小企业自主创新的研发费用在企业发生亏损时会有盈亏相抵的情况，盈亏相抵包括"盈亏前抵"和"盈亏后抵"。"盈亏前抵"是指若企业在某一年度发生亏损，准予用以前年度的利润弥补亏损，并可申请退回以前年度已纳的所得税；"盈亏后抵"则是准予用以后年度的利润弥补亏损，实质上也就是政府用以后年度的税收来承担企业的部分亏损。目前国际上许多国家都允许企业将没有抵扣完毕的研发费用准予向前或向后结转，甚至在一定年限没有抵扣完的部分，可以取得现金退税。目前我国规定仅高新技术企业只能"盈亏后抵"，且只可向后结转5年，而在美国若企业当年没有盈利或没有应纳税所得额，则允许的减免金额和R&D费用扣除可往前追溯3年，往后结转7年抵扣或扣除，其中费用扣除最长年限可顺延15年；日本规定可前抵1年，后抵5年；在澳大利亚可前抵3年，往后顺延10年；在法国，企业出现净亏损，可以往后结转5年或者往前结转3年，5年后仍未抵完的部分，可取得现金退税。我国在税收优惠政策上应该考虑综合运用"前抵"和"后抵"两种方式，并适当延长抵扣的年限，允许中小企业可以抵扣的研发费用在企业亏损时前抵3年、后抵5年左右，有效降低中小企业的技术研发和投资的风险。

（四）税收环境方面

1. 建立特定准备金制度。日本政府创设了《电子计算机购置损失准备制度》。该制度规定，计算机厂商可以从销售额中提取10%作为准备金，以弥补万一的损失。德国税法允许企业建立可在税前扣除的准备金，如折旧准备金、呆账准备金、风险投资准备金、亏损准备金等。我国可以参考建立自主创新的特定准备金制度，准许企业其按照销售或营业收入的一定比例提取设立各种准备金，如风险准备金、技术开发准备金、新产品试制准备金以及亏损准备金等，用于研究开发、技术更新等方面，并将这些准备金在所得税前据实扣除。但是要对准备金设立的目的、使用方向、期限予以评估和监控，对于逾期不用或挪作他用的，应该补税并加收滞纳金。提取科技准备金的做法使企业研究开发费用由支出后扣除变为发生前提取，节约了资金占用时间，对企业支持力度更大。

2. 支持创业风险投资企业发展。我国应着手建立鼓励风险投资的税收倾斜政策。第一，准入环节上，对风险投资公司可以考虑免征营业税，并长期实行较低的所得税税率。第二，对风险投资公司获得利润再投资于中小企业自主创新的，可以实行再投资退税。第三，对专门投资于风险企业的风险投资基金免征所得税；可允许风险投资机构按投资额的一定比例提取风险准备金，发生的投资亏损先冲减风险准备金，不足抵减的可以向以后一定年限结转；对风险投资机构从创新企业分回的股息、红利所得应给以一定的免税期限和免税金额标准；对风险投资机构在退出时的股票或股权转让所得适用较低的税率。我国税法支持风险投资机构增加对中小企业的投资，创业投资企业采取股权投资方式投资于未上市的中小高新技术企业 2 年以上（含 2 年）的，可以按照其投资额的 70% 在股权持有满 2 年的当年抵扣该创业投资企业的应纳税所得额；当年不足抵扣的，可以在以后纳税年度结转抵扣。这种税收优惠政策倾斜有利于建立分担风险机制，降低风险、促进成果转化、提高资助效率、提高中小企业的持久创新能力。

3. 采取灵活的税收管理模式。中小企业由于自身资金、人员、管理的规模较小的特点往往采取较为灵活的管理模式，其对税收管理和财务制度往往要求更为简化、便利的方式，国际上巴西等国家采取的单一税制以及不少国家税制改革都不同程度的提及单一税制的问题，反映了客观需求与政策考量，我们对中小企业的税收管理上建议也应立足于其需求，减少环节，简并程序，相对降低对其财务管理的形式上要求，降低企业纳税成本。同时在税收管理方面还可以考虑通过减轻处罚程度、限制检查期限等为中小企业提供较为宽松的税收管理环境，尽量避免税收管理对中小企业生产经营产生不良影响。如法国，据其税务总局 1976 年的规定，小企业在营业后的头 4 年善意所犯错误，可减轻税收处罚并给予支付的时间；另据法国税收程序法典第 52 条的规定，税收机关对营业额或毛收入不超过 500

万法郎的销售企业、不超过 150 万法郎的服务业或非商业企业、不超过 180 万法郎的农业企业进行税务检查时，最长期限不得超过 3 个月，否则企业的纳税义务将自动得到免除。我国可以借鉴这种做法，减轻其中小企业的纳税负担和成本，降低自主创新的风险和成本，优化创新效率，促进中小企业自由发展。

課題负责人：林克勤

课题责任人：朱锦山　　王晓苏

课题执笔人：赵玉伟　　王景高　　彭蓓蓓

支持中小企业发展税收政策的
国际借鉴研究

中小企业的发展在国民经济中具有举足轻重、不可替代的地位和作用，但由于"小"，中小企业在市场竞争中不可避免地面临诸多困难，需要政府的扶持。在当今世界金融危机的背景下，扩内需、保经济增长成为我国经济工作的重点，而中小企业的发展可以有效解决就业问题，增强消费信心、提高购买力，是扩大内需的基础；此外，中小企业解决的主要是中低收入人群的就业问题，在增强刚性消费能力，推动内需方面的效果更为明显。因此，运用税收政策促进中小企业的发展有其非常独特的现实意义。

一、国外促进中小企业发展的
税收政策及其优点分析

在扶持和保护中小企业发展方面，国外政府一直都很重视税收优惠政策的运用，并取得了显著的成效。其政策运用的着力点、方式方法以及力度大小都值得我们借鉴。其主要经验和做法体现在以下几方面：

（一）税收优惠政策的着力点

1. 重视对新建企业的税收支持。支持新建企业，有助于缓解企业开业初期所面临的经营困难，帮助企业尽快走上健康发展的道路。许多国家都对新建企业给予所得税、流转税等税种方面的减免照顾。如法国、德国、日本等。

2. 支持中小企业融通资金。资金缺乏是中小企业发展的"瓶颈"。国外有发达的资本市场，中小企业融资相对便利。在税收方面，国外的支持着力点主要是对资本再投入给予税收优惠，降低企业再投资的风险，增强企业再投资的信心，充实企业的资金。为了防止优惠政策被滥用，一般国家又都限定抵免（退税）的上限，如法国。

3. 鼓励技术创新。由于缺乏资金，而技术研发费用又较高，所以一般中小企业都是依靠产品模仿或停留在成型产品的生产与销售上，而不能根据市场的状况和消费者的需求开发新产品，产品缺少市场竞争力。鼓励企业进行技术创新是各国家都普遍重视的政策作用点，但税收优惠政策的着力点则各有侧重，如法国主要对中小企业实施新技术、增加科研投入、以专利形式向创新企业投资等行为进行扶持；意大利则侧重中小企业用利润进行研究投资的行为（但限定了每个企业享受优惠的总额上限）；日本则是侧重对企业为提高技术能力而购入或租借机器设备行为的优惠。

4. 鼓励吸纳就业。中小企业数量庞大，是吸纳就业的主渠道。各国都非常注重中小企业在创造就业机会方面的功能，如法国依据企业创造就业机会的多少给予相应的减免所得税优惠。

（二）税收优惠政策的方式、方法

各国税收优惠政策的方式、方法形式多样，大体有以下几种：

1. 税率式优惠

一是降低企业所得税税率。一般国家对中小企业都是实行较低于大企业的优惠所得税税率，如英国、日本等。税率降幅一般为 10~20 个百分点。

二是实行有利于中小企业发展的累进所得税税制，如美国、日本等，在累进的级次与幅度方面，各国稍有不同。

2. 加速折旧。不考虑固定资产的实际损耗特征，单纯为了降低中小企业的所得税负担，允许采取加速折旧，如德国等。

3. 延长纳税期限。延长纳税期限可以缓解企业的资金压力。如美国专门颁发促进中小企业发展的税务计划，为中小企业提供 6 个月的纳税限期。

4. 税额抵免。税额抵免可以直接减轻中小企业的税收负担。允许抵免的事项一般是扩大投资、吸收就业、技术创新等。

5. 提高起征点。提高起征点对于中小企业中的"小企业"的减税效果比较明显。各国提高税收起征点的税种主要有营业税、所得税等。如德国数次提高中小企业免缴营业税的界线，并对德国东部采取更优惠的临时性鼓励措施。

6. 协调资本利得的重复征税问题。大多中小企业股东为个人，其获得的股息、红利如果还要缴纳个人所得税的话，就会产生重复征税，挫伤投资人的投资积极性。因此，许多国家规定对中小企业的实现利润，可选择一般的公司所得税法纳税，也可选择"合伙企业"办法将利润并入股东收入缴纳个人所得税，彻底消除重复征税问题，如美国。

（三）国外税收优惠政策的优点

综观国外的中小企业税收政策，归纳起来，值得借鉴的地方主要有以下几个方面：

1. 多数国家都通过立法来制定税收促进中小企业发展的优惠政策，将税收优惠提高到法律层次。

2. 税收优惠政策比较系统，多数国家制定的税收优惠政策贯穿中小企业创办、发展、再投资、科技开发甚至联合改组等各个环节，也涉及流转税、所得税、财产税等多个税种，内容比较系统。

3. 税收优惠的方式比较灵活，有直接减免，也有间接减免，有利于充分发挥税收优惠政策的功效。

4. 政策针对性较强，作用效果明显。比如把政策着力点放在支持融资、技术创新、减轻税负等中小企业发展特有的困难方面。

二、我国促进中小企业发展税收政策的现状

在我国税收制度中居于主导地位，并对中小企业产生较大影响的税种有企业所得税、增值税和营业税。有利于中小企业的税收优惠也主要集中在这三个税种的制度规定当中。

（一）企业所得税类优惠政策

根据《中华人民共和国企业所得税法》等税收法规的规定，涉及中小企业的企业所得税类税收优惠主要有以下几方面：

1. 对小型微利企业，减按 20% 的税率征收企业所得税。

2. 对技术创新给予优惠。一是开发新技术、新产品、新工艺发生的研究开发费用，可以在计算应纳税所得额时加计扣除；二是企业的固定资产由于技术进步等原因，确需加速折旧的，可以缩短折旧年限或者采取加速折旧的方法；三是对国家需要重点扶持的高新技术企业，减按 15% 的税率征收企业所得税。

3. 对国家重点扶持和鼓励发展的产业和项目给予优惠。优惠的形式主要有免征、减征企业所得税，减计收入，税额抵免；适用优惠的产业和项目具体有农、林、牧、渔业，国家重点扶持的公共基础设施项目投资，环境保护、节能节水，技术转让所得，综合利用资源，创业投资等。

4. 鼓励安置残疾人就业。对安置残疾人就业单位支付给残疾职工的实际工资按实际支付给残疾职工工资的 100% 加计扣除。

（二）增值税类

根据《增值税暂行条例》及其他有关税收法规的规定，涉及中小企业的增值税类税收优惠主要有以下两类：

一是对国家重点扶持和鼓励发展的产业和项目给予优惠。

具体对象如资源综合利用、粮食购销及经营、软件产品、军工产品生产、废旧物资回收经营等。

二是鼓励安置残疾人就业，对安置残疾人的单位，实行由税务机关按单位实际安置残疾人的人数，限额即征即退增值税（或减征营业税）。

（三）营业税类

根据《营业税暂行条例》及其他有关税收法规的规定，我国营业税减免的对象主要是公益单位、教育机构等非企业单位、个人提供的劳务，涉及中小企业的营业税优惠不多，其中相关的有对与农业有关服务项目的税收减免，具体服务项目有农业机耕、排灌、病虫害防治、植物保护、农牧保险以及相关技术培训业务，家禽、牲畜、水生动物的配种和疾病防治；另外，我国对中小企业信用担保机构免征营业税。

三、我国促进中小企业发展税收政策存在的问题

通过以上分析，与发达国家相比，目前我国中小企业税收政策同时还存在很多问题，税收促进中小企业发展的力度还很有限，具体表现为：

（一）现行的税收政策目标多为调整产业结构、扶持公益事业等，专门着眼于中小企业发展考虑的不多。税收优惠只是部分内容涉及中小企业的发展或主要受益对象是中小企业，且所占比例很小，在运用税收杠杆作用促进中小企业发展方面还未形成完整的制度安排。

（二）就目前中小企业受益的税收优惠政策的着力点来看，大多是普惠制，重点在"小"，只要小就可以享受，缺乏对中小企业发展中存在的不同困难的区别对待，政策的内在功能发挥不足。

（三）优惠方式单一，主要为降低税率和减免税。加速折旧、延期纳税、投资抵免等国际通行的间接优惠方式还未被广泛采用，没有充分发挥不同税收优惠方式的内在功能。

此外，与发达国家相比，我国现行税收政策还有阻碍中小企业发展的地方。

一是现行流转税制度不利于中小企业的发展。与国外不同，我国是以流转税和所得税为主体的双主体税制结构。其中营业税是以营业额为基础进行征收的；增值税虽然是对增值额征税，但是对小规模纳税人却仍是按照销售额全额征收。这种征税制度没有考虑企业的实际经济效益，并存在一定的重复征税现象，不利于中小企业的发展。

中小企业中虽然有一部分可以认定为一般纳税人，按增值额纳税，目前国家还降低了一般纳税人的数额标准，但是对有些行业来说却未必是好事，比如高附加值产品生产行业、可取得进项较少行业，对这些行业的企业也按照增值额纳税，反而是一种沉重的负担。而进驻这类行业的主要是中小企业。

二是商业小规模纳税人税负相对偏高。商业企业一般纳税人的税负水平一般在1%左右，甚至更低。虽然国家目前将小规模纳税人的征税率降为3%，并且由于一般纳税人可以抵扣固定资产的进项税，所以商业小规模纳税人税负偏高的矛盾仍然存在。

三是利息扣除政策不利于中小企业。根据现行所得税法规定，"非金融企业向非金融企业借款的利息支出，不超过按照金融企业同期同类贷款利率计算的数额的部分"才可以扣除，由于中小企业融资困难，较为依赖企业间的资金拆借以及吸纳民间资本，而这类资金的使用成本一般又较高，根据税法无法全部税前列支，客观上加大了中小企业的经营费用。

四、完善我国促进中小企业
发展税收政策的建议

针对我国现有政策的不足，借鉴国外经验，我们可以在以下几方面考虑完善支持中小企业发展的税收政策。

（一）进一步提高促进中小企业发展的思想认识，从国家发展战略的高度考虑中小企业的地位、发展问题，有计划地构建贯穿于中小企业的创办、发展、重组等各个环节的税收优惠系统，促进中小企业健康、稳定、持续发展。

（二）适当降低中小企业的税收负担，帮助其平稳渡过金融危机。

一是贯彻公平税负的原则，充分考虑由于增值税征管方式不同而给部分中小企业带来的税负不公问题；适当降低商业小规模纳税人的税负水平；在小规模纳税人的征收率调低为 3% 以后，从事服务业的个体工商户适用 5% 的营业税税率则相对偏高，应予以适当调整。

二是发挥"起征点"在减轻中小企业的税收负担方面的独特功效。适时考虑将起征点适用范围扩大到企业；也可以将"起征点"政策改为"免征额"，增强对中小企业的扶持力度。

三是实行企业所得税超额累进税率制度，并设置较低的低税档次，照顾微利企业的困难。

四是在利息扣除方面放宽列支标准。只要符合真实、合法、合理原则，就可以允许其扣除。

（三）明确支持中小企业税收政策的着力点，针对中小企业的弱项给予"点对点"的税收扶持。

一是针对中小企业融资困难问题，对中小企业增加自有资金和用税后利润再投资给予退税或者税额抵免等优惠；对中小企业投资的净资产损失可以允许从应纳税所得额中扣除；考虑解决个人投资所得的重复征税问题，增强个人投资的兴趣；对有利于中小企业融资的产业投资基金、融资租赁等行业给予税收鼓励和扶持，为中小企业的发展创造良好的金融环境。

二是支持企业进行技术创新，提高产品质量和档次，培育和增强自己的核心竞争力。科技投入见效慢，但是社会效益高。国家应加大对中小企业科技投资方面的税收支持。可考虑从科研投入、设备升级改造、科研成果转让等多方面全方位的进行支持，减轻中小企业在科技创新方面的压力。

三是鼓励中小企业对职工进行培训，提高企业素质，对中小企业自身发生的培训支出以及社会面向中小企业的培训给予适当的税收优惠；运用加计扣除等优惠方式鼓励大中专毕业生进入中小企业，鼓励高层次人才为中小企业服务。

四是对新建中小企业给予一定支持。由于新建企业一般难以盈利，可考虑在流转税方面给予特别照顾。

课 题 牵 头 人：贾建民

组　　　　长：张天胜

副　　组　　长：胡学梅

课 题 组 成 员：张天胜　　胡学梅

　　　　　　　　李景仓　　吴　铮

执　笔　人：张天胜　李景仓

课题指导老师：宋丽颖

刺激消费需求有效增长的
税收政策研究

刺激居民消费需求增长
的税收政策研究

消费不足一直是我国经济运行中的难题，居民消费需求不足已成为我国经济持续快速增长的阻碍。在拉动经济增长的"三驾马车"中，消费需求是最基础、最不可替代的，它直接决定着一国的经济发展。在一定意义上说，没有消费就没有经济发展。为有效应对日趋严重的世界金融危机和经济危机，我国出台的扩大内需、拉动经济增长十项措施引领财政政策转型，积极财政政策再次启动。通过积极财政政策保经济增长，扩大内需，最终实现提高社会福利水平的目标。当前宏观调控的重中之重是扩大消费需求，财税政策的重点应是刺激居民消费需求增长。即使金融危机过后，要提高国民的社会福利水平，仍需把全面启动国内消费需求作为重点。

一、我国居民消费不足的现状及原因

（一）我国居民消费状况的现实考察

1. 总消费率低，消费需求对经济增长的拉动力不断下降。改革开放以来，我国经济高速增长，1979～2008 年 GDP 年均增长 9.8%，但推动经济高速增长的主要因素是高储蓄形成的高资本积累率，低消费、高投资和高净出口是我国总需求的基本特征。在拉动经济增长的"三驾马车"中，长期以来我国经济快速增长主要依靠投资和出口拉动，而消费尤其是居民消费对经济增长的拉动作用较小。投资增长快，消费增长慢，消费与投资的结构性矛盾不断加剧。2000～2007 年，我国投资率由35.3%上升至 42.3%，8 年平均投资率为 40.18%，比世界平均投资率（20%左右）高出近 20 个百分点。与此同时，最终消费率由 62.3%下降到 48.8%，8 年平均消费率为 55.61%，比世界平均消费率（77%～79%）低 20 多个百分点。

2. 居民消费率过低，居民即期消费意愿和消费能力受到抑制。最终消费由居民消费和政府消费组成，其中居民消费是主体，一般占最终消费的 80% 左右。考察消费需求结构，可以发现，居民消费支出占国民经济最终消费支出比重从 1995 年的 77.2%下降到 2006 年的 72.6%，而政府部门所占比重相应地从 22.8%上升到27.4%。结合整体消费需求对 GDP 的贡献率和消费需求结构的变动测算，1995～2000 年，居民部门对 GDP 的贡献率平均为42.9%，2001～2006 年迅速降为 29.9%。可见，我国总消费率过低，其主要原因是居民消费持续走低，如表 1 所示。

表 1　　　　　　　　1991～2006 年我国居民消费率

年份	居民消费率（%）	年份	居民消费率（%）
1991	48.5	1999	47.5
1992	48.2	2000	48.2
1993	45.5	2001	47.1
1994	45.1	2002	45.3
1995	46.9	2003	43.3
1996	47.8	2004	39.3

年份	居民消费率（%）	年份	居民消费率（%）
1997	47.5	2005	38.2
1998	46.7	2006	36.0

资料来源：根据《中国统计年鉴》各年统计数据计算整理。

3. 农村消费水平过低，城乡之间消费能力、消费水平和消费规模的差距拉大。居民消费呈现出城镇与农村不一样的特点，城镇居民消费增长率明显要快于农村居民消费增长率。进入 20 世纪 90 年代以来，农村居民消费所占居民消费的比重不断下降，已从 1978 年的 62.1% 降至 2007 年的 43.1%，几乎每年平均下降一个百分点。农村居民消费比重的大幅度下降，不可避免地导致其对国民经济增长贡献率下降，可见，农民消费需求不足成为影响我国经济增长的主要原因之一。

4. 居民储蓄率过高，城乡居民储蓄存款余额增长迅速。20 世纪 90 年代以来，我国城乡居民储蓄存款余额增长迅速。1991 年末我国城乡居民储蓄余额为 9241.6 亿元，2007 年底达到 100665.2 亿元，年均增长了 5714 亿元。这表明我国居民拥有很大的潜在消费能力，具备扩大内需的来源和基础，若有一部分储蓄回到市场，最终消费率将大大提高。为此，我国政府曾多次下调银行存贷款利率，以减少居民储蓄，增加居民消费，促进经济增长，将内需的潜力转化成现实。

（二）我国居民消费不足的原因分析

1. 收入水平低，就业不足

从宏观层面来看，考察我国国民收入分配格局，改革开放以来发生了很大的变化。总的趋势是，在 1994 年分税制改革之前，在国民收入的最终分配中，持续向居民部门倾斜；在分税制改革之后，居民部门所占比重大幅下降，而政府部门和企业部门处于上升趋势。2000～2007 年居民总收入平均增长速度为

11.2%，工资平均增长速度达到 11.6%，但同期规模以上国有企业利润的平均增长速度达到 25.5%。这种收入分配增长速度的差异直接导致了我国经济高速增长过程中初次分配的不合理。以收入法核算国内生产总值构成来看，劳动者报酬占 GDP 比重从 2000 年的 51.4% 下降到 2007 年的 40.6%，营业盈余占比从 2000 年的 19.06% 上升到 2007 年的 30.67%。结果是高速增长过程中居民收入占国民收入的比重不断下滑。国民收入这块大蛋糕，分成政府、企业和居民三个部分，政府分配的一块是从企业和居民部分拿走的，政府拿走的比重就成为宏观税负。低工资制和间接税为主的税制设计，保证了在国民收入初次分配中，居民部门的财富流向企业和政府部门，然后再通过征收企业所得税，在国民收入的最终分配中，由企业部门流向政府部门。因此，我国偏高的宏观税负、以间接税为主体的税制结构下税负的可转嫁，造成我国连年的税收高速增长导致居民部门税收负担不断加重，从而降低了居民部门可支配收入。

有关消费与收入的实证研究都表明消费与收入相关，并且边际消费倾向有下降趋势。姜再勇等（2007）研究表明，当期消费对当期收入较为敏感，收入仍是影响消费的主要因素。杭斌、申春兰（2004）分析表明 20 世纪 90 年代后消费与收入相关，并且长期边际消费倾向和长期平均消费倾向为持续下降趋势。苏良军等（2006）采用 1980~2003 年 29 个省市（不含海南和重庆）农村和城镇居民收入及消费支出的数据，发现城镇的边际消费倾向介于 0.71~0.75 之间，而农村介于 0.63~0.68 之间；城镇的收入弹性介于 0.88~0.93 之间，农村介于 0.79~0.89 之间。

从经济社会发展的阶段来看，我国当前就业形势日益严峻。同时，全球性金融危机也使得就业问题更加突出。根据我国人口信息中心的预测，2010 年我国的劳动年龄人口将达到 9.73 亿人，经济活动人口将达到 7.95 亿人，每年新增人口超过 500 万人。这一绝对增长每年将使需要就业人口增长 500 万~700 万人。国有企业改革将导致下岗职工数量持续上升，估计每年将增加 300 万~500 万人，这一进程将加剧就业紧张的局面。我国长期以来的农村剩余劳动力将会超过 1000 万人。上述三个方面因素造成的新增就业人口也将达到每年 1700 万人以上，在个别年份，有可能超过 2000 万人。即使考虑每年存在由于自然裁员腾出的 800 万人左右的就业岗位，需要新增的就业岗位数量也接近 1000 万个。

2. 社会保障体系的不健全，加大了居民未来的消费支出预期

一是社会保障制度不完善已经成为我国当前扩大内需、启动消费的主要制约因素。社会保障的制度供给带有强烈的公共产品色彩。我国 80% 以上的劳动者没有基本养老保险，85% 以上的城乡居民没有医疗保险。对于大多数城镇家庭来说，住房、子女教育、医疗是家庭负担中最主要的部分。二是社会保障资金不足，支出大于收入。有关数据显示，2006 年全国个人养老账户空账规模累计已达 7400 亿元，而且每年还以 1000 多亿元的速度增加。如果现行政策不变，随着老龄化程度的日趋加深，社会统筹养老金赤字将在 2016 年后更加凸显出来，并在 2035 ~ 2040 年达到高峰。2006 年初劳动和社会保障部的一份报告指出，未来 30 年养老金的缺口为 6 万亿元人民币，而同期世界银行公布了一份关于中国未来养老金收支缺口的研究报告指出，在一定假设条件下，按照目前的制度模式，2001 年到 2075 年间，我国基本养老保险的收支缺口将高达 9.15 万亿元。三是农村社会保障制度缺位。在农村社会保险制度基本上是空白，生老病死等风险引起的损失基本上是由家庭负担。虽减轻了国家负担，但是大大抑制了广大农民的即期消费。四是面临老龄社会压力。我国已于 2000 年进入老龄化社会，2010 年城镇退休人员将达到 7000 万人，2020 年将超过 1 亿人。到 2030 年，预计中国 60 岁以上老人占人口比率将会达到 24.46%，比世界平均水平高出约 8.5 个百分点。

　　每个家庭都面临教育、医疗、养老等方面的预期支出压力，社会保障不能解决后顾之忧，居民为应付各种不确定因素减少即期消费，增加储蓄。社会保障制度的实施对经济的发展能起到"稳定器"的作用。首先，社会保障制度的实施，对协调社会矛盾、促进社会稳定起到了积极的作用。其次，社会保障通过国民收入再分配，改善中低收入居民的生活条件，扩大这部分居民的边际消费能力，增加社会有效需求。如果大部分社会福利开支能以政府转移支付形式进入低收入家庭和个人手中，成为低收入者经济收入的一项重要来源，90% 以上会形成社会购买力，使经济维持一种较高的有效需求状态。最后，政府的社会福利支出在相当程度上弥补个人、家庭对劳动力培养和训练费用支出的不足，对培养和开发人力资本起到积极作用。

　　3. 税收制度设计不合理

　　我国税收制度设计不合理，直接税比重过低，间接税比重高，不利于促进消费能力的释放。我国与消费有关的税种有 5 个，为间接税中的增值税、消费税、营业税、关税和直接税中的个人所得税。近些年上述 5 个税种占税收收入的比重为 77% 左右，其中间接税所占比重平均高达 71.8%。发达国家以直接税为主，如 2000 年，经济合作与发展组织国家的直接税比重为 68.4%，其中美国为 85%，而直接税中的所得税比重多在 35% ~ 60% 之间，主要是社会保障税、遗产税和赠与税等。

　　个人所得税功能没有充分发挥，其调节收入分配、增加低收入者可支配收入的作用有限。个人所得税的税率级次多、边际税率高以及分类征收，使得工薪阶层成为个人所得税的主要纳税人，而拥有大量其他收入的真正的高收入者，由于收入难以监控，往往不在纳税人之列。占有社会财富 80% 的富人缴纳的个人所得税仅占总量的不足 10%。个人所得税高边际税率对储蓄和投资、对劳动者积极性的负面作用导致经济绩效的大量丧失。

4. 城乡二元结构对扩大农村消费的深层抑制

长期以来，我国城市和农村采取两种不同的制度安排，人口政策、社会保障政策、投资政策和力度等差距相当大，农村基础设施严重短缺、农民收入增长缓慢、农村社会事业基础薄弱，导致农村消费环境和消费能力与城市差距越来越大，1985年城镇消费支出水平是农村消费支出水平的 2.3 倍，是改革开放以来的最低点，此后，城乡之间的消费支出水平差距逐渐拉大。据统计，占全国人口总数 2/3 的农村，只消费了全国 1/3 的商品，城乡之间的消费断层明显，对于消费需求的扩张形成较强的阻力。有资料显示，我国农村消费品零售额占全社会消费品零售额的比重逐年下降，目前只有 30% 左右，较多的农村人口与较低的农村市场销售份额极不相称。从消费结构上看，农村的恩格尔系数仍然较高，2007 年达到 45.5%，其消费支出仍以衣、食、住等生活必需品为主。因此，目前的内需不足很大程度上是由农民的最终消费需求不足造成的。

5. 公共支出严重不足

政府提供的公共产品不足且不均衡，居民的教育、医疗等负担沉重。早在 1993 年的《中国教育改革和发展纲要》中就有规定："逐步提高国家财政性教育经费支出占国民生产总值的比例，本世纪末达到 4%。"但是 1991 年至今，中国经济平均增长超过 9%，而公共教育支出占 GDP 的比重平均只有 2.6%，与多数国家相比处于较低水平。同时高等教育和基础教育的比例关系失衡，国家财政性教育经费用于义务教育投入的力度远小于非义务教育。调查显示，40% ~ 50% 的贫困人群认为教育花费是他们的头号家庭开支。财政在医疗卫生经费投入总量不足而且配置不均衡。近 10 年来政府的卫生支出占卫生总费用的比重，以及卫生事业费和卫生基本建设费支出占财政支出的比重，都出现增长下降的趋势。中国的卫生总费用占 GDP 比重在 2003 年是 5.6%，低于世界平均水平。其中公共支出只占 40% 的比例，个人负担占 60%。医疗费用成为贫困居民的第二大负担。在世界卫生组织进行的成员国医疗卫生筹资和分配公平性的排序中，中国位列 191 个成员国中的倒数第 4 位，是世界上公共卫生资源分配最不公平的国家之一。在农村，占全国总人口近 2/3 的农村居民仅享用了 20% 左右的医疗卫生资源，约有 25% 的农民因病致贫。教育和医疗的沉重负担使得居民的预期支出明显增大，影响居民的即期消费。

二、促进居民消费需求增长的税收政策研究

（一）增加居民收入的税收政策

1. 提高增值税和营业税起征点

为提高个体工商户的经营能力，增加个体经营者税后的可支配收入，我国应在调低小规模纳税人征收率的基础上进一步调整增值税和营业税的起征点。对于大多数从事小规模经营的个体经营者来说，其经营活动的主要目的就在于满足其个人或家庭的消费需求，提高起征点可以使纳税人的税后收入增加，从某种意义上来讲可以增强其消费能力，促进消费的增长。因此，从个体经营者经营活动的目的，以及进一步降低个体经营者税负，增加其收入水平，提高其消费能力的角度，应进一步调整增值税和营业税的起征点。

现行增值税和营业税的起征点明显偏低。我国现行增值税规定，销售货物的起征点为月销售额 2000～5000 元，销售应税劳务的起征点则为 1500～3000 元，按次纳税的起征点为每次（日）150～200 元。现行营业税规定，按期纳税的起征点为月营业额 1000～5000 元，按次纳税的起征点为每次（日）营业额 100 元。根据一般经营活动的利润率水平和当前一般生活用品的价格水平，月销售收入在 1000～5000 元只够经营者维持最低的生活水平，甚至难以维持最低生活水平。这样看来，在销售收

入达到 1000 ~ 5000 元时即对收入总额课税，不仅有失公正与公平，也使个体经营者的消费能力处于较低水平，不利于鼓励人们从事个体经营活动。从平衡个体经营者与一般工薪阶层税负以及保障个体经营者基本生活消费水平的角度，应参照个人所得税工资薪金所得的扣除标准，适当提高现行增值税和营业税的起征点，减轻个体经营者的税负，促进其收入水平提高；只有收入水平的普遍提高才能带来居民消费能力的普遍提高。

2. 调整个人所得税的税率结构，适当降低最高边际税率

我国现行个人所得税对工资薪金和个体工商业户、个人独资企业和合伙企业两类纳税人的税率档次过多、税率过高。近几年，我国个人所得税的调整主要集中在个人所得税工资薪金所得扣除标准的调整，经过两次调整，工资薪金所得的扣除标准已经从 800 元提高到目前的 2000 元。个人所得税扣除标准的提高可以完全免除低收入者的税负，但是由于我国目前税率结构的原因，对于中等收入者的照顾力度并不明显，而且进一步提高工资薪金所得的扣除标准对于月收入在 2000 元以下纳税人来说已经没有实际意义。我国应在进一步提高个人所得税扣除标准的同时，通过调整税率结构来降低中等收入者的税收负担。中等收入者收入水平的提高不仅符合我国扩大中产阶层的政策取向，而且中产阶层往往是消费的主力群体，可以形成成熟的大众消费社会和有强劲购买力的可持续消费能力。

首先，降低工资薪金所得适用的最高边际税率。降低个人所得税工资薪金所得的最高边际税率可以适当降低高收入者的税收负担水平，增加其税后收入，从而可以增加其消费水平和投资水平。对于个人所得税最高边际税率的降低，会产生不利于收入公平分配的问题，可以通过调整消费税来配合个人所得税改革。因为高收入者在满足基本生活需要的前提下，其消费的商品更多是高档消费品或奢侈品，因此，可适当扩大消费税的课税范围，将更多的高档消费品和奢侈品纳入消费税的课税

范围，并且提高具有不可替代性的高档消费品和奢侈品的消费税税率，如高尔夫球及球具、游艇等。通过消费税的调整来配合个人所得税的改革，起到调节收入分配的作用。

其次，减少税率档次，拉大税率级距，扩大最低税率的适用范围。现行工资薪金所得适用的九级超额累进税率，税率档次明显偏多，级距过小，造成中等收入的纳税人税负增长过快。因此，应将工资薪金所得的税率档次减少到五档以下，重点是扩大5%税率的适用范围。可以考虑对月工资薪金所得在5000元以下的纳税人一律实行5%的税率，相应地，对所得达到5000～10000元的实行10%的税率，达到10000～20000元的实行15%的税率。将目前的扣除标准提高与降低税率进行比较可以看到，对于中等收入者来说，降低适用税率，相对于提高税前扣除标准，税负减轻的程度要大，税后收入增加更显著。

最后，适当降低个体工商户和个人独资企业、合伙企业适用的个人所得税税率。主要是降低最高边际税率并减少税率档次，使个人投资者的税后收入增加。其收入增加可以在两个方面起到促进消费的作用：一方面，个人投资者税后收入增加，可以提高个人投资者的经营能力，增加雇佣人数，扩大就业，就业人数增加能够使更多人的收入水平提高，可以在更大范围、更大程度上起到促进消费增加的作用。从我国当前和今后一段时期的情况看，积极扶持中小企业发展，保持中小企业稳定经营，是目前扩大就业、扩大居民消费需求的一个重要着力点。另一方面，个人投资者的税后收入增加，会进一步提高其消费能力，促进其个人消费的增加。

3. 取消对股息、红利征收的个人所得税，适当增加居民的财产性收入。新的企业所得税法对法人投资者符合条件的投资收益已经给予了免税待遇，以鼓励法人的投资行为。而现行个人所得税法对个人投资取得的股息、红利继续征收个人所得税，虽然对个人投资者从上市公司取得的股息、红利已采取减按

50% 计入应纳税所得额的方式给予了税收优惠，但个人投资者从非上市公司取得的股息、红利却不能够享有这项优惠政策，依然需要承担 20% 的税负。对个人投资者取得的股息、红利所得征收个人所得税不仅存在着重复征税问题，也造成个人投资者与法人投资者之间的税负不公，不利于鼓励个人投资者对法人企业的投资行为，也不利于增加居民的财产性收入。因此，对于个人投资者持有未上市公司股票或股权的，以及持有上市公司股票超过一定时间的，个人投资者取得的股息、红利所得给予免征个人所得税的优惠政策，不仅有利于促进税收公平，促进投资，促进股票市场的稳定，也由于居民收入的持续增加，有利于促进居民消费的持续增长。

4. 提高独立提供劳务人员的劳务报酬、稿酬等收入的税前扣除标准。对于劳务报酬、稿酬类所得，目前的税前扣除标准依然维持在每次收入 4000 元以下扣除 800 元，每次收入 4000 元以上扣除 20% 的标准。个人取得的劳务报酬、稿酬等所得与工资薪金所得同属于劳动所得，但对于独立提供劳务的劳动者来说，月收入在 10000 元以下，其税前扣除低于工资薪金所得的扣除标准，这是不符合税收公平原则的，也不利于从扩大就业的角度鼓励一部分人员灵活就业。目前应当在综合考虑各种因素的情况下，对于灵活就业人员、主要收入来自于劳务报酬和稿酬的非兼职人员每月（次）取得的劳务报酬、稿酬等收入在 10000 元以下的，将税前扣除标准提高到 2000 元，切实提高独立劳务人员的可支配收入水平。

（二）加大结构性减税的设想

1. 适当降低居民生活消费品的增值税税率。我国现行增值税实行 13% 税率的商品大多是与人们日常生活相关的日用消费品。可以考虑适当降低那些需求弹性小、与生活需要相关的商品和劳务的增值税税率；同时扩大适用低档税率的范围，使其更多地覆盖与居民生活需要息息相关的必需品。

2. 适当调整现行营业税政策，优化营业税税制，降低营业税税负。应当从促进现代服务业和消费性行业大力发展的角度，调整现行营业税政策，改革营业税税制。其一，在对增值税小规模纳税人的征收率调低为3%后，应当将中小服务性企业、个体经营服务业的营业税税率调低到3%，降低中小企业尤其是个体经营服务业的税负，从而增加个体经营者的收入水平，以达到鼓励个人从事服务业和推动服务业发展的目的。其二，应当通过适当的税收优惠政策促进服务业的发展。尤其是具有推动整体消费水平提高的新兴的现代服务业和消费性服务业的发展，对于目前出现的一些难以界定行业归属或在行业归属上存在不同意见的新兴行业，宜从低适用税率，以扶持这些行业的发展，增加就业，同时激发新的消费热点、扩大消费领域和拉动消费增长。其三，尽快将属于营业税征税范围的交通运输业、物流业、建筑业和销售不动产等税目纳入到增值税的征税范围，减少重复征税，推动这些与其他行业发展密切相关的服务业的发展；在目前不能够将更多行业或项目纳入增值税征税范围的情况下，可以综合考虑营业税存在的重复征税的程度，对于某些行业或项目的营业税计税依据进行适当的调整。主要是对于当前在技术上便于操作的行业或项目，可以在计税依据确定时，允许其进行一定程度的成本、费用扣除，尽可能减少重复征税。这样，既减轻了纳税人的负担，促进了相关行业的发展，也有利于促进居民消费。

3. 运用税收政策扶持企业进行新产品开发。我国居民消费不足的一个重要方面在于高收入者消费意愿不强。导致高收入者消费意愿不强的一个重要原因，在于消费品的种类依然不多，消费服务还处于较低水平，难以满足收入水平较高的消费者对于消费品升级换代和消费服务高水平、消费多样性的要求。因此，在税收政策方面，对于企业进行新产品开发、新兴消费服务应给予一定的扶持。凡是有助于拉动居民消费升级换代的消费品、节能减排消费品的研发与生产，在现行企业所得税优惠的基础上，在产品销售初期给予增值税即征即退的优惠，新兴服务业的开拓与经营都可以给予 3 年以内的营业税减免优惠，并给予其与开发新产品同样待遇的所得税优惠，使产品创新和服务创新成为启动居民消费的有效力量。

（三）完善促进就业税收政策的建议

1. 进一步调整现有促进就业的税收政策

政策扶持方式上应由针对特定就业人群的优惠向产业优惠转移，注重发展具有比较优势的劳动密集型行业和中小企业。这样可减少就业人群间产生新的税收待遇不公平的可能性，也有利于产业结构调整，并便于政策执行。

除对特殊群体给予税收优惠外，应进一步扩大优惠政策的适用对象。要充分考虑就业工作中出现的新情况和需要给予扶持的新群体，对创业行为不分主体给予税收优惠，充分利用创业带动就业。通过税收政策，支持对有创业愿望和具备创业条件的城乡劳动者风险投资、小额担保贷款和创业培训等服务。对就业中介机构和就业信息流通给予税收优惠扶持。

扩大促进就业税收政策的适用范围，给予各类不同性质、不同投资主体和经济形式的企业以同等税收优惠待遇。在福利企业税收优惠政策试点基础上，及时总结经验，尽快在全国范围内推广。

延长就业再就业税收政策的执行期限。目前促进各类人员就业的税收政策执行期限不同，有的甚至没有期限规定。我国促进就业再就业是政府长期重要任务，应对就业再就业税收政策的执行期限做出统一规定并适当延长，在与就业形势对应的较长时期内实行税收优惠促进就业。

为适应就业方式呈多样化发展，灵活就业比重不断上升的趋势，促进就业的税收政策应该积极创新。应鼓励非全日制就业、短期就业、季节性就业、家庭就业、派遣就业、远程就业、自营就业、临时就业等多种就业形式。

2. 进一步破解城乡二元结构带来的劳动力市场矛盾

税收政策扶持面应由城镇失业人口向所有需要就业的城乡劳动力扩大，为各类劳动力就业创造公平的税收环境；通过加大对城市居民服务业、中小企业等劳动密集型产业的税收支持力度，促进城镇就业岗位的增加，扩大城镇失业人口和进城务工农民的就业。通过加大对县域经济的税收支持力度，进一步贯彻落实促进乡镇企业发展的税收政策，扩大农村富余劳动力就地转移就业。进一步加大对农村富余劳动力自主创业以及职业技能教育培训的税收支持力度，从而多环节、广范围地发挥税收增加低收入群体收入，扩大居民消费能力和促进就业的作用。

3. 对促进就业的税收优惠政策进行规范统一

应对各种优惠措施予以清理和规范，建议出台规范的促进就业税收政策指南。例如，涉及下岗失业人员、军队转业干部、城镇退役士兵、军队随军家属及其他持有相关就业证明人员就业的税收优惠政策，零散地分布于各税种相关法律规定中，并且较为混乱，不利于执行的同时也给滥用税收优惠提供了机会。

要继续提高政策可操作性，将纳税人享受促进就业税收优惠的各项前提指标得到科学量化。例如在确定对福利企业税收优惠水平时，要按年度考察安置残疾人员的规模，既要考察安置就业的具体人数，又考虑安置就业人员所占比例，降低残疾人员就业与再就业成本，鼓励企业为残疾人员提供就业机会。

提高税收政策的有效性重在落实。在促进就业税收优惠政策的管理方面，应加强对纳税人享受促进就业税收优惠政策的审批工作，加强税务行政执法的内部监督。必要时引入公示制度，以利用社会力量对审批工作进行监督，并避免纳税人滥用税收优惠。加强参与就业管理工作的政府职能部门间对信息的共享与利用，尝试以税务部门为核心，建立就业税收管理工作部门间综合协调机构，加强相关部门的税务协助和协查，做好促进就业相关的社会综合治税工作。

（四）开征社会保障税，增加居民的消费信心

开征社会保障税，建立规范化、法制化的社会保障机制，可使社会的中低收入群众的基本生活确实得到保证，解除人们的后顾之忧，增强预期消费和即期消费的信心。对我国社会保障税的总体设计是：第一，我国社会保障税的法定纳税义务人应包括各类企事业单位和个人，但行政机关、社会团体和由国家财政拨款的事业单位不应作为社会保障税的纳税义务人。第二，按照国际惯例，我国社会保障税的课税对象是指支付的工薪总额；就在职职工个人而言是指一定时期个人从企业或单位领取的工薪收入额；至于个体经营者则以其经营收入扣除经营成本后的净所得额作为课征对象。应规定"最高应税限额"，对于纳税人超过限额部分的工资薪金或生产、经营利润不再征税。第三，本着征税简便、降低税收成本的原则，对社会保障税的税率，可以根据基本养老保险、基本医疗保险和失业保险等保险项目统一设计综合比例税率予以征收。第四，我国社会保障税的征收应按属地原则由税务部门按月计征、年终清缴。在具体征收方法上可采用"源泉扣缴"和"申报纳税"相结合的方法。

执笔：李俊英

我国居民消费及刺激消费需求的税收政策

唐财斌

2008 年以来，由于国际金融危机的影响，我国出现了经济增速持续下滑、出口急剧下降，国内有效需求不足等问题，经济发展中长期存在的结构性矛盾在此次国际金融危机中更加凸显。在这种情况下，我国政府审时度势，果断地采取了一系列应对措施，实行了积极财政政策和适度宽松的货币政策，以期促进经济持续稳定增长。

经过一年运行看，这些措施已经开始见到成效。2008 年下半年以来经济增速持续下滑的趋势初步得到遏制。但是形势依然严峻（郑新立，2009）。

由于投资需求拉动力强、见效快，目前我国实行的调控政策仍主要以拉动投资需求为主，依靠投资规模扩张、提高投资率和工业增长的带动，保持经济快速增长。主要以大规模增加政府投资，带动民间投资，稳定外需，扩大内需，拉动消费需求。从目前的整体经济状况看，政策主导型特征仍然很明显，国民经济内在增长的动力仍然不足，特别是在拉动消费需求尤其是居民消费方面的力度还远远不够，国民经济持续稳定增长的根基还不牢固。

因此，下一步关键在于扩大内需特别是居民消费需求的方针能否有效贯彻落实。只有扩大内需政策在推动发展方式转变上取得突破性进展，才能有效促进经济增长由主要依靠投资、出口拉动向消费、投资、出口协调拉动转变，才能从根本上战胜国际金融危机的影响。因此，促进最终消费需求、特别是居民消费增长，应成为今后宏观调控的主要着力点。

一、我国居民消费需求现状和特点

1. 居民消费率偏低、投资率过高。2007 年我国居民消费率为 35.4%，与历史最高水平 1985 年的 52% 相比，下降近 17 个百分点；与发达国家相比，相差 30 个百分点左右。与低消费率相对应，2003~2007 年，投资率年均达到 42.4%，是历史上最高时期。2009 年一季度，全社会固定资产投资增长率高达 28.8%，社会商品零售额的实际增长率 15.9%。投资与消费是国民收入分配中主要比例关系，二者是此消彼长的一对矛盾，投资率过高实际意味消费率偏低，而消费率偏低直接影响即期居民生活水平的提高。

2. 低消费、高储蓄矛盾仍然存在。在消费率走低的同时，城乡居民储蓄一直居高不下，存款绝对额在不断增加，截至 2007 年底，我国银行城乡居民储蓄存款突破 16 万亿元大关。近年来，我国储蓄率大体维持在 38%~40% 左右，表明我国存在消费增长过慢、积累过度的现象，而过度积累又会导致消费增长缓慢。

3. 消费需求仍以商品性消费为主，服务性消费发展滞后。居民消费主要由商品性消费和服务性消费两部分组成。我国目前商品性消费的比重偏大，服务性消费所占的份额偏小。2002~2005 年我国居民商品性消费占最终消费的比重基本保持在 65% 以上，而服务性消费占最终消费的比重为 32%~35%，所占份额仍然偏低。这表明我国居民的生活水平从总体上看仍停留在物质消费为主的阶段，文化、娱乐等精神层次消费仍然不足，同时说明我国消费结构不尽合理，第三产业发展滞后。

4. 消费水平和消费数量在城乡和不同社会群体之间存在差距。一是农村消费低于城市消费。我国具有明显城乡二元化的社会特征，城乡和地区发展不平衡，居民消费形成了城镇居民消费和农村居民消费两个层次。截至 2007 年末，我国人口总数已达 13.2 亿人，其中城市人口为 5.9 亿人，占 45%，农村人口为 7.3 亿人，占 55%。2007 年，全社会消费品零售总额 8.92 万亿元，城市消费占 67.1%，农村消费占 32.3%，农村人均消费仅为城市人均消费的 1/3。二是居民消费低于政府消费。近年来，我国居民收入占 GDP 的比重呈现下降的趋势，由 1997 年的 63.5% 下降到 2007 年的 49.6%。与此相反，政府的财政收入占 GDP 的比重则呈现快速提高趋势，由 1997 年的 10.5% 上升到 2007 年的 19.6%。与此同时，居民消费和政府消费相比，居民消费持续缩减，政府消费连续增加。据统计，2007 年，居民消费和政府消费在全部消费当中，分别占 72% 和 28%，与 1998 年的 76% 和 24% 相比，政府消费所占比重提高了 4 个百分点，居民消费下降 4 个百分点。

二、当前我国刺激居民消费的主要税收政策

税收政策是财政政策的重要组成部分，针对经济运行的变化形态，实施积极的财政政策，需要及时调整相应的税收政策。为了落实积极财政政策要求，在鼓励投资、扩大内需、促进出口等方面，先后出台了一系列税收政策。在启动国内有效需求、扩大消费方面，围绕着经济难点和消费热点实施了以下政策措施：

1. 实行储蓄存款利息所得和证券交易结算资金利息暂免征收个人所得税。

2. 为刺激居民和企业对证券的投资热情，降低了证券交易

印花税率及施行单边征收政策。

3. 为活跃住房消费市场，鼓励普通商品住房消费，落实降低住房交易税收政策，减免了部分税费。其中个人首次购买普通住房的契税税率下调至1%；对个人住房转让减免营业税。

4. 为了刺激汽车消费，降低了低排量汽车购置税税率，并确定成品油税费改革方案，施行燃油税制度。

5. 调整完善出口退税和关税政策。支持劳动密集型和高技术含量、高附加值产品出口。2008年8月到2009年6月连续7次上调出口退税率。

6. 积极制定和落实了促进中小企业发展以及安置就业的有关税收政策。

这些政策措施的贯彻实施对于扩大内需，刺激消费发挥了一定的政策导向作用。

三、有效扩大居民消费的税收原则

从税收与经济、收入与支出的关系来分析，在经济疲软时期，从刺激各类市场主体的消费和投资意愿，特别是从调动各类企业投资积极性，促进经济增长的客观需要看，及时实行减税政策，是通常的政策选择。而另一方面，积极财政政策需要增加税收以满足扩大的财政支出规模需要。因此说，税收目前处于两难境地。面对这种状况，税收政策有三种选择：一是减税，刺激社会投资与居民消费；二是增税，增加财政收入，扩大政府支出，直接增加有效需求；三是不增不减，只进行政策结构调整。从目前税收的收入状况与调控目标看，结构性减税是目前比较适宜的税收政策选择，即保持现有税收收入水平基础上，对税收制度、税收政策进行有针对性的调整，以适应扩大内需，促进经济增长的需要。因此，在制定税收原则时充分考虑税收面临多重目标，调控手段约束条件硬化，灵活把握调控的力度和节奏，及时充实完善。

（一）短期目标与长期目标相结合原则

从目前国内经济形势分析，我国目前的以结构性有效需求不足为特征的经济状况，并非是短期性的内需与外需的失衡，国内需求不足将伴随着我国经济改革在一定时期内长期存在。因此，扩大内需应纳入中长期经济发展战略的范围。所以，也应把税收政策的调整置于中长期发展来考虑。把短期的刺激内需不足政策置于中长期的结构优化升级的政策框架中，使短期政策目标成为中长期政策目标的一个有机组成部分。

（二）税收增长适度原则

为了满足实施积极财政政策需要，未来一定时期内将面临增加税收任务的压力，当前税收的增幅仍大大高于 GDP 的增长幅度。应充分认识税收超经济增长的危害，用增加税收的方法满足财政支出需要应有一个度，即在增加公共投资的同时，不能在税收自然增长的基础上再增加税收。从税收与经济关系看，只有适度的课税规模与政府职能的实现及经济持续增长有机地结合统一起来，才是宏观经济税收政策的合理选择。

（三）重点运用原则

运用税收优惠政策扩大内需，刺激消费应突出重点，鼓励的范围不能过广，幅度不能过大，不能超越财政的承受能力。要根据国家鼓励消费的目标，制定不同消费方向、不同消费层次的鼓励政策，使有限的税收优惠资源得到有效配置。

四、扩大居民消费的税收政策

根据以上原则，建立有效的税收调节机制并实施相关税收政策。从初次分配和再分配两个方面入手，从促进分配合理化的角度进行调整，实行结构性减税，适当减轻居民税收负担和企业税收负担，增强居民消费能力和企业活力。以就业为目标，大力支持中小企业和服务业发展，创造更多就业机会。改善居民消费预期，增强居民消费意愿，促进房地产、汽车、证券等消费热点健康发展。

（一）调整收入分配结构，提高居民消费能力

扩大需求的关键是调整国民收入分配比例，健全收入增长机制，增加居民可支配收入，提高居民消费能力，扭转个人消费开支占 GDP 比重持续下降状况。相关研究表明，可支配收入中工资性收入的消费倾向往往高于股息等其他收入来源，既不仅总收入的增减变化会影响到消费，收入结构的变化也会对消费产生一定影响。因此，调整国民收入分配格局，逐步提高劳动报酬在初次分配中的比重。

（二）促进高科技发展，改善商品供给结构

目前，在国内消费品市场，一方面大量商品滞销，另一方面技术含量高、设计新颖的进口产品却很畅销，表明我国在产品研发、生产、流通等方面与世界发达国家相比还比较落后。因此，应加快发展我国高新技术产业，缩小与世界发达国家水平的差距。加大税收优惠力度，进一步激励企业开发新产品，通过有效的税收优惠措施，对有助于拉动居民消费升级换代的新型消费品的研发和市场开拓给予一定支持，提高国内产品市场竞争能力，促进市场供给结构优化，满足不同消费层次的需要。

（三）支持中小企业和服务业发展，妥善解决劳动就业问题

就业是考核国民经济运行状态的重要指标，也是政府的重要调控目标。目前大量富余劳动力，使我国就业压力日趋严重，促进中小企业发展，鼓励和扶持服务业发展，是解决劳动就业的重要途径。

我国中小企业是在社会主义市场经济发展的促进下壮大的，目前中小企业不但是推动我国经济发展的一支重要力量，而且成为吸纳城乡富余劳动力就业的重要渠道。由于中小企业主要

分布在劳动密集型产业，雇工较多，社会保障费用支出相对较大，单位投资效益普遍不高。特别是在目前经济环境下，中小企业生产经营中困难较多，抵御冲击的能力较弱，需要税收加以扶持，降低中小企业整体税收负担。

保持中小企业实行较低税负原则，已在新的企业所得税法中体现出来。但是税负相对还是较重，企业所得税边际税率还应适当降低，大体在15%左右为宜。为了缓解中小企业融资困难，提高中小企业创办初期的经济实力，借鉴国外扶持中小企业的做法，规定企业盈利后，累计第1个40万元收入，企业所得税减半征收。为鼓励人力资本投资，促进中小企业提高人员素质，增强竞争能力，支持加大对下岗失业人员和农民工的职业技能培训力度，对职工劳动技能培训支出，提高企业列支标准。

从实践看，服务业是吸纳就业的主要产业，对解决我国劳动力过剩作用突出。"十一五"规划明确提出，"十一五"期间我国服务业的增速应高于国民经济增速，使其成为提供就业机会的主要行业。促进服务业发展，税收方面已有一些政策，但在一些方面需要完善。调整完善现行营业税制度，尽快将交通运输业、物流业、建筑业和销售不动产纳入增值税，减少重复征税。适当调整服务业营业税负，在增值税的征收率调低为3%以后，从事服务业的个体工商户5%的营业税税率相对较高，适当降低税率到4%为宜。税收优惠政策在现有扶持一般消费服务业发展基础上，重点将金融、保险、电信、物流、信息、营销等现代服务项目列入鼓励范围，促进现代服务业发展，起到扩大消费领域和拉动消费的作用。

另外，进一步降低个体工商户的流转税税负，增加个体工商户的税后可支配收入，提高其扩大生产能力和消费能力，提高增值税和营业税起征点。根据目前全国大部分地区按照5000元最高限确定增值税和营业税起征点的事实，参照一般经营利润率水平和城乡人均消费水平，进一步提高增值税和营业税的起征点。

（四）提高个人所得税的费用扣除标准，适当调整税率结构

个人所得税的征收规模直接影响着居民可支配收入数量，根据目前内需不足的原因，应适度提高个人所得税费用扣除标准，直接增加部分居民收入。根据地区发展状况，适当提高经济发达地区的费用扣除标准。同时，根据居民消费价格指数变动情况及时进行调整。

另外，调整工资、薪金所得的税率结构。主要是减少个人所得税的税率档次，拉大级距，适当降低个人所得税的最高边际税率。

（五）开征社会保障税，减轻居民预期支出负担

应当看到，在中央银行连续下调储蓄存款利率措施，也没有达到"挤出效应"，说明已经出台和将要出台的养老、医疗、住房、教育等社会保障制度改革，对居民大幅度增加支出的影响。并且，在国际金融危机的影响下，企业生产经营困难，就业形势严峻，预期收入下降，强化了减收增支的预期，导致了边际消费倾向下降，边际储蓄倾向上升。解决这个问题的短期政策措施，是通过财政转移性支出，直接增加低收入阶层可支配收入，改革长期实行的低工资制度，使工资结构与社会保障支出结构相对称。更长期的措施是通过开征社会保障税，为社会保障制度奠定物质基础，确保居民的基本生活需要。这样可以减轻居民预期支出负担，减少谨慎性储蓄，增强即期消费倾向，推动储蓄转化为消费，拉动消费需求。

（六）大力培育消费热点，促进消费结构升级

随着收入水平的提高，消费结构不断提升，不同收入群体的消费结构必然不断升级。居民消费方式从温饱型向追求质量的休闲型消费转变，居民消费结构将由工业消费品为主逐步向第三产业转变，家电、通讯、汽车、住房等消费热点，逐步向教育、文化、旅游、美容保健等服务类产品转换，经济增长点也从制造业向服务业转变。在税收政策调整中，将扩大消费与消费结构升级相结合，扩展消费空间，引导城乡居民消费方式转换和升级。

目前，房地产行业在市场驱动的内需中占有重要而特殊的地位。前一阶段，国家为鼓励居民个人住房消费，先后制定了首次购买普通住房的各项税收优惠政策，实施对住房转让环节营业税等相关减免政策，调整了有关个人出租房产的税收政策，这将有利于刺激住房消费市场发展，增加居民的财产性收入。下一步加大促进住房一级市场和住房转让、租赁市场发展，形成正常的房产购买、出租、出售环节的税收政策体系。当前，亟须扩大和提高城镇职工住房贷款利息在个人所得税的抵扣范围和标准。

除此之外，对政策鼓励的特定消费项目的支出或消费贷款的利息支出也可在个人所得税税前扣除。借鉴国际经验，鼓励个人投资法人企业，对个人股东从法人企业取得的股息、红利，优惠税率征收个人所得税，增加居民的金融财产性收入。对个人购买商业保险所发生的费用，可按照一定比例给予个人所得税税前扣除照顾。

同时，发展消费信贷，促进消费增长。虽然30年来改革开放的发展，我国居民生活水平大幅提高，但在购买力方面，消费受到即期收入的制约，还不能完全满足一些潜在的消费需求，即现实购买力处于积累阶段，需要较长的储蓄过程。在这种情况下，积极运用金融手段实现消费者跨期消费，弥补现实购买力与潜在消费需求之间的差距，促使潜在消费需求转化为现实购买力，为推进大众化消费的扩张与升级创造条件，具有现实必要性。目前，尽快调整有关税收政策，对开办消费信贷业务的金融、保险等部门，在营业税和企业所得税两方面给予必要优惠，促进经办消费信贷业务的积极性，提高信贷消费在整个信贷投放比例。

作者单位：天津市国家税务局

税收促进扩大消费需求的
国际借鉴研究

浙江省国际税收研究会课题组

我国自 2008 年下半年以来，受美国次贷危机为导火线引发的国际金融危机快速蔓延的影响，加上我国经济发展中尚未解决的一些深层次矛盾和问题，我国经济发展遇到不少困难，出现了经济下滑苗头。中央审时度势，对宏观调控政策作了重大调整，2008 年 12 月中央经济工作会议提出"保增长、扩内需、调结构"的重大战略措施，实施积极的财政政策和适度宽松的货币政策，并明确提出"要以提高居民收入水平和扩大最终消费需求为重点，调整国民经济分配格局"。扩大内需包括扩大投资需求和扩大国内消费需求两个方面。本文就税收促进扩大国内消费需求课题，研究分析我国消费需求不足的现状及原因，借鉴当前世界多数国家采取的有效措施，从税收角度研究提出若干对策建议。

一、我国消费需求不足的现状及原因

我国自改革开放以来，经济高速增长。我国 1978 年国内生产总值为 3645 亿元，到 2007 年达到 263242 亿元，增长了 71 倍。随着经济的发展，城乡居民收入也逐步增长。我国城镇居民人均收入 1978 年为 343 元，到 2007 年达到 13785 元，增长了 39 倍；农村居民人均收入 1978 年只有 133 元，到 2007

年达到 4140 元，增长了 30 倍，生活水平显著提高；但是还没有与经济发展同步增长。据《中国统计年鉴》GDP 按支出法计算，2000 ~ 2007 年我国投资率由 35.3% 上升至 42.3%，比世界平均投资率（20% 左右）高出 20 个百分点；净出口率由 2.4% 上升至 8.9%；最终消费率由 62.3% 下降到 48.8%，比世界平均消费率（77% ~ 79%）低 20 多个百分点，远远低于世界平均水平，并呈长期下降趋势。最终消费率由居民消费和政府消费组成，其中居民消费是最终消费的主体，我国居民消费率由 46.4% 下降到 35.3%；世界多数国家居民消费率占最终消费的 70% 左右。我国最终消费率过低，内需不足，是居民消费率持续走低引起的。我国内需不足，居民消费率偏低主要有三个方面的原因。

（一）国民收入分配格局尚欠完善，居民收入不能随着经济增长同步增长

国民收入由居民收入、企业收入、政府收入三部分组成。近几年来，随着经济的快速发展，国民收入增长较快，但在三者之间的分配不尽合理。据有关方面测算，政府收入的比重，由 2002 年的 17.9% 上升到 2006 年的 21.4%；企业收入的比重，由 2002 年的 20% 上升到 2006 年的 21.5%；但居民收入的比重却从 2002 年的 62.1% 下降到 2006 年的 57.1%，且呈持续下降趋势。居民收入在国民收入中的比重下降，必然导致居民消费率随之下降，出现内需不足。

国民收入分配格局不合理，还表现在不同阶层居民之间、城乡之间、地区之间收入分配差距迅速扩大，贫富分化速度加快。据有关部门典型调查，城镇居民最高 10% 收入组与最低 10% 收入组，1990 ~ 2000 年 10 年间，收入对比从 3.2 倍上升到 4.6 倍；而到 2007 年，收入对比已达到 8.9 倍，又扩大了近 1 倍，且呈收入越高、增长越快之势。城乡之间，城镇居民收入与农村居民收入之间的差距，根据国家发改委公布的数据显示，

2004～2006年间一直处于3.2倍左右，农村居民收入上升幅度远远低于城镇居民。地区之间，西部、少数民族地区与东部、沿海地区比，收入差距仍在扩大。由于国民收入分配格局不合理，使高收入者增收快，但边际消费倾向递减；低收入者有增加消费的欲望，却苦于无钱消费，影响到国内消费需求的扩大。

（二）社会保障体系尚不健全，导致居民消费信心缺失

我国改革开放以来，在建立社会保障制度方面做了很大努力，但社会保障体系仍不健全。近年来我国密集推出住房、教育和医疗市场化改革，加上住房、教育、医疗等价格上涨过快，增加了居民在这些方面的支出负担，分流了居民的购买力，挤压了居民的一般消费品的消费，进而降低了消费率；特别是我国社会保障体系不健全，致使居民对未来收支产生极大的不确定性，只能调整支付结构，减少现期消费，增加预防性储蓄，以备未来在失业、疾病、年老等不测之时使用。

我国居民储蓄率呈强劲上升势头，储蓄存款余额已由2000年的6.43万亿元，增加到2008年末的21.8万亿元，增长2.4倍；其中2008年就新增4.63万亿元，同年国家财政总收入是6.13万亿元。巨额的居民储蓄，极大地抑制了消费需求的增长。1990～2007年间消费率从62.5%下降至48.8%，其中农村消费占全部消费的比重，由1978年的62.1%下降至2007年的26.4%。

（三）税制上存在缺陷，有碍促进消费需求的快速增长

我国税收收入占GDP的比重是比较高的，如加上社保基金收入，已达到23%的比重。根据国际货币基金组织的统计资料，发展中国家这一平均比重为17.9%（包括社保税），我国高于发展中国家的平均水平。我国自2008年10月以来，为应对国际金融危机所带来的冲击和不利影响，已陆续出台了多项减税收、扩内需、促消费的税收政策，如实行增值税转型、调整房地产交易营业税、首次购房减免印花税和契税、多次提高出口退税

率、暂停征收储蓄存款利息个人所得税、减征车辆购置税、下调并单边征收证券交易印花税等。这些税收减免措施虽已初见成效，但现行税制在促进扩大消费需求方面，仍存在不少急需改革完善之处，如个人所得税费用扣除额仍比较低，企业所得税对技术开发费加计扣除贯彻实施的深度不够，税制对促进中小企业发展支持力度不足。税收促进就业的规定优惠范围过窄，社会保障"费改税"尚未出台，二手房买卖的税费仍然较重，出口退税政策有待完善，税收支持"三农"的减免税范围需要扩大，等等。

二、世界各国应对金融危机采取的税收措施

世界多数国家已公布的刺激经济的方案，有的以减税为主，有的扩大财政支出与减税并举，也有的以扩大财政支出为主并辅以减税政策。从减税措施来看，主要内容有五个方面。

1. 减征个人所得税，增加中低收入阶层的可支配收入，扩大消费能力。如美国提出 7870 亿美元的经济刺激方案，其中 35% 用于减税，给予每个中低收入纳税人每年 500 美元（每个家庭不超过 1000 美元）的个人所得税抵免，并增加子女抵免金额。德国个人所得税最低税率由 15% 降为 14%。

2. 降低增值税税率，刺激消费。如英国政府出台以减税为核心，总额达 200 亿英镑的经济刺激计划，其中也采取临时降低增值税标准税率以刺激消费，税率从 17.5% 降到 15%；加拿大的货物和劳务税税率，从 7% 降到 5%。

3. 调整企业所得税政策规定，促进扩大投资。如日本政府出台了约 87 万亿日元的经济刺激方案，其中用于扩大财政支出的约 75 万亿日元，用于减税的约 12 万亿日元；对年所得不超过 800 万日元的中小企业，企业所得税税率由 22% 降到 18%。很多国家分别采取了降低税率、亏损向前结转、境外股

息收入免税等税收激励措施，如美国规定 2008 年度和 2009 年度发生的经营亏损可以向前结转 5 年抵免。再如英国政府为防止集团公司总部迁到低税国，决定 2009 年免征公司境外股息收入的公司所得税。

4. 减免房地产有关税收，培养消费热点。如法国政府公布了一项 260 亿欧元的经济刺激计划，对住房贷款实行新减税措施，购买新房的贷款者第一年贷款利息的 40% 可享受对应的所得税减免；随后的 4 年里贷款利息的 20% 仍可享受减免。韩国政府将房地产转让税的起征点由 6 亿韩元提高至 9 亿韩元。葡萄牙政府调减了房地产税税率，分别由原来按房屋价值征收的 0.5% 和 0.8%，调减至 0.4% 和 0.7%。

5. 减低社会保障的税负，改进消费环境。德国 2009 年 1 月宣布了第二个约 500 亿欧元的经济刺激计划，从 2009 年 7 月 1 日起降低医疗保障税的税率；英国也提高了社会保障税免征和减征收入额的上、下限。

各国应对金融危机所采取的税收政策措施，有刺激消费需求的，有促进扩大投资的，多数以调整所得税为主要手段，以减征房地产税收拉动个人消费为主要突破口，减税政策普遍限定了有效时间，具有临时特征。这对我国应对世界金融危机调整税收政策具有现实的借鉴意义。

三、税收促进扩大消费需求的政策建议

我国应对国际金融危机的冲击，已实施积极的财政政策和宽松的货币政策，已推出进一步扩大内需促进经济增长的十项措施，政府增加投资 4 万亿元，以带动民间投资，达到发展生产、扩大就业、增加居民收入进而扩大消费的目的。

消费是生产、交换、分配的终极，也是经济发展的原动力。扩大消费需求，是扩大内需的重中之重。收入是消费的基础，收入增加又是扩大消费需求的前提。政府应调整收入分配格局，多向个人倾斜，以增强居民的消费能力；财政应加大对公共服务的投入，增加农业、卫生、教育和社保支出的安排，改善居民享受公共服务和社会保障的条件；卫生、教育部门也应加快改革步伐，降低收费标准，减轻居民治病和子女受教育的负担；政府还应加强宏观经济调控，避免物价上涨幅度过大，造成居民收入贬值而影响消费能力。除此之外，我们研究认为，面对国际、国内经济新形势，税收工作必须认真贯彻落实科学发展观，在税制上迅速采取以下政策措施，以达到减轻税收负担、增加居民收入、扩大就业范围和完善社会保障的目的。

（一）改革完善个人所得税制，减轻中低收入者的税负提升消费能力

我国个人所得税法，全国人大常委会于 2007 年 12 月 29 日已第五次修正，实施以来发挥税收调节收入的作用已取得明显效果；但是，现行个人所得税法仍需进一步改革完善。为了增加中低收入者的可支配收入，扩大消费能力，一是征收个人所得税的费用扣除额应再适当提高，可从现行 2000 元提高到 3000元；基于地区间经济发展、物价水平差异，应允许省、市人民政府根据当地物价水平在一定幅度内上下浮动；费用扣除额还应与消费价格指数挂钩，1 至 2 年调整一次；二是个人所得税税率的累进级距应扩大，第一级按 5% 税率征收的级距，可提高到 2000 元；以后各级税率的级距也要相应调整，降低税率累进程度，减轻中低收入者的税收负担；三是积极创造条件推行综合与分类相结合的个人所得税制，统一内外籍人员的费用扣除标准；逐步试行将赡养老人、抚养子女、医疗费、教育费等适当纳入费用扣除项目，以体现公平税负，照顾那些中低收入者因家庭负担较重及疾病等带来的实际困难，提升他们的消费能力。

（二）认真贯彻新企业所得税法加计扣除、加速折旧等优惠规定，促进企业技术创新、增加收入、提高职工收入水平和消费能力

我国近年来促进技术创新和高新技术产业的发展，相继出台了一些税收优惠政策；特别是企业所得税"两法"合并实行新的企业所得税法后，取得一定成效。但与国际上一些创新型国家比，差距仍很大，主要表现在：优惠面不宽，优惠力度不足，贯彻得还不深，因种种原因企业实际享用还不广。为了促进企业技术创新，发展生产，增加收入，一要加大税收支持技术创新的力度，在税收优惠政策上，要打破地域界限，打破不同经济性质企业的界限，要提高技术开发费加计扣除的幅度，允许研发仪器设备加速折旧，放宽企业研发人员教育培训费列支标准，统一高新技术园区内外高新技术企业的税收支持力度，支持产学研联合开发科技项目；二要加大现有税收优惠政策的宣传力度，帮助企业用好用足税收优惠政策，促进生产发展，提高职工收入水平，增强消费能力。

个别企业应对国际金融危机临时资金周转困难确需延期纳税的，建议授权主管税务机关有权审批，并可少加或不加滞纳金。

（三）加大税收支持中小企业发展的力度，增加居民就业机会增加收入扩大消费需求

我国中小企业占企业总数的99%，提供了约75%的劳动就业机会，从农村转移出来的劳动力绝大部分被中小企业吸纳。中小企业的发展不仅有利于促进经济增长、缓解社会就业压力、增加居民收入，而且有利于形成合理有序的社会化生产分工体系。《中华人民共和国中小企业促进法》确立了国家对中小企业实行积极扶持、加强引导、完善服务、依法规范、保障权益的方针，并明确提出要在税收、金融等多方面加大扶持力度。

我国改革开放以来，对中小企业实行了一系列税收优惠政策，促进了中小企业的发展，功不可没，但这还远远不够；特别是现行某些税收政策规定，实际上是对中小企业的歧视和限制，突出地反映在增值税、所得税和税收管理服务上，严重影响到中小企业持续快速健康发展。

改革完善中小企业税收政策，一要扩大增值税按"一般纳税人"征收的范围，对从事工业生产加工和经营生产资料的中小企业，以及从事其他商品经营的中小企业，如会计核算健全能够提供准确税务资料，经批准都可核定为增值税一般纳税人，以拓宽增值税抵扣税"链条"的覆盖面，有利于中小企业的发展；但是也不能把所有中小企业都改按一般纳税人，这是根本不可行的；二要进一步降低中小企业所得税税率，建议年应税所得额未满 10 万元的适用 10% 的优惠税率，年应税所得额在 10 万元以上未满 20 万元的可适用 15% 的优惠税率，以扶持中小企业中积累较少、扩大生产经营困难较多企业的生存和发展；三要准许个人独资和合伙经营的小企业，在企业所得税和个人所得税之间选择一个税种纳税，以体现对小企业的关怀照顾。税收支持中小企业的发展，有利于增加就业岗位，增加居民收入，扩大消费需求。

（四）适当扩大税收促进就业的优惠范围，促使待业人员获得就业机会获得收入增加消费

扩大就业再就业，关系改革发展稳定的大局，关系居民生活水平的提高。我国就业再就业任务艰巨，劳动力供需矛盾突出，有城镇待业青年、大中专毕业生、复退军人要就业，有国有、城镇集体企业下岗失业人员、分离人员要再就业，加上近几年来农村土地被大量征用、失地农民大量增加也要安置就业；再加上去年下半年来沿海地区部分企业由于出口下降导致外向型企业减产甚至停产，失业群体不断扩大，就业再就业形势严峻。多年来国家通过税收政策制定了一些促进就业的优惠规定，也取得一定成效。但是存在的问题是：优惠对象范围太窄，安置企业限制过严，减免税种限定过死，政策复杂手续过繁，亟待改革完善。

积极扩大就业和再就业，是增加全社会消费能力的治本之策。为了进一步发挥税收在促进就业方面的积极作用，一要扩大优惠对象的范围，可以扩大到集体企业下岗失业人员，可以扩大到失地进城待业农民，也可以扩大到下岗就业后再失业人员；二要放宽安置企业的限制，可以放宽到所有安置下岗失业人员的各类企业、各个行业，都可享受安置就业的税收优惠；三要适当扩大优惠税种，下岗失业人员从事商品零售小本经营，经营发生特殊困难时，经主管税务机关批准，也可酌情减免增值税，因为这些下岗人员从事的小本经营，不建账册，不开发票，定额征税，给予酌情减免既能体现对这些特困户的照顾，也不会影响增值税抵扣税"链条"的完整性。税收上进一步采取上述优惠措施，有利于促进就业，有利于扩大消费需求。

（五）抓紧实施社会保障"费改税"，减少人们对失业、疾病、养老等后顾之忧敢于消费

建立健全社会保障制度，是事关我国经济发展、政治稳定、社会和谐的大事，能解除人们后顾之忧，更大程度地释放居民积蓄的消费能量。现行社保基金征集中存在的突出问题是：立法层次低，执法刚性弱，两个部门征、参保面较窄，支出缺口大，统筹级次低，异地转移难，基金不安全，财政隐患大。为了消除人们后顾之忧，敢于提高消费需求水平，必须相应建立健全社会保障制度，扩大社会保障覆盖面，提高社会保障基金的征缴率，保证社会保障支出的需要。建立健全社会保障制度的根本出路在于加快实行社会保障筹资机制的"费改税"，开征社会保障税。

社会保障税的征收范围，从发展方向看，理应不分城乡，统一征收，统一提供社会保障，以体现社会公平；但我国现阶段还没有能力提供广大农民较高水平社会保障的财力，可以先城镇，后农村，逐步推开。农村可视各地经济发展的实际情况，目前可采取不同的社会筹资救助模式；但对进城务工的 1.2 亿农民工应与城镇职工一样征收社会保障税，享受城镇职工同样的社保待遇，切实保障进城农民工的合法权益。

社会保障税的统筹级次，从发展方向看，理应全国统筹，考虑到我国现阶段地区间经济发展水平差距较大，在原来是县（市）级统筹的基础上，可以先省、市级统筹，再全国统筹；但对经济发达省、市和新兴城市，中央财政可提取少部分（如 10%～20%）上缴款，用作转移支付地区调剂，用于异地参保人员返回原地支付的需要。

社会保障税应实行"四位一体"的管理机制，税务部门征收，财政部门管理，社保部门发放，审计部门监督。这样，才能更好地确保社保资金的安全，更好地提供社会保障，消除人们后顾之忧，敢于扩大消费。

（六）调整房地产买卖和房地产税的税收政策，扩大居民住房的消费需求

目前房地产领域存在的突出问题，一是房产价格上涨过快，造成中低收入阶层买不起房屋，没法改善居住条件；二是二手房买卖税费过重，不利于激活消费需求。现行房地产税制存在的突出问题，一是税制陈旧，与经济社会发展形势不适应；二是收入偏小，与地方政府公共建设和服务的事权需要不适应；三是税权集中中央过多，与调动地方积极组织收入的需求不适应。因此房地产税制亟待深化改革，一要扩大征收范围，打破原来征税范围的地域限制，以利公平税负，减少税收流失，但对城镇居民和农民自住的普通住房仍应继续免税照顾；二要调整计税价格，应将原来按账面原值计税、从租计税办法，统一改按市场评估值计税，但是税率不能再提高，税法可制定 0.5%～1% 的弹性比例税率，授权市县政府根据当地经济发展情况和纳税人负担能力确定具体适用税率；三要中央制定统一的房地产税法，但应赋予地方较大的税收自主权，赋予税收减免权和加征权，

对建造经济适用房、廉租房等保障性住房建设用地可予免税，也可给予减收土地出让金的照顾；同时，现行征税规定对二手房买卖的税收负担过重，2008 年 4 季度以来不少地方政府已临时自行调低税负，应从国家税收政策规定上名正言顺加以调低税负，减轻中低收入阶层的购房负担，激活购房需求。

（七）适度调整出口退税政策规定，避免生产出口产品企业减产裁员减少职工收入降低消费能力

外贸出口是拉动我国 GDP 增长的"三驾马车"之一。税收促进外贸出口，从表面上看是促进扩大外需，但深层次的意义是通过促进扩大外需，避免那些生产出口产品的企业减产裁员，从而达到增加企业和职工收入、巩固和提高国内消费需求的目的。

我国自 2009 年 4 季度以来，应对国际金融危机，避免出口大幅下降，不断提高了纺织、机电等产品的出口退税率。为了进一步稳定和挖掘外需市场，对一般产品出口退税，应贯彻"征多少，退多少"的原则，以利我国出口产品以不含税价格进入国际市场，这是 WTO 协议基本原则所允许的，也是国际通行的做法。因此对部分出口产品还应有步骤、有区别地进一步提高出口退税率；但对"两高一资"（高能耗、高污染和国家重要的矿产资源）产品出口，应逐步降低出口退税率，利用区别对待的出口退税政策来引导出口产品调整结构，既稳定和挖掘外需市场，又创造条件扩大内需。

（八）制定扶持"三农"的税收优惠政策，增加农民收入开拓广阔的农村消费需求

我国废除了几千年沿袭下来的"皇粮国税"——农业税，这是党和政府对广大农民最直接最有力的关怀和支持。但是现行其他涉农税收政策的优惠力度还不够，如农民兴办专业合作社不能享受减免企业所得税的优惠，农民个人来源于农业企业等的投资分红还需缴纳个人所得税，挫伤了农民投资的积极性。

党的十一届三中全会通过的《中共中央关于推进农村改革发展若干重大问题的决定》明确提出了"到 2020 年农民人均纯收入比 2008 年翻一番"的目标。税收应围绕农业经营体制机制创新和农业经营方式转变,有针对性地制定优惠政策,加大扶持"三农"的力度,一要大力支持农民兴办专业合作社,对农业专业合作社从事农产品流通、初加工和提供农业技术、信息、仓储、运输、培训等收入可以免征营业税和企业所得税,农民从专业合作社获得的股息、红利、盈余返还等也免征个人所得税;二要将农民购买的农用生产资料(农药、化肥、农膜和农机)中所含的增值税,通过直接退税或财政支出的形式,返还给农民;三要明确失地农民进城务工可一律比照城镇下岗职工享受税收优惠待遇。税收上采取上述优惠措施的最终目的是促进农业发展,增加农民收入,培育农村消费市场,提高农民消费能力。

(执笔人:姚稼强)

刺激消费需求有效增长的
税收政策研究

谢贤昇

从 2007 年 7 月到 2008 年 8 月以来，由于美国次贷危机恶化，进而引发的全球性的金融海啸和经济危机，使得刚刚过去的 2008 年成为世界经济由高走低大转折的一年。世界上许多专家预测，2009 年将是"二战"以来世界经济形势最为严峻的一年。我们知道，国家的经济增长主要由投资、消费与净出口"三套"马车拉动。全球出现经济危机对我国长期依靠出口拉动经济增长方式提出了严峻挑战。面对出口受阻，从 2008 年 11 月份以来，中央积极采取扩大国内消费需求和增加投资来保持经济增长，取得明显成效。2009 年 1 至 3 月份全国 GDP 实现 65745 亿元，同比增长 6.1%。其中：消费拉动 GDP 增长 4.3 个百分点，投资拉动 2 个百分点，而出口是负拉动 0.2 个百分点。实践证明，现阶段要保持经济持续较快发展，促进消费增长是重点。国家要进一步采取措施，特别是要从税收政策上的支持来达到刺激消费、保证需求的长期有效增长。而分析现行的税收制度还存在着许多不利于扩大消费增长的因素，因此，有必要加以改革和完善，以确保消费需求的有效增长。

一、全球性金融海啸给我国对外经济和财政收入造成的影响

我国作为出口型国家，其中美国和欧盟的出口额占总出口的40%。美国次贷危机引发的金融海啸必然会对我国经济产生重大影响。据国家商务部统计，从2008年下半年开始，我国外贸出口增长开始放缓。9月份净出口出现改革开放以来的第一次负增长；11月份全国贸易总额、出口总额和进口总额同时出现负增长，当月我国外贸出口1149.9亿美元，同比下降2.2%；12月份，全国外贸出口1111.6亿美元，同比下降2.8%。2008年全国实现出口14285.5亿美元，增速回落8.5个百分点，出口增速为2002年以来的最低值；共实现贸易顺差2954.6亿美元，增速回落35个百分点。由于我国GDP增长主要靠出口拉动，净出口增速回落最终导致2008年全国GDP的实现额为300670亿元，同比增长9%，增速较2007年下降2.9个百分点。2009年外贸出口继续下滑，一季度全国外贸出口额2455亿美元，同比下降19.7%；4月份外贸出口额919.4亿美元，同比下降22.6%。全国一季度外贸进出口总额4287亿美元，同比下降24.9%，并已连续8个月出现负增长。

从财政收入分析：由于国际金融海啸的影响和国家推行的一系列减税措施，财政收入增速大幅度下降。2008年10月份，全国财政收入为5329亿元，较2007年同期下降0.3%，出现了2003年以来的首个负增长；11月份，收入下滑的态势更加严峻，全国财政收入为3792.4亿元，比2007年同月下降3.1%，而12月份，全国财政收入为3248.69亿元，虽然比上年同月增长3.3%。但增速回落4.5%。2009年一季度全国税收总收入13023.58亿元，同比下降10.3%，减收1496.1亿元。一季度全国财政收入14642.05亿元，同比减少1329.29亿元，下降

8.3%。4月份全国财政收入5897.15亿元，同比减少927.73亿元，下降13.6%。

二、扩大消费需求是保持我国经济
有效增长的必由之路

改革开放以来，中国 GDP 能够保持两位数的增长，这是投资、消费和净出口"三套"马车增长结构不断调整，做到优势互补、协调发展的结果。而投资、消费和净出口对经济增长的贡献率是随着国际经济和国内形势的变化而变化的。

1. 净出口对经济增长的贡献率显现重要。改革开放以来，我国外向型经济得到迅速发展，进出口贸易额逐年高位增长，净出口增长成为拉动经济增长的主要动力。从 1978 年改革开放初期的净出口对经济增长的贡献率 -5.4% 到 1990 年创造出贡献率 50.4% 的最高纪录。可以说，我国经济高速增长离不开净出口的贡献。近几年，由于国家增加了投资和国内消费需求的扩大，净出口对经济增长的贡献率有所下降，但比率仍然较高，2005 年、2006 年、2007 年的贡献率分别达到 24.1%，19.3% 和 19.7%。

2. 投资对经济增长的贡献率是随着国家投入的情况而变化的。如：1985 年国家加大投资力度，使得投资对经济增长的贡献率一度高达 80.9%。随后国家投资的减少和净出口额的大幅度增加，投资对经济增长的贡献率也就慢慢下降，到 1990 年投资贡献率仅为 1.8%。之后又慢慢回升，到 1993 年，国家又逐步实行适度宽松的货币政策，刺激投资额增加，使得贡献率又开始上升，达到 78.6%。近几年，国家为了防止通货膨胀又适度紧缩银根，导致投资的贡献率又出现明显下降，2005 年降到 38.2%，2006 年为 38.7%，2007 年为 40.9%。面对当前的金融海啸和全球经济危机，2009 年中央财政及时增加 1.9 万亿元投资，这必将有效拉动我国新一轮的经济增长。

3. 消费对经济增长的贡献率是从高到低的。国内消费需求对经济增长是最稳定和最有效的动力，也是为世界各国所重视和关注的。发达国家的消费需求对本国经济增长的贡献率一般在 80% 左右，而我国在改革开放最初几年，国内的消费需求对经济增长的贡献率也比较高，如：1981 年我国消费需求对经济增长的贡献率高达 93.4%，1985 年贡献率达到 85.5%。之后，就开始出现下降，到 2007 年消费需求对经济增长的贡献率降到39.4%。

由于当前我国出口产品受阻，经济增长不仅无法再依靠出口来拉动，而且 2009 年一季度已经出现负向拉动。因此，要保持我国 GDP 的持续稳健增长，必须加大投资力度和扩大消费需求，特别是我国人口众多，人民的生活水平相对还比较低，国内的消费需求潜力还很大。笔者认为，进一步扩大消费需求是保持我国经济有效增长的必由之路。

三、当前不利于消费需求增长的税收因素分析

（一）农村税负重，影响农民收入和消费需求。改革开放以来，中国城乡居民收入有了明显的提高，据国家统计局网站报道：1978 年中国城镇居民人均可支配收入只有 325 元，农民人均纯收入只有 144 元；到 2008 年中国城镇居民人均可支配收入达 15781元，农民人均纯收入达 4761 元。30 年时间，城镇居民人均可支配收入增长 48.5 倍，农民人均纯收入增长 33 倍。收入虽然同步增长，但城乡居民人均收入绝对额相差较大，特别是占中国大多数人口的农民收入依然很低，中国农村尚未解决温饱问题的贫困人口还有 7000 多万人。中国农民收入低与中国农村长期以来税负偏重有一定的关系。现在虽然全国已取消了农业税，但是在我国以

增值税为主的税制结构下，农民在购买农业生产资料阶段也负担了增值税。因此，取消农业税后农民的负担仍然较重。同时，税法在支持农业产业化的力度还不够，对乡镇企业支持优惠政策不多，农产品价格下跌与工业品价格偏高形成的剪刀差问题还长时间存在。这些原因都影响着农民收入的提高。

（二）税收支持下岗失业人员再就业的力度不够。应该说，现有的再就业税收优惠政策对扶持失业人员创业有一定的推动作用。据《中国税务报》报道：截至 2008 年底，全国共有 680 万左右下岗、失业人员享受各项再就业税收优惠政策，累计减免税约 157 亿元。单从减免税款金额上看，数量不小，但从具体的税收优惠政策分析，其中还存在着许多不尽完善的地方。主要表现为：一是再就业税收优惠仅限于服务业，范围太窄；二是税收优惠受企业类型限制，只对服务型企业、零售业务的商贸企业以及劳动就业服务企业中的加工型企业和街道社区具有加工性质的小型企业实体；三是受经营业主身份的限制，个体性质的独资或合伙经营业主，未能享受与其他企业同等的税收优惠；四是集体企业下岗失业人员不能比照国有企业下岗失业人员享受税收优惠。同时，对个体工商户征税的起征点太低，且当前的增值税税率也显得偏高。

（三）贫富差距悬殊，税收调节收入的作用还有待加强。据《2009 年胡润财富报告》报道：中国拥有千万元以上的富翁有825000 人，其中：拥有亿万元以上的富翁有 51000 人。这个数据显示我国个人收入存在两极分化已越来越严重；同时也暴露出收入分配的不公平程度已经相当突出。作为调节收入分配的个人所得税制度未能发挥应有的调节作用是其原因之一。我国个人所得税在税制上还存在许多不尽合理的地方。一是个人所得税征税项目较少，该征收的项目没有征收。二是现行个人所得税不论是比例税率还是超额累进税率的边际税率都偏低，无法对高收入人群的个人所得进行有效的调节。三是对于生活等费用的扣除标准存在太低，未能体现对低收入者的照顾。四是对公益性捐赠支出控制太严，对热心公益事业人士的政策支持力度不够。五是税收管征存在不到位，个人所得税申报不足，税款流失严重。税收政策的不完善和管征工作不到位，进一步拉大了个人收入的差距，它将会影响我国内需的有效扩大。因为，收入水平高的群体存在消费饱和现象，而大部分低收入阶层有消费需求但却没有收入保障，消费需求将无法得到实现。

（四）社会保障体系不健全影响消费。当前我国社会保障体系还尚未健全，许多该由政府提供的社会保障，如劳动就业、住房、医疗、教育、养老等基本需求还难以完全做到满足，使得收入不高的城乡居民，不敢消费或无力消费。更有许多居民用减少消费增加储蓄来应对上述的预期开支。据有关报道：中国储蓄总量已达到46万亿元，其中居民储蓄达20万亿元。居民储蓄的逐年上升，必定会减少消费总量的提高。当然，我国社会保障体系不健全与社会保障资金不足有很大的关系。目前我国筹集社会保障资金主要由各地区、各部门征收社会保障费，其中有一部分由税务机关代为征收。据《中国税务报》报道：2008年全国由税务机关代征的各项社保费收入5145亿元，占全国社保收入13808亿元的37.26%。由于社会保障费不是税，所以在征收过程中存在法律刚性差、征收面窄、应收额严重不足等问题，造成社会保障资金缺口大，无法有效建立与健全社会保障体系。

（五）消费税政策不合理，不利于扩大消费。随着我国经济的快速发展，现行消费税制逐渐暴露出一些问题：一是原定的某些属于高档消费品，这些年已经逐渐具有大众消费的特征，如：鞭炮、中低档化妆品、摩托车等。对这些产品征收消费税既不符合税法立法精神也不利于满足消费者的需求。二是有些应税品目的税率结构与消费需求的变化不相适应。如小汽车已逐渐成为中国居民消费支出的重点。而现在对小汽车按排量分6

级普遍征收消费税，不利于促进消费。三是征税范围偏窄，消费税对奢侈性消费品的调节作用不明显。例如高档家具、高档服装、高档别墅、名贵宠物、高档摄像器材、高消费娱乐场所、高档旅游项目等，这些高消费产品和行为却游离在消费税征税范围外，没有得到应有的调节。

（六）出口退税政策存在不合理。我国现行的出口退税政策存在征收率高、退税率低的问题，没有贯彻"征多少，退多少"的原则。2008 年下半以来，虽然国家已 6 次调高部分出口产品退税率，对出口企业提高国际竞争力发挥了重要作用，但是至今还有不少产品的退税率还大大低于征收率，不利于进一步扩大产品出口，在一定程度上影响了一些企业的生存和发展。

四、促进消费需求增长的税收政策建议

实践证明，消费需求是拉动我国经济增长的第一大动力和最大潜力，消费包括政府消费和居民消费，其中居民消费占主导地位。因此，国家要采取有效政策措施，特别是税收政策上的支持，来达到刺激和扩大居民消费需求，使广大居民的消费能力得到有效提高。

1. 采取减税措施，增加农民收入和消费能力。首先，国家对农业生产资料要采取更加优惠的增值税税率，做到减轻农民负担。其次，对于农村乡镇企业要实行更为优惠的减税或免税政策，对投资于高科技农业，出口型农村企业以及农民专业合作经济组织，要在一定期限内实行免除一切地方性税费，以增加农民收入。第三，对失地农民进城务工和从事生产经营的，可比照享受城镇下岗失业职工创业和再就业的税收优惠政策，以保证农民的基本收入。9 亿农民收入能得到有效的提高，将会大幅度提高国内的整体消费需求。

2. 加大对城镇下岗失业职工创业和再就业的税收支持力度。

由于受国际金融危机的影响，我国就业形势比较严峻。据网上资料显示：2008 年全国下岗失业人员总量将在 1400 万左右。这给我国受国际金融危机影响而出现的经济发展缓慢现状无疑是增添了就业难题。因此，要进一步扩大和加强再就业税收优惠政策，鼓励和扶持下岗失业人员自谋职业、自主创业。为此建议：一要扩大税收优惠的行业和企业类型，对吸纳下岗失业人员的企业和下岗自谋职业者应不分行业、不受企业类型限制都给予税收减免优惠。二要将享受优惠人员的范围扩大到集体企业的下岗人员、失地进城的待业农民；同时，个体户性质的独资或合伙经营企业主要能享受与企业同等的税收优惠。三是要扩大税种的优惠范围，不仅要免征营业税、个人所得税、城建税和教育费附加，建议将增值税也列入减免优惠范围，并要适当延长减免税期限。四是对从事养家糊口的个体工商户要调高征税的起征点，建议销售货物征税的起征点从现有的每月 5000 元提高到 10000 元，销售劳务的起征点从现有的每月 3000 元提高到 5000 元，以不断增加城乡居民的收入，提高居民消费能力。五是现行的增值税税率可适当降低，建议从 17% 降为 15%，以促进企业和经济发展。

3. 修订个人所得税制度，有效调节收入分配不公。要发挥个人所得税调节收入分配的功能。一是扩大个人所得税征税项目，增加调控范围。二是对属于投资性的、没有费用扣除的应税项目征收的比例税率可适当提高，对属于劳动报酬所得等收入实行累进税率的边际税率也可适当提高，以达到对过高的个人所得进行有效的调节。三是生活等费用的扣除标准可适当提高，建议从现行的每月 2000 元提高到 4000 元，以体现对低收入者的照顾。四是对私营企业捐赠公益事业支出的建议予以全额税前扣除，以鼓励企业家的支持公益事业的积极性。五是要加强税收征管，一方面要加强对银行、支付单位代扣代缴者的责任，强化源头控管，确保及时足额代扣；另一方面，要加强税务稽查，严格处理偷税行为。通过强化税收杠杆的有效调节，让广大中低收入者能够减负增收，使高收入者多缴税款，达到缩小个人收入差距，促进收入分配公平的目的。

4. 开征社会保障税，健全社会保障体系。一方面，要借鉴世界上130多个国家和地区已开征社会保障税做法，将现行的社会保障费改为征收社会保障税，以增强法律刚性，确保社会保障资金的及时足额征收，满足建立社会保障体系的资金需求。同时，还可借鉴西方发达国家将个人所得税纳入中央税的做法，全国统筹使用，用富人的钱来救济失业者和贫困地区农民。另一方面，要加大国家对社会保障事业和公共服务的投入，重点加大对教育、住房、医疗、养老等民生领域的投入，进一步建立健全社会保障体系，做到老有所养、病有所医、失业有保障、居者有其房、教育有保障。一旦解除了这些后顾之忧，就可以有效改变城乡居民的消费观念，增强消费信心，将预期消费转化为即期消费。这样，消费能力就能进一步增强了。

5. 完善消费税政策，促进扩大日常消费。一是对于一些已经成为大众消费品的商品如鞭炮、中低档化妆品、摩托车等收消征收消费税，以满足日益增长的大众消费需求。二是建议降低小汽车消费税税率，取消1.6升以下的小排量、节能环保的汽车消费税，以降低汽车税负，减轻购车者的经济负担，促进消费汽车能力的提高。三是要扩大消费税的征税范围，对奢侈性消费品和消费行为，如高档家具、高档服装、高档别墅、名贵宠物、高档摄像器材、高消费娱乐场所、高档旅游项目等建议要列入消费税的征税范围加以调节。

6. 进一步提高出口退税率，促进出口产品稳步增长。中央提出在促进内需保增长的同时还要保持出口的稳定。因此，针对当前部分出口产品的退税率低于征收率问题，建议国家进一步提高出口产品退税率，这不仅可以缓解出口企业的资金周转的压力，还能有效地增强出口产品的国际竞争力，达到促进出口，稳定外需。

7. 运用政府财税职能，有效刺激消费。

（1）通过增加政府财政投资来促进消费。为了稳定经济增长，国务院决定，中央财政政策将从稳健转向积极，货币政策将从从紧转为适度宽松。同时公布了 2009～2010 年总额达 4 万亿元的庞大投资计划（还有地方配套 18 万亿元）。通过投资来推动经济增长效果十分明显，但要注重民生工程的投入来拉动内需和增强消费的后劲，这样才能有效、长久地保持经济的持续增长。

（2）实行财政补贴来引导消费。国家要通过财政补贴的方式来引导中低收入居民的消费，从而带动消费的扩大。如现阶段国家通过家电下乡补贴、农机购置补贴等多种方式，对进一步拉动农村的市场需求起到积极促进作用。据有关部门测算，"家电下乡"推广实施 4 年，可累计拉动消费 9200 亿元。2009年，国家还将安排 50 亿元对农民报废三轮汽车和低速货车换轻型载货车以及购买 1.3 升以下排量的微型客车，给予一次性财政补贴。这些措施将会积极引导农村消费能力的提升，从而有效拉动内需的扩大。

（3）积极调整税收政策刺激消费。特别要及时调整住房消费和汽车消费的税收政策，这是中国城乡居民大宗消费的新增长点，也是拉动经济增长的重要环节。对住房税收政策调整问题，建议将现行的房地产税、土地增值税转化为房产保有阶段统一收取的物业税。同时，政府要适当降低地价和减免一部分收费项目，以降低购房成本，增强消费动力。政府还要建立免费住房、廉租房、经济适用房等适应不同群体的房屋供给格局，来满足贫困者和中低收入者的住房需求，使中低收入者有能力保持其他方面的消费。对汽车税收政策调整问题，建议降低消费税，取消 1.6 升以下的小排量汽车的消费税和车辆购置税。因为过高的税收负担不但会影响居民的消费能力，还会影响我国汽车产业的发展，而汽车产业是国民经济的重要支柱产业，涉及面广，关系到 100 多个相关产业，消费拉动大。扩大汽车消费可振兴汽车产业，有效拉动内需，对国民经济增长至关重要。

作者单位：福建省福州市国家税务局直属税务分局

刺激消费需求有效增长的
税收政策研究

湖南省地方税务局课题组

一、消费需求"有效"增长的内涵解析

（一）消费需求"有效"增长的内涵解析

消费需求是指消费者对以商品和劳务形式存在的消费品的需求和欲望。在按支出法计算的国民经济核算体系中，消费需求通常用最终消费支出来表示，即常住单位在一定时期内对于货物和服务的全部最终消费支出。此外，最终消费率（一定时期最终消费支出占支出法国内生产总值的比率）、最终消费支出对国内生产总值的贡献率（最终消费支出增量与支出法国内生产总值增量之比）都从不同的角度反映了一定时期内一国消费需求的大小。依据上述统计指标，我们可以将消费需求增长简单理解为一定时期内一国最终消费支出、最终消费率以及最终消费支出对国内生产总值的贡献率等统计数据的上升。然而，从目前我国的实际情况来看，消费需求增长并不等于消费需求的"有效"增长，相比较而言，消费需求"有效"增长有着更深层次的内涵。

（二）从增长的形式来看，我国消费需求"有效"增长应表现为消费需求长效增长机制的形成

从绝对数量来看，近年来我国最终消费支出是不断上升的。

1999～2007 年间，我国 GDP 从 91125 亿元增长到 263242.5 亿元，年均增长率为 11.8%，最终消费支出则从 55636.9 亿元增长到 120350.1 亿元，年均增幅为 10.1%（见表 1）。应该说此间我国最终消费支出的绝对量都在不断增长，但却均低于经济增长。同时相对于投资平均每年 16.2% 的增长速度而言慢了很多，因而看似不慢的消费增长并不能扭转最终消费率的下降，在此期间我国最终消费率由 1999 年的 61.1% 下降到 48.8%，9 年内平均消费率为 56.23%，比世界 77%～79% 的平均消费率低 20 多个百分点。这就形成了最终消费支出增长与最终消费率下滑并存的局面。

表 1　　　　　1999～2007 年我国 GDP、消费需求和投资需求变化情况

年份	支出法国内生产总值（亿元）	消费需求		投资需求	
		最终消费支出（亿元）	消费率（%）	资本形成总额（亿元）	投资率（%）
1999	91125.0	55636.9	61.1	32951.5	36.2
2000	98749.0	61516.0	62.3	34842.8	35.3
2001	108972.4	66878.3	61.4	39769.4	36.5
2002	120350.3	71691.2	59.6	45565.0	37.9
2003	136398.8	77449.5	56.5	55963.0	41.0
2004	160280.4	87032.9	54.3	69168.4	43.2
2005	188692.1	97822.7	51.9	80646.3	42.7
2006	221651.3	110413.2	49.9	94103.2	42.5
2007	263242.5	120350.1	48.8	104319.8	42.3

资料来源：《中国统计摘要 2008》

最终消费率不断下滑，使经济增长无法通过最终消费转为居民更高的生活水平和生活质量，给广大群众带来的实惠大打折扣。因此，我国消费需求的增长首先表现为最终消费率不断下滑的态势得以逆转。同时，考虑到我国消费率的持续下降主要是由于长期以来我国居民可支配收入占国民收入比重不断下

滑、居民未来收支不确定性以及消费品供需矛盾等深层次原因造成，因此，政府今后在运用宏观政策刺激消费需求的过程中，不能仅仅是采取一些零碎、短期的措施（譬如家电下乡、发消费券等）来促使消费率的短期回升，而是应针对我国消费率持续下滑的深层次原因，系统地采取各项调控措施来增强居民消费能力、提高居民消费意愿和改善消费环境，确保消费率的长期稳步上升。我国消费需求"有效"增长应表现为在居民收入水平提高和可持续消费模式推动下逐步形成消费需求长效机制。

（三）从增长的主体来看，我国消费需求"有效"增长的主体应为居民消费需求

根据消费主体的不同，消费需求可分为居民消费需求和政府消费需求。居民消费需求是指一国常住住户在核算期内对于货物和服务的全部最终消费支出；政府消费需求是指政府部门为全社会提供公共服务的消费支出和免费或以较低的价格向居民住户提供的货物和服务的净支出。一般来说，居民消费支出占到最终消费支出的80%以上，因而居民消费需求的高低决定最终消费需求的高低。

从我国消费需求的结构来看，如图1所示，1978～2007年间，我国政府消费率（政府消费支出占GDP的比重）比较稳定，基本维持在13%～16%区间小幅波动，并且与世界各国政府消费率15%的平均水平相当。居民消费率（居民消费支出占GDP的比重）则从20世纪90年代的50%左右下降到2007年的35.5%，远远低于世界各国居民消费率70%的平均水平。可见居民消费率的下降是我国最终消费率下降的主要原因。同时，从居民消费需求的内部结构来看，居民消费需求还呈现出城镇与农村不一致的特点：农村居民消费支出占居民消费支出的比重从1979年最高的62.3%一路下滑到2006年的26.2%，而城镇居民消费支出占居民消费支出的比重则从1979年最低的37.7%上升到2006年的73.8%，可见农村居民消费需求逐年下降主导了我国居民消费需求的低迷。因此，从我国消费需求结构的特点来看，今后我国消费需求有效增长的主体应为居民消费需求，特别是农村居民消费需求。只有在居民消费需求特别是农村居民消费需求稳步增长的情况下，我国最终消费需求才会有可持续的增长基础。

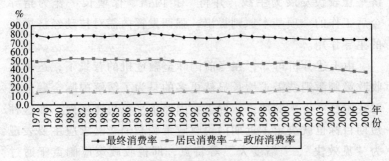

图1　1978～2007年我国最终消费率、居民消费率
及政府消费率变动情况

二、税收政策刺激消费需求 "有效"
增长的目标定位

（一）从近期来看，税收政策刺激消费需求 "有效" 增长的目标应为缓解国际金融危机对我国经济带来的冲击

2008年以来，由美国次贷危机引发的国际金融危机愈演愈烈，国际金融市场急剧动荡，世界经济增长明显放缓，国际经济环境中不稳定因素明显增多，并已开始对全球实体经济造成严重影响。我国虽然受到的直接冲击相对较小，但对经济增长带来的负面影响也已经开始显现。2008年前三季度国内生产总值201631亿元，按可比价格计算，同比增长9.9%，比上年同期回落2.3个百分点。同时，受国际金融危机影响，全球经济表现低迷，我国最主要的出口市场欧盟、美、日等经济体经济衰退、进口需求疲软，导致我国 2008 年前三季度货物和服务净出口对经济增长的拉动同比下降 1.2 个百分点，由于出口顺差增速同比下降，出口对经济增长的贡献为负数。面对出口下滑、外需萎缩和国内经济下行压力，《2009 年政府工作报告》提出 2009 年政府工作要以应对国际金融危机、促进经济平稳较快发展为主线，并将"扩内需、保增长"作为指导今后工作的一项基本原则提出，强调发挥内需对拉动经济增长的主导作用。

由上述分析可知，在当前国际金融危机的背景下，运用税收政策刺激消费需求增长显然更多的是为了缓解国际金融危机对我国经济带来的冲击，促进我国经济平稳快速发展。而这种短期目标也就决定了近期内税收政策刺激消费需求应主要表现为"见效快"、"幅度大"等特点，即税收政策应侧重于通过实施一系列以降低税负为标志的"减税"政策，较快地提高居民可支配收入，培育消费热点、拓展消费领域，刺激消费需求在近期内有较大幅度增长，为我国经济保持平稳快速发展保驾护航。

（二）从中长期看，税收政策刺激消费需求"有效"增长的目标应为实现我国经济社会可持续发展

实现我国经济社会的可持续发展，既是贯彻落实科学发展观的必然要求，也是全面建设小康社会的一项重要战略目标。当前，在推进我国经济社会可持续发展的过程中，消费需求的长期低迷已成为制约我国经济社会可持续发展的症结所在。

首先，从经济发展角度来看，投资率偏高、消费率偏低，是长期以来存在于我国经济比例关系中的突出问题。投资需求代替消费需求成为内需的强劲力量说明我国经济实际上是一种"投资主导"型增长模式，即投资需求在经济增长中发挥主导作用，国家政策的实施效果也集中体现在投资需求的扩大上。而从世界各国的发展经验来看，这种"投资主导"型增长模式并

不具有可持续性，因为靠投资拉动的经济增长，必然导致"高投入、高消耗、高污染、低产出"的经济粗放型增长，国家将为此付出沉重的资源和环境代价。相反，在"消费主导"型增长模式下，由于消费需求在经济增长中发挥主导作用，这一方面意味着投资的粗放型扩张将因消费需求的约束而受到抑制；另一方面意味着消费需求的增长和消费结构的升级，将迫使产业结构不断优化，资源配置更加合理，促进经济增长由粗放型向集约型的转变。因此，只有"消费主导"型增长模式才是提高经济增长质量的现实选择。

其次，从社会发展角度来看，消费需求不足导致我国在构建和谐社会中很多民生问题无法解决。在社会学的视角，消费承载了社会发展的基本内容——人民生活水平的不断提高。它包括如下两层含义：一是生活水平与质量的提高。这指的是人民可以享有更好的医疗、教育、住房等与日常生活息息相关的物质条件。二是社会公正与公平的实现。公正与公平最终落实到社会成员的日常生活之中，用一个概念来概括，那就是"消费"。不体现在消费中的公正与公平，是虚假的、想象的，自然也是无用的。在市场经济内生的财产、收入和消费的不平等中，消费的不平等是最重要的，因为消费是目的，财产或收入只是手段而已。基本消费（包括基本营养、基本教育、基本医疗、基本住房等）的平等化，才是社会公正与公平的最终标准。因此，要着力解决社会领域的民生问题，促进社会公平，就必须保证国内需求中消费需求不断扩大，因为消费总量的扩大是解决各种民生问题的物质基础。

由上述分析可知，税收政策刺激消费需求"有效"增长并不仅仅是政府为了应对国际金融危机而采取的权宜之计，从长远来看，税收政策刺激消费需求"有效"增长的最终目标是实现我国经济社会可持续发展。而这种中长期目标也就决定了今后较长一段时间内税收政策刺激消费需求应主要表现为"持续性"、"稳定性"等特点，即税收政策应侧重于通过实施以优化税制结构为标志的税制改革，调节居民收入分配结构、提高居民消费意愿，调整企业产业结构和消费品生产结构，确保消费需求长期稳步增长，最终转变我国经济的增长方式，促进和谐社会的建设。

三、运用税收政策刺激我国消费需求 有效增长的具体建议

（一）增加农民收入和改善农村消费环境，刺激农民消费需求有效增长的税收政策建议

农村是我国最大的消费市场，农民是我国最大的消费需求主体。然而如此庞大的消费群体的消费需求却由于种种原因始终没有调动起来，农民消费需求滞后是造成我国居民消费需求低迷的重要原因之一。因此，刺激农民消费需求增长是提高我国居民整体消费水平的关键。从目前我国实际情况来看，农民收入水平低下，增长缓慢是造成农民消费需求不足的主要因素。因此，在今后运用税收政策的过程中，应侧重于通过各种鼓励措施提高农民整体收入水平，增强农民消费能力，刺激其消费需求有效增长。

1. 实行农业生产资料增值税退税和农业直接补贴相结合，降低农民生产成本，增加农民农业生产收入

近年来我国农业生产资料价格的不断上涨使得农民生产成本不断提高，在种粮农民粮价未升的情况下，种粮农民实际上是减收了。虽然我国目前对农业生产资料，如饲料、农膜、农机具、化肥、农药、种子等等，从生产到销售环节都实行减免税政策，但实际上真正获利的是生产厂家或经销商，农业生产资料水涨船高，农民并没有真正得到实惠。同时，目前我国增值税税法规定，农业生产者销售的自产农业产品免征增值税。

但是因为实施这一政策，农民购进的农业生产资料所含税金亦无法抵扣（因为他们销售的是免税产品）。在实际经济生活中，农民在购置生产资料上的增值税无法抵扣，农资价格上涨会直接导致成本涨价而无法退税，最终导致农民收益的减少。

从目前国外的情况来看，普遍对农业产品实行"零税率"的办法，即农业生产者不仅不需要缴纳增值税，而且还可以享受退还农业生产资料进项税款的优惠，这样农民购买农业生产资料时几乎不用负担增值税。例如，在英国增值税的主要征收对象是工业品和服务产品，税率为17.5%，农业产品基本上属于零税率产品，这就是说，农业生产者不仅无需缴纳增值税，而且还可以享受农业生产资料抵退税收的优惠。

考虑到当前我国通过对农业生产资料企业减免增值税来间接补贴农民的政策效果不明显，建议今后对农业生产资料企业的增值税不再实行减免，而是按规定的税率恢复进行征税。与此同时，对国家因恢复对农业生产资料企业征税而增加的税收收入，一方面可通过实行农产品"零税率"的办法，将农民购买的生产资料负担的进项税金，通过农民年终填表的方式进行增值税退税；另一方面可将增加的一部分税收收入通过粮食直补、良种补贴以及农资综合补贴的方式直接补贴给种粮农民。通过实行上述农业生产资料增值税退税和农业直接补贴相结合的方式，切实降低农民所承担的农业生产资料成本，起到真正的惠农作用，实现增加农民农业生产收入的目的。

2. 对农产品深加工业给予税收扶持，带动农户积极参与产业化经营，增加农民农业经营收入

农产品深加工是调整农村产业结构，实现农业产业化经营的重要途径，也是发展农村经济，提高农民经营收入的有效形式。为促进现代农业经营体制的创新，鼓励"公司＋农户"经营形式，税收政策可从以下两个方面入手来扶持农产品深加工业：首先，对农产品深加工业给予增值税扶持。对国家级农业

产业重点龙头企业从事种植业、养殖业和农林产品、研究开发
新产品、新技术、新工艺产品，增值税可以实行在 3 年内适当
减免的税收政策。同时，建议对农民和乡镇企业对农产品进行
深加工取得的收入，免征增值税。其次，对农产品深加工业给
予企业所得税扶持。在保持原有的对国家农业产业化重点龙头
企业税收优惠政策的基础上，对其他的农产品深加工企业也应
实施企业税收优惠政策。可考虑对所有新办农产品深加工企业
给予免征企业所得税 3~5 年的优惠；对农产品深加工企业年利
润在 100 万元以下的，在企业所得税税率上予以优惠，可以考
虑优惠税率为 10%~15%。只有对所有农产品深加工企业给予
税收优惠，促进农产品深加工企业的发展，才能真正实现农业
产业化经营，提高农民农业经营收入。

3. 对农民工（含失地农民）从事非农产业给予税收照顾，
使其享有公平的就业环境，保障农民工资性收入

目前税收在对农民工的就业政策上还是不自觉地存在着歧
视。比如企业吸收国有企业下岗职工再就业，或下岗职工自谋
职业，有许多政策优惠，包括税收优惠，而众多的农村富余劳
动力（含失地农民）在非农产业再就业，或自谋职业，对企业
或就业者本人没有相关政策优惠。从公平角度出发，对农村富
余劳动力向非农产业转移的，应比照城市对下岗再就业人员的
政策优惠，给予类似的税收照顾。第一，对为农民工（含失地
农民）提供就业岗位的企业，比照吸纳下岗人员的税收优惠政
策，也给予一定的所得税和营业税减免优惠，可考虑定期减免
或按农民工人数定额减免，以拓宽农民工的就业渠道。第二，
对农民工（含失地农民）自主就业、自谋出路者，也可以比照
下岗职工再就业的优惠，给予一定的所得税和营业税优惠，可
考虑定期减免的形式，支持农民工（含失地农民）就业。第三，
对为进城务工经商的农民提供免费或具有公益性职业技术培训
的中介组织、教育培训机构等，给予合适的优惠税率，鼓励其

为农民就业服务，提高农民素质，增强就业市场竞争力。第四，对为农民工（含失地农民）提供就业信息的就业服务中介组织，给予一定的定期税收减免优惠。总的来看，农民工（含失地农民）只有有了稳定的工作，有了收入来源，才有可能增加自己的消费，否则，其有效消费需求只会不断降低。

4. 充分发挥税收政策在改善农民消费外部环境方面的重要作用，引导农民扩大消费

除了收入水平之外，农村消费环境也是影响农民消费需求增长的一个重要的外部因素。2002 年国家统计局农调队曾经和北京大学中国经济研究中心做过一个抽样调查，发现农村电价每调低 0.1 元，对彩电、冰箱需求的刺激作用分别相当于农村人均纯收入提高 370 元、667 元。可见，消费环境的改善对刺激农村消费能力的提升发挥着重大作用。然而，从目前我国农村的现实情况来看，农村交通、通信、水电等农民消费外部环境还非常薄弱，这也制约了农民消费需求的进一步提高。因此，今后税收政策除了要努力提高居民的收入水平外，还要在改善农民消费的外部环境方面下工夫。

第一，实施促进区域外、产业外资本投资农业、农村基础设施的税收政策。健全完善农村基础设施及其配套工程，不仅有利于改善农村生产环境，而且对农民消费需求增长也有明显的刺激作用。考虑到政府职能及财力所限，政府通过实施财税优惠政策、提供信息和各种便利，鼓励引导产业外、区域外资本进入农业和农村应该是可行之策。除传统的减免税优惠外，创新税收优惠方式，通过投资抵免、加速折旧、延期纳税等方式，辅之以其他政策支持（如市场准入、产权保护、组织创新等方面给予保证），鼓励和引导区域外、产业外资本进入农业和农村基础设施建设领域，可以有效缓解政府财力投入的不足，加快农村基础设施的建设与发展。

第二，对农村用电给予税收优惠，鼓励农民扩大生活家电

消费。1998 年我国开始实施农村电网改造，实行同网同价，既扩大了城市工业品销售市场，也提高了农村生产率，改善了农民的生产生活质量。当前我国已经进入工业反哺农业、城市支持农村的新阶段，为进一步扩大农村市场，进一步改善农村生产、生活消费环境，不妨考虑对农村用电实行新的"同网不同价"，即通过政府财政给予电力供应商（包括农村小水电）以增值税优惠或提供补贴，可考虑 5 ~ 10 年的定期减免或减半征收，促使他们降低对农村市场提供的电价，进而降低农民的生产生活成本，鼓励农民扩大生活家电消费。

（二）扩大城镇低收入人群就业，刺激城镇低收入人群消费需求有效增长的税收政策建议

低收入人群是指在一定地域和时段范围内，平均收入水平处于低端的一定区间的人群。根据《中国统计年鉴 2008》的数据，2007 年人均可支配收入在 6504 元以下的居民可划为低收入人群。目前我国城镇部分下岗职工、困难企业退休职工和在业贫困职工都属于低收入人群。从低收入人群的消费特征来看，低收入人群被认为是边际消费倾向最高的群体，有较高的消费意愿，但由于受到收入水平的限制，低收入人群的消费水平普遍偏低。因此，要刺激城镇低收入人群的消费需求，关键是提高低收入人群的收入水平。而从目前我国的实际情况来看，在需要就业的人数远远多于新增工作岗位数的严峻形势下，城镇低收入人群有的处于完全失业，有的处于半失业，有的处于潜在失业，没有稳定的收入来源保障是制约城镇低收入人群收入提高的主要原因。因此，增加就业是提高城镇低收入人群收入水平的重要措施。在今后运用税收政策的过程中，应侧重于通过各种鼓励措施提高低收入人群就业率，增加低收入人群的持久收入水平，刺激其消费需求有效增长。

1. 加大税收政策扶持中小企业发展力度，形成新增就业能力

中小企业对劳动力的需求具有灵活、多样及容量大的特点，

在社会就业中发挥着"蓄水池"的作用。世界上大多数国家均将鼓励中小企业的发展作为实现社会充分就业的重要手段，纷纷制定和实施相应的税收优惠政策。例如，美国 2002 年出台"增加就业法案"，对雇用某些特定目标的贫困群体工人的企业，2002～2003 年实行"工作机会税收抵免"，对雇用长期接受政府补助的工人的企业，2002～2003 年实行"从领取福利金到工作的税收抵免"。通过此举减轻企业税收负担，增加就业，提高收入水平。韩国 2008 年加大对增加就业有着重要作用的中小企业的税收支持，新建中小企业应纳的财产税，5 年内可以减半，登记税在 2 年内减半征收。

在我国，占企业总数 99% 的中小企业不仅是经济发展的重要力量，也是安置劳动力、扩大就业、增加居民收入的重要力量。只有中小企业的不断发展和壮大以及其良性发展，才能提供稳定的就业岗位和源源不断地新增更多的就业岗位。针对当前我国中小企业在生产经营中困难较多、抵御冲击的能力较弱的情况，税收政策应加大对中小企业的扶持力度，通过促进中小企业发展来扩大城镇低收入人群就业，增加其消费能力。

第一，着力解决中小企业融资困难问题。融资难是困扰中小企业发展的主要因素。对于中小企业生产经营中由于扩大生产规模、进行技术改造、进行产品结构调整，或由于受当前国际经济形势冲击出现的暂时性的资金困难，凡符合一定条件的可以由中小企业信用担保机构按照企业前 3 年或 5 年的累计纳税规模提供担保，给予相应规模的贷款，这不仅有利于保障中小企业生产经营活动的正常进行，而且也对中小企业依法纳税形成激励。

第二，推动中小企业的创新活动。对于中小高新技术企业、创新企业开发新产品、新工艺、新技术的可以企业前 3 年累计纳税规模作为政府扶持中小企业创新基金、风险基金或作为财政贴息贷款的专用资金，用于支持中小企业的创新活动；对于中小企业由于创新活动出现的亏损，允许以其前3年的盈利弥补亏损。对于由于当前国际经济形势冲击造成的暂时性亏损，也可以允许以其前3年的盈利弥补亏损。通过这些措施来降低企业的风险，增强企业经营能力和抗拒风险的能力，保证企业生产经营活动的顺利进行。

第三，进一步降低个体工商户的货物与劳务税收的税负。自2009年1月1日起，我国在全面扩大增值税抵扣范围的同时，将小规模纳税人的征收率调低为3%。降低小规模纳税人的征收率，可以进一步增加个体工商户税后可支配收入，提高其扩大生产经营的能力或消费能力。但从我国的情况看，还可以在此基础上进一步降低个体工商户的货物与劳务税负，具体可调整增值税和营业税起征点来实现。根据目前一般经营活动的利润率水平及居民个人人均消费水平的情况，现行增值税和营业税的起征点依然偏低，应当予以适当提高。同时，为更大程度降低个体工商户的税负，提高其税后收入水平，并考虑到销售额或营业额处于起征点临界点附近的纳税人的利益，也可以将增值税与营业税的起征点改为免征额，仅就超过一定规模的收入征税。

第四，鼓励小型服务企业的发展。建议对月营业额不超过5000元的企业免征所有税收，加大税收对小型服务企业的扶持力度，以鼓励其不断发展壮大，吸纳更多城镇低收入人群就业。

2. 扩大鼓励城镇下岗失业人员再就业的税收优惠政策，提高下岗失业人员再就业率

目前国家税务总局为鼓励和扶持下岗失业人员自谋职业、自主创业，促进企业积极吸纳下岗失业人员，分别制定了三类税收优惠政策，但是优惠对象范围不够大，优惠力度不够大，作用发挥还不十分明显。今后应进一步扩大鼓励城镇下岗失业人员再就业的税收优惠，提高下岗失业人员的再就业率。

第一，扩大税收优惠政策的适用范围。各类行业、企业安置下岗失业人员都应享受税收优惠，促进多种就业模式发展，大力推广非正规就业和弹性就业。近些年，民营经济逐渐在国民经济中占了很大的比重。作为吸收就业人口的重要力量，安置下岗失业人员的税收优惠政策应放宽到各类企业（包括民营企业、外资企业），取消建筑业、娱乐业和服务业的桑拿、按摩等行业不得享受安置下岗人员税收优惠政策的限制，以利于促进安置下岗失业人员再就业。

第二，简化认定手续，提高税收优惠政策效率。加强对下岗失业人员再就业的税收优惠政策管理，特别是加强下岗失业证的管理，使相关的优惠政策真正落实到下岗失业人员和为其提供就业机会的企业，同时，税务相关部门应共享信息，根据实际情况，统一由财税部门办理认定审批手续，减少企业的认定环节，缩短认定时间，使得企业可以尽快享受有关税收优惠政策，以更好地促进就业吸纳下岗失业人员。

第三，可把优惠的税种范围扩大到增值税。现行再就业税收减免的税种，不包括增值税。而在增值税税收负担占了企业大部分总体税收负担的情况下，增值税的税收优惠对企业有很大的调节作用。因而今后可考虑对适合下岗失业人员个人经营的商业零售、加工、修理修配等行业，给予增值税优惠照顾，可考虑定期减免的形式进行扶持。对于一些下岗失业人员从事的小本经营、不建账册、定额征收的个体户，在不破坏增值税抵扣链的情况下，当他们创业起初或是发生经营困难时，经主管税务机关批准可以给予适当的增值税减免。

第四，对就业培训机构给予适当的税收优惠。鼓励就业一定要与劳动人员素质的提高相结合，要以税收鼓励政策来降低人力资本投资。对于专门进行劳动技能培训的机构，今后可以考虑在一定年限内免除营业税和所得税，鼓励其加强对下岗失业人员的就业培训，促进下岗失业人员再就业能力发展。

（三）增强中等收入人群消费意愿，刺激中等收入人群消费需求有效增长的税收政策建议

中等收入人群是指在一定地域和时段范围内，平均收入水平处于中端的一定区间的人群。根据《中国统计年鉴2008》的数据，2007年人均可支配收入在8900～16385元之间的居民可划为中等收入人群。目前我国城镇大部分行政事业单位职工、企业职工等工薪人员都属于中等收入人群。从中等收入人群的消费特征来看，中等收入者的收入基本稳定，具有较强的消费能力，同时其边际消费倾向也大于高收入阶层，因此，中等收入人群一直是社会消费的主体，他们的消费行为对我国整体消费状况的影响是最大的。从我国中等收入人群的消费情况来看，自20世纪90年代以来，随着我国经济转型及各项市场化改革的推进，城乡居民尤其是中等收入人群面对未来可能发生的各种确定性支出（如子女教育支出、购买住房支出、医疗支出及养老支出等），在收入具有不确定性的情况下，抑制了正常的消费意愿，使得其即期消费需求不断下降。因此，刺激中等收入人群消费需求的关键在于增强其消费意愿。在今后运用税收政策的过程中，应侧重于通过进行各种税制改革调节中等收入人群的未来收支不确定预期，增强中等收入人群的消费意愿，刺激其消费需求有效增长。

1. 完善个人所得税制，优化收入分配结构，增强中等收入人群未来收入预期

现代消费理论认为，社会收入分配状况是影响消费最重要的因素，理想的收入分配结构应是两头小、中间大的枣核状分布格局，这种结构才能为消费需求的持久存在奠定坚实的收入基础。我国的基尼系数已达0.45，高于国际公认的0.4的警戒线，表明我国收入分化现象已比较严重。收入差距过大不利于扩大消费需求，因为高收入阶层的边际消费倾向远低于中间收入阶层和低收入阶层。因此，只有拥有相对均衡的收入分配结

构和庞大的中间收入阶层，这个社会才会拥有相对充足的消费需求。

目前我国还没有建立以具有个人收入调节功能的税收为主体的税收体系，税收调节收入分配差距的作用非常有限。特别是我国个人所得税的征管制度也不够健全，有许多待改革与完善之处，这也大大地制约了中等收入人群对未来收入增长的预期。今后应通过完善个人所得税制，优化收入分配结构，增强中等收入人群未来收入预期，促进其消费需求的增长。

第一，实施综合与分类相结合的个人所得税制模式。我国现行的个人所得税分类征收模式不能全面、完整地体现纳税人的纳税能力，从而造成所得相同来源不同纳税不同；所得来源多、综合收入高的纳税人得到的费用扣除也就越多，纳税反而少，而所得来源少，收入相对集中的却要纳较多的税，不符合支付能力原则，也难以体现公平税负、合理负担的原则。今后我国应借鉴日本、韩国等国做法，实施综合与分类相结合的个人所得税制模式。即对属于投资性的、没有费用扣除的应税项目，如利息、股息、红利所得、偶然所得等实行分类所得课税；对属于劳动报酬所得和费用扣除的应税项目，如工资薪金、劳务报酬、承包经营所得、稿酬、特许权使用费、财产转让租赁所得等，实行综合所得课税。

第二，进一步完善费用扣除标准。近几年，我国个人所得税的调整主要集中在个人所得税工资薪金所得扣除标准的调整上，经过两次调整，工资薪金所得的扣除标准已经从 800 元提高到目前的 2000 元。个人所得税扣除标准的提高可以完全免除低收入者的税负，但在目前基础上进一步提高对于中等收入者的照顾力度并不明显。从长远看，我国个人所得税应借鉴美国层次分明而深入的做法，税前实行综合扣除和分项扣除两种办法。综合扣除额的标准涉及个人所得税目标的确定、我国经济发展水平以及相关政府福利政策的变化，逐步适当提高是必要的。分项扣除至少应该考虑这样一些重要开支项目：重大医疗费、重大教育费开支、自然灾害损失、第一次购房开支（可以规定一定面积限额）、福利捐赠支出等。考虑到居民教育支出在家庭总支出中所占的比重较高，上大学已成为一种教育投资，应该允许纳税人的教育支出作税前扣除。同时，考虑到个人购买房屋、汽车等情况日益增多，也应该允许这些支出在税前扣除，以鼓励个人消费。

第三，调整个人所得税的累进税率结构。现行工资薪金所得适用的九级超额累进税率，税率档次明显偏多，级距过小，造成中等收入的纳税人税负增长过快。因此，应将工资薪金所得的税率档次减少到五档以下，重点是扩大5%税率的适用范围。可以考虑对月工资薪金所得在5000元以下的纳税人一律实行5%的税率，相应地，对所得超过5000~10000元的实行10%的税率，超过10000~20000元的实行15%的税率。将目前的扣除标准提高与降低税率进行比较可以看到，对于中等收入者来说，降低适用税率，相对于提高税前扣除标准，税负减轻的程度要大，税后收入增加更显著。

第四，取消对股息、红利征收的个人所得税，适当增加中等收入人群的财产性收入。现行个人所得税法对个人投资取得的股息、红利继续征收个人所得税，虽然对个人投资者从上市公司取得的股息、红利已采取减按50%计入应纳税所得额的方式给予了税收优惠，但个人投资者从非上市公司取得的股息、红利却不能够享有这项优惠政策，依然需要承担20%的税负。对个人投资者取得的股息、红利所得征收个人所得税不仅存在着重复征税问题，也造成个人投资者与法人投资者之间的税负不公，不利于鼓励个人投资者对法人企业的投资行为，也不利于增加居民的财产性收入。因此，考虑到目前财产性收入已成为我国中等收入人群收入的一个重要来源，今后应对个人投资者取得的股息、红利所得给予免征个人所得税的优惠政策。这不仅有利于促进税收公平，促进投资，促进股票市场的稳定，也有利于中等收入人群财产性收入的持续增加，促进其消费的持续增长。

2. 开征社会保障税，消除居民的后顾之忧，降低中等收入人群未来支出预期

从世界范围来看，目前世界上 130 多个国家和地区开征社会保障税或类似税种，并使其成为主体税种。从各国的实践经验来看，开征社会保障税是一国筹集社会保障资金最有效的形式，通过开征社会保障税，有利于建立、健全社会保障体系，从而降低人们对未来支出风险预期，解除人们为预防意外而进行储蓄的心理压力，削弱人们进行预防性储蓄的动机，使其能够放心大胆地进行即期消费和计划远期消费。

我国目前没有开征社会保障税，虽然各地在征收社会保障费，但与目前世界上普遍开征社会保障税相比，存在征收职能软化、监督管理无力、效率低下和社会保障覆盖面窄等问题。现行社会保障资金的筹集主要采用由各地区、各部门、各行业自行制定具体筹资办法和比率的方式，缺乏应有的法律保障，使得我国社会保障资金的来源缺乏应有的保障，其资金管理和收支平衡也存在巨大的困难。因此，今后我国也应根据"贡献与受益对等"的原则，开征社会保障税，建立专门的社会保障预算，稳定社会保障的资金来源，扩大社会保障的受益范围，从制度上解除居民的后顾之忧。目前，可以先将在城镇范围内收取的养老保险基金、医疗保险基金、社会统筹等改为社会保障税，然后再逐步推广到广大农村。

具体来说，对我国社会保障税的总体设计是：（1）纳税人。社会保障税的纳税人应为我国境内的各类企事业单位、在我国境内有工薪收入的职工个人及没有雇佣关系的自营人员。（2）征税对象。对企事业单位而言，征税对象为其工资性支出和超过国家规定标准的福利性支出；对职工个人而言，征税

对象为工资收入，包括单位支付给职工的全部工资性货币收入（包括奖金、津贴）及超过一定限度以上的福利（包括实物）收入；对私营企业主和个体劳动者，征税对象为经营收入扣除经营成本后的净收入。(3) 税率。考虑到目前国家经济发展水平和企业承受能力及其与现行社会保险收费衔接的需要，本着征税简便、降低税收成本的原则，对社会保障税的税率，可以根据基本养老保险、基本医疗保险和失业保险等保险项目统一设计综合比例税率予以征收。(4) 征收管理。社会保障税应由税务机关征收，税款列入财政的社会保障预算，实行专户储存。纳税人应按月缴纳税款。

3. 充分发挥税收在推动消费热点方面的作用，提高中等收入人群的边际消费倾向

近年来，随着居民消费观念的更新和消费结构的升级，消费品由万元级向 10 万元级升级，住房、汽车等消费热点在向大城市家庭中普及并进一步向中等收入人群扩散，而现行的税收政策在促进这些消费上几乎没有大的作为。例如，在汽车消费方面，当前对汽车生产环节征收 17% 的增值税。在消费环节按不同车种排气量的大小设置了 7 档消费税税率。此外，还要征收 10% 的车辆购置税。再加上城建税等附加税费，汽车购销双方需要负担额外的流转税成本在 33% 左右，税负过高不但制约我国汽车产业发展，也制约居民汽车消费能力。又比如，在住房消费方面，目前我国房地产税收集中在建设的增量方面，即在房产的流通交易环节设置了主要的税种，而在房地产的保有期间设计的税种非常少，房地产存量税源没有得到充分利用，缺少税收对存量财产的调节。由于目前房地产流通环节税费过于集中，势必增加新建商品房的开发成本，从而带动整个市场价格的上扬，提高了居民购房的门槛，抑制居民的住房需求。同时由于保有环节税负过低，一定程度上助长了投机、炒房现象，造成房价过高，更加不利于满足居民购房需求。

从世界范围来看，在当前国际金融危机的背景下，各国普遍采取了各种税收优惠政策以促进居民在住房、汽车等方面的消费热点形成。日本政府为了刺激汽车消费，2009 年推出汽车减税，最大特点是推动环保，各种新车在购入时可享受的减税额度主要取决于该车的环保指标。根据环保车性质和指标的不同，购置新车时需缴纳的汽车购置税和汽车重量税可以全免、减免 75% 或减免 50%。泰国为鼓励消费者买房，2008 年将房地产过户税从原来的 2% 降为 0.01%。此外还提高免税扣除额，2009 年内买房者最高可得到 30 万铢免税款。

目前我国以住房、汽车为主要标志的新一轮消费正在逐步启动。因此，今后我国充分发挥税收在推动消费热点方面的作用，以此来提高中等收入人群的边际消费倾向，刺激中等收入人群消费需求的增长。(1) 在房地产税收政策方面，建议将现行的房地产税、城市房地产税、土地增值税以及土地出让金等税费合并，转化为房产保有阶段统一收取的物业税，同时取消房地产开发建设环节设置的各种乱收费项目。开征物业税，实际上是将开发商建房时缴的一部分税，改由购房者以后每年缴纳。从理论上说，在购买新房这一环节，消费者至少可降低 10% ~ 20% 的购房成本。而初始房价下降，居民改善住房的机会和能力增大，会大大提高住房消费需求。(2) 在汽车消费税收政策方面，2009 年我国已调整了燃油消费税政策，并相应取消了在使用汽车阶段养路费。在此基础上，建议对个人第 1 次购车的，可暂免征收车辆购置税，第 2 次购车的则减半征税；对个人购买新的汽车，第 1 年可免征车船税，第 2 年可享受减半征税。通过上述措施进一步降低居民在购车和使用阶段的税收负担，促进汽车消费热点需求的增长。

(四) 优化高收入人群消费环境，刺激高收入人群消费需求有效增长的税收政策建议

高收入人群是指在一定地域和时段范围内，平均收入水平处于高端的一定区间的人群。根据《中国统计年鉴2008》的数据，2007年人均可支配收入在36500元以上的居民可划为高收入人群。目前我国城镇私营企业主、个人独资企业和合伙企业投资者、个体工商大户、企事业单位的管理人员、董事会成员等都属于高收入人群。从高收入人群的消费特征来看，高收入者的消费能力强，但其边际消费倾向是所有人群中最低的。从我国高收入人群的消费情况来看，我国高收入群体因其强大的购买力，扩大消费的潜力不容忽视，但由于我国消费环境的制约以及消费品供给结构没有得到升级，无法满足高收入人群的消费需求，其潜在的消费能力没有得到释放，高收入人群消费增长非常缓慢。因此，刺激高收入人群消费需求的关键在于优化其消费环境。在今后运用税收政策的过程中，应通过增加消费品种，拓展消费领域，优化高收入人群消费环境，引导高收入人群形成绿色、健康、可持续的消费观念，促进其消费需求有效增长。

1. 运用税收政策扶持企业开发新产品和拓展新兴服务业，激发高收入人群的潜在消费能力

从目前我国的情况来看，导致高收入者消费倾向不高的一个重要原因，在于消费品的种类依然不多，消费服务还处于较低水平，难以满足收入水平较高的消费者对于消费品升级换代和消费服务高水平、消费多样性的要求。因此，在税收政策方面，对于企业进行新产品开发和新兴消费服务应给予一定的扶持。

首先，在企业进行新产品开发方面，建议我国今后对于凡是有助于拉动居民消费升级换代的消费品、具有广阔市场前景的节能减排消费品及满足消费水平提高的新型消费品，无论是其产品研发还是市场开拓都给予一定税收优惠支持。例如，对于企业进行新产品研发的费用可进一步加大其加计扣除的比例；在新产品销售初期给予增值税即征即退的优惠。通过上述税收优惠政策促使产品创新成为启动高收入人群消费的有效力量。

其次，在鼓励新兴服务业发展方面，应当通过适当的税收优惠政策推进新兴服务业发展，以起到增加消费点面、扩大消费领域和拉动消费的作用。具体可采取以下税收优惠政策：(1) 对增值税小规模纳税人的征收率调低为3%后，应当将中小服务性企业、个体经营服务业的营业税税率调低到3%，降低中小企业尤其是个体经营服务业的税负，从而增加个体经营者的收入水平，以达到鼓励个人从事服务业和推动服务业发展的目的。(2) 尽快将交通运输业、物流业、建筑业和销售不动产纳入增值税的征税范围，减少重复征税，扶持与其他行业发展密切相关的服务业的发展；在暂时不能对税制进行更大调整的情况下，可以考虑对于当前在技术上便于操作的行业，在营业税计税依据确定时允许其进行一定程度的扣除，尽可能减少重复征税。(3) 支持旅游业发展。目前，旅游业正逐步成为我国高收入人群的消费热点之一。建议对新办的旅游企业，可考虑减征或免征企业所得税3年，以鼓励其发展。

2. 尽快开征遗产税和赠与税，刺激高收入者即期消费的增长

遗产税是对被继承人或财产所有人死亡时所遗留的财产课征的一种税。有些国家为防止纳税人通过赠与方式逃避遗产税，对财产所有人在生前赠与他人的财产开征赠与税。开征遗产税和赠与税，不仅有利于减缓资本、财产集中的趋势，倡导勤劳致富的社会风尚，防止继承人因继承大量的财产而养成奢侈浪费的不良生活习惯，而且会使高收入者将财产遗留给后代的成本加大，从而有利于鼓励高收入者进行即期消费而不是进行储蓄。

从目前我国的情况来看，遗产税和赠与税在我国从理论上已探讨多年，其开征的经济条件已经成熟，应抓紧研究开征。通过开征遗产税和赠与税可以促进高收入人群传统消费观念和财富观念的转变，降低高收入人群积累财富的积极性。这既能提升高收入人群的边际消费倾向，又能引导该人群对社会公益

事业的投入，惠及全社会。总之，开征遗产税和赠与税将会使非消费领域中的一部分财富转移到消费领域，刺激高收入人群即期消费的增长。

3. 进一步调整和完善消费税，引导高收入人群引导消费者形成绿色、健康、可持续的消费理念

我国现行的消费税从 1994 年起开征，在 2006 年进行消费税政策调整后，征税范围为 14 类消费品。但目前诸多高收入人群进行的新兴奢侈性消费行为，例如高档音响设备、高档摄像器材、高档家具、高档装修材料、高消费场所、高档旅游娱乐项目等，却游离在征税范围外，没有得到消费税应有的调节。建议随着今后经济形势调整消费税征税范围，将高档别墅、高价宴席、名贵宠物等商品，高尔夫球、保龄球、桑拿洗浴等特殊消费行为，纳入消费税征收范围，同时适当调高烟酒、汽油、柴油的消费税税率。通过进一步调整和完善消费税，引导高收入人群形成绿色、健康、可持续的消费理念。

欠发达地区刺激消费的
财税政策研究

　　当前，在世界金融危机形势日趋严峻的影响下，我国受到了明显冲击，经济增速变缓，出口急剧下降。宁夏回族自治区（以下简称宁夏）地处我国西部，作为欠发达地区，经济基础薄弱，经济增长更应该依赖于消费的增加。因此，了解宁夏消费现状，发现宁夏消费特点，并通过怎样的财税政策来提高宁夏居民消费能力，增强居民消费欲望，对保持宁夏经济增长具有重大意义。

一、消费需求对经济增长的拉动效应分析

（一）宁夏消费率高于全国平均水平，对经济增长的拉动一直保持稳定的水平

　　消费、投资、净出口是拉动经济的"三驾马车"，其中投资是经济增长的推动力，净出口是经济增长的调节器，消费则是经济增长最稳定、最持久的动力。根据《宁夏统计年鉴》所解释的支出法国内生产总值中，分别用一定时期内的最终消费、资本形成总额，以及货物和服务的净出口总额，来反映本期生产的国内生产总值中消费、投资、净出口的构成。而最终消费是 GDP 的直接组成部分，最终消费的增长就是 GDP 的增

长。

从相关统计数据分析，宁夏最终消费长期占据 GDP 的 65% 左右，高于全国平均水平，对 GDP 的贡献一直保持在一个较为稳定的水平，支撑了经济增长的高速度。表 1 反映了宁夏 2002～2007 年以来 GDP（支出法）的构成情况，从该表的数据来看，2002 年以来宁夏最终消费占 GDP 的平均比重为 65%，最高为 2002 年的 69%，最低为 2007 年的 59.4%，宁夏该项指标一直比较平稳，另外，由于受地理位置等因素的制约，出口量小，经济增长主要依靠投资和消费，而投资对经济增长的作用不稳定，投资率历年来在 66%～79% 之间波动，波动幅度大于消费，因此，消费对宁夏经济增长呈现相对较稳定的拉动作用，刺激消费，保持消费的增长，将有助于宁夏经济的稳定发展。

宁夏较高的消费率是建立在较低的人均经济 GDP 基础之上的。从人均 GDP 来看，2002～2008 年间，宁夏人均 GDP 均低于全国水平，且差距直线上升，按 2002 年不变价格计算可知，由 2002 年的 2750.7 元上升到 2008 年的 3938.5 元。将宁夏 2008 年人均 GDP 与全国其他省份排名可知，宁夏位于 29 名，仅高于青海和西藏，由此可见，在现有的消费率基础之上，要刺激消费存在一定的局限性。

（二）与投资拉动相比，消费需求对宁夏经济的拉动依然不足

在刺激宁夏经济发展的过程中，由于经济对外依存度低，净出口一直为负，投资一直高于消费，投资对宁夏经济的作用始终居于第一位。表 1 数据显示，宁夏的消费率一直以来都低于投资率，2007 年投资率高达 73.6%，而消费率为 59.4%，消费对经济的贡献相对较弱；从消费对经济增长的贡献来看，消费贡献率从 2002 年的 71.0% 降低到 2007 年的 38.9%，降幅高达 32.1%。而投资贡献率从 2002 年的 108.6% 降为 66.8%，降幅达到 41.8%。虽然表面上看投资对经济增长的作用在下降，但从整体来看，宁夏近几年的投资贡献率均大于消费贡献率，

消费对经济增长的作用在减弱，因此，宁夏消费的扩张能力低，经济增长依托于投资。

表1　　　　宁夏消费、投资对 GDP 的贡献、拉动情况[①]　　单位：%

年份	GDP 增长率	投资率	投资对 GDP 的贡献率	投资对 GDP 的拉动率	消费率	消费对 GDP 的贡献率	消费对 GDP 的拉动率
2002	10.2	70.4	108.6	11.5	69.0	71.0	7.5
2003	12.7	72.8	86.0	13.2	65.5	45.9	7.0
2004	11.2	76.7	96.0	16.4	63.1	51.2	8.7
2005	10.9	78.5	92.5	10.5	66.1	90.0	10.2
2006	12.7	74.7	50.2	7.4	64.1	51.5	7.6
2007	12.7	73.6	66.8	14.0	59.4	38.9	8.2

资料来源：根据历年统计年鉴计算所得

从对经济的拉动情况来看（如表1所示），2002 年至 2007 年间，宁夏 GDP 增长率从 10.2% 增长到 12.7%，而宁夏消费的拉动率从 7.5% 增加到 8.2%，低于 GDP 的增长率，说明消费对经济拉动作用较弱。除 2005 年因投资拉动率的大幅下降，在 GDP 增速下降幅度较小的情况下，消费拉动作用得到较大幅度的提高外，其他各年消费拉动率变动较小，消费对经济增长的拉动作用较稳定。而投资拉动率波动较大，最低为 7.4 个百分点，最高为 14.0 个百分点，这进一步说明了消费是拉动宁夏经济增长的最为稳定的因素。与此同时，从 2007 年数据来看，宁夏经济的拉动主要依赖于投资，消费拉动作用低于投资 5.8 个百分点，消费需求对经济的拉动依然不足。

（三）从政府消费与居民消费的结构看，居民消费比率低于全国水平，对经济拉动力有待提高

消费由居民消费和政府消费两部分构成。近几年来，宁夏

---

① 以上均按支出法的 GDP 计算所得，将 GDP 分为：最终消费、投资、净出口来分别计算各组成部分占 GDP 的比重（投资率）、各组成部分的增量在 GDP 增量的比重（贡献率）、各组成部分的增量在 GDP 的比重（拉动率），而 2008 年由于相应数据目前没办法获取，所以暂不予以考虑。

居民消费占最终消费的比例一直保持在 60% 以上，且居民消费率在 62%～68% 之间浮动，变动幅度较小，是促进宁夏经济发展的主要途径。但与全国水平相比，宁夏消费比重严重失衡，居民消费低，政府消费高，政府消费一直保持在 32% 以上，而全国为 27% 左右，高于全国 5 个百分点；居民消费在 67% 左右，全国则在 73% 左右，低于全国 6 个百分点（见图 1）。而政府消费的增加必然会对居民消费产生"挤出效应"。宁夏居民消费近两年所占最终消费的比重在逐渐下降，从 2005 年的 67.64% 下降到 2006 年的 67.47%，到 2007 年，居民消费降为 66.87%，这种现象说明，宁夏居民消费支出额的增加，赶不上最终消费支出的增长，政府消费量大，比重过高，居民消费存在着不足。

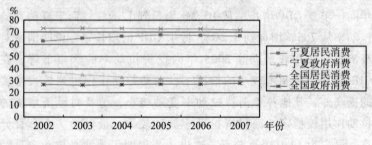

资料来源：相关统计年鉴计算所得

图 1　宁夏最终消费构成情况

通过上述分析，宁夏在经济危机形势下，要刺激内需，应充分发挥消费对经济增长的拉动作用。投资如果得不到消费的引导和支持，投资结构和规模就难以优化，经济效益就得不到保障和提高，资源配置就谈不上有效率，只有把投资建立在消费市场的有效需求之上，才能有效拉动内需的扩大。因此，当务之急是采取有效手段，启动消费，特别是居民消费，来扩大市场需求，实现宁夏经济增长由投资拉动型向消费拉动型的转变。

二、居民消费需求的总体特征分析

（一）宁夏居民消费需求层次低、存在消费潜力

1. 城乡居民收支水平低、消费不稳定

将宁夏居民收支情况与全国进行对比，按 2002 年的不变价格计算发现，宁夏城乡人均可支配收入近年来均低于全国水平，并且差距在扩大。城镇从 2002 年的 1636 元扩大到 2007 年的 2663 元，农村从 559 元扩大到 869 元，这说明宁夏城乡收入低，老百姓还相对较穷。在低收入水平下，人们没有足够的支付能力，影响了宁夏的消费支出；从消费支出来看，按不变价格计算，宁夏城镇与全国差距 2002 年到 2007 年间从 925 元扩大到 1981 元，农村从 416 元到 632 元，可见，宁夏居民消费水平低。

2004～2008 年间，宁夏城镇居民人均消费支出增速与上期相比，分别增长 4.8%、0.8%、2.5%、- 4.0%、13.8%，农民人均消费支出的增速与上期相比，分别增长 2.3%、- 9.0%、- 1.4%、5.2%、9.8%，波动幅度大，这说明宁夏居民消费支出情况不稳定。

2. 城乡居民平均消费倾向降幅较大

从统计数据来看，近几年宁夏城乡平均消费倾向呈下降趋势，城镇居民平均消费倾向从 2002 年的 84.1% 下降到 2007 年的 72%，下降幅度为 12.1%，而同期全国城镇居民平均消费倾向降幅为 5.8 个百分点，宁夏下降幅度高于全国 6.3 个百分点；宁夏农村居民平均消费倾向从 83.5% 降到 79.5%，下降幅度为 4%，而全国除 2007 年降低了 1 个百分点外，其他年份均在上升。宁夏城乡居民平均消费倾向的大幅下降，表明宁夏消费支出水平在降低，消费需求存在着不足。

3. 农村居民生活并不富裕，消费水平还较低

2008 年，宁夏农村居民人均食品支出为 1288.47 元，占人

均消费支出比重即恩格尔系数为 0.42，而 2007 年农村居民恩格尔系数为 0.40。而从相关数据又可以看出，2002 年，宁夏农村居民恩格系数为 0.44（见图 2），2003 年降为 0.42，2005 年又升为了 0.44，2006 年和 2007 年又分别降为了 0.41 和 0.40，2008 年又有所上升。可见，宁夏农村居民生活水平波动较大，生活并不富裕①。

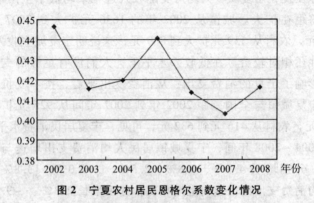

图 2　宁夏农村居民恩格尔系数变化情况

资料来源：相关统计年鉴计算所得

4. 居民消费潜力尚待挖掘

宁夏居民人民币储蓄存款余额近几年来逐年递增，如表 2 所显示，2002～2008 年 7 年间，宁夏城乡居民人民币储蓄存款余额增长 487.71 亿元，而此期间宁夏的 GDP 增长了 369.85 亿元，宁夏的储蓄增长额高于 GDP 的增长额，宁夏消费潜力较大。从整体上看，除 2008 年储蓄增长率高于全国 3 个百分点外，宁夏近 4 年存款增长幅度与全国基本保持一致，在 6%～19% 之间，从宁夏居民储蓄占全国的比重来看，宁夏近 7 年来，该比重一直保持在 0.36%，说明宁夏居民储蓄的上升与全国同步，

———————————

① 根据联合国标准进行比较所得。

宁夏消费潜力较大。

2006～2007 年间，宁夏和全国居民存款增长率相比，2006 年大幅下降，从 2005 年的 19.7% 和 18%，分别下降到 2006 年的 14.6%、14.6%。而到 2007 年的 5.6%、6.8%，下降空间达到 13% 左右，但到了 2008 年，这一年对我国来说，是多灾多难的一年，2008 年初的雪灾，5 月的地震灾难，8 月又遭受全球金融危机的影响，大量企业破产倒闭，失业人数增加，减薪现象普遍，以及股市连连下挫，股市震荡幅度大。对于广大居民来说，将手中的钱用于投资，风险太大。同时广大居民对未来不确定因素增加，为了预防性支出的需要，人们开始节约开支、减少消费、增加储蓄，而宁夏居民的这种行为更加明显。存款增长率从 2007 年的 5.6%，猛增到 2008 年的 29.3%，同比增长了 23.7%，超过历年水平并高于全国水平。可见，宁夏居民对未来的担忧高于全国水平，宁夏居民消费更加谨慎。

表 2　　　　宁夏居民收入和储蓄情况与全国进行比较

年份	宁夏		全国	
	居民人民币储蓄存款余额（亿元）	存款增长率（%）	居民人民币储蓄存款余额（亿元）	存款增长率（%）
2002	306.75	18.9	86910.6	17.8
2003	377.70	23.1	103618	19.2
2004	425.52	12.7	119555	15.4
2005	509.50	19.7	141051	18
2006	581.14	14.6	161587	14.6
2007	613.96	5.6	172534	6.8
2008	794.06	29.3	217885	26.3

资料来源：根据历年统计年鉴计算所得

从 2002 年至今，宁夏的消费一直保持良好的增长势头，2002～2008 年 7 年间，宁夏全社会消费品零售总额的增速普遍略高于全国水平，宁夏消费前景可观。从金融危机影响以来看，2008年第一季度，宁夏社会消费品零售总额为63.9亿元，第二季度为68.3亿元、第三季度为73.7亿元，第四季度为79.3亿元，累计增长率为22.2%。但与西部12省（区、市）相比，宁夏消费还存在着差距，2008年宁夏的消费零售总额增长率排名第7，相对靠后。因此，宁夏应该继续挖掘消费的潜力，增强居民消费的能力。

（二）宁夏城乡居民消费结构有所升级，但与全国相比，依然处于较低水平

1. 城镇居民消费结构在升级，消费热点不断呈现

从近几年城镇居民吃、穿、住、行、用、医等消费结构看，吃、穿、用的支出比重不断下降，居住、医疗、交通通信和娱乐文教支出比重不断上升，其中城镇居民的交通通信及娱乐文教支出、居住支出比重上升较快（如图3）。从2007年相关数据来看，城镇居民居住支出中，三居室的比重在迅速增加，为21.59%，一居室的比重下降，仅为6.82%，购房总金额平均每户52923.58元，购房支出在增加。购房成为居民消费的一大热点；从交通支出来看，家用汽车支出所占比重最大，每人为67元，占家庭交通、通信支出的55%，从交通费来看，出租汽车费每人支出高于市内公共交通7元，这说明，人们越来越青睐于便捷、省时的交通工具——小汽车。从娱乐文教支出来看，家用电脑的支出所占比重较大，人均56.96元，据调查，每百户拥有电脑30台，高于其他文化娱乐用品支出，而文化娱乐服务中，团体旅游及其他文化娱乐活动支出较多，人均分别为56元和126元。从教育支出来看，培训班费用支出较高，人均为761元，可见，伴随着消费结构的不断升级，消费热点也在不断地呈现，主要集中在三居室房屋、汽车、电脑、团体旅游、其他娱乐休闲及培训班学习方面。

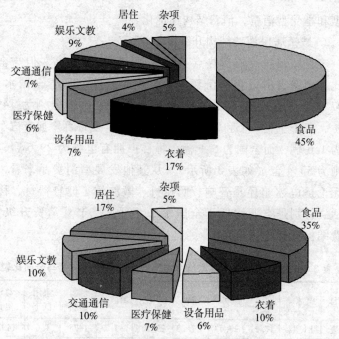

图 3　宁夏城镇居民消费支出结构

数据来源：2007 年宁夏统计年鉴计算所得

　　另外，通过对宁夏 2001～2007 年消费结构进行因子模型分析发现①，宁夏城镇居民满足生存所需的消费因子所占比重基本为 85% 以上，发展型及享受型消费因子所占比重为 10% 左右，各自的变化幅度不大。这说明一方面宁夏城镇居民生存型消费支出在增加，另一方面用于发展及享受型消费支出也出现相应的增加。同时从因子分析可看出，宁夏城镇居民的消费结构在不断地升级，不仅物质生活质量不断提高，而且更加注重精神文化生活方面的消费，在保证生存型消费的基础上，更注重发

---

　　① 引自：宋新欣．因子分析在宁夏城镇居民消费结构的变动分析中的应用．商品现代化，2008（12）

展型和享受型消费，消费结构在优化。

2. 城镇居民消费结构升级慢

宁夏城镇居民消费热点不断呈现，消费倾向高。但与全国相比，消费支出量相对份额较少，规模较小，低于全国水平。2007 年全国在交通通讯、娱乐文教支出的比重分别为 14%、13%，高于宁夏 4 个和 3 个百分点，其中宁夏每百户拥有汽车量仅为 1.6 辆，而全国为 6.1 辆；每百户拥有电脑为 29.6 台，全国则为 53.4 台（如表 3 所示）。从其他发展型消费品来看，宁夏无论是电冰箱还是音响、照相机、微波炉、健身器材、移动电话、特别是空调均低于全国水平。可见，宁夏消费升级慢，消费结构有待进一步优化。

表 3　宁夏城镇居民主要家庭耐用消费品每百户拥有数与全国比较

项目	电冰箱	组合音响	照相机	空调	家用电脑	微波炉	健身器材	家用汽车	移动电话
宁夏	81.04	17.21	23.43	7.23	29.57	35.7	1.78	1.6	149.5
全国	95.0	30.2	45.1	96.1	53.8	53.4	4.4	6.1	165.2

资料来源：《宁夏 2007 年统计数据》和《中国 2008 年统计年鉴》

3. 农村居民消费层次远低于全国平均水平

2007 年，宁夏居民在家庭设备用品及娱乐文教支出所占比重均低于全国 1 个百分点，而从宁夏 2007 年农村居民主要家庭耐用消费品每百户拥有量来看，主要集中于一些基本消费品方面，摩托车每百户拥有量达到 71.5 辆，高于全国的 48.5 辆；彩电拥有量为 107.8 台，高于全国的 94.4 台；洗衣机为 56.67 台，高于全国的 45.9 台。但宁夏农村居民在中、高端发展型消费品消费上却存在着严重不足，电冰箱宁夏每百户消费量为 14.7 台，而全国为 26.1 台，低于全国 11.4 台；空调、电脑、手机、照相机等拥有量普通低于全国水平，甚至有些农村还没有涉及这块的消费，据走访，宁夏农村居民没见过电脑和数码相机的占相当多数。可见，宁夏农村发展型消费支出比重低，消费层次低于全国水平。

4. 城乡居民医疗保健、文教、居住方面的支出比重在加大，刚性逐渐增强，负担较重

从宁夏城乡居民消费性支出来看，近几年城乡居民在医疗保健、文教、居住方面的支出比重在加大。从 2007 年的各项指标来看（如图 4 所示），城镇居民医疗保健支出中，药品费和医疗费占到了 66% 和 30%，保健支出还不到 3%，农村居民药品费和医疗费占到了 46% 和 53.6%，保健支出还不到 1%。居民把大部分支出都用于看病，且这项支出是居民不得不花费的，支出刚性大，导致居民的消费负担重。同时，文教支出中，城镇居民课本及参考书和非义务教育学杂费比重为 27% 和 21%，高于其他教育支出的比重，农村居民主要非义务教育学杂费比重占到 65.3%，文化、娱乐、体育支出只有 4.5%，这说明宁夏城乡居民用于孩子接受高等教育的支出较大，而教育作为一项刚性支出，导致居民支出负担重。从居住方面来看，宁夏城乡

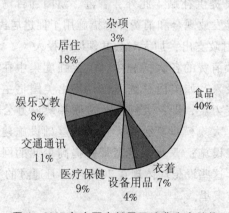

图 4　2007 年宁夏农村居民消费支出结构

资料来源：2008 年宁夏统计年鉴计算所得

居住支出比重高于全国 10% 的水平，主要由于宁夏房价的猛涨及相应装修材料、居住设备价格的大幅上涨，导致居民居住支出量大，支出能力受限，负担加重。

三、刺激居民消费的财税政策的国际借鉴

受金融危机影响，国际外贸市场萎缩，除加大投资外，扩大消费成了推动经济增长的重要动力。各国经济结构和基础不同，扩大消费的财税政策措施和力度也有所不同。

（一）刺激居民消费的财政政策

1. 采取财政直接补贴政策

财政直接补贴是各国在这次金融危机下普通采取的做法。2009 年 2 月美国国会通过的 7870 亿美元新经济刺激方案称，政府将以社保支票的方式向退休人员、伤残老兵和其他不需要支付工薪税的人员提供人均 250 美元的补贴。日本政府将在 2009 年 3 月底前向该国所有家庭发放总额为 2 万亿日元的现金补助，并为日本农民提供补贴。此外，香港、澳门和台湾地区等经济体也通过直接发放现金和消费券等措施用于促进居民消费。

2. 增加财政支出，加大对公共领域的投入

各国刺激消费的各大措施中，主要强度集中在财政支出对公共领域的投入。如美国总统奥巴马提出美国将主要在五方面加大政府投资力度，即：大规模改造联邦政府办公设施以提高其节能水平；大规模投资公路、桥梁等基础设施建设；大规模升级学校硬件设施；普及先进宽带并提高少儿的网络应用；改进医院设施。这些设想均体现在 2009 年 2 月通过的 7870 亿美元新经济刺激方案里。

3. 实施积极的就业促进政策

面对失业率大幅增加，各国纷纷采取措施来保障居民的消费能力。2009 年 2 月美国参议院同意将"雇美国工"条款作为

附加条件加入新的经济刺激方案。英国将从 2009 年 4 月开始实施持续两年的"金色问安"就业保障计划,该计划约耗资 5 亿英镑。还将推出帮助毕业生自愿减薪以获得实习和工作机会的"全国实习计划"等计划。

(二) 刺激居民消费的税收政策

1. 调节个人所得税,增加居民的可支配收入

美国政府在 2009～2010 年税收年度,给予每个美国中低收入居民纳税人每年不超过 500 美元的薪酬抵免并增加个人所得税的子女抵免;日本将个人从交易所上市股票获得的资本利得和股息享受 10% 税率的优惠期限延长至 2011 年;英国根据消费物价指数的变化,将个人所得税基本扣除标准提高了 440 英镑,其他扣除项目和抵免项目的标准都相应有所提高,同时,还扩大了 2009～2010 年度适用个人所得税各档税率的收入级距。

2. 振兴房地产市场

面对形势日益严峻的房地产市场,日本规定对 2009～2013 年入住的房屋,购房人将获得 10 年内最高 500 万日元或 600 万日元住房贷款的税负减免;法国对住房贷款实行减税措施,规定购买新房的贷者第 1 年贷款利息的 40% 可享受对应的所得税减免,随后的 4 年里,贷款利息的 20% 可享受减税。

3. 降低社会保障税和医疗保障税,改进消费环境

英国社会保障税对雇主统一征税,对雇员则分为四种不同类型征税,其中 1 类对普通雇员征收,4 类对自雇人员征收,2009～2010 年度 1 类和 4 类人员缴纳社会保障税免征和减征收入额的上、下限都有所提高;罗马尼亚从 2009 年 4 月起,雇员社会保障缴款的比例从 3% 降至 1.5%。

4. 降低商品销售价格,提升消费意愿

降低商品销售价格的税收政策主要从流转税入手,如英国、加拿大等国。英国从 2008 年 12 月 1 日起至 2009 年 12 月 31 日止,临时降低增值税标准税率以刺激消费,将增值税标准税率

从 17.5% 临时降到 15% ；马来西亚取消一些商品的消费税、进口关税、对一些食品类商品进行免税等。

四、欠发达地区刺激居民消费
的财税政策建议

（一）及时出台优惠政策，刺激即期消费需求的财税对策

1. 继续实施已有的、成功的刺激消费的财税对策，扩大"家电下乡"范围，启动"家电进城"

鉴于"家电下乡"政策已有的效果，应继续加大"家电下乡"的补贴力度，增加补贴额度的同时，要加强市场监管及售后服务的提供，以减轻老百姓消费的后顾之忧，从而从真正意义上为老百姓减轻负担，刺激农村居民的消费意愿，并且，"家电下乡"等活动还需长期地坚持下去，以提升农村居民消费的空间和动力。同时，"家电下乡"的产品有待进一步的扩大，可以送通讯、送文化、送体育用品等下乡，进一步丰富对农村居民消费品的补贴，进一步深入的启动广大农村市场；同时，城市低收入群体消费能力较弱，也需要政府的政策刺激其消费，因此，"家电进城"也需要政府给予关注。

2. 对部分居民生活消费品实行退税政策

在南方各大城市发行消费券的试点中，以及宁夏新华百货前期发行的 500 万消费券的跟踪调查发现，居民对持有消费券进行消费态度较谨慎，担心因为消费券金额的限制迫使其不得不进行不必要的消费。因此有相当部分居民手持消费券而无消费欲望。而从"家电下乡"的实施情况来看，企业之间存在着"内倒"现象，实名制没办法落实，往往应该下乡的家电却不是卖给了广大农民，而是由企业自身消化并出售给普通居民，从而不仅实现了正常收入，而且还得到了一笔额外的补贴，导致广大农民的福利受损。因此，在不断加强"家电下乡"的监管

工作时，应该采用更完善的措施来刺激居民消费。而从退税的角度来看，购买者通过专业发票向有关部门申请退税，既不会产生盲目消费，也不会出现"实名制"问题，同时也不影响企业的销售利润，这样既有利于企业的发展，又有助于居民消费能力的增强，消费意愿的增加，从而会有效的刺激居民消费。

3. 继续实施引导消费热点的税收政策

宁夏居民在汽车消费方面，受政策影响较大，自从国家对1.6排量的汽车购置税减半征收后，8万～15万元的汽车销量大幅上涨，2009年第一季度大幅增长，同比增长101.5%。因此，为了进一步刺激居民汽车消费，加大汽车产业链的发展，应进一步调整汽车消费税的税率和征税范围，引导消费者的购买行为。对排量1.0升以下的小排量汽车可以考虑取消消费税，这样可以进一步鼓励消费者购买。对排量1.6升以下的汽车可以取消车辆购置税，对2.0升以下排量的汽车购置税减半征收。另外，应取消对小排量车的限制，并从使用成本上着手，对小排量车在各种税费上进行优惠，而对大排量车的使用征收惩罚性税收。同时，可以出台相关税收优惠或补贴政策，鼓励生产厂商进行研发，提高小排量车的安全性能，以提高其对消费者的吸引力。应关注货车市场，增加税收对货车消费的影响，在促进投资的基础上，要加大对货车消费的刺激力度，可以适当地对货车消费提供补贴。

（二）借实施积极财政政策契机，适时增进对欠发达地区的财政补贴与扶贫力度

其一，要加强对城镇困难群体和低收入者的补助，完善城镇"低保"制度，全面落实最低工资制度，根据物价上涨情况，适时调整和提高"低保"与"最低工资"的补助标准；其二，应全面建立农村居民最低生活保障制度，将农村绝对贫困人口和年收入低于一定标准的农村居民纳入保障范围，并不断提高保障标准；其三，现行"吊庄移民"措施虽取得了一定进展，

但由于政府财力的不足，投资力度有限，成效并不大。因此，应加大财政的补贴力度，保证财政在"吊庄移民"上的资金支持，使得贫困地区的农户逐步从山上搬到山下、山区搬到川区、缺水地区向水域丰富地区转移，彻底摆脱靠天吃饭的恶劣环境，实现生态环境的保护，打造宁夏"黄河金岸"。

（三）对增值税与所得税采取浮动税制，给予零售企业更大的税收优惠空间，进而让利于消费者

欠发达地区发展较慢，经济基础薄弱，企业税负较重，企业经营条件较困难，如宁夏新华百货股份有限公司 2009 年前四个月的增值税税负均保持在 3.1% 左右，而其驻北京的公司税负不到 1%，同样，国芳百盛在宁夏与在甘肃的税负差距也较大，宁夏企业税负过重。为了保持正常的盈利，企业不得不抬高价格，降低销售折扣，导致居民购买力下降，商品消费能力差，而两税合并后，所得税政策对"老、少、边区"倾斜力度逐渐减弱，使得宁夏企业的负担相应的有所增加，因此，为了保证居民消费，为了使企业更多的让利于百姓，应尽量减少其税收负担，降低其经营压力，为其提供足够的发展空间。而现行税制限制了宁夏企业的发展，所以，应适当给予民族地区企业的税收优惠空间，首先在国有企业进行试点，采用税收浮动制，在基期税收的基础上，报告期超过基期数额的一定百分比内照常征收，超过该百分比的部分，实行税收返还：如 2009 年的税收收入超过 2008 年 82862 万元部分的 4% 以内，据实征收，超过 4% 的部分，给予国有企业税收返还。从而降低国有企业的税负，"放水养鱼"。并通过试点的情况逐渐扩大试点企业范围，让民族企业不断成长壮大起来，为后期税收收入的增加打下基础。

（四）在中央政策与财力的支持下，充分发挥民族地区的自治权力，调整相关地方税收负担

1. 适当调整现行营业税，刺激居民的服务业发展，提升居

民消费层次

提升城市居民消费层次、提高居民生活与服务质量的角度，调整现行营业税政策，尤其推动新兴现代服务业和消费性服务业的发展，对一些面向大众的服务业，适当降低适用税率，以扶持这些行业的发展，增加就业，同时激发新的消费热点、扩大消费领域和拉动消费增长。例如，宁夏对一些娱乐场所征收的各种税费（含文化建设费）相加已经达到了营业收入的27.6%的负担，如果将这部分税负降低到8%左右，可吸引相当部分的消费者。

2. 降低契税、土地使用税、土地增值税的税收负担，减少居民购买住房的税收成本

住房消费是除了家用汽车之外城市居民的另一个消费热点，同时也是保持消费稳定增长的重要组成部分。在当前经济危机，居民消费心理日趋谨慎的前提下，房价的过高或过低都不利于实施刺激城市居民消费的政策实施。房价过高超过一般消费者的购买能力，带动不起总体的消费水平；房价急跌会使拥有住房的消费者感到财富缩水，产生减少当前消费的谨慎心理。处于欠发达地区的宁夏城市房价近两年呈现了与一些大城市所不同的居高不下的局面，原因之一是，与住房交易有关的营业税、契税、土地使用税及其土地增值税等构成了房产开发成本的相当一部分，而开发商又将它们直接转嫁给了消费者。为了稳定房价，避免房价进一步走高，有必要针对上述税种进行必要的调整：契税，宁夏目前的优惠政策是对90平方米以下的二手房交易在两年之内交易的契税税率为1.5%，这种优惠政策只适用很小一部分低收入群体，为扩大受惠群体，应将这一优惠措施扩大到130平方米左右。土地使用税，目前采用的税额都是幅度税额中的上限，导致负担偏重，应该减半征收；土地增值税，从2004年征收到现在税收负担都在26%～27%之间，可以考虑减半征收的优惠政策。

3. 降低个人所得税，增加收入效应，提高中高层消费群体的消费能力

欠发达地区的中高等收入者或中产阶层，可以形成成熟的消费主力群体和具有强劲购买力的可持续消费能力。因此，从提高个人可支配收入、扩大中高居民消费的角度，除了中央政府出台提高税前扣除标准，降低个人工资薪金所得适用的最高边际税率的政策之外，地方也应当适时出台一些低于全国平均水平的优惠税率。

（五）增加居民消费意愿与边际消费倾向的长期财税政策

1. 优化财政支出结构，扩大中低收入人群消费能力，解决居民即期消费的后顾之忧

其一，从教育支出上来解决居民的消费后顾之忧。目前，城乡居民尤其是中低收入者面对未来不确定性的居民支出抑制了其当前的消费意愿，比较典型的是目前各地普遍存在的高中教育阶段的合理与不合理的、明的与暗的各种名目的高收费，以及大学教育阶段的较高支出。面对这种情况，更多的家长不得不"节俭"地积累资金应对必不可少的支出。因此，应清理整顿高中教育阶段的各种合理与不合理的收费，适时将高中教育纳入义务教育范围，增加高中教育阶段的财政支出，减少对个人的收费；应降低公立大学的学费，在财政增加投入的基础上，采取更具激励作用的措施鼓励个人、企业对高校的捐赠和投入。

其二，配合医疗卫生体制的改革，加大政府的支出份额。由于医疗保险覆盖面有限，有相当多的家庭要为医疗支出而储蓄，宁夏农村合作医疗保险尚待完善。因此，强化政府在医疗卫生领域的责任，扩大医疗总支出中政府承担的份额，切实减轻居民的医疗负担，对于提高中低收入者的福利水平、增强其消费能力有着极为重要的现实意义。

2. 增加农村公共基础设施投入，配合提升农村消费层次的

提高

"十一五"时期宁夏农村交通、通讯、水电等基础设施虽然得到进一步改善，但农村基础设施落后和市场流通体制不健全的问题仍然存在。例如山区部分地区电网设施落后，电价高，电视信号弱，制约了农村居民电器购买欲望；大多数地区还未通上自来水，部分地区甚至连人畜饮水都很困难，极大地限制了洗衣机的购买使用；另外山区部分地区地理位置偏僻、交通不便，产品维修与售后服务跟不上也使农村居民放弃了购买计划。另一方面，目前农村流通体制尚不健全，农村市场规模小、服务质量差，也直接影响了农村居民的消费积极性。因此，刺激农村居民消费，改善农村居民的消费结构，促进农村居民消费层次的提高及消费意愿的增加，需要继续加大对农村基础设施的投入。中央和各地扩大内需资金中都要安排一定比例的资金，专门用于农村的基础设施建设，增加居民生活必须资源的投入。

3. 加强社会保障体系建设

扩大社会保险覆盖范围，将社会保险体系扩展到城镇全体劳动者，促进劳动力在不同类型企业之间的流动，注意从农村到城镇务工人员的社会保险问题，注意农村社会保险问题，特别是农村从事非农业生产的劳动者的社会保险问题，改革养老保险制度，改革医疗保险制度，建立和完善失业保险制度扩大失业保险覆盖范围，加强就业服务，明确灵活就业者的社会保险待遇和管理；完成下岗职工基本生活保障向失业保险并轨等；对从事非农劳动和进城务工的农民已基本脱离农业生产，社会保障可以参照城镇居民的社会保障体系建立。

　　　　　　　　　　　　　　课题组组长：杨国祥

　　　　　　　　　　　　　　执　笔　人：胥守乾

促进我国消费需求的
税收政策选择

浙江省宁波市国际税收研究会课题组

一、税收政策促进消费需求的
必要性与可行性分析

(一) 当前我国扩大内需的必要性

2008 年底次贷危机的到来使我国经济所面临的压力增大，虽然因为我国强有力的宏观调控能力以及金融业尚未完全与世界接轨等原因，这场世界性的金融危机对我国并没造成灾难性的伤害，但是，我国的实体经济必然会受到次贷危机的冲击，这可以从两个方面来考虑。

首先，次贷危机对我国的出口影响很大，2008 年，出口额 14285 亿美元，增长 17.20%，回落 8.50 个百分点；世界经济增长趋势明显放缓，外国对我国出口商品需求的减少，我国外向型经济必然受到冲击，加之美元贬值和人民币升值，新劳动法对最低工资的要求，原材料价格上涨以及企业出口退税额度用尽等诸多不利因素的影响，我国外向型生产企业的生存环境急剧恶化，人民币仍然有继续升值的趋势，这也进一步促进了进口规模的扩大，进口额 11331 亿美元，增长 18.50%，仅比去年下降 2.30 个百分点，远远小于出口的下降幅度。贸易顺差 2955 亿美元，幅度同比下降 26.60%。净出口规模变小，会直接影响我国 GDP 的增长速度。

其次，次贷危机更主要的影响在于降低了人们对宏观经济的预期，使当期的消费和投资额度下降，人们都处于观望和不确定之中。消费者（2008 年 2 月至 2009 年 3 月）预期指数明显回落，从 96.8 降低为 85.90，其中，消费者满意指数从 90.50 降低为 86.10，消费者信心指数从 94.30 降低为 86.00，这不难从 A 股和楼市的低迷中看出端倪[①]。

消费需求是最终需求，是社会再生产的终点和新起点，是繁荣市场，促进经济发展的根本动力和源泉，正如凯恩斯所说的："消费乃是一切经济活动之唯一目的，唯一对象，如果消费倾向一经减低，便成为永久习惯，则不仅消费需求将减少，资本需求亦将减少。"当前正是发展内需经济的好时机，而且只有通过扩大消费需求，才可以真正有效的稳定经济增长趋势。这几年政府所推行的促进消费的一系列措施开始见效，2008 年，通过奥运刺激消费的政策收到良好回应，加之我国城乡居民收入水平进一步提升，我国消费需求不断增大，消费对经济的拉动力明显增强，而这正是我国抵御美国经济大幅减速对我国不利影响的最大武器。

（二）通过税收政策调节消费需求的可行性

首先，税收政策产生的收入效应可以起到调节需求量的作用，表现为政府课税使消费者的可支配收入水平下降，从而降低商品购买量，使消费居于较低的水平上，税率越高消费总量降低得越多，反之实行低税率就能有效提高消费总量。而税收政策的替代效应是指当政府对某些特定商品课税以后，会使课税商品价格相对上涨，造成消费者减少对课税或高税商品的购买量的一种影响。课税范围越小，替代效应越明显。因而对某些商品提高或减少课税能够引导消费方向，从而起到调节需求

---

① 宏观经济数据. 中国国家统计局，2008 年 9 月

结构的作用。

具体来说，税收对消费的影响作用主要体现在四个阶段：首先在收入来源阶段，通过个人所得税的调节降低中低收入阶层的税收负担，增加可支配收入；其次在收入使用阶段通过调整消费税的税率、税目，创造新的消费热点；在财富占有阶段，又可以通过财产税、遗产税、赠与税等调节收入的存量，避免财富过分集中，鼓励即期消费；在未来收入阶段，社会保障税可以增加居民收入预期，解除人们特别是低收入阶层的后顾之忧，使其敢于即期消费。

再者，税收政策刺激消费需求对经济的影响更具针对性。当前积极的财政政策主要是通过发行国债，靠扩大政府财政支出来促进消费、刺激经济。但是国债的过度发行会导致财政赤字上升，而且可能产生"挤出效应"，反过来拖累经济的增长。从我国目前的债务比例情况看，虽然国债累积额占 GDP 的比重不到20%，但是我国目前的债务主要是中央政府的债务，占中央财政支出的比重已经超过70%，明显偏高。从我国财政支出的投向看，现阶段主要是增加基础设施建设的投入，这固然会对经济增长起到一定的拉动作用，但是目前这种投入的局限性也已经有所显现，并且对启动民间投资和消费的影响不大。自2008 年 7 月份以来的政府投资，增长速度从18.9%上升至 2 月份的40.3%，而以往民间投资较活跃的进出口、房地产、矿山、钢铁等领域，市场前景都不是特别乐观。以房地产为例，2009年 2 月的投资仅比2008 年同期增长3%，较 2008 年上半年30%以上增长率急剧下滑。

而税收手段则不同：税收政策在促进民间投资和刺激消费方面具有较强的针对性。税收对投资的影响表现在对投资的刺激和制约两个方面，其中刺激作用主要是通过降低投资者的税收负担、降低投资行为的成本、加快投资成本回收三方面实现的。通过适当减税有助于提高企业的盈利率和投资回报率，具有刺激需求和供给的扩张效应。税收对消费的影响在于通过征税，对商品价格和可支配收入产生影响，进而改变社会消费倾向与规模。通过开征新税种或提高调节收入差距税种的税率并配合财政的转移支出，可以提高全社会的边际消费倾向，从而达到刺激消费、拉动经济增长的目的。

从长期看，随着税收收入的持续增长，总规模的不断扩大，税收在影响整个经济运行方面无疑更有潜力。因此，我国在继续实施积极财政政策，不断扩大政府财政支出的同时，要更加注重发挥税收在促进投资、扩大消费和调控经济发展方面的作用。

二、当前我国内需不足的主要原因分析

自 1998 年以来，我国宏观调控的主题都是扩大内需，但是，内需却年年启而不动。主要原因不在于投资，而在于消费。资料显示，近几年，我国消费对 GDP 增长的贡献份额连续下降，从 2000 年的 73% 下降到 2005 年的 38.2%。我国最终消费占 GDP 比重从 20 世纪 80 年代超过 62% 下降到 2007 年的 50% 左右；居民消费率也从 2000 年的 46.4% 下降到 2007 年的 35% 左右，远低于世界平均消费率 75% 的水平（详见表 1）。

表 1　　　　　　　　我国消费率情况一览表

年份	农村居民消费率（%）	城镇居民消费率（%）	居民消费率（%）	政府消费率（%）	最终消费率（%）
2000	15.3	31.1	46.4	15.9	62.3
2001	14.5	30.7	45.2	16.2	61.4
2002	13.5	30.2	43.7	15.9	59.6
2003	12.0	29.7	41.7	15.1	56.8

年份	农村居民消费率（%）	城镇居民消费率（%）	居民消费率（%）	政府消费率（%）	最终消费率（%）
2004	10.9	28.9	39.8	14.5	54.3
2005	10.1	27.6	37.7	14.1	51.8
2006	9.5	26.7	36.2	13.7	49.9
2007	9.1	26.2	35.3	13.5	48.8

资料来源：①中华人民共和国国家统计局．2008 年国民经济和社会统计公报
②中华人民共和国国家统计局．中国统计年鉴 2008

　　消费率偏低以及由消费所决定的内需不足，从经济上分析主要有以下原因：

　　一是居民收入不高，国民收入分配向非居民部门倾斜。收入决定消费。我国国民收入分配更多地偏向非居民部门，劳动力价值被低估，居民收入增长缓慢。这样的分配格局，一方面会刺激投资更快增长，同时必然导致消费在 GDP 中的份额下降。据统计，1997 年~2007 年，中国的劳动报酬占 GDP 的比重从53.4%下降至 39.74%；中国的资本收入占比持续上升，企业营业盈余占 GDP 的比重从 21.23%上升至 31.29%；政府预算内财政收入占 GDP 比重从 10.95%上升至 20.57%，若加上预算外收入、政府土地出让收入以及中央和地方国企每年的未分配利润，政府的大预算收入几乎占到了国民收入的 30%。

　　二是收入差距过大，居民消费倾向降低。居民消费倾向是指收入中用于消费的比率，反映居民消费支出和收入水平变动关系。近几年，随着我国经济社会的发展，居民收入得到进一步增长，但由于缺乏必要有效的收入分配调节措施，导致了居民收入差距的不断扩大，财富向少数高收入者集中，高收入群体收入比重增大，高收入群体人口比重减少，低收入者的收入比重减少，低收入者的人口比重加大。高收入者经过前一时期的消费积累，对各种消费需求已经饱和，高收入者的高收入无法转

化消费，高收入者的消费倾向降低，而低收入者的消费倾向高，有消费欲望但无力消费。如浙江城镇居民中20%高收入户收入占全省城镇居民收入的比重从1992年的27.4%上升到2007年的40.3%，其平均消费倾向从1992年0.739下降到2007年的0.605；而20%低收入户的收入比重从1992年的14.3%下降到2007年的7.7%，其平均消费倾向的变化幅度则较小，1992年和2007年分别为0.910和0.904。①

　　三是公共品供给不足，社会保障体系不健全。老百姓对未来缺乏安全感，不得不掏钱来购买某些公共产品和服务。失业、住房、养老、医疗、教育等社会保障支出在相当程度上压缩了居民的即期消费空间，因此我国居民的储蓄倾向一直很高。2007年居民储蓄率高达50%左右，而全世界的平均储蓄率约为20%。高储蓄尽管提供了投资的资本来源，却削弱了消费对经济的拉动作用。同时，这些年来公共产品特别是由垄断企业提供的资源性产品不断涨价，也大大压缩了人们的即期消费空间。

　　四是消费结构不合理，农村消费市场空间巨大。农村居民是我国最大的消费群体，但是消费水平仍停留在低位，多年来农村消费市场一直是启而不动，农村居民消费率由2000年的15.30%降至2007年9.10%，占全国人口2/3的农民只消费了1/3的商品，"油盐酱醋找个体，日常用品赶大集，大件商品跑县里"，还是大部分农村消费水平及消费方式的写照。而据国家统计局测算，农村人口每增长1元钱的消费支出，将对整个国民经济带来2元的消费需求，农村人口对任何家电产品的普及多增加1个百分点，就可增加238万台（件）的消费需求。广袤而富有潜力的农村消费市场蕴涵着旺盛的住房、教育、医疗、家电、农资产品、交通、通信、信息等需求，新的消费增长点亟待开拓。

---

　　① 国家统计局浙江调查总队，《浙江居民收入差距对消费需求影响实证分析》，2008年12月8日

三、我国运用税收政策扩大消费
需求的主要问题

从我国的情况看，1994 年税制改革后，我国的税制结构虽然逐步合理完善，但仍然存在一些缺陷，主要表现在：个人所得税比重过小，调节收入分配能力有限；社会保障税等税种尚未开征，增加了居民预防性储蓄的动机；对农民和低收入群体扶持力度不够，等等。这些缺陷的存在客观上抑制居民的消费需求的提高。

（一）税收政策在调节收入分配上有待完善

一是个人所得税的课税模式和申报方式不利于有效调节收入分配。我国现行个人所得税实行分类税制，其优点是税制简单明了，适应较低的税收征管水平，主要弊病是在分类制下，对所得实行列举式难以适应当今个人收入多元化、复杂化的现状和收入形式不断变化的趋势，从而限制个税的征收范围。分类制不能全面、完整的体现纳税人的纳税能力，从而造成所得相同来源不同纳税不同。所得来源多、综合收入高的纳税人得到的费用扣除也就越多，纳税反而少，而所得来源少，收入相对集中的却要纳较多的税，不符合支付能力原则，也难以体现公平税负、合理负担的原则。例如：甲某每月收入 2500 元，全部为工资薪金所得，乙某每月收入为 2800 元，其中 2000 元为工资薪金所得，800 元为劳务报酬所得。而我国税法规定，工资薪金每月可以扣除 2000 元，劳务报酬可扣除 800 元，造成了甲某收入低要缴税，乙某收入高反而不纳税的不合理现象，没有发挥出个人所得税调节收入分配功能的作用，反而又拉大了收入差距，使低收入者的税后净收入更少，难以增强低收入者的消费信心。

二是所得税的重复征收阻碍了自然人投资企业未分配利润

向消费需求的转化。按照现行的税收政策，自然人投资企业用在按规定缴纳企业所得税后形成的未分配利润转增资本或分配股利、红利时，征收 20% 的个人所得税。所得税的重复征收使相当一部分企业不愿将企业盈余转增资本进行技术改造、扩大再生产、投资新项目、分配红利、股利或通过利用他人名义借款及个人费用单位列支报销等途径变相分配未分配利润，这在导致国家税收减少的同时，也影响了企业盈余向消费需求的积极转化。据不完全统计，1997 ~ 2007 年，中国居民可支配收入占 GDP 的比重从 50.97% 下降至 45.50%，企业营业盈余占 GDP 的比重则从 21.23% 上升至 31.29%。

另外，我国尚未开征遗产税，这一方面不利于缩小贫富差距，导致财富过分集中和逐代累积，影响整体消费需求；另一方面从反向上抑制了高收入群体的即期消费欲望，减少了消费水平和规模。

（二） 税收政策对农民消费鼓励不足

我国是农业大国，农民是最大的消费者群体，是我国居民消费的主体，它将在拉动我国居民消费需求方面起着主导作用，但从表1中可以看出，我国农村居民消费率从 2000 年开始持续走低，2006 年已经降低到 10% 以下。究其原因，主要有以下几点：

首先，在目前我国以增值税为主的税制结构下，取消农业税后农民的负担仍然较重，一些惠农税收政策并没有很好发挥作用。目前虽然对农民销售的自产农产品免征增值税，但因增值税是价外税，税金由消费者负担，因而对销售自产农产品免征增值税，实际上是对农产品消费者的一种税收优惠，并非对农业生产者的免税照顾。我国目前虽然对农业饲料、农膜、种子、化肥等农业生产资料免税，但农业生产资料持续上涨，且农业生产者负担的从农业生产资料产品加工环节转移过来的增值税税款无法抵扣。农民作为最终使用者，以含税价格购进，承担了其中所含的增值税税款，却没有进项可以扣除，直接减少了可支配收入。

其次，农村消费的外部环境在一定程度上影响农民消费需求的增长。我国农村交通、通讯、水电等基础设施薄弱，虽然近年来国家加大了对农村基础设施建设的财政投入力度，并已取得了初步成效，但由于投资渠道单一，单靠国家政府一方的投入及农民自身的微薄投入尚没能达到应有的效果。税收具有调节投资流向，通过一定的税收优惠政策来吸引企业投资的作用。然而我国税法在吸引企业向农村投资，进而加强农村基础设施建设方面，没有给予应有的税收优惠待遇，鼓励力度不足；同时，税收在对农村富余劳动力向非农产业转移过程中产生的就业问题，没有给予与城镇下岗职工相同的优惠待遇，存在税收歧视问题，不利于被征地农民、失地农民在城镇找到稳定的工作，获得稳定的收入来源，进而影响农民有效消费需求的增长。

（三）税收政策在促进中低收入群体消费预期方面力度不足

经过前几年的消费积累，高收入群体的消费已趋于饱和，促进中低收入群体的消费需求则成了当前拉动经济增长的重要途径，但中低收入群体有消费欲望却无力消费。中央财经大学经济学院的张桂香说："我国消费拉动经济增长乏力的现象主要由于消费主力军——中低收入者消费疲软。"而抑制中低收入者消费预期的主要原因是社会保障投机的不完善、改革的滞后，造成居民对未来医疗、养老、失业的各项支出预期不确定，在很大程度上造成了现在储蓄不断增加，消费增长缓慢的局面，严重影响了居民的消费预期，抑制了整体消费需求。正如浙江省嘉兴市发改委主任周楚兴所说的"居民的消费率与一个城市的社会保障、社会福利水平息息相关。"

我国目前没有开征社会保障税，虽然各地在征收社会保障费，但与目前世界上 130 多个国家和地区开征社会保障税或类似税种相比，存在征收职能软化、监督管理无力、效率低下和社会保障覆盖面窄等问题，致使保障面仍然不广、筹集效果仍不理想，根本无法保障社会保障基金的正常支出。现行社会保障资金的筹集主要采用由各地区、各部门、各行业自行制定具体筹资办法和比率的方式，缺乏应有的法律保障，使得我国社会保障资金的来源缺乏应有的保障，其资金管理和收支平衡也存在巨大的困难。随着我国企业改革的深入和经济结构调整的加快，大量职工下岗、失业，困难企业增多，对我国年轻的社会保障制度形成了冲击。社会保障制度的不健全使工薪阶层有后顾之忧，使人们不敢于投资和消费。此外，目前国家税务总局为鼓励和扶持下岗失业人员自谋职业、自主创业，促进企业积极吸纳下岗失业人员，分别制定了税收优惠政策，但是优惠对象范围不够大，优惠力度不够大，作用发挥还不十分明显。这些都使我国居民对今后的失业、医疗、退休后的生活存在后顾之忧，不敢大胆地进行即期消费，而将大部分钱用于储蓄，造成我国现在的储蓄率持续攀升，而消费需求不断下降的局面。

（四）税收政策在促进代表性消费方面发挥不足

首先，在汽车消费方面税收负担较重，影响居民汽车消费需求的增长。中国汽车市场目前需求疲软，不能归结为中国先富起来的城乡居民没有购车的能力与愿望，因为影响居民汽车消费需求的因素中，不只包括消费者的收入水平，还包括售后服务的质量、道路交通条件、国家对汽车的消费政策、各种税费负担等因素。目前我国居民的收入水平较以前大有提高，汽车的售后服务质量、道路交通条件较以前也大为改善，国家对汽车消费实行鼓励的政策，但是汽车的税费负担仍然很重，除了要征收17%的增值税、1%～40%的消费税、10%的车辆购置税，汽车轮胎还有3%的消费税，在使用阶段还必须承受燃油税，等等。从消费者的角度来看，税费"减负"比车价降低更为紧迫。这已成为制约汽车消费的非技术因素，影响居民正常的汽车消费需求。

另外，住房消费方面税收政策不完善，影响居民住房消费需求的增长。相对于我国居民满足基本住房条件的需求相比，我国的税收政策在鼓励、促进居民住房消费热点方面存在许多不足之处：第一，房产税的税收结构设置不合理，存在重复征税现象，增大了居民购房成本。目前我国房地产涉及的税种主要有房产税、契税、城镇土地使用税、耕地占用税、土地增值税、营业税、企业所得税、印花税等。就征税范围来看，存在重复征税问题。第二，税负环节分布不合理，交易环节税负较重，保有环节税负过低，不利于刺激居民购房需求。目前我国房地产税收集中在建设的增量方面，即在房产的流通交易环节设置了主要的税种，而在房地产的保有期间设计的税种非常少，房地产存量税源没有得到充分利用，缺少税收对存量财产的调节。由于目前房地产流通环节税费过于集中，势必增加新建商品房的开发成本，从而带动整个市场价格的上扬，提高了居民购房的门槛，抑制居民的住房需求。同时由于保有环节税负过低，一定程度上助长了投机、炒房现象，造成房价过高，更加不利于满足居民购房需求。

四、税收政策促进我国消费需求的建议

虽然近年来我国陆续进行了一些政策调整以鼓励投资和促进消费，这无疑会为扩大内需、启动经济助一臂之力，但总体看来，税收政策与制度的调整远未到位。税收在调节储蓄、消费和投资，促进经济持续健康发展方面的作用还有待进一步发挥。

（一）完善个人所得税制度

1. 实现个人所得税从分类制向综合制的转变。在分类制所得税显失公平的情况下，综合制所得税就更为显得合理，而且在缩小收入差距上起的作用更大。可以稳定个人所得税的税基，并使个人所得税的调节更为公平，特别是发挥调节高收入群体的收入、减少中等收入者储蓄动机方面的作用。但经济生活的复杂性和多变性，使我国的目标税制不可能一步到位。因此，现阶段我国个人所得税可采用综合所得课税为主、分类所得为辅的混合所得税制，按照不同所得合理分类：属于投资性的、没有费用扣除的应税项目，如利息、股息、红利所得、股票转让所得、偶然所得宜实行分类征收；属于劳动报酬所得和费用扣除的应税项目，如工资薪金、劳务报酬、生产经营、承包承租、稿酬、特许权使用费、财产租赁、财产转让等项目，宜实行综合征收，逐步将个人所得税过渡到综合所得税制。

2. 税前扣除范围要进一步完善。考虑到居民教育支出在家庭总支出中所占的比重较高，上大学已成为一种教育投资，应该允许纳税人的教育支出作税前扣除。同时，考虑到个人购买房屋、汽车等情况日益增多，也应该允许这些支出在税前扣除，以鼓励个人消费。个人向公益慈善事业的捐赠可在捐赠人的个人所得税前扣除。通过税收优惠鼓励个人向公益慈善事业捐款，支持社会团体、民间机构从事公益慈善事业、组建基金会，更好地解决贫困人员的生产生活，拉动消费。

3. 对自然人投资企业盈余分配差别征收个人所得税。对自然人投资企业用盈余资金转增资本用于技术改造提高生产经营效益、新产品开发或新的国家鼓励投资项目的，对转增资本缴纳的个人所得税按转增资本占企业总资本的比例予以退回。对自然人投资企业盈余资金既不转增资本也不用于分配股利、红利的，挂账时间超过两年的，按规定征收个人所得税。这样有利于形成新的经济增长点，创造新的就业岗位，进一步增强居民的消费能力和消费信心。

（二）税收政策向农民倾斜

切实降低农民税费负担，提高我国农民消费水平，可以从以下几个方面考虑：第一，实行税收优惠与加强管理相结合，鼓励并促使生产资料供应商降低对农民的生产资料供应成本。

第二，进一步提高农产品出口退税率。现行农产品增值税税率为 13%，对一般农产品出口退税率为 5%；与国际上农产品出口退税相比，我国农产品在现行税制下实际上是征税出口。因此，需要对农产品企业进出口实行优惠税收政策，优先办理农产品和以农产品为原料加工出口产品的出口退税，并进一步提高相关农产品的出口退税率到 10% 或 13%。第三，目前绝大多数乡镇企业经营规模偏小，很难达到增值税一般纳税人的标准，在增值税专用发票的使用上受到许多限制，也在一定程度上影响了乡镇企业的发展。在这个问题上，建议不断完善由税务部门代小规模纳税人开具增值税专用发票的政策，税务部门应简化手续，加大宣传力度，支持乡镇企业发展，促进农民增收。

另外，目前税收在对农民工的就业政策上还是不自觉地存在着歧视。比如企业吸收国有企业下岗职工再就业，或下岗职工自谋职业，有许多例如减免征收营业税等税收优惠，而众多的农村富余劳动力在非农产业再就业，或自谋职业，却没有相关的税收政策优惠。从公平角度出发，当前对向非农产业转移农村富余劳动力中的被征地农民、失地农民，应比照城市对下岗再就业人员的政策优惠，给予类似的税收照顾。吸纳农民工就业的城市产业部门也应该有相关政策优惠的支持。

（三）尽快开征社会保障税、遗产税

开征社会保障税，建立规范化、法制化的社会保障机制，可使社会的中低收入群众的基本生活确实得到保证，增强预期消费的信心，使人们敢于消费和投资。社会保障税的开征可遵循以下思路：（1）社会保障税的税目包括城镇职工基本养老保险、基本医疗保险和失业保险三个。（2）社会保障税的课税对象就企事业单位而言是指一定时期支付的工薪总额；就职工个人而言是指一定时期个人从企业或单位领取的工薪收入额；至于个体经营者则以其经营收入扣除经营成本后的净所得额作为课征对象。为了体现社会保障税累退性的特征，建议应规定

"最高应税限额"，对于纳税人超过限额部分的工资薪金或生产、经营利润不再征税。（3）考虑到目前国家经济发展水平和企业承受能力，及其与现行社会保险收费衔接的需要，本着征税简便、降低税收成本的原则，对社会保障税的税率，可以根据基本养老保险、基本医疗保险和失业保险等保险项目统一设计综合比例税率予以征收。

居民收入分配不公，贫富差距日益加大，是目前我国社会分配中存在的主要问题，也是制约有效需求不足的重要原因。对遗留财产征收遗产税，不但可以调节非劳动收入，避免社会财富过分集中，而且可以引导消费行为，鼓励富有者对教育、科技、社会福利的捐赠，提高社会文明程度。这种制度也是多数国家对社会成员财富进行调控的主要手段，现已有100多个国家和地区征收遗产税。在目前内需不足的情况下，开征遗产税的最终目的不在于获取多少税收收入，而主要是希望通过征税，在一定程度上促进富裕阶层的即期消费欲望，扩大他们的消费规模。由于遗产税主要是调节富裕阶层的资产存量规模，它的起征点一般会定得较高，因此普通工薪阶层的财产数量不会达到征税起征点，所以对社会绝大多数居民不会带来太大的影响，因此应当尽快开征此税。

（四）加强税收政策对小汽车、房地产等代表性消费的促进

我国汽车消费主要的税负最终都沉淀在汽车的销售价格中，由购车的消费者在交易时一次性承担。在居民购车阶段，笔者建议取消车辆购置税，降低居民购车阶段的税收负担。小汽车属于应缴消费税的消费品，消费税直接构成汽车价格，消费者在购买汽车时已经承担了这部分税收，事实上起着约束消费的作用，再来征车辆购置税，就形成了对购车居民的重复征税，加重居民购车负担。考虑到影响税收收入的因素，应当先降低税率，最终取消车辆购置税。在当前形势下，为进一步促进消费结构的优化升级，拉动消费需求的增长，对2.0排量以下车

辆的消费税由5%降至3%，通过"以旧换新"购买2.0排量以下车辆的，车辆购置税降至5%。另外，取消对汽车轮胎这样的非最终消费品征收消费税。

针对前文提出的印花税和契税在一定程度上存在的重复征税问题，建议对契税进行差别征收，对居民家庭首次购买唯一普通住宅建议免征契税或是降低契税税率，而对拥有两套以上住房的居民家庭仍按照3%的税率进行征收。这样不仅降低了低收入居民的购房负担，而且也体现了国家抑制炒房等税收政策导向。其次，对于房地产税赋分布不合理，保有房产阶段税负过低的现象，建议简化房地产保有阶段的房产税、城镇土地使用税，统一征收物业税。物业税不仅能对缩小贫富差距、调节居民收入分配起到一定的作用，而且对房地产市场的健康、稳定持续发展具有重要作用。物业税是财产税，不是房地产交易行为的税收，主要针对土地、房屋等不动产征税，要求保有不动产的居民每年交付一定税款，而应缴纳的税值会随着其市值的升高而提高。这样，既达到降低居民购房阶段的税费支出，刺激居民消费需求的目的。同时由于对房屋保有阶段征税，使炒房成本增加，在一定程度上可以抑制投机炒房的行为。另外，必须坚决取消一切非法和不合理的收费，把属于土地、房屋价格的收费，并入房地产价格，把属于税收性质的收费，改为征税，按有偿收益原则，只保留必要的规费、使用费性质的收费项目，严格审批收费金额，实行财政预算管理。促进房地产的消费需求。

课题组组长：贺也贞
课题组副组长：尤永强
课题组成员：朱　华、刘春新、张宗海、郭扬虎

国际金融危机背景下合理调整
消费需求的税收政策研究

  2008 年以来，国际金融危机愈演愈烈、全球金融市场动荡加剧，国内股市暴跌、中小投资者资金被套、房地产市场低迷、成交量下降。在这样的大背景下，中国人民银行为了增加流动性、保持经济增长和稳定市场预期，先后 5 次降息、下调人民币存贷款基准利率和金融机构存款准备金率，为居民消费营造了较宽松的政策环境。但我们认为，对普通消费者来说，对价格的关注甚于对需求本身的关注。尽管政府接连 5 次降息，但是能源、住房等价格不能全面止跌，就不可能有效改变市场预期，市场供需双方的博弈也就不会结束，消费需求停滞不前的状况期或许还要延长。所谓"买涨不买跌"不仅仅是人们跟风从众的心理现象，也是一种不容置疑的市场规律。

  从宏观角度分析，我国消费率明显偏低，并且其中 1/5 左右是政府消费，家庭消费率异常低下。我国的家庭消费仅占 GDP 的 35%，美国加利福尼亚一个州的消费就几乎与中国相当。过低的消费率以及与之相伴的高储蓄率使得国内需求相对不足，经济增长长期过度依赖低效率的投资增长，畸形运行。在目前净出口不能持续增长的情况下，投资增长必定受消费增长制约，投资波动直接导致经济的大起大落，机会成本极大。毫无疑问，消费率过低已经越来越严重地制约着中国经济的协调、健康和可持续高速发展。

　　造成目前我国消费需求偏低的因素很多，包括就业因素、外需因素、社会保障因素、收入因素、消费环境因素等等。就业和外需方面，由于国际金融危机的影响，我国南方大批中小外向型企业倒闭，致使包括农民工在内的大量劳动力失业，同样国际市场对我国产品需求大幅度下滑，使得一些次生的消费需求减少。社会保障方面，由于制度不完善、改革滞后，老百姓对未来医疗、养老、失业的各项支出预期不确定，人们只能增加储蓄，降低消费支出。国民收入方面，我国贫富差距逐步拉大，居民收入增速连年大大低于财政收入增速。消费环境方面，市场秩序混乱，各种消费问题层出不穷，食品安全、产品质量等方面的问题涉及面之广，危害之大令人触目惊心。

一、税收政策能够对消费需求施加的影响

（一）税收政策能够改变消费需求的结构

　　不同的税收政策能够改变消费需求的结构。国家限制或者鼓励某种商品，可以确定高低不同税率和采取加重或者减轻税负的措施，影响该产品价格，改变消费取向。政府征税的差别可以改变消费的相对价格。征税的消费品价格相对高于不征税的消费品价格，高税率的消费品价格相对高于低税率的消费品价格。消费者的消费取向就可能从征税商品转向免税商品，从高税率商品转向低税率商品，相对地增加免税或低税商品的购买量。从商品本身的性质来看，对需求弹性大的商品，如奢侈品等征税，由于并非生活必需，税收增加，价格上涨，消费会骤减；对需求弹性小的商品，如生活必需品等征税，由于生活必需，则虽然征税后价格上涨，消费量也不会发生大的变化。从税款的征收范围看，征税范围越是狭窄，对消费结构的改变作用越大。如果征税范围只包括少数几种商品，就极可能使购买者改变购买选择，减少征税商品消费增加替代品消费，这样总消费

量可能不变，改变的只是消费结构。

（二） 税收政策能够调节消费需求的数量

从微观上看，政府征税能够使消费者的可支配收入水平下降，从而降低商品购买量，使消费居于较低的水平上。目前，我国对居民个人收入、消费有直接影响的税种主要有：个人所得税、增值税、消费税以及各种财产税。个人所得税是调节收入差距的最重要的手段。目前我国对个人投资办企业也征收个人所得税。增值税和消费税调节商品价格，使得居民购买商品的支出增加或者减少，进而改变居民可以支配的实际收入，调节作用明显。财产税是对拥有或者使用房屋、土地、车船等征收的税收，它对调节收入，对财产进行再分配有着重要的作用。

从宏观上看，税收和国民收入之间线性相关，即 $Y = (a - bT + I + G)/(1 - b)$，其中 Y 为国民收入，a 为消费常量，b 为边际消费倾向，$[(-b)/1 - b]$ 为税收乘数，I、G 分别为投资和政府支出（固定量），T 为税收总额。它表明税收变化和国民收入之间高度相关。

税收政策还具有居民收入再分配作用。税收作为公平收入分配的有力工具，其帮助长期贫困、实现结果公平的功能非常有效。穷人的福利改善属于公共产品性质，穷人福利改善同时有益于很多属于富人的人。由于富人无需考虑这种外部收益，或者说他们只考虑自身利益，就没有动力提供足够的转让数量。这时，政府就要实施强制性的再分配措施，即通过征收累进所得税、社会保障税、遗产税和赠与税等，迫使富人多拿出一部分所得，以补贴穷人。推动消费需求，必须通过税收政策公平社会收入，依靠累进税率实现收益的转让，以此提高全民整体消费量。

（三） 税收政策能够改善社会保障水平

开征社会保障税是国家筹集社会保障基金和调整收入分配的最有效形式。开征社会保障税，就是要规范社会保障基金的筹集形式，用法律手段明确政府、企业和个人的权利与义务，发挥税收的强制性、固定性，通过强制手段保证资金的及时上缴。目前，世界上已有140多个国家和地区开征了社会保障税，尤其是市场经济发达国家，社会保障税占到了全部税收收入的30%~40%以上，其中，在德国、法国、瑞典等国已成为第一大税种。这种税收收入入库后，按照不同的保障类别纳入各项基金，由专门机构管理，主要用于医疗保险、养老保险、丧失劳动力的补助、失业救济以及其他用于保障低收入阶层的项目，以提高社会保障水平。开征社会保障税不仅能够发挥税收的特殊作用，更重要的是在税收调节下的社会保障体系，会促进社会公平与经济发展，提高人们对未来收入水平的预期，增强居民消费信心，从而刺激居民消费需求的增长。

二、刺激消费需求的税收政策建议

全球经济形势恶化和全国消费需求低迷对我国经济发展的影响较大。经济发展趋缓的趋势还将进一步加深，预计会持续一个较长时期，消费者及生产商的信心的恢复需要一个过程。在国家陆续出台一系列稳定市场发展政策的前提下，为防止消费需求出现下滑，有重点有层次地出台保持消费市场稳定健康发展的税收政策、措施势在必然。因此，当务之急是先从重点行业入手，调整与住房、汽车相关的税收政策，刺激热点消费；在从中期考虑，立足现行税制，进行适当改革，缩小收入差距，改变消费结构；最后，从着眼长远考虑，要开征新的税种，从调节资产分配出发，开征物业税，从改善民生角度出发，开征社会保障税，打消居民的消费顾虑，开征遗产税与赠与税，从根本上刺激消费需求增长。

（一）从重点行业入手，调整有关税收政策，刺激热点消费

1. 要扶持房地产业发展。受当前国际国内经济形势的影响，全国房地产市场呈现投资不足、销售下降趋势。国务院办公厅发布了《关于促进房地产市场健康发展的若干意见》（国办发〔2008〕131号），提出加大保障性住房建设力度、改善人民群众的居住条件、鼓励普通住房消费、促进房地产市场健康发展的若干意见。在这种背景下，我国应当在继续扶持政府保障性住房建设的基础上，鼓励普通住房消费、改善人民群众的居住条件，同时促进房地产开发企业以合理的价格销售商品房，激活房地产市场。可以运用税收征管手段进一步活跃房地产市场，促进经济平稳较快发展。具体包括：在企业所得税征收方面，《国家税务总局关于房地产开发企业所得税预缴问题的通知》（国税函〔2008〕299号）规定的："对开发、建造的住宅、商业用房以及其他建筑物、附着物、配套设施等开发产品，在未完工前采取预售方式销售取得的预售收入，按照规定的预计利润分季（分月）计算出预计利润额，计入利润总额预缴"，是在抑制房地产市场过热背景下出台的措施。执行这个文件时我们建议两点：首先，按照"分类确定预售收入预计利润率"的原则，适度降低房地产开发企业预售收入的预计利润率，对经济适用房等保障性住房的预计利润率减为3%，按其计算的毛利额扣除当期实际缴纳的5.5%流转税金及附加和平均约为8%的期间费用后，其实质是形成税收亏损、预售收入无税收负担；对政策调控商品住房的预计利润率将从20%减为15%，按此计算当期毛利额扣除平均约为8%的期间费用和实际缴纳的5.5%营业税金及附加后，其实际预计利润率平均仅为1.5%、无实质性税收负担。其次，按照"真实有效、兼顾实际"的原则，适度调整开发企业开发产品的计税成本，对房地产开发企业应付未付的出包工程费用，允许按一定比例提前预提扣除；对应建未建或尚未完工的公共配套设施，其预计费用可按相关标准提前扣除。以上措施能够缓解房地产企业资金短缺问题，降低企业财务风险。在城镇土地使用税征收方面，建议对保障性住房建设用地以及建设 90 平方米及以下普通住房的住房用地，免征城镇土地使用税。开发企业在商品住房项目中配套建造上述住房，如能提供政府部门出具的相关材料，可按上述住房建筑面积占总建筑面积的比例免征开发商应缴纳的城镇土地使用税。在土地增值税征收方面，建议对建设保障性住房的，以及企事业单位、社会团体以及其他组织转让旧房作为保障性住房房源的，免征土地增值税。在契税征收方面，对个人首次购买 90 平方米及以下普通住房的，暂免征契税。现行有关政策规定的契税计税价格既包括土地出让金，也包括土地补偿费、安置补助费、青苗补偿费、拆迁补偿费等补偿费用。在当前经济形势下，考虑到由于契税计税价格基数过大，开发企业土地税收成本较高，在一定程度上会影响开发企业房地产项目开发的积极性。建议削减契税计税价格基数，降低企业开发成本。最后，建议减免固定资产投资方向调节税，固定资产投资方向调节税现已停征多年，按照税法规定，税务机关对欠缴该税种的纳税人还应继续催缴。建议对纳税人至今欠缴的固定资产投资方向调节税，授权省级税务机关予以减免，以减轻企业的财务负担，保持增长的后劲。

2. 扶持服务业的发展。在经营内容上，要支持科技服务业、旅游业、文化体育产业发展。对研发、设计、创意等科技服务企业，使其享受高新技术企业同等税收待遇，对科研单位和大专院校以及农业机构取得的技术性服务收入暂免征收企业所得税。对新办的旅游、文化体育服务企业，开业 3 年内减征或免征企业所得税，以鼓励其发展。在经营规模上，要扶持小型服务企业的发展，加大税收对小型服务企业的扶持力度，以鼓励其不断发展壮大。

（二）改革现行税制，提高居民消费水平，正确引导消费倾向

1. 改革个人所得税。一是改分类所得税制为混合所得税制，以增强个人所得税调节收入分配的功能。可在目前分类所得税制基础上，先以源泉扣缴方法对不同收入采取不同税率征收分类税，在纳税年度结束后，再把来源于各种渠道的收入加总，税务部门核定其全年应纳税所得额，对年度内已纳税额作出调整结算，多退少补。如全年综合所得达到一定数额，再按超额累进税率课以综合所得附加税，以调节税负，量能负担，防止逃避税收，公平收入分配。二是降低最高边际税率和减少级距。个人所得税高边际税率对储蓄和投资、对劳动者积极性的负面作用导致经济绩效的大量丧失，因此降低税率并减少其级距，已成为其改革的总趋势。我国个人所得税的最高边际税率应降到35%左右为宜，同时减少其级距。三是扩大税前扣除范围。在消费需求不足的情况下，可以考虑借鉴国外的做法。比如，对于彩电、冰箱、洗衣机等生活用基本工业品，将购买支出从应税所得额中扣除；对于非基本生活必需类高价产品，如商品房、汽车、电讯和环保等产品，允许信贷消费利息支出的扣除，或者在购买实现时返还给购买者其消费金额相应的已缴全部或部分所得税；对于消费者心理已形成不良预期的未来的大项支出，如教育、医疗、养老等，在应税前按一定标准的准予扣除。考虑到居民教育支出在总支出中所占的较高比重，应该允许纳税人的教育支出作税前扣除；个人向公益慈善事业的捐赠可在捐赠人的个人所得税前扣除。通过税收优惠鼓励个人向公益慈善事业捐款，支持社会团体、民间机构从事公益慈善事业、组建基金会，更好地解决贫困人员的生产生活，拉动消费。

2. 改革消费税。扩大消费税征税范围，调整纳税环节等，引导居民消费结构的调整，起到"绿色消费"的导向作用。将高能耗的家电产品、非环保装饰材料、移动电话等消耗能源、污染环境的消费品纳入消费税征税范围。对特定的消费行为征税，如高级美容、美发、按摩、高尔夫以及保龄球等各种高档消费行为征收消费税。对某些属于生产资料性质的产品，如汽车轮胎、酒精等应调低消费税税率。对各种高档娱乐消费行为开征的消费税，在消费行为发生时课税。将部分消费品的纳税环节向后推移至批发或零售环节，如对烟、酒等市场需求量大、物价上涨快，国家限制生产，又不提倡消费的消费品，可以在生产、消费两道环节征收消费税。

3. 扩大鼓励就业的税收优惠。在鼓励就业方面，在继续保留现有的促进就业的营业税、所得税等优惠政策的基础上，要把单纯减免与鼓励创业结合起来，对于自行创业的个体经济，要在资金、再投资、企业并购、风险分担等各方面给予适当的优惠。对返乡农民工、对集体企业失业人员、对非普通高校的毕业生都应考虑设计鼓励创业的税收政策，以利于增加就业，促进消费。要以税收鼓励政策来降低人力资本投资，对于专门进行劳动技能培训的单位，可以考虑在一定年限内免税。

（三）开征新税种，对收入进行再分配，提高居民边际消费倾向

1. 开征物业税。我国物业税的纳税人应是在我国境内拥有建筑物所有权及土地使用权的单位和个人，也就是房地产业主或物业业主，同时区分为住宅性和营业性房地产纳税人两种。当房地产为多数人所共有时，纳税人为共有人，各共有人应连带承担纳税义务。我国物业税的征税对象是不动产，包括土地和房产。对土地征收物业税，包括对各种使用目的的土地课税。据以课征物业税的房屋，包括各种用途的建筑物。不对船舶和机器设备征收物业税，是因为对船舶已经征收车船税，对机器设备等资产征税不但会面临产权不明晰的问题，而且征收成本较高，也不利于促进企业再投资。物业税的计税依据应是房地产的市场价值，这也是各国普遍采用的房地产税计税方法。市场价值反映了土地、房产作为经济资源的价值，它不仅包括土地的级差收益，而且包括土地、房产的时间价值。我国的物业税税率应该根据物业评估价格按比例逐年向拥有者收取物业税。确定我国的物业税税率，应当科学测算现行的房地产税和房地

产开发建设环节收费总体规模，令物业税的总体规模与之基本相当。税收优惠方面，我国的物业税收优惠应从以下两个方面考虑：第一，考虑对部分主体予以税收减免。因为国家是征税主体，对国家所有财产征税无异于对自身追债，所以对国家所拥有的资产理应免税。但是对与私人普通财产同样状态下使用的国家财产应当课税。因此，我国的物业税应对国家机关、人民团体、军队自用的物业，由国家财政拨付事业经费的单位自用的物业，宗教寺庙、公园、名胜古迹自用的物业，使领馆的物业免税。第二，考虑将税收客体的特定的部分除外。这类除外通常包括：第一，具有一定的公共性或公益性的法人直接用于其公共或公益事业的物业；第二，对生存权性质的财产不课财产税，或即便课税也不以买卖时的价格而是以可供生存用的利用价格课税，税率也应当采取低税率。因此，我国的物业税的设计，应当对居民基本生活性房产予以免税，而对超过部分征税。

2. 开征社会保障税。从 1995 年税务部门介入社会保险费征收工作以来，目前全国已陆续有 19 个省、自治区、直辖市和计划单列市的税务机关代征社会保险费，收入大幅增加，也为实现社保费向社保税的改革积累了经验，创造了条件。目前，可以先将在城镇范围内收取的养老保险基金、医疗保险基金、社会统筹等改为社会保障税，设立养老、医疗和失业三个税目。社会保障税的纳税人应包括雇员和雇主，具体来说就是各种内资企业及其全体职工、外商投资企业及其中方职工、事业单位及其工作人员、个体工商户等。社会保障税各项目由雇主和雇员双方共同负担。社会保障税的课税对象应当是雇员的工资、薪金收入额，包括自营人员的经营纯收益额。对企事业单位而言，课税对象为其工资性支出和超过国家规定标准的福利性支出；对职工个人而言，征税对象为工资收入，包括单位支付给职工的全部工资性货币收入及超过一定限度以上的福利收入；

对私营企业主和个体劳动者，征税对象为经营收入扣除经营成本的净收入。工薪以外的股息、利息所得、资本利得等不计入社会保障税的税基之内。社会保障税应区分纳税人的身份，按不同的保险项目设置不同的差别比例税率。一般来说，总体税率水平可定为 20% ~ 25%；单位的适用税率可定为 20% 左右，个人适用的税率可定为 5% 左右。社会保障税一般不设减免额或费用扣除额，而把工资薪金所得直接作为课税对象。应税工薪设置起征点，起征点以下的工薪收入不征税，以体现对中低收入者的照顾。

3. 开征遗产与赠与税。遗产与赠与税在调节消费需求方面的作用将是重大的。它能够引导消费，增加消费绝对数量，特别是可以将存量资产向公益慈善事业、低收入者输入，形成现实的有效的消费需求。

课题组组长：张志明

课题组成员：张华东　苏广木

郭峰（执笔）　姜萍（联系人）

后　　记

　　《扩大内需的税收政策国际借鉴研究》是中国国际税收研究会 2009 年全国性重点调研课题"扩大内需的税收政策国际借鉴研究"成果。本课题由内蒙古自治区地方税务局苗银柱局长任课题组组长，自治区国际税收研究会王凤来会长任副组长，牵头单位是内蒙古自治区国际税收研究会，国家税务总局税收科学研究所龚辉文研究员为总报告撰写人。共提交论文 44 篇。

　　课题调研和论文交流得到了内蒙古自治区地方税务局的大力支持和协助，在此一并感谢。

　　参加本书具体编选和编辑工作的有：高世星、韩绍初、孙振刚、张富珍、王诚尧、薛路生、郭平壮、顾方周、商尚、何杨、张瑛、付茂劲。限于篇幅，对有些文章进行了删节。选编不妥之处，敬请读者指正。